생명인식의 두 세계

생명인식의 두 세계

초판 1쇄 인쇄　2013년 02월 15일
초판 1쇄 발행　2013년 02월 25일

지은이　　박 기 백
펴낸이　　손 형 국
펴낸곳　　(주)북랩
출판등록　2004. 12. 1(제2012-000051호)
주소　　　153-786 서울시 금천구 가산디지털 1로 168,
　　　　　　우림라이온스밸리 B동 B113, 114호
홈페이지　www.book.co.kr
전화번호　(02)2026-5777
팩스　　　(02)2026-5747

ISBN 978-89-98666-09-5　03200

이 책의 판권은 지은이와 **(주)북랩**에 있습니다.
내용의 일부와 전부를 무단 전재하거나 복제를 금합니다.

종교를 넘어서

생명인식의
두 세계

박기백

불교와 기독교편

book Lab

‖머리말‖

종교는 예나 지금이나 사라지지 않고 있다. 우리가 종교에 바라는 것은 무엇일까? 사람이 이 세상에 사는 한, 세속적(세상적)인 것을 필요로 하지 않을 수 없다는 것이야 다시 말할 필요도 없다. 세상적인 것이란 물질적인 것(경제적인)이나, 건강, 인간관계(가족관계나 사회성, 정치, 여기에 따르는 도덕, 법률, 명예 등)를 말한다.

그러나 세상적인 것만으로는 만족하지 못하는 것이 사람이다. 이 세상적인 것이란 제한적인 것일 수밖에 없기에, 사람은 이 세상의 제한적인 것에 머물 수만은 없어, 영원성, 무한, 곧 초속성을 바란다는 것이다. 구체적으로 말하면 영생, 해탈, 절대성 등이다.

예전에야 사람들은 이상의 모든 것, 곧 이 세속적(세상적인) 것은 물론 초속적인 것(이 세상적인 것을 넘는)인 이 양면성을 다 함께 종교에서 구했다고 할 수 있을 것이다.

그러나 종전의 종교에 대한 이와 같은 입장이 지금의 사람들의 입장에도 여전하다고는 말할 수 없을 것이다. 현대인들은 이미 이 세상적인 것에 있어서만은, 곧 물질적인 것이나 인간관계, 또는 건강 등, 이 모든 것을 종교에 의지하지 않고도(과학적인 전문성, 즉 정치나 의학을 통해), 스스로 잘하고 있다고 생각하게 되었기 때문이다.

그렇다면 다른 한편으로 이 세상적인 것이 아닌, 곧 초속성으로 영생이나 해탈 등에 대한 인간의 소망만은 종교가 성취시켜주고 있다고 말할 수 있을까?

이 책을 쓴 동기는 사람에게 있는 생명의 의미를 밝히고자 함이다. 사람에게는 인식(정신)이 있기 때문에, 생명 역시 사람의 인식과 함께 살피지 않으면 안 되는 것이라고 생각되었기 때문이다. 그런데 이 사람의 인식(정신)이 세속성과 초속성의 양면성을 지니고 있지 않을 수 없다는 것도 분명하다. 따라서 사람의 생명도 이상과 같은 양면성일 수밖에 없는 것이다.

또한 생명인식의 중요성을 기왕의 종교와도 함께 말해보았다. 이것은 사람의 생명의 의미는 역시 사람에게 있지 않을 수 없는 종교의 의미도 밝혀주는 것이라고 생각되었기 때문이다. 따라서 종교를 사람의 생명인식의 양면성에서 볼 때만이 종교의 양면성, 곧 세속성(이 세상적인)에 따른 종교의 의미나 초속성(영생이나 해탈)의 의미를 지닌 종교의 의미도 분명히 드러난다고 생각되었기 때문이다.

또한 이상과 같이 사람에게 있는 생명의 실상을 분명히 이해한다면, 종교라는 이름하에 갖가지 어렵고 먼 길을 외돌아서 가는, 또한 여러 불필요한 양상들을 피할 수도 있지 않겠냐는 생각 때문이기도 하다.

이 책을 위해 많은 참고자료가 동원되었다. 또한 참고자료에 대한 비교적 긴 인용도 필요했다. 이는 저자의 단편적인 해석에 따르기 보다는, 보다 직접적이고도 구체적인 설명을 통해 독자의 이해를 보다 충족키 위함이었다.

그러나 이 때문에 부득이 책의 부피가 많아질 수밖에 없는 점도 있었다. 따라서 축약편(불교와 기독교에 限한)을 내놓게 되었고, 이를 통해서도 내용을 파악하도록 하였다. 이 밖에 도교와 유교 편은 책을 달리하기로 했다.

이 책은 전적으로 이상 참고자료에 힘을 얻고 있다하겠음으로, 그 저자 분들에 대한 고마움을 전하지 않을 수 없지만, 한편으로는 이 때문에 혹여 누가 되는 일이라도 있지 않았는지 염려스럽기도 하다. 모쪼록 여러분들의 심심한 양해를 바랄 뿐이다.

또한 이 책을 보느라고 아까운 시간을 쓰시는 분들에게도 감사를 드린다.

2013, 1월 새해를 맞으면서
〈 저자 박기백 〉

‖목차‖

머리말 4

제1편 생명인식의 중요성

제1장 생명 이해의 긍정적 입장과 부정적 입장

1. 생명인식에 대한 긍정적 입장
 (1) 우파니샤드에서 보는 생명 : 쁘라나 17
 (2) 고대 중국에서 보는 생명 : 기(氣) 20
 (3) 신약성경에서 보는 생명인 구원 24

2. 생명인식에 대한 부정적 입장
 (1) 불교의 공(空) 27
 (2) 주자 성리학의 리(理) 32
 (3) 신(神)의 부정성 : 기독교 36
 (4) 죄악과 사망 : 기독교 39
   금지된 영생의 생명나무 : 구약 39
   죽음의 십자가 : 신약 41

제2장 생명인식의 어려움

1. 일상생활과 생명의 인식 49
2. 생명에 대한 철학적 관점 : 칸트, 쇼펜하우어 51
3. 생명에 대한 인식의 불가능성 : 불교 55
4. 신(神)인식과 생명인식의 어려움 : 기독교 61

5. 생명에 대한 인식의 어려움 : 제논, 베르그송 66

6. 부정할 수밖에 없는 생명과 그 필요성에 따른 부작용 73

제3장 생명인식의 분리에서 오는 고통과 욕망(탐욕)

1. 생명인식의 부족과 고통

    (1) 불교에서 보는 고통 77

    (2) 기독교에서 보는 고통 80

    (3) 철학과 문학 등에서 보는 고통 83

2. 생명인식의 부족에 따르는 욕망(탐욕)

    (1) 불교에서 보는 탐욕 92

    (2) 기독교에서 보는 탐욕 : 육신의 죄 94

    (3) 생명에 대한 무지로 인한 결핍,

        불만족이 왜곡되어 탐욕으로 된다는 것 95

    (4) 심리학의 예 1 97

    (5) 심리학의 예 2 100

    (6) 욕망의 어긋남 : 끝나지 않는 무한욕망 107

제4장 탐욕의 실상

- 사례로 본 인간의 끝없는 욕망 -

1. 개인적 욕망

    (1) 동화에서 말하다 110

    (2) 돈에 대한 욕망 117

    (3) 왜곡된 욕망의 구조 125

2. 사회적 욕망 : 쟁탈의 장

  (1) 자본주의로 가는 길 129

     약탈의 사례들 137

  (2) 권력욕 156

     일상생활 내에서의 권력 157

     우리 역사에서의 정권 160

     독재권력 : 스탈린과 히틀러 165

  (3) 폭력 : 중독, 자살, 살인 182

     중독 183

     자살 184

     살인 187

  (4) 뱀파이어 : 피_ 생명을 갈구하는 죽은 자들 203

     뱀파이어의 의미 203

     뱀파이어의 역사적 사례 1 늑대인간 205

     뱀파이어의 역사적 사례 2 드라큘라백작 206

3. 탐욕, 죄악에 대한 종교적인 관점과 구원으로서의 생명인식

제2편 종교와 생명인식의 양면성

 **제1장 불교이론을 통해 본 양면성**

  (1) 초기 소승불교 223

  (2) 후기 대승불교 228

  (3) 중국 선종의 양면성 254

     능가경에 의한 선(禪) 264

금강경에 의한 선(禪) 268
쏲에 대한 금강경과 능가경의 차이 271
일상 행위 안에서의 공(空)과 상(相) 283
相을 부정하는 空의 입장 283
상을 긍정하는 입장 286
공과 상을 겸함 : 여래선(如來禪)과 조사선(祖師禪) 288
여래선과 조사선에서_ 좌선(坐禪)과 행선(行禪)으로 294

제2장 기독교의 입장 : 신과 인간의 양면성

(1) 성경의 양면성 297
(2) 신과 인간_초기 기독교의 배경과 그 이후 299
(3) 신학자(敎理)들의 양면성 323
   신(神)편의 주장 324
   성육신(聖肉身)의 입장에 따른 주장 328
(4) 현대의 신앙_ 세속신앙과 종말신앙 335
   세속신앙 : 사라지는 신(神) 335
   종말신앙 : 천년왕국(千年王國) 신앙 349
(5) 세속신앙과 종말신앙에서_ 생활신앙과 명상수행으로 388

제3장 종교를 넘어서기

- 깨달음의 두 길, 생명의 인식 -

1. 제한적 생명인식_ 제한적인 깨달음

   (1) 제한적 생명인식의 긍정적인 면 394
      불교에서 보는 분별을 통한 제한적 인식 395
      신의 제한성 401

제한적인 생명인식_ 행위 406

　(2) 제한적 생명인식의 부정적인 면 413

　　　인식의 한계 414

　　　생명의 한계 418

　　　고통 421

　　　제한적인 생명인식을 수용하지 않는데 따르는 문제점 423

　(3) 생명인식의 제한성을 수용하기와 넘어가기 437

2. 무한성의 생명의 인식_ 절대적인 깨달음을 향하여

　(1) 무한생명인식의 출발점 439

　　　금욕수도(禁慾修道) 439

　　　좌선수도(坐禪修道) 445

　(2) 무한생명의 인식_ 절대적인 깨달음 456

　　　- 수증(修證)으로서의 좌선(坐禪) -

제 1 편

생명인식의 중요성

생명의 중요성이야 더 말할 나위 없기에 누구든 그 중요성을 모른다고 할 수야 없겠지만, 정작 사람들이 이 생명 자체를 알고 있다고 말할 수는 없다. 단지 생명이 있기에 이 생명에 의해서 살고 있을 뿐이지, 생명 자체를 알고 사는 것은 아니라는 것이다.

그런데 생명을 알고 모르고 사는 데 따라서 인생의 행(幸)과 불행(不幸)은 물론, 죄악과 탐욕과도 연결된다는 것이다.(내용 참조) 따라서 이 생명 자체에 대해서 잘 모르고 사는 것과, 생명에 대해서 분명히 알고 살게 되는 경우의 입장은 크게 다르다고 할 것이다.

그런데 여기에 또한 생명은 일면적으로 말할 수 없다는 데 문제가 있다. 생명은 양면성이 있다는 것이다. 한편의 생명은 절대적일 뿐만 아니라, 그 크기와 양이 무한하다는 것이다. 그러나 다른 한 면의 생명은 상대적인 것에 지나지 않고, 크기와 양으로 말해도 극히 제한적인 것에 불과하다.

이러한 생명의 이중성 때문에 종교에 있어서도 그 신조와 신앙이 양면성으로 나타날 수밖에 없었다. 마치 생명은 절대적인 면과 제한적인 면으로 구분되어 있듯이, 종교에 있어서도 절대성과 상대성, 무한성과 유한성, 차안(此岸)과 피안(彼岸)의 진리, 그리고 이 세상의 삶(현세의 생활신앙)에 대하여 종말신앙(末世에 이어 천국을 바라는 삶) 등을 말하고 있음을 볼 수 있는 것과 같다.

생명에 대한 인식은 이상과 같이 과거 종교와도 맥을 같이 하고 있음을 알 수 있다. 이에 따라서 생명에 대한 인식을 말함에 있어서도 과거의 종교, 특히 종교의 양면성을 함께 말하는 것으로, 생명의 인식에 대해 말하게 되었던 것이다. 이처럼 종교의 깨달음도 생명의 깨달음과 같은 맥락에 있기 때문이다.

이는 종교에 대해 바르게 아는 것으로 생명에 대한 인식을, 같은 얘기지만 생명의 바른 인식을 통하여 종교의 진정한 믿음이나 깨달음에 도움이 될 수 있음을 알 수 있는 것과 같다.

생명 이해의
긍정적 입장과 부정적 입장

　먼저 생명에 대한 고전적인 관점을 살펴보는 것으로 생명에 대한 이야기를 시작해 보기로 한다. 생명을 고전적인 관점을 통하여 살펴본다고 하게 되면, 사람들은 생각하기를 생명의 중요성은 고전적 관점을 빌려서까지 말하지 않더라도 상식적으로도 알 수 있는 것이 아니냐고 할지 모른다. 그러나 실상에 있어서는 그렇지 못한 것이, 흔히 생각하듯 생명이 그렇게 단순한 것이 아니기 때문이다. 그러기에 생명을 고전적으로 살펴봄에 있어서도 생명의 중요성을 말하는 입장과, 이와는 반대로 생명에 대한 부정적인 관점을 함께 보게 되는 것이다.
　물론 이처럼 생명에 대한 입장을 살펴본다고 해서 생명에 대한 이해가 충분해지는 것은 아니다. 단지 생명에 대한 이해가 이토록 간단치가 않다는 점을 먼저 주목하기 위한 것에 불과하다고 할 수 있다.

1. 생명인식에 대한 긍정적 입장

(1) 우파니샤드에서 보는 생명 : 뿌라나

생명을 긍정적으로 보는 입장을 다음과 같이, 고대 인도의 종교 바라문교에서 볼 수 있다. 그 교훈에는 베다가 있다. 특히 후기의 우파니샤드는 특별하다. 그것은 브라만과 아트만이다.

"그 불멸의 브라만이 모두의 정면에, 뒤에, 오른쪽, 왼쪽에도 존재하며, 위아래로도 퍼져 있나니 위 모든 세상은 훌륭한 브라만 그 자체로다.
- 순수한 의식을 통해 알 수 있는 그 세밀한 아트만 안에 다섯 종류의 숨들이 들어가 있도다. 그 다섯 숨들로 세상 모든 생명체들의 의식이 아트만 안에 꿰어져 있음을 알라. 아트만이 스스로 그 많은 생물체의 모습을 취하도다." [1]

우파니샤드에서 진리의 대상이란 부라만과 아트만이다. 또한 이 브라만과 아트만, 이 모두가 생명(生命)과 관계를 가지고 있음도 볼 수 있다.
인도에서는 생명을 '뿌라나'라고 한다. 생명의 조건인 호흡과 연결되니, 이는 곧 생명일 수밖에 없다. 따라서 우파니샤드에서 보는 뿌라나의 언급은 다음과 같다.

"이 모든 생명체들의 모습으로 존재하는 것은 숨이다.

---

1) 문다카 우파니샤드, 이재숙 옮김, 200~203쪽 (한길사 1996)

그를 알고 난 다음 현인은 그 외 다른 것에 이야기하지 않는다.

그는 아트만 안에서 즐기며, 아트만과 교감하며, 아트만 안에서 행동하니 이런 자가 브라만을 아는 자들 중에 으뜸가는 사람이다."[2]

제자 까우살리야가 성자 삐빨라다에게 가서 물었다.

"스승이시여! 그 숨은 어떤 근원에서 생겨난 것입니까? 또한 어떤 과정을 통해 몸으로 들어옵니까? 그리고 왜 육신을 버리고 떠나는 것입니까? 어떻게 외부의 육신을 지원합니까? 아트만과는 어떤 관계가 있습니까?"

대성자 삐빨라다가 대답했다.

"그대는 숨과 관련해서 매우 어려운 질문을 하는구나. 그러나 그대는 이미 맑은 브라만의 지혜를 터득한 자이니, 내 기쁜 마음으로 대답하겠노라. 숨은 아트만으로부터 생성된다. 마치 이 세상에서 인간의 육신 뒤에 그림자가 따라붙는 것처럼 아트만과 숨의 관계는 그러한 것이다. 이 숨은 항문과 요도에 아래로 들이쉬는 숨(아빠나)을 임명한다. 그 자신이 입과 코로 나오며, 눈과 귀에도 스스로 내쉬는 숨(쁘라나)으로 군림하며, 들이쉬는 숨과 내쉬는 숨의 중간에는 배꼽 속에 들어서 소화를 시키는 평숨(사마나)으로 존재한다. 무엇이든 먹거나 마신 것을 몸의 각 부분으로 날라주는 것은 이 평숨의 일이다. 그로부터 일곱 갈래의 불꽃도 나왔다."

"마치 마차의 바퀴살이 박혀 있듯 리그 베다, 아쥬르 베다, 그리고 사

---

2) 같은 책

마 베다와 그 베다로부터 만들어진 제례의식, 그리고 사제 브라만과 무인 끄샤뜨리야, 이 모든 것이 뿌라나에서 연유하는 것이다."

"뿌라나여! 그대는 창조주 어머니인 자궁 속에 다니며, 세상에 태어나는 것 또한 그대로이다. 인간 등 모든 생물들이 그대에게 공물을 바쳐 예배하도다."

"뿌라나여! 그대가 구름이 되어 비로 뿌려지면 그대의 모든 백성, 모든 생물들은 이제 음식이 잘 자랄 것이라는 희망에 차서 기쁨의 비를 맞는다오."

"이 세상의 모든 생물, 그리고 지하의 모든 생물, 천상에 있는 신, 이들이 누리는 모든 행복도 모두 뿌라나에 연유하는 것, 마치 어머니가 자식들을 보호하듯, 그대는 우리를 보호하여 번영과 지혜를 내려주오." [3]

제자 까우실리아가 스승에게 물었다.

"스승님, 숨의 신(神)은 어디서 나셨습니까? 그분이 어떻게 우리 몸에 들어오셨습니까? 그리고 왜 우리 몸에서 떠나가십니까? 숨의 신과 우리 안에 있다는 하느님생명(아트만)과는 어떤 사이입니까?"

스승이 말했다.

"참 어려운 질문이로다. 그렇지만 그대의 구도자다운 자세를 보고 기쁜 마음으로 대답하겠노라. 숨은 우리 안에 있는 하느님생명에서 비롯되느니. 사람과 그림자가 함께 다니는 것처럼, 하느님생명과 숨은 그런 사이이니라. 숨이 우리 몸에 들어오는 것도, 하느님생명을 품고 있는 마음의 작용 때문이니라."

---

3) 같은 책, 쁘라사나 우파니샤드, 161~163쪽

"숨의 신이시여, 당신은 여인의 자궁 안에서 생명을 태어나게 하시니, 모든 생명이 당신을 섬기나이다." [4]

이상 인도 고전인 우파니샤드에서 보는 것처럼, 브라만이나 아트만, 뿌라나가 한결같이 생명(生命)과 연결 되고 있음을 볼 수 있다.

(2) 고대 중국에서 보는 생명 : 기(氣)

또한 이 생명을 말하게 되는 경우에는 역시 기(氣)를 빼놓을 수 없을 것이다. 예로부터 이 기(氣)는, 중국을 비롯해 동양권에서 생명을 지칭하는 용어로 가장 중요한 말이다.

생명을 말함에 앞서, 인도에서 뿌라나(숨쉬기·호흡)을 지칭해 말함을 보게 되었듯이, 역시 생명을 의미함에 기(氣)-기(空氣)로 상징하여 말하는 것도 비슷한 점이 있다. 사실 생명에 필수적인 것이 호흡이라고 한다면, 역시 이 호흡을 위하여서도 공기는 절대 필요로 할 것이기 때문이다.

고대 중국에서 전국시대(戰國時代)의 도가(道家)는 온갖 사물을 모두 하나의 기(氣)가 변화된 것이라고 여겼는데, 장자(莊子) 외편(外篇)에서 볼 수 있는 말은 다음과 같다.

"누가 이 주재자(主宰者)를 알 수 있는가? 사람이 살고 있는 것은 이 기(氣)가 모여 있는 것으로, 기가 모이면 살고, 기가 흩어지면 죽게 되

---

4) (정호경신부의) 우파니샤드 읽기, 65, 67쪽 (햇빛출판사 2000)

네……. 천하를 통하여 한 가지 기로 통할 뿐이라고 했네." [5]

다음과 같은 내용도 볼 수 있다.

"천하가 바야흐로 그 생명의 진정(性命의 精)에 편안할 수 있다면 이 여덟가지(聰, 明, 仁, 義, 禮, 樂, 聖, 知)는 있어도 좋고 없어도 좋을 것이나, 천하가 바야흐로 생명의 그 진정에 편안할 수 없다면 이 여덟 가지는 곧 엉키고 설켜 천하를 어지럽힌다." [6]

다음 한 대(漢代)에 이르러서는

"형체가 있는 것은 형체가 없는 것에서 생성되는데, 건곤(乾坤-陰陽, 세상이 이루어지는 처음 단계)은 어디에 연유하여 생성되는가? 그러므로 말하기를 태역(太易)이 있고 태초(太初)가 있으며, 태시(太始)가 있고 태소(太素)가 있다고 한다. 그런데 먼저 태역으로부터 말한다면 태역은 (아직은) 기(氣)가 드러나지 않은 것이다." [7]

후한(後漢)시대에 유명한 하휴(何休)와 정현(鄭玄) 역시

"원(元)이란 기(氣)다. 형체가 없이 변화를 일으키고 형체가 있는 것으로 나누어져 하늘과 땅을 만드니 하늘과 땅의 시초이다. 태극중(太極

---

5) 장자, 知北遊, 385쪽 〈세계사상전집 삼성판 1978〉
6) 같은 책, 在宥篇, 272쪽
7) 중국철학대강, 易緯乾鑿度, 張岱年, 김백희 옮김, 138쪽 (까치 1998)

中)의 도(道)는 순박하고 조화로우며 나누워지지 않은 기(氣)이다." [8]

또한 삼국시대의 유소(劉劭)는

"원일(元一)은 우주의 본체인데, 이는 바로 기(氣)다." [9]

장재(張載, 1020~1077)는 북송시기 기일원론(氣一元論) 철학의 집대성자이며, 기(氣)를 우주의 본체로 삼은 철학을 내놓았는데, 그것은 뒤에 오는 이(理)와 함께 중국 철학의 기범주(氣範疇)의 발전사상 중요한 의의를 가지고 있다.

"태허(太虛)는 형체가 없는 기(氣)의 본체이다. 그것이 모이고 흩어져 변화하는 것이 개별 사물의 임시 모습이다. 기(氣)가 사물이 되고, 흩어져 없음으로 돌아감에 그 본체에 알맞게 되고, 모여서 형상을 이루게 됨에 그 일정한 법칙을 잃지 않는다. 태허(太虛)는 기가 아닐 수 없고, 기는 모여서 사물이 되지 않을 수 없고, 온갖 사물은 흩어지면 태허가 되지 않을 수 없다. 기가 태허에서 모이고 흩어지는 것은 얼음이 물에서 응고되었다가 녹는 것과 같으니, 태허가 곧 기임을 알면 무(無)는 없다." [10]

『황제내경(皇帝內徑)』은 전국에서 한초까지 점차 형성되어 온 중국의학

---

8) 같은 책, 139쪽
9) 같은 책, 140쪽
10) 같은 책, 143, 145, 146쪽

(中國醫學)의 경전이며, 그 중에는 풍부한 철학사상이 포함되어 있다. 『황제내경』은 선진시기의 기론(氣論)사상을 응용하였으며, 기(氣)를 응용하여 천(天), 지(地), 인(人)의 구성과 운동변화를 해석하였다. 특히 인체의 구성과 대사(代射)의 법칙, 질병의 발생원인, 병리기제(機制, system)와 진단치료, 병을 치료하는 약물의 성능, 보건양생 등의 생리의 기를 핵심으로 하는 기론(氣論)사상을 형성하였는데, 이는 중국철학의 기범주의 발전에 중요한 의의를 갖는다.

"인체는 온 우주의 특수한 구성부분이다. 인류는 자연계 속에서 생활한다. 그런데 자연계의 변화는 직접간접으로 인체 자체의 존재와 발전에 영향을 미치며, 인체의 발전과 변화 역시 그것에 상응하여 자연계의 운동과 변화를 반영하고 있다. 『황제내경』은 바로 이러한 관계를 따라 기(氣)를 고찰한 것이며 기범주에 다양한 뜻을 부여하였다.

그리하여 자연에 나타나는 천지의 기(天地之氣), 사시의 기(四時之氣), 오행의 기(五行之氣)와 인체의 생리적인 기(生理之氣), 의학상의 질병의 원인이 되는 기(病邪之氣), 약물의 기운과 아울러 인간 정신의 변증관계를 깊이 밝힘으로써 철학적인 기범주의 함의를 확대하였다." [11]

"皇帝 : 자고로 천기(天氣)와 통하는 것은 생명의 근본인데, (이 생명의 근본은) 음양에 근본을 둡니다. 천지의 사이, 육합의 안에서 그 기(氣)는 (땅의) 구주와 (인체의) 구규(九竅) - 오장(五臟), 12관절에 있으니, 모두 천기(天氣)에 통합니다. 천지음양은 '오행(金,木,水,火,土)'을 화생하고, 그 기는 (盛衰少長에 따라) 삼음삼양(三陰三陽)이 됩니다.

---

11) 氣의 철학(상), 張立文 주편, 김교빈 외 옮김, 107, 109쪽 (예문지 1992)

만약 이(음양의 변화 규율)를 자주 거역하면 사기(邪氣)가 인체를 손상시키거나, 이(음양의 변화 규율에 잘 순응하는 것)는 장수하는 근본입니다." [12]

이상에서 보는 것처럼 고대인도의 사상인 우파니샤드나, 역시 중국에서도 생명의 중대성을 주장했음을 알게 된다. (우파니샤드에서 브라만이나 아트만, 중국에서의 氣는 모두 다 생명을 지칭하는 것이었다)

(3) 신약성경에서 보는 생명인 구원

생명을 긍정적으로 보는 입장을 말하게 되는 경우, 기독교의 신약성경도 빼놓을 수는 없다. 특히 요한복음에서 생명에 대한 언급이 많이 있음을 볼 수 있다.

"그리스도는 맨 처음부터 하나님과 함께 계셨고 모든 것은 그분을 통해서 창조되었으며 그분 없이 만들어진 것은 아무것도 없다. 그리스도 안에 생명이 있었으니 이 생명은 인류의 빛이었다. 이 빛이 어두움 속에서 빛나고 있었으나 어두움이 이를 깨닫지 못하였다." [13]

"모세가 광야에 뱀을 쳐든 것 같이 나도 높이 들려야 한다. 이것은 나를 믿는 사람마다 영원한 생명을 얻도록 하기 위해서이다. 하나님이 세상

---

12) 황제내경 소문, 裵秉哲역, 65쪽 (경희대학교 1989
13) 요한복음 1장 2-5 현대인의 성경 (생명의 말씀사 1986)

을 무척 사랑하셔서 하나밖에 없는 외아들마저 보내주셨으니 누구든지 그를 믿기만 하면 멸망하지 않고 영원한 생명을 얻는다." [14]

때는 낮 12시경이었다. 마침 사마리아 여자 하나가 물을 길으러 오자 예수님은 그녀에게 물을 좀 달라고 하셨다. 그때 제자들은 먹을 것을 사러 마을에 들어가고 없었다. 그 여자가 예수님께 "당신은 유대인인데 어떻게 사마리아 여자인 나에게 물을 달라고 하십니까?" 하였다. 이것은 유대인들과 사마리아인들이 서로 교제를 하지 않았기 때문이었다. 그래서 예수님이 그 여자에게 대답하였다.

"네가 만일 하나님의 선물과 또 물을 달라고 하는 사람이 누군지 알았더라면 네가 그에게 생수를 달라고 했을 것이고 그는 너에게 생수를 주었을 것이다."

"선생님, 물 길을 그릇도 없고 이 우물은 깊은데 어디서 그런 생수를 구한단 말씀입니까? 이 우물을 우리에게 준 우리 조상 야곱과 그의 아들들과 가축이 다 이 물을 마셨습니다. 선생님은 야곱보다도 위대하십니까?"

"이 물을 마시는 사람마다 다시 목마를 것이지만 내가 주는 물을 마시는 사람은 절대로 목마르지 않을 것이다. 참으로 내가 주는 물은 그에게 끊임없이 솟구쳐 나오는 영원한 생명의 샘물이 될 것이다."

"선생님, 그런 물을 나에게 주십시오! 그러면 내가 다시는 목마르지도 않고 물을 길으러 여기까지 올 필요도 없을 것입니다." [15]

---

14) 요한복음 3장 14-16 (같은 책)
15) 요한복음 4장 7-15 (같은 책)

"내가 분명히 말하지만 하늘에서 양식을 내려 너희에게 준 것은 모세가 아니다. 오직 너희에게 하늘의 참된 양식을 주시는 분은 내 아버지이시다. 하나님의 양식은 하늘에서 내려온 자가 세상에 생명을 주는 바로 그것이다."

"주님, 그런 양식을 항상 우리에게 주십시오."

그때 예수님은 이렇게 말씀하셨다. "내가 바로 생명의 빵이다. 내게 오는 사람은 굶주리지 않을 것이다. 나를 믿는 사람은 절대로 목마르지 않을 것이다. 그러나 내가 이미 말했듯이 너희는 나를 보고도 믿지 않는다. ……사실 내 아버지의 뜻은 아들을 보고 믿는 사람마다 영원한 생명을 얻는 것이다. 그리고 나는 마지막 날에 그들을 다시 살릴 것이다. ……내가 분명히 너희에게 말하지만 나를 믿는 사람은 영원한 생명을 가졌다. 나는 생명의 빵이다. 너희 조상들은 광야에서 만나를 먹었으나 모두 죽고 말았다. 그러나 하늘에서 내리는 양식을 먹는 사람은 죽지 않는다. 나는 하늘에서 내려온 살아있는 빵이다. 누구든지 이 빵을 먹는 사람은 영원히 살 것이다. 이 빵은 곧 세상의 생명을 위해 주는 내 살이다."

그러자 유대인들은 "이 사람이 어떻게 자기 살을 먹으라고 우리에게 줄 수 있겠는가?" 하고 서로 논쟁하기 시작했다. 그래서 예수님은 그들에게 다시 말씀하셨다. "내가 분명히 너희에게 말하지만 나의 살을 먹지 않고 나의 피를 마시지 않으면 너희 안에 생명이 없다. 누구든지 내 살을 먹고 내 피를 마시는 사람은 영원한 생명을 가졌다. 그래서 마지막 날에 그를 다시 살릴 것이다. ……생명을 주는 것은 하나님의 영이며 인간의 육체는 아무 쓸모가 없다. 내가 너희에게 한 말은 영적인 생명에 관한 것이다."[16]

---

16) 요한복음 6장 32-63 (같은 책)

2. 생명인식에 대한 부정적 입장

(1) 불교의 공(호)

 이상에서 본 것처럼 고대인도의 사상인 우파니샤드나 역시 중국에서 생명(氣)의 중대성을 주장했음은 물론, 또한 신약성경에서 보듯 생명에 대한 긍정적 관점이 다분한데도 불구하고, 이와는 달리 생명에 대한 관점이 부정적이 되지 않을 수 없는 입장이 있음을 본다.
 특히 바라문교 뒤에 온 불교(초기불교)가 이 (바라문교가 내세우던 생명의 담지자라 할)브라흐만과 아트만에 대한 부정하는 모습이 그렇다.

 "붓다는 자아(아트만)를 전 우주적으로 확장함으로써가 아니라 자아를 완전히 부정함으로써 이런 무욕의 경지에 도달하였다. 우리가 어떤 것을 영원하다든지 좋다든지 진정한 〈나〉라고 생각하게 될 때 우리는 그것에 집착을 하여 그에 반(反)하는 다른 것들을 싫어하게 된다. 그러면 이것은 속박(samsara: 윤회)이 된다. 아트만이야말로 모든 집착의 근원이다. 따라서 열반을 얻기 위해서는 아트만이라는 생각을 완전히 근절시켜야 한다. 우빠니샤드에서는 아트만이라는 자아가 실재한다고 보았다. [그러나] 붓다는 그것은 애당초 잘못된 생각이기에 실재가 아니라고 보았다."[17]

---

17) 불교의 중심철학 무르띠 김성철 옮김 57쪽 (경서원 1995)

"불교는 변화를 초월한 영원한 실재적 실재인 아트만의 존재를 인정하지 않았다. 그 어떠한 종류의 견해건 아트만을 인정하는 경우는 아트만을 불변의 자기 동일적 실재로 간주해야 한다. 불교의 각 교파는 교리상 엄청난 차이가 있기는 하지만 단 한 가지 공통적인 교리를 갖는다. 즉 실체(아트만)의 부정이다. 대승불교에서는 무아설(無我說)을 뒤집어 아트만의 실재성을 인정했다고 생각했다면 잘못이다. 오히려 무아(無我)의 교리를 견지하는 점만은 철저한 면이 있다. 대승불교도들은 정신적 실체를 부정(pudgala_nairatmya:人無我)했을 뿐만 아니라, 소승교파에서 무비판적으로 실재시했던 구성요소를 부정(darma_nairatmya: 人法無我)하는 데까지 교리를 확장시켰다."[18]

"붓다는 당시의 비불교도로부터 대사문(大沙門)이라고 칭하여지던 개혁사상가의 최고수장이라고 할 수가 있는 인물로 그 교리적인 측면에 있어서는 기존의 우파니샤드와는 달리 안아트만을 주장하고 있다."[19]

"아트만의 개념 성립의 초기에서부터 브라흐만의 속성이라는 초월성과 항상성이라는 측면과 인간 존재의 측면인 현실성과 무상성이라는 정반대의 이중 구조로 되어 있었다. 그런데 이러한 모순성의 성립 역시도 브라흐만이라는 외적인 절대성의 완전한 가치가 존재할 때에만이 비로소 그러한 대상에 대한 신앙적인 깊은 신뢰와 더불어서 사고의 유지가 가능한 측면이 있는 것이다.

그러므로 아트만이 브라흐만이라는 절대의 반연을 잃게 될 때 아트만

---

18) 같은 책 (69,70쪽)
19) 사성제와 여래장, 정암, 161쪽 (부다가야 2001)

은 초월성과 항상성이라는 측면을 잃게 되며, 그 결과 아트만에는 현실성과 무상성의 가능성만이 남게 되는 것이니 이는 곧 그 사고가 자연스럽게 안아트만으로 연결되어지게 되는 것이다.

슈라마나의 사유적인 특성 중의 하나인 분석적인 측면은 인체 내의 분석을 통하여 아트만이 실재하지 않는다는 것을 1차적으로 증명하고, 인간인식의 논리적인 특성은 아트만이라는 인식 주체의 제1자는 인식 대상으로서의 보편성을 획득할 수가 없다는 측면의 인식불가라는 증명에 의해서 2차적으로 부정되며, 이러한 수라만들의 보편적인 인식 속에서 브라흐만의 절대성 상실의 측면은 결국 붓다로 하여금 아트만을 안아트만으로 대체하지 않을 수 없도록 하였을 것이다.

(이리하여) 아트만의 브라흐만에 의지하는 바의 초월적이며 형이상학적인 특성은 붓다의 현실적인 측면들에 대한 판단중지라는 무기(無記)적인 성향과 한데 어우러져 도저히 인간의 인식적인 차원에서는 검증이 불가능한 개념인 아트만에 대한 판단 중지의 요구를 하게 되었으니, 이것이 바로 다름 아닌 안아트만이라는 것으로 이는 아트만에 대한 논리학적 모순에 대한 부정이며 여기에서 한 걸음 더 나아가 실천 수행적인 측면에 있어서의 부정이라고 할 수가 있는 것이다." [20]

이처럼 우파니사드에서 보는 브라만이나 아트만(생명으로 지칭되는, 곧 이에 상응하는 진리)이 불교에 와서 일체 부정되었을 뿐만 아니라, 나아가서 불교는 이러한 입장에서 일체의 부정적 입장인 공(空)을 내세우기에 이르게 되는 것이다.

---

20) 같은 책, 165~169쪽

"얻을 수 없는 까닭에 도무지 있는 바가 없으며, 있는 바가 없는 까닭에, 안공(內空) 임을 알 것이며, 밖 공, 안팎 공, 공(空)의 공(空), 큰 공, 진리의 공, 함이 있는 공, 함이 없는 공, 끝내 공, 가이 없는 공, 흩어진 공, 변함없는 공, 본 성품 공, 성품 없는 공, 온갖 법의 공, 법이 없는 공…… 진여가 공임을 알 것이며, 법계, 법성, 허망치 않은 법성, 평등한 법성, 생멸을 여읜 법성, 허공의 경계. 부사의 경계, ……쌓임, 사라짐…… 공(空)임을 알 것이니라." 21)

부처님은 사람들이 모인 것을 보고 사리불(舍利佛)을 향해서 말씀하셨다

"의식(意識)의 십팔계(十八界)도 없고, 무명(無明)에서 노사(老死)에 이르는 연기(緣起)를 설명하는 열둘의 항목도 없고, 그러한 무명 내지 노사의 소멸이라는 것도 없고, 고(苦)와 고의 원인과 고(苦)의 소멸과 고의 소멸에 이르는 길이라는 사성제(四聖제)도 없고, 예류(豫流)에서 아라한(阿羅漢)까지의 네 개의 수행의 단계, 즉 사사문과(四沙門果)도 없고, 독각(獨覺)도 없고, 독각에 이르는 길도 없고, 부처도 없고, 부처에 이르는 길도 없다.
그리고 사리불아, 보살은 반야바라밀을 얻기 위해서 반야바라밀을 수행하는 것이 아니다." 22)

사리불 장로가 물었다.

---

21) 한글 대장경 〈대반야밀다경〉 385, 624쪽 (동국역경원 1970)
22) 불교성전, 대한불교진흥원편, 288, 289쪽

"그러면, 장로 수보리여, 모든 것을 아는 부처님의 지혜본성도 공(空)이고, 또 대자대비하신 보살대사도 공이고 이렇게 모든 것이 다 공이라면, 그 어떤 누구라도 아무런 노력을 하지 않고도 이 모든 것을 아는 지혜를 성취할 수 있다는 말이 아닙니까? 또 중생이 아무런 노력을 하지 않고도 자신의 번뇌 업장을 모두 소멸할 수 있다는 말입니까?"

그러자 수보리 장로는 사리불 장로에게 다음과 같이 말했다.

"사리불 장로여, 나는 공(空)에 대해서도 집착하지 않습니다. 왜냐하면, 공조차도 실체적 대상이 아니기 때문입니다. 만약 공이 실체적 대상이라면, 우리는 그것을 경험할 수 있을 것입니다. 그리고 우리는 거기에 도달하여 그것을 타인에게 내보일 수 있을 것입니다. 그러나 공은 실체적 대상이 아닙니다. 그러므로 우리는 그것을 인식할 수 없습니다. 우리는 그것을 경험할 수 없습니다. 그리고 우리는 결코 거기에 도달하여 그것을 타인에게 내보일 수 없습니다." [23]

수보리 장로가 대답했다

"천신들이여, 그렇다. 부처님도 부처님의 그 깨달음도 환상과 같고, 꿈과 같은 것이라고 나는 설한다."

천신들이 계속 놀라며 말한다.

"성자 수보리여, 당신은 지금 부처님도, 부처님의 깨달음도, 그리고 열반도 모두 환상적 존재이며, 꿈과 같은 것이라고 말하는 것입니까?" [24]

---

23) 팔천송 반야경 읽기, 석해탈, 67, 68쪽 (출판시대 1998)
24) 같은 책, 90쪽

(2) 주자(朱子) 성리학의 리(理)

위와 같은 불교의 부정적 입장은 중국성리학(性理學)에서도 볼 수 있다. 고대 인도에서 생명의 담지라로 표현되던 브라만이나 아트만이, 불교에 이르러서는 부정이 되었듯, 중국 성리학 역시 이와 같은 입장을 벗어나지 않는다고 볼 수 있는 것이다. 중국전통사상에서 기(氣)란 생명의 대명사였다고 할 수 있다. 그런데 이러한 기에 대하여, 중국성리학의 대부인 주자(朱子)는 말하기를

- (弟子가)물었다. "이치(理)가 먼저 있었습니까? 아니면 기운(氣)이 먼저 있었습니까?"
- (朱子가)대답하셨다. "이치는 기운에서 떨어진 적이 없다. 그러나 이치는 형이상의 것이고, 기운은 형이하의 것이다. 형이상과 형이하의 관점에서 말한다면, 어찌 앞뒤가 없겠는가? 이치는 형체가 없지만, 기(氣)라는 점에서 말한다면, 어찌 앞뒤가 없겠는가? 이치는 형체가 없지만, 기운(氣運)은 거칠어서(粗) 찌꺼기가 있다."
- 물었다. "이치가 있으면 곧 기운도 있기 때문에 앞뒤로 나눌 수 없을 듯합니다."
- 말씀하셨다. "요컨대 먼저 이치가 있다, '오늘은 이치가 있고 내일은 기운이 있다' 는 식으로 말할 수는 없지만, 반드시 앞과 뒤는 있다. 가령 만일 산이나 강 그리고 대지가 모두 무너지더라도 틀림없이 이치는 그 속에 있을 것이다." [25]

---

25) 朱子語類 理氣上, 권3 鬼神 (청계 1998)

사실 주자(朱子)학을 비롯한 중국성리학(性理學)에서 내세운 성(性)은 역시 중국 불교에서의 견성(見性)과도 떨어질 수 없는 관계일 것이다. 견성이란 중국 선종의 지침인데, 이는 이전 중국 불교(천태, 화엄종 등)와도 맥을 함께 하는 것이다.

중국 불교에서 천태나 화엄은(물론 이전 인도불교에서도) 실상(實相)을 강조한다. 그러면서도 역시 불교의 중심이론인 공을 버리지 않는 것이 중국 불교의 특징인데, 역시 중국 선종도 이러한 입장이다. (이는 조사선과 여래선으로 뒤에 살펴보게 될 것이다)

중국 선종은 여래선(달마로 비롯되는 능가종과 북종)으로부터 조사선(혜능으로부터 비롯되는 남종, 홍주종의 마조 등)으로 발전 된 경향이 있다. 조사선은 여래선을 주장함에 따라서, 역시 (전통불교의 입장인)여래선의 주지인 공을 부정했다고는 볼 수 없었다. 그러나 조사선은 한편으로 일상행위 안에서 상(相-공과는 상반된)을 떠나고자 했던 것은 아니었다.

이러한 중국 선종의 입장이(즉 견성의 입장이), 후에 중국 유학(즉 성리학)으로 연결된다고 할 수 있다. 그런데 이렇게 견성을 표방하는 중국선종이, 또한 일상행위를 부정하지 않는 현실적인 입장 때문에 중국성리학으로 연결된다는 것이지만, 그러나 한편으로 일상행위 안에서는 공(空)은 막연할 수밖에 없는 것이다. 따라서 유학자에 의해(유학은 당연히 현실적이므로) 불교는 비판 받는 것이다.(이는 역시 조사선에 의해 비롯되었을 것이다 - 당연히 조사선은 일상적이었으면서도 空을 버리지는 않았다)

"석가(釋迦)와 노자(老子)는 자신이 견해가 있다고 말하지만 다만 하나의 공허한 적멸(寂滅)만 있었을 뿐이다. 참으로 허(虛)이고 참으로 적멸한 곳뿐이니, 알지 못하겠으나 그들이 이른바 보았다는 것은 무엇을 보았는지? 아비와 아들보다 더 중요한 것이 없는데 오히려 임금과 신하의 관계를 끊고, 심지어 민생(民生)과 윤리(倫理)사이에 빠트려서는 안 되는 것을 그들은 한결같이 다 버렸다(불교의 부정적 관점, 곧 공에 대한 주자의 견해와 의도는 윤리를 내세우기 위함이었지, 애초에 주자의 관심은 기에 있었던 것이 아니란 것을 알 수 있다)." [26]

따라서 일상행위 안에서는 공(空)보다는(이는 역시 허용되기 어려움으로) 그들 유학자의 말(性理學)에 의해 해석되어진 공(空-性)은, 차라리 리(理 : 이 세상의 法則, 즉 道德法則)로 성립되기에 이르지 않을 수 없었을 것이다.

이렇게 견성을 표방하는 중국선종의 입장에 따른 중국성리학이, 불교의 부정적 입장(아트만이나 브라만에 대한 부정, 곧 공의 성립)과는 달리 윤리를 내세우기 위함이었다고는 하지만, 결국 성리학 역시 기(氣-생명)에 대한 부정적 입장인 리(理)를 내세우게 되었음을 본다. 마치 불교가 모든 힘을 공(空)에 경주함에 따라서, 이리하여 이 공에 의해 생명이 감추어지게 되었듯이, 신유학은 모든 힘을 윤리도덕에 경주하게 됨으로 말미암아 마침내는 기, 곧 생명이 잊혀지게 되고만 셈이 되었다는 것이다.

"인·의·예·지는 성(性)이다. 성은 만질 수 있는 모습이나 그림자는 없고 오직 그 리(理)가 있을 뿐이다. 마음이 온갖 일을 할 수 있는 까닭은 온갖 도리를 구비하였기 때문이다. ……어떻게 저 네 가지(仁義禮智)를 발견할(알) 수 있는가? 측은지심(불쌍하게 여기는 마음)에 근거하여 인(仁)이 있음을 알고, 수오지심(부끄러워하는 마음)에 근거하여 의(義)가 있음

---

26) 朱子語類 권제126, 釋氏·주자의 선불교 비판연구, 윤영해, 243쪽 (민족사)

을 안다.

　인성(人性)은 본래 청명하나 [우리의 현존은] 마치 보석이 물속에 있어서 흐려져 그 빛이 보이지 않는 것과 같으니, 흐린 물을 제거하면 보석은 예전처럼 저절로 밝아진다. 자기 스스로 인욕에 의해서 가려졌음을 깨달을 수 있으면 곧 개명되므로, 오직 이 점을 중심으로 모든 노력을 경주해야 한다, 그리하여 격물(格物;사물의 궁구)을 추구하여 '오늘 하나의 사물을 궁구하고 내일 또 하나의 사물을 궁구하기' 를 마치 유격대가 포위 공격하여 성을 공략하듯이 하면 인욕은 저절로 녹아 없어질 것이다. 따라서 정자께서 경(敬)을 강조한 까닭은 내 자신에게 하나의 밝은 것이 이미 존재하니 '경' 이라는 글자를 견지하고 외적을 물리쳐 항상 늘 경을 내면에 보존하면 '인욕' 은 자연히 생기지 않을 것이기 때문이다. 공자께서도 '인(仁)의 실행은 내 자신에게 있지 남에게 달려있겠는가?' 라고 했거니와 긴요한 점은 바로 거기에 있다." [27]

　이와 같이 오직 윤리를 이상으로 삼는 주자의 리(理)가 도출된 원인을 살펴보면 주염계의 태극도(太極圖)에서 빌려 온 것으로, 원래 주염계의 무극(無極)이 주자에게는 무극이 태극(太極)으로, 이 태극이 또한 리(理)로 변형되었던 까닭이다.
　따라서 주자에게 이르기 전의 무극(無極)은 곧 불교의 공(空)과도 함께한다고도 할 것이다. 사실상 주염계의 태극도는 불교의 선(禪)과도 맥을 같이 한다. 원래 이(태극도)는 수련도(鍊丹道)의 도형이었고, 그 이전에 중

---

27) 朱子語類 중국철학사 上, 풍우란, 박성규 옮김, 555~557쪽 (까치출판사 1999)

국 선종의 하나인 조동종(曹洞宗)에서 비롯되었다고 한다. [28]

따라서 주자의 리(理)는 불교의 공(불교의 空이 생명에 부정적이었음에 비추어 봤을 때)에 연결된다는 것을 알 수 있을 뿐만 아니라, 당연히 생명에 부정적이었던 공의 입장에 따라서 기(역시 생명이라 할)에 부정적인 리를 앞세우지 않을 수 없었으리라는 점이 짐작되는 것이다.

(3) 신(神)의 부정성 : 기독교

불교의 공(空)이나 주자 성리학(性理學)에서 생명이 부정적이 되지 않을 수 없었던 것처럼, 기독교에서도 역시 생명인식의 가능성인 신(神)이(신앙의 대상인 생명의 神임에도 불구하고) 부정적이 되지 않을 수 없음을 본다.

다음은 십자가의 성 요한에 보이는 글이다. [29]

"이 세상에서 상상력이 할 수 있고 이성이 받아들이고 인식할 수 있는 것은, 어느 것이든 하느님과의 합일의 직접적 방법이 아닐 수 없고, 또 그럴 수도 없다. 자연적으로 말한다면, 이성이란 육체 감각을 통해서 받아들이는 형상이니 이미지가 아니면 무엇을 인식할 수 없는데, 이런 영상들은 이미 말한 바와 같이 방법일 수가 없으니 자연적 인식이 도움이 될 수 없다. 한편 이승(이 세상)에서 가능한 초자연적 인식으로 말하더라도, 보통 능력으로는 육체의 감옥에 갇혀 있는 이성이 하느님에 대한 밝은 지식

---

28) 불교수행법강의, 남회근, 신원봉 옮김, 317쪽 (씨앗을 뿌리는 사람 2007)
29) '아빌라의 데레사와 함께 스페인 신비신학의 거장, 1542년 가난한 귀족 가정에서 태어났다' 에서 보는 내용이다.

을 얻을 만한 힘이나 가능성이 없는 것이다."

"그러기에 모세가 하느님께 이런 밝은 지식을 구하였을 때, 하느님께서는 당신을 볼 수 없다고 대답하시면서 이르시기를 "나를 보고 나서 사는 사람이 없다." (출애 33,20) 고 하셨던 것이다. 성 요한도 "일찍이 아무도 하느님을 보지 못했다." (요한 1,18) 고 말하는가 하면, 성 바오로는 이사야(64,3)와 같이 "눈으로 본 적도 없고 귀로 들은 적도 없으며 사람의 마음속에 떠오른 적도 없는 것." (고린 2,9)이라 하였다. 사도행전(7,32)에 말이 있듯이, 하느님께서 가시덤불에 나타나셨을 때 모세가 무서워서 감히 알아보지 못한 것도 이 때문이었으니, 그는 자기가 하느님께 대하여 느끼는 그만큼 자기의 이성이 하느님을 제대로 인식하지 못함을 잘 알고 있었던 것이다. 우리의 사부(師父) 엘리야에 대하여서도, 산에서 하느님 앞에 얼굴을 가렸다(1열왕 19, 13) 하였는데, 이는 이성의 눈을 감았다는 뜻이다. 엘리야가 그 같이 한 것은, 그때까지 생각하고 똑똑히 알고 있던 모든 것이 하느님과는 너무나 같지 않고 거리가 멀다는 것이 환히 드러나 비천한 손을 그렇듯 높은 일에다 댈 수 없다는 것을 느낀 것이다."

"이렇게 볼 때, 이승에서는 어느 지식이나 초자연적 지각이라도 사랑으로 이루어지는 하느님과의 숭고한 합일에 그 직접 방법으로 쓰일 수 없다. 이성으로 인식하고 의지로 맛보고 상상으로 그려보는 모든 것이 (위에서 말했듯이) 하느님과 비길 수 없고 너무나 거리가 멀기 때문이다."[30]

엑카르트는 하느님을 아는 길로서 부정의 길이 되지 않으면 안 된다고

---

30) 십자가의 성 요한, 최민순 옮김, 135,136쪽 (바오로딸 2007)

말한다.

 "그분을 있는 그대로, 하느님 아닌 분으로, 마음 아닌 분으로, 사람 아닌 분으로, 표상이 아닌 분으로, 심지어 모든 둘됨과는 거리가 먼 순수하고 맑은 한 분으로 사랑하라."
 "하느님으로 하여금 하느님이 되지 못하게 하는 세 가지 경우가 있다. 이 경우는 우리 자신들이 빚은 것들이다. 하느님을 살해하는 자는 우리 자신이다. 하느님을 살해하는 첫째 경우는 우리가 하느님에게 이름을 붙이려고 시도할 때이다. ……하느님은 무명씨(無名氏)다. 하느님에 관해 무언가를 알거나 명료하게 말할 수 있는 자는 한 사람도 없기 때문이다. 우리는 하느님에 대하여 말한다고 하지만 실은 우리자신에 대하여 말하고 있는 것이다. 왜냐하면 하느님은 모든 표현과 이해를 넘어서기 때문이다. 언어는 하느님에게 이름을 지어 붙이기에는 너무나 부족한 수단이다. 엑카르트는 이것을 증명하기 위해 '좋은' '더 좋은' '가장 좋은' 과 '지혜로운' '더 지혜로운' '가장 지혜로운' 이라는 형용사를 자세히 설명한다. 또한 우리는 하느님의 사랑스러운 분이라고 말 할 수 없다. 왜냐하면 하느님은 모든 사랑과 사랑스러움보다 빼어나기 때문이다."
 "하느님은 좋은 분이라고 내가 말한다면 나는 잘못 말하고 있는 것입니다. 나는 좋은 사람이지만 하느님은 좋은 분이 아니라고 말하는 것이 더 정확할 것입니다. 내가 하느님을 좋은 분이라고 말하면, 그것은 결국 내가 하느님보다 더 좋은 자라고 말하는 것입니다. 왜냐하면 좋은 것은 더 좋게 될 수 있고, 더 좋은 것은 가장 좋게 될 수 있기 때문입니다. 하지만 하느님은 좋은 분이 아니기에 더 좋은 분이 될 수 없고, 더 좋은 분이 아니기에 가장 좋은 분이 될 수도 없습니다. 이 세 마디- 좋은, 더 좋은, 가장 더 좋은- 는 하느님의 실재와는 너무나 거리가 멉니다. 왜냐하면 하

느님은 모든 것 위에 뛰어난 분이시기 때문입니다……." [31]

(4) 죄악과 사망(死亡) : 기독교

이상과 같이 신에 대한 인식이 부정적이지 않을 수 없는 경우가 있었던 것처럼, 생명에 대하여서도 이렇게 말할 수 있다.

생명에 대하여 그 부정적인 점은 구약으로부터 시작될 것이다. 창세기 첫 장에서 우리는 다음과 같은 내용을 본다. 그것은 하느님의 분부(선악과를 따먹지 말라던)를 어긴 아담과 이브가 그토록 살기 좋은 에덴동산에서 쫓겨나게 된다는 것이다. 이는 곧 그들의 죄악으로 인해 고통과 죄악, 또한 사망에 이르게 된다는 것이며, 에덴동산의 생명나무(永生의 생명나무가 있던 곳)로부터도 추방된다는 의미이기도 하다.

금지된 영생의 생명나무-구약

구약의 창세기에는 하나님이 우주와 인간, 그리고 인간이 기대고 살아야 할 인간세상을 비롯해 온갖 생명들을 창조한 것으로 되어있다. 그러나 하나님은 (부정적인 생명에 대한 인식으로)탄식하기를

"여호와께서 사람의 죄악이 땅에 가득한 것과 그 마음의 생각이 항상 악한 것을 보시고 땅에 사람을 만든 것이 후회가 되어 탄식하시며 이렇게

---

31) 마이스터 엑카르트는 이렇게 말했다, 매튜 폭스 해제 주석, 김순현 옮김, 273~275쪽 (분도출판사 2006)

말씀하셨다. '내가 창조한 사람을 지상에서 쓸어버리겠다. 사람으로부터 짐승과 땅에 기어 다니는 생물과 공중의 새까지 모두 쓸어버릴 것이다. 내가 이것들을 만든 것이 정말 후회가 되는 구나' " [32]

창세기의 기록에 의하면 인류최초의 죄라고 할 아담의 죄는 (그들을 하나님의 말씀을 어기는 것으로부터) 결국 하느님이 살게 했던 에덴동산(생명나무가 있는 동산)에서의 추방됨이다.

"여호와 하나님은 에덴 동쪽에 동산을 만들어 자기가 지은 사람을 거기에 두시고 갖가지 아름다운 나무가 자라 맛있는 과일이 맺히게 하셨는데 그 동산 중에는 생명나무와 선악을 알게 하는 나무도 있었다. ……하나님은 아담에게 말씀하셨다. '네가 네 아내의 말을 듣고 내가 먹지 말라고 한 과일(선악과)을 먹었으니 땅은 너 때문에 저주를 받고 너는 평생 동안 수고해야 땅의 생산물을 먹게 될 것이다. 땅은 너에게 엉겅퀴를 낼 것이며 너는 들의 채소를 먹어야 할 것이다. 너는 이마에 땀을 흘리며 고되게 일을 해서 먹고 살다가 마침내 흙으로 돌아갈 것이다. 이것은 네가 흙으로 만들어졌기 때문이다, 너는 흙이므로 흙으로 돌아갈 것이다(하나님의 분부를 어기게 되어 마침내 죽으리라는 말과 같이).'

여호와 하나님이 '이제 사람이 우리 중 하나같이 되어 선악을 알게 되었으니 그가 생명나무의 과일을 따먹고 영원히 살게 해서는 안 된다.' 하시고 그 사람을 에덴동산에서 추방하여 그의 구성원소인 땅을 경작하게 하였다. 이와 같이 하나님은 그 사람을 쫓아내시고 에덴동산 동쪽에 그룹 천사들을 배치하여 사방 도는 화염검으로 생명나무의 길

---

32) 창세기 5장 5-7 현대인의 성경(생명의 말씀사 1986)

을 지키게 하였다."[33]

죽음의 십자가-신약

결국 인간 아담으로부터 시작한 인간의 타락은 하나님이 자신의 창조의 세계를 후회할 정도로 노엽게 되었고, 마침내는 이를 모두 쓸어버리기에 이를 정도가 된다는 것이다. 또한 아담 이후 인간은 모두 죽게 되었고, 이는 마치 아담처럼 영생의 생명나무에 접근이 허용되지 않은 것이라고 할 수 있다.[34]

이리하여 신약의 복음은 이런 죽을 수밖에 없는 인간이 죽지 않고 영생(永生)하기 위해서는 다시 태어나야만 한다는 것, 그리고 이것이 소위 예수의 생명의 복음(구원)인 부활신앙이 되어 나타나는 것일 것이다.

그런데, 부활이란 이미 죽었거나 아니면 죽어서 다시 살아나는 것이다. 그러니까 우선 죽음이 있고, 따라서 부활은 죽음에 이어서 뒤따르게 되는 상황이다. 이리하여 신약은 죽음, 곧 생명에 부정적인 죽음에 대한 강조가 곳곳에 보인다. 그 대표적인 예가 소위 예수의 십자가로 처형된 죽음이다.

"내가 영광을 받을 때가 왔다. 내가 분명히 너희에게 말한다. 한 알의 밀이 땅에 떨어져 죽지 않으면 한 알 그대로 있지만 그것이 죽으면 많은

---

33) 창세기 3장 17-19 (같은 책)
34) 물론 이는 창세기에서 보듯이 하느님의 작정에 의한 것이다. 요한복음 12장 23-28, 31-33 현대인의 성경(생명의 말씀사 1986)

열매를 맺는다. 자기 생명을 사랑하는 사람은 그 생명을 잃을 것이며 이 세상에서 자기 생명을 미워하는 사람은 그 생명을 영원히 보존할 것이다. ……누구든지 나를 섬기고자 하면 나를 따라야 한다. 누구든지 나를 섬기면 내 아버지께서 그를 귀하게 여기실 것이다.

지금 내 마음이 몹시 괴로우니 무슨 말을 해야 할까? 아버지, 나를 구원하여 이 때를 피하게 하여 주소서. 그러나 나는 이 일 때문에 이 때에 왔습니다. 아버지, 아버지의 이름을 영광스럽게 하소서.

지금은 이 세상이 심판받을 때이다. 이제 이 세상 임금인 사탄은 쫓겨날 것이다. 내가 (죽음으로), 이 땅에서 들리면 모든 사람을 이끌어 나에게 오게 하겠다."

예수님은 자기가 어떤 죽음을 당할 것인가를 보여 주시기 위해서 이 말씀을 하셨다. 35)

함께 십자가에 달린 죄수 중 한사람은 "당신이 그리스도가 아니요? 당신 자신과 우리를 구원 하시오" 하며 예수님을 모욕하였으나 다른 죄수는 그를 꾸짖으며 "너는 똑 같이 사형선고를 받고도 하나님을 두려워하지 않느냐? 우리는 죄를 지었기 때문에 이런 벌을 받아도 싸지만 이 분은 잘못한 것이 아무것도 없다" 하였다. 그리고서 그가 "예수님, 당신의 나라에 들어가실 때 저를 기억해 주십시오" 하자 예수님은 그에게 "내가 분명히 말하지만 오늘 네가 나와 함께 낙원에 있게 될 것이다." 라고 말씀하셨다.

낮 12시쯤 되어 온 땅에 어두움이 뒤덮이더니 오후 3시까지 계속되었다. 해가 빛을 잃었고 성전휘장이 두 쪽으로 찢어졌다. 그리고 예수님은

---

35) 물론 이는 창세기에서 보듯이 하느님의 작정에 의한 것이다. 요한복음 12장 23-28, 31-33 현대인의 성경(생명의 말씀사 1986)

큰소리로 "아버지, 내 영혼을 아버지 손에 맡깁니다." 하시고 숨을 거두셨다. [36]

"그리스도께서 죽은 사람 가운데서 살아났다고 전파되었는데 어째서 여러분 가운데는 죽은 사람의 부활이 없다고 하는 사람이 있습니까? 만일 죽은 사람의 부활이 없다면 그리스도께서도 다시 살아나지 못하셨을 것입니다. 만일 그리스도께서 살아나지 못하셨다면 우리의 전도와 여러분의 믿음도 헛되고 맙니다.

만일 우리가 그리스도 안에서 바라는 것이 이 세상뿐이라면 우리는 그 누구보다도 불쌍한 사람들입니다.

그러나 그리스도께서는 죽었다가 다시 살아나 죽은 사람들의 첫 열매가 되셨습니다. 죽음이 한 사람을 통해서 온 것처럼 죽은 사람의 부활도 한 사람을 통해서 왔습니다. 아담의 피로 모든 사람이 죽은 것같이 그리스도(그리스도의 십자가의 죽음을 통해 부활한 것처럼)로 모든 사람이 다시 살게 될 것입니다. 그러나 부활에는 각자 자기 차례가 있습니다. 첫째는 첫 열매이신 그리스도이고 다음은 그리스도께서 다시 오실 때 그분을 믿었던 모든 성도들입니다. 그런 다음 세상의 종말이 올 것이며 그때 그리스도께서는 영계와 지상의 모든 통치권과 권세와 능력을 없애버리고 나라를 하나님 아버지께 넘겨드릴 것입니다. 그리스도께서 모든 원수들을 자기 발아래에 굴복시킬 때까지 왕으로 다스려야 합니다. 그리고 멸망받을 최후의 원수는 죽음입니다.

---

36) 누가복음 23장 39-46 (같은 책)

만일 부활이 없다면 죽은 사람들을 위해 세례 받는 사람들이 무엇을 하겠습니까? 죽은 사람들이 살아나지 못한다면 어째서 그들을 위해 세례를 받습니까? 또 무엇 때문에 우리가 끝임 없는 위험을 당해야 합니까? 형제 여러분, 우리 주 그리스도 예수님 안에서 내가 여러분을 자랑스럽게 생각하는 것만큼 확실하게 말하지만 나는 날마다 죽습니다. 내가 만일 인간적인 생각으로 에베소에서 사나운 짐승들과 싸웠다면 내게 무슨 이익이 있었겠습니까? 만일 죽은 사람이 살아나지 못한다면

'내일 죽을 텐데 먹고 마시자'

할 것입니다. 여러분은 속지 마십시오. 악한 친구와 사귀면 좋은 버릇마저 그르치게 됩니다."

" '죽은 사람이 어떻게 다시 살아나며 어떤 몸을 갖게 됩니까' 하고 묻는 사람이 있을지 모르지만 그것은 어리석은 질문입니다. 여러분이 뿌리는 씨가 죽지 않으면 살아나지 못합니다. ……하늘의 형체도 있고 땅의 형체도 있으나 그 영광이 각각 다르며 해와 달과 별의 영광이 각각 다르며 별과 별의 영광도 다 다릅니다. 죽은 사람들의 부활도 이와 같습니다. 몸은 묻히면 썩지만 썩지 않을 것으로 다시 살아납니다. 천한 몸으로 묻히지만 영광스러운 몸으로 다시 살아나며 약한 몸으로 묻히지만 강한 몸으로 다시 삽니다. 육체의 몸으로 묻히지만 영의 몸으로 다시 살아납니다. 성경에 '첫 사람 아담은 산 존재가 되었다'라고 쓰여 있으나 마지막 아담인 그리스도는 생명을 주시는 영이 되셨습니다. 그러나 육적인 것이 먼저 왔으며 그 다음에 영적인 것이 왔습니다. 첫 사람 아담은 땅에서 흙으로 빚어졌지만 둘째 사람 예수님은 하늘에서 오셨습니다. 흙에 속한 사람은 흙으로 만들어진 아담과 같고 하늘에 속한 사람들은 하늘에서 오신 그리스도와 같습니다. 우리가 지금은 흙으로 빚은 사람의 몸을 지니고 있

으나(죽을 몸이기는 하나), 언젠가는 하늘에서 오신 그리스도와 같은 몸(죽지 않을 몸)과 같게 될 것입니다.

　형제 여러분, 내가 여러분에게 말하지만 살과 피는 하나님의 나라를 물려받을 수 없으며 또 썩을 것은 썩지 않을 것을 물려받을 수 없습니다. 내가 이제 한 가지 비밀을 말하겠습니다. (비록 우리의 죽을 목숨이 죽었지만 이제 우리는) 그것은 우리가 죽지 않게 모두 변화된다는 것입니다. 마지막 나팔 소리가 울릴 때 눈 깜작 할 사이에 죽은 사람들이 썩지 않을 사람으로 다시 살아날 것이며 우리는 모두 변화 될 것입니다. ……이런 일이 일어날 때에는 '승리가 죽음을 삼켜버렸다' 라는 성경말씀이 이루어질 것입니다." [37]

　"여러분은 그리스도 예수님과 연합하는 세례 받은 우리가 그분과 함께 죽었다는 사실을 모르십니까? 우리는 그분의 죽으심과 연합하는 세례를 받음으로써 그분과 함께 묻힌 것입니다. 이것은 그리스도께서 죽은 사람 가운데서 아버지의 영광으로 살아나신 것처럼 우리도 새로운 생명 가운데서 살도록 하기위한 것입니다. 그리스도의 죽으심으로 우리도 함께 죽었다면 그분의 부활하심과 함께 우리도 틀림없이 부활하게 될 것입니다. 우리의 옛 자아가 그리스도와 함께 십자가에 못 박힌 것은 죄에 매인 육체를 죽여서 다시는 죄의 종이 되지 않게 하려는 것인 줄 압니다. 죄에 대하여 이미 죽은 사람은 죄에서 해방 된 것입니다. 만일 우리가 그리스도와 함께 죽었으면 또한 그분과 함께 살아날 것도 믿습니다. ……그리스도께서는 죄에 대하여 단 한 번 죽으시고 하나님을 위해 영원히 살아계십

---

37)　고린도(1)15장 12-14, 19-26, 29- 38-54 (같은책)

니다. 이와 같이 여러분도 죄에 대해서는 죽은 사람이지만 하나님을 위해서는 그리스도 예수님 안에서 살아있다고 여기십시오." [38]

생명에 대한 부정적인 점을, 구약과 신약 다함께 이상에서 보는 바와 같다. 구약에서는 생명에 대하여 부정적인 면(금지된 영생의 생명나무)을 내세운 것처럼, 신약에 있어서도 죽음의 십자가를 내세운다는 것이 그것이다. 단지 신약에 있어서의 죽음의 십자가는 죽음의 십자가를 통하여 부활을 하여야만, 아담으로부터 비롯되었다는 죽음을 끝내게 될 뿐만 아니라 구원·영생의 길도 있게 된다는 점을 강조되고 있다는 점이, 아마 구약의 단순한 생명과는 다른 점이라고 할 수 있겠다.

---

38) 로마서 6장3-14 (같은책)

생명인식의 어려움

여기서는 불교의 공(空의-진실)이란 무엇인가? 따라서 불교에서 이 空이(생명에도 부정적인) 비롯되기에 이른 원인은 과연 어디에 있을까? 이러한 의문에 따라서 그 원인을 살펴보는 것이, 다음에 우리의 할 이야기가 될 것이다.

사실 무(無)나 공(空)은 초기불교에서, 우파니샤드의 브라만과 아트만의 부정에 따른 것이었다. 그런데 이 브라만과 아트만은 생명이었다. 결국 브라만과 아트만의 부정은 생명의 부정일 수밖에 없다. 기독교에서도_ 생명에 부정적인 불교와는 달리 생명을 강조하기는 해도_ 쉽지만은 않은 점과도, 또한 주자가 기(氣)보다는 리(理)를 앞세운 것과 맥을 같이 한다.

따라서 생명의 중요성과 아울러, 이 생명에 대한 부정적인 점이 어디에 있는가를 아래에서 살펴보기로 한다.

생명의 중요성은 앞서 살펴본바와 같다. 그러나 또 한편에 생명에 대한 부정점이 있다. 아마 이것이 생명의 중대성을 재삼 강조하지 않으면 안 되는 이유가 될 것이다. 왜냐면 생명의 중대성을 말한다고 해도, 이와 동시에 생명에 대한 부정적인 경향이 우리에게 따르기 때문이다.

이를 다시 말한다면 다음과 같다. 생명이 중요한 것이야 말할 것이 없는 것은, 결국 우리가 이 생명 때문에 살고 있다는 것을 분명히 알고 있을 것이기 때문이다. 여기에 또한, 어차피 생명은 존재하는 것이 아니냐라고 우리는 분명하게 말할 수도 인정할 수도 있다.

생명을 알고 모르고를 떠나서 우리는 생명으로 살아가기 때문이다. 이를 테면 살아있는 식물인 나무나 생화(生花)는 생명을 지닌 체 살아가기 마련인 것이다. 식물이 자신이 살아있는지 어떤지를 알고 있는지는 모르겠으나, 이것이 식물이 살아가는 데 지장을 주지 않으리라는 것은 분명하다. 이러함에도 굳이 생명의 중요성을 강조해야만 하는 이유가 있다는 것인데, 이것이 바로 생명에 대한 부정적인 관점이 우리에게 있기 때문인 것이다.

따라서 다음과 같이 말할 수 있다. 인간은 단지 생명이 있는 존재에 불과한 것이 아니라는 것이다. 그러니까 인간은 생명이 있는 존재임은 물론이지만, 식물과 같이 단지 살아가는 존재만은 아니라는 것이다. 이렇게 말하지 않을 수 없는 것은, 역시 사람은 이 생명과 함께 또한 인식을 하는 존재이기 때문이다.

그런데, 이와 같이 생명을 지녔으면서도 아울러 인식을 하는 존재라는 것은 어떤 의미인가?

생명과 인식을 함께 말하지 않을 수 없는 것은 불교가 覺(인간의 지성과 깨달음)을 중요시하는 점에 비추어 봐도 알 수 있다. 역시 불교수행에 있어 위빠사나[慧]와 사마타[止]가 있는 것에서도 알 수 있다. 말하자면 깨달음과 깨달음에 대한 대상이 있다는 것이다. 〈위빠사나는 혜라고 한다. 따라서 사마타에 대한 혜, 곧 대상(止)에 대한 각성(慧:인식)이 없지 않을 것이다.〉

또한 도교의 수련법에는 명(命)과 혜(慧)를 함께 닦아야 한다는 성명쌍수(性命雙修)의 강조점이 있음을 볼 수 있는데, 이 역시 같은 맥락에 있을 것이다. 물론 명(命, 생명-대상)에 대한 인식(慧)이 필수적이라는 것이다.

따라서 생명이라는 것 역시, 생명이라는 대상과 이에 대한 인식이 없이 오직 생명 자체만을 놓고 말할 수 없다는 것도 알게 된다.

1. 일상생활과 생명의 인식

자신이 생명을 지닌 존재임을 인식한다는 것이 사람의 특성이다. 즉 사람이란 자신이 살고 있음을 안다는 것이다.

사람이 아닌 식물은 자기가 살아 있지만, 그러나 식물은 살아있는 자신을 알 수가 없을 것이다. 물론 인식의 능력이 없는 식물이기 때문이다. 이렇다면 결국 살아있다고 해도, 자기가 살고 있는지도 모르는 식물에게 살고 있다는 것, 즉 생명이 그 식물에게 무슨 의미가 있을까?

그런데 이는 단지 식물 만에 불과한 것이 아니다. 곧 인간에게도 해당되는 것이다. 비록 인간이지만, 의식을 잃고 누워 있는 중환자는 살아 있다고 해도 자기가 살고 있음을 모르는 것이다, 결국 뇌사상태에 이른 환자인 인간은, 살아있다고 해도 자기가 살아있음을 모르는 인간, 곧 식물과 같은 인간에 지나지 않는 것이다.

사실 이는 의식을 잃은 중환자 만에 해당되는 것도 아니다. 잠을 자는 인간도 마찬가지인 것이다. 수면이 인생의 거의 절반을 차지하고 있다고 한다면, 자기가 살고 있는지도 모른 채 인생을 통 털어서 마치 잠에 곯아 떨어져, 거의 절반의 인생을 속절없이 보내버리고 있다고도 말할 수 있다.

이와 같이 사람들이 모두 살고 있음은 저마다 생명이 있어서일 터이지만, 그렇다고 사람들이 자신의 생명 자체를 분명히 인식하면서 살고 있다고는 쉽게 말할 수 없는 것이다.

생명(살아있음에 대한 인식의 관점에서)의 입장에서, 살아있는 초목과 함께 이를 바라보는 우리의 입장을 생각해 본다고 하자. 물론 이때도 초목이 살아있음을 아는 우리의 인식은, 단지 모양이나 색깔 등을 통하여 그 초목이 살아있을 것이라는 짐작일 뿐이라는 것을 알 수 있다. 실제로 이 짐작이(살아있을 것이라는), 초목이 지닌 생명의 실상을 아는 것이라고 할 수는 없기 때문이다.

초목뿐만이 아니라, 우리가 보는 동물이나 사람의 경우도 그럴 것이다. 이는 마치 우리가 보는 영화의 화면 속의 동식물이 살아있는 것처럼 느껴지기는 하나, 실인즉 영화의 화면은 단지 화면에 지나지 않은 것과 같다. (그러니까 영상화면의 움직이는 실상은, 단지 정지된 화면으로 구성된 필름의 동작에 따른 착각에 불과한 것에 지나지 않을 것과 같다)

나의 행위나 생각이 생명에서 비롯되는 것이라는 점을 모른다고 할 수는 없겠지만, 그러나 실지에 있어서는 나의 행위, 생각자체의 현상 만에 생각이 미칠 뿐, 정작 생명자체까지는 생각이 미치지 못한다는 점도 무시할 수가 없다.

이렇게 사람들이 살아가고 행동하고 말하고 생각하는 이런 모든 것이 생명에서 비롯되는 것이겠지만, 그러나 정작 사람들은 자신의 모든 행동이 비롯되는 생명자체에까지는 생각이 미치지 못한다는 점이 있음을 알 수 있다. 따라서 단지 현상으로만 나타나는 자기의 말이라든가 행위, 생각에만 관심을 가질 수밖에 없다는 문제가 있는 것이다.

그런데 우리의 평소의 인식이 생명 대한 인식에서는 이렇게 소홀한 점이 있다는 것에 앞서, 우리에게는 그럴 수밖에 없는, 보다 근본적인 이유가 있을 수밖에 없다는 점 역시 지적하지 않을 수 없다.

2. 생명에 대한 철학적 관점 : 칸트, 쇼펜하우어

생명의 실상에 대한 인식을 말함에 있어서, 서양철학에서 칸트를 일례로 들지 않을 수가 없는데, 그는 말하기를 물자체(物自體-물질의 실상)는 알 수가 없다고 말했기 때문이다.

"칸트는 우리에게 나타난 대로의 세계가 궁극적 실체가 아니라는 것을 의심하지 않았다. 그는 현상적 실재(phanomeln) 또는 우리가 경험하는 것으로서의 세계와 본체적 실재(noumenon). 즉 순수지성적 또는 비감각인 실재와를 구별했다. 우리가 하나의 사물을 경험할 때, 우리는 불가피하게 그것을 우리의 사유의 선천적 범주들이라는 렌즈를 통하여 지각한다. 그러나 지각되지 않을 때의 한 사물은 어떤 모습일까? 물 자체(ding an sich)는 무엇일까? 우리는 비감각적 지각 경험을 결코 할 수 없다. 우리가 인식하는 대상들은 감각된 대상들이다.

그러나 우리는 우리 경험세계의 존재가(實體가) 정신에 의해 만들어지지 않는다는 것을 알고 있다. 오히려 정신은 물자체의 세계로부터 유래된

다양한 경험에 관념들을 부과한다. 이것은 다음과 같은 의미이다. 즉 우리와 독립하여 존재하는 실재가 우리 외부에 있으나 우리는 그것이 우리에게 표상되고 우리에 의해 조직된 것으로만 그것에 대해 알 수 있다는 것이다. 그리하여 물자체의 개념은 우리의 지식을 증가 시켜주지 않고 우리에게 인식의 한계를 상기시켜 줄 뿐이다." [39]

"그래서 우리가 말하고자 했던 것은 이렇다. 우리의 모든 직관은 다름 아니라 현상에 대한 표상이고, 우리가 직관하는 사물들은 우리가 그 사물들을 그런 것이라고 직관하는 그 자체가 아니며, 그것들의 관계들도 그 자체로는 그것들이 우리에게 현상하는 그대로가 아니며, 또 우리가 우리 주관이나 단지 감관 일반의 주관적 성질을 제거한다면, 공간, 시간상의 객관상의 모든 관계들, 그리고 심지어 공간, 시간조차도 사라져 버릴 것이다. 그러니까 모든 것은 현상인 것으로서 그 자체로가 아니라 오직 우리 안에(물자체와는 달리 우리의 의식으로만) 실존 할 수 있는 것이다. 그 자체로 그리고 우리 감성의 일체의 이 수용성과는 별도로 대상들이 어떤 상태로 놓여 있는가는 우리에게 전혀 알려져 있지 않다. 우리는 그것들을 지각하는 우리의 방식, 즉 우리에게 고유한, 비록 모든 사람에게 속하기는 하지만 모든 존재자에게 필연적으로 속하는 것은 아닌 방식 이외는 아무것도 알지 못한다……. 우리가 우리의 직관을 최고도로 분명하게 할 수 있다 하더라도, 그로써 우리가 대상들의 그 자체의 성질에 더 가까이 접근하게 되는 것은 아니다……. 그 반면에 직관중의 물체라는 표상은 어떠한 대상 그 자체에 속함직한 전혀 아무것도 포함하고 있지 않으며, 순전

---

39) 서양철학사, 사무엘 E. 스텀프 지음, 이광래 옮김, 392쪽 (종로서적 1986)

히 무엇인가의 현상이고, 우리가 그것에 의해 촉발되는 그 방식 그리고 우리 인식 기능의 수용성은 감성이라고 일컬어지지만, 그럼에도 대상 그 자체에 대한 인식과는_ 사람들이 설령 저것(현상)을 근저에까지 파고 들어간다고 할지라도_ 여전히 천양지차가 있……. 우리가 대상들을 제아무리 깊이 탐구하더라도 (감성세계에서는) 어디서나 현상들 이외에는 어떤 것도 다룰 수 없음에도, 사물들 자체를 인식한다고 믿는다." [40]

그런데 앞에서 본 바와 같이, 동양사상에서는 기(氣)란 물체의 근본이라고 했던 것이다. 그리고 그 기는 생명이기도 했던 것이다. 이를 칸트의 말로 한다면 곧 물자체가 될 것이다. 뒤에 오는 쇼펜하우어도 물자체는 생명의 의지라고 말했다.

"그에게 있어서는 직접적으로 극히 친숙하며 다른 어떠한 것보다 잘 알려진 것이고, 그것이 가장 명백하게 나타나는 경우에는 의지라 부른다. 이제 우리로 하여금 더 현상 밑에 머물게 하지 않고, 이것을 넘어서 물자체로 나아가게 하는 것은 오로지 반성을 적용하기 때문이다. 현상이란 표상을 말하는 것일 뿐, 그 이상의 아무것도 아니다. 어떠한 종류에 속하는 모든 표상, 즉 모든 객관은 표상이다. 그러나 의지만이 물자체이다. 그러한 것으로서의 의지는 완전히 표상은 아니고 완전히 표상과 다른 것이다. 모든 표상, 즉 모든 객관은 의지가 나타난 것. 가시적으로 된 것. 의지의 객관화다. 의지는 개체 및 전체의 내면적인 심오한 부분이며 핵심이다. 의지는 맹목적으로 움직이는 모든 자연력 속에 나타나 있고, 또 숙고된 인

---

40) 순수이성비판, 칸트, 백종현 옮김, 262~264쪽 (아카넷 2008)

간의 행동 속에도 나타나 있다. ……왜냐하면 마치 시간과 공간이 모든 현상의 형식인 것처럼, 개인이나 그 힘은 의지가 밖으로 나타난 것, 눈에 보이게 된 것에 불과하기 때문이다. 이들 근원의 무한한 샘물은 유한의 척도로는 도저히 퍼낼 수가 없다. 따라서 발생하려다 억눌린 사건이나 성립되려다 방해된 사업에도 언제나 재생의 여지가 있고, 그 원천의 무한성은 조금도 감소되지 않는다. 이 현상계에는 참된 득도 없고 참된 상실도 없다. 존재하는 것은 오직 의지뿐이다. 의지 즉 물자체이고, 의지 즉 그 모든 현상들의 원천이다……. 의지는 물자체이고 세계의 내적 실체이며, 본질적인 것이지만, 생, 가시적 세계, 현상은 의지의 거울에 불과하기 때문에, 마치 육체에 그림자가 따르는 것처럼, 의지에는 생, 세계, 현상이 불가분으로 수반되는 것이다. 그리고 의지가 있는 곳에는 생과 세계도 있을 것이다. 따라서 생(生-生命)에의 의지는 확실한 것이며, 우리들이 이 생애의 의지로 충만 되어 있는 한, 아무리 죽음에 직면하더라도 우리들은 우리의 생존을 염려할 필요는 없다." [41]

칸트와 함께 쇼펜하우어 역시 현상 넘어 물자체가 있다는 입장은 같다. 그러나 쇼펜하우어에게 있어서는 물자체가 의지, 곧 생명의 의지라는 것이 칸트를 넘어서는 입장이기는 하다. 그러나 물자체(물자체는 생명의 의지라고 비록 쇼펜하우어가 말했지만)가 칸트에게 있어서는 난제(인식에 따르게 될 어려움)일 수밖에 없었던 것처럼, 종교에서도 이러한 문제(본질, 곧 물자체에 대한 인식문제)가 따르게 될 것이다. [42]

---

41) 의지와 표상으로서의 세계, 쇼펜하우어, 곽복록 옮김, 161, 241, 343쪽 (을유문화사 2007)
42) 이를테면 브라만이나 아트만은 우파니샤드에서 말하던 것이다. 브라만은 신(神)이며 아트만은 나라는 개인[我]이다. 그러나 불교는 신이나 개인[我] 모두에 부정적이었다. 앞에서 본 바와 같이, 우파니샤드에서 이 브라만이나 아트만은 생명 자체라고 여기고 있었지만, 그러나 불교의 입장에서는 그 전에, 그(생명)에 대한 인식문제가 따르지 않을 수 없기 때문이었다.

3. 생명에 대한 인식의 불가능성 : 불교

브라만이나 아트만을 생명이라고 믿는다지만(바라문교에서), 그러나 불교가 보기에는 일개 미신이며 우상에 지나지 않는다는 것이었다.

그런데 불교가 이처럼 볼 수밖에 없었던 데에는, 앞서 본바와 같이 역시 우리의 인식에 따른 문제였다고 할 것이다. 초기불교에서는 이를 무색(無色), 무아(無我) 등으로 표현 할 수밖에 없었고,

"비유하면 항하의 큰물이 사납게 일어나 흐름을 따라 모이는 물거품을 눈이 밝은 선비가 자세히 보고 분별하려고 하여 자세히 보고 분별할 때, 거기에는 아무것도 없어 튼튼한 것도 없고 알맹이도 없으며 단단한 것도 없는 것과 같다. 무슨 까닭인가? 그 모인 물거품 가운데는 단단한 알맹이가 없기 때문이다. 이와 같이, 모든 물질로서 과거거나 미래거나 현재거나, 안이거나 밖이거나, 거칠거나 가늘거나, 좋거나 추하거나. 멀거나 가까운 것을 비구가 자세히 보고 생각하며 분별할 때는 거기에는 아무것도 없어 튼튼한 것도 없고 알맹이도 없으며 단단한 것도 없느니라.

비구들이여! 비유하면 눈이 밝은 선비가 단단한 제목을 구하려고 하여 잘 드는 도끼를 가지고 산에 들어갔다가 큰 파초나무가 크고 길고 큰 것을 보고 곧 뿌리를 베고 그 꼭대기를 자르고 잎을 차례로 벗겨보아도 도무지 단단한 나무가 없었다. 그것을 자세히 보고 생각하고 분별하려고 하여 자세히 보고 생각하고 분별하려 할 때, 거기에는 아무것도 없어, 튼튼한 것도 없고 알맹이도 없으며 단단한 것이 없는 것과 같다. 무슨 까닭인가? 그 파초는 단단한 알맹이가 없기 때문이다. 이와 같이 비

구들이여! 모든 뜻함으로써 과거거나 미래거나 현재거나, 안이거나 밖이거나. 거칠거나 가늘거나, 좋거나 추하거나, 멀거나 가까운 것을 비구가 자세히 보고 생각하고 분별할 때, 거기에는 아무것도 없어, 튼튼한 것도 없고 알맹이도 없고 단단한 것도 없느니라."

"이른바 이것이 있기 때문에 저것이 있고, 이것이 일어나기 때문에 저것이 있고, 또한 남(생겨남)을 인연하여 늙음과 죽음이 있으며, 역시 순수한 큰 괴로움의 무더기가 모이기도 하고, 또한 순수한 괴로움의 무더기가 사라지기도 한다." [43]

"부처님은 좀 더 가르쳐주려고 흙을 조금 집어서 손톱 위에 올려놓고 그에게 물었다.
'이 흙이 얼마나 많은 양인가?'
'그것은 넓은 대지에 비하면 아주 작은 양입니다.'
'수행자여! 만일 요만큼이라도 물질이나 감각이나 의지나 현상이나 의식이 항상 존재하는 것이 있다면 범행을 닦는 사람은 그것을 알고 괴로움에서 벗어나려고 하는 일이 없을 것이다. 그러나 손끝의 흙만큼도 항상 변하지 않는 존재가 없기 때문에 수행자는 그것을 바르게 알고 범행을 닦아 괴로움에서 벗어나고자 하는 것이다.'

부처님이 라자가하 죽림정사에 계실 때의 일이다.
어느날 아난다와 함께 마을로 들어가 걸식을 하던 존자 다기사는 미모

---

43) 아함경, 이상규 옮김, 210, 211, 323쪽 (해조음)

가 뛰어난 젊고 아름다운 여자를 보게 되었다. 다기사는 애욕의 불꽃이 타올라 마음이 어지러워졌다.

'아난다님 저는 저 여자로 인해 애욕의 불꽃이 타오르고 있습니다. 어떻게 해야 합니까?'

'부처님을 생각하면서 일어나는 잡념을 없애버리게. 그러면 애욕의 불꽃이 사라질 것이네.'

아난다의 말을 듣고 마음을 제어한 다기사는 걸식이 끝나는 대로 빨리 부처님이 계신 곳으로 돌아가려고 했다. 그런데 조금 전에 보았던 아름다운 여인이 멀리서 다기사의 모습을 보고 다시 환하게 웃었다.

다기사는 그 여자의 웃음을 보고 이렇게 생각했다.

'저 여자의 육체는 뼈를 세워놓고 가죽으로 싸놓은 것이다. 그것은 마치 그림을 그려놓은 병과 같다. 그러나 그 안에는 온갖 더러운 것이 가득 들어 있다. 그러니 저 육체에서 탐낼 것이 무엇이 있겠는가. ……나는 남의 몸을 관찰하기보다는 나의 몸을 살펴보리라. 이 탐욕은 어디서 생겨났는가. 그것은 다만 생각에서 생긴 것이다. 이제 만일 내가 이 탐욕을 버린다면 탐욕은 곧 없어지리라.'

이렇게 하여 번뇌에서 벗어난 다기사는 아난다와 함께 정사로 돌아왔다.

부처님이 이를 알고 어떻게 그런 기특한 생각을 하게 되었느냐고 물었다.

이에 다기사는 이렇게 대답했다.

'부처님께서는 늘 이렇게 말씀하셨습니다. 육체(色)는 물거품과 같아서 견고하지 않으며, 거짓되어 진실한 것이 아니다. 감각(受)은 물거품과 같아서 견고하지 않으며, 거짓되어 진실한 것이 아니다. 표상(想)은 아지랑이와 같아서 견고하지 않으며, 거짓되어 진실한 것이 아니다. 의지(行)

는 파초와 같아서 알맹이가 없으며 견고하지 않으며, 거짓되어 진실한 것이 아니다. 의식(識)은 허깨비와 같아서 견고하지 않으며, 거짓되어 진실한 것이 아니다. 이 다섯 가지 쌓임(五蘊)은 모두 견고하지 않으며, 거짓되어 진실한 것이 아니다 라고, 이렇게 아름다운 여인을 보고 마음이 어지러울 때 이렇게 생각하며 번뇌의 불꽃이 꺼졌나이다.'

'훌륭하다, 다기사야! 너는 참으로 오온의 근본을 잘 관찰했구나. 모든 수행하는 사람은 오온이 견고하지 않다고 관찰해야 한다. 왜냐하면 내가 보리수 아래서 위없는 깨달음을 얻었을 때도 오늘 네가 관찰한 것처럼 오온이 견고하지 않다고 관찰했기 때문이다.' " [44]

역시 후기불교에서도 더욱 부정적인(무아라는 법까지도 쑈이라는-法無我)면을 본다.

"수보리야! 만일 어떤 사람이 말하기를 부처님이 아견(나라는 소견), 인견(남이라는 소견), 중생견(중생이라는 소견), 수자견(오래 산다는 소견)을 말했다고 한다면, 수보리야! 네 생각에 어떠하냐. 이 사람이 내가 말한 바의 뜻을 안다고 하겠느냐."

"아니옵니다, 세존이시여! 이 사람은 여래께서 말씀하신 아견, 인견, 중생견, 수자견은 곧 [진정한]아견, 인견. 중생견, 수자견이 아니고, [단지] 아견, 인견, 중생견, 수자견이라고 부르신 것[착각일 뿐]이기 때문이옵니다." [45]

---

44) 한권으로 읽는 아함경, 홍사성 옮김, 543, 552, 553쪽 (불교시대사)
45) 金剛經, 안재철, 수암스님 등 옮김, 317쪽 (운주사 2006)

"이런 모든 식이 전변(轉變)하여 분별(주관)과 분별되는 것(객관)으로 분화된다. 이것에 의해서 실아실법(實我實法)은 모두 존재하지 않는다. 따라서 일체는 오직 식(識) 뿐이다." [46]

진여(眞如), 공(空), 실제(實際).
열반과 법계,
갖가지 의성신(意成身),
나는 이것을 심량(心量)이라 말하네.

망상습기에 얽혀
갖가지 법이 마음에 나면
중생들은 바깥 법인 줄 알지만
나는 이것을 심량이라 말하네.

밖에서 보이는 바는 있지 않으니
마음이 갖가지 법을 나타낸 것.
몸, 재물과 사는 곳은
나는 이것이 심량이라 말하네.

범우(凡愚-衆生)는 분별을 즐기므로
진실한 지혜를 내지 못하나,
언설은 삼계(三界)의 근본이고

---

46) 유식삼십송, 성윤갑 옮김, 184쪽 (불교시대사 2005)

진실은 고인(苦因)을 없앤다네.

삼유(삼계의 실상)는 오직 분별이네
외경(外境-대상)은 전연 없고,
망상이 가지가지 나타남을
범우는 깨닫지 못하네.[47]

혜심심의밀의보살이 여리청문보살에게 말했다.
 "선남자여, 일체법을 간략히 말하면 두 가지가 있으니, 곧 유위법(有爲法-인연법에 의해 형성되고 변화하는 현상적 존재를 말함)과 무위법(無爲法-인연에 의해 만들어지지 않으며, 생멸변화가 없는 상주절대의 법을 말함)입니다. 여기서 유위법은 유위법도 아니고 무위법도 아닙니다. 무위법 역시 무위법도 아니고 유위법도 아닙니다.
 선남자여, 유위법은 석가 본사께서 가정적으로 시설하신 용어입니다. 가정적으로 시설하신 용어이므로 곧 두루 헤아려서 집착되는 성질의 언어로 말해진 것입니다.
 ……선남자여, 무위법도 또한 말에 지나지 않습니다. 설사 유위법과 무위법을 떠났더라도 조금이라도 말해진 것이 있으면 그 양상도 역시 그러합니다. 그러나 현상이 없이도 말해지는 것은 아닙니다. 무엇이 현상인가? 모든 성자는 성스런 지혜와 성스러운 견해로서 말을 떠났기 때문에 현재 바른 깨달음을 성취하셨습니다. 이와 같이 언어를 초월한 법의 본성일지라도, 다른 사람으로 하여금 바른 깨달음을 성취하도록 가설로서 명

---

47) 大乘入楞伽經, 金栽根 옮김, 273, 274, 321, 322쪽 (명문당 1989)

칭을 붙여 유위니 무위니 말하는 것입니다." [48]

이상의 경전에서 보는 것과 같이 불교의 부정적인 점을 볼 수는 있기는 하나, 그러나 이러한 불교의 부정적인 면은 역시 우리의 인식의 구조상 (마치 칸트의 물자체에 대한 인식의 불가능성에 따라서), 이 생명을 가정한다고 해도 진작 그 생명을 알기에는 그 어려움이 따른다는 데에 있는 것일 뿐이다(우리가 보는 것이 실제의 생명이기보다는 오히려 그 생명에 대한 관념에 불과하기에).

따라서 칸트는 물자체에 대한 인식의 포기를, 그리고 불교는 공 [실상이나 여래의 부정까지도] 이 누누이 강조되지 않을 수 없는 이유인 것이다.

따라서 이는 앞서 말한 칸트의 시간과 공간(주관적인 분별의 관념)을 통한, 또한 역시 불교의 분별의 상을 통한 인식에 관한 것임을 알 수 있다. 이러한 인식을 통해서는 실상을 알 수 없다는 것이었다.

따라서 생명의 실상에 대한 인식의 어려움 역시, 불교의 공이나 칸트의 물자체에 대한 어려움에 따르게 됨과 같음은 물론이다.

4. 신(神)인식과 생명인식의 어려움 : 기독교

【신(神)인식의 어려움】

불교가 인간 인식의 어려움으로 생명(생명의 실상으로서 자기 자신의 아트만이나 우주적인 것으로서 브라만을)을 알 수 없다고 한 것과 같이, 기독교에서도

---

48) 해심밀경, 묘주 옮김, 14, 15쪽 (민족사)

이런 점을 볼 수 있다. 신을 믿는 처지이면서도, 인간 인식의 조건에 매인, 이에 따라서 신을 이해해야 하는 우리이기에, 역시 신을 알 수 없다는 어려운 점에 난감해 하고 있는 것이다.

따라서 중세 신부인 성(聖) 토마스 아퀴나스나, 소위 옥캄의 면도날로 유명한 옥캄 신부의 글에서도 이를 볼 수 있다. 실상인즉 이러한 신부들의 신학이론으로 인해, 중세신학이 마침내는 철학(근대서양의 유럽철학)으로 전이되는 계기가 되었다고도 말할 수 있음직하다. 신학(신의 본질에 대한 학문)이전에 철학(곧 본질에 대한 인식학)이 문제되지 않을 수 없었을 것이기 때문이다.

"신(神)은 완전하게 인식될 때 비로소 이해될 수 있다. 그런데 무한자(無限者) 신은 무한히 인식될 수 있다. 그러나 영광의 빛을 받아야 하는 피조 된 지성은 유한하다. 따라서 '신은 이해될 수 없는 채로 남는다'

따라서 저승(彼岸)에서는 비록 사물들이 신 안에서 보이긴 하겠지만 피조 된 지성으로서는 신 안에서 모든 것을, 즉 신이 행하고 있고 행할 수 있는 모든 것을 인식 할 수 없다.

이승(此岸)에서 우리는 물질적 육체 속에 영적인 존재를 가지고 있는 것이므로, 그리고 또 우리의 인식도 이것에 알맞게 되어 있기 때문에, 우리는 감각적 피조물을 통해서 인식한다. 그러나 피조물을 통해서 신을 인식 한다는 것은 결코 신 본질을 직관하는 것이 아니다. 그러므로 이승에서는 아무도 신을 볼 수는 없다." [49]

오직 하나의 신(神)만이 존재한다는 것은 논증적으로 입증될 수 없다

---

49) 신학대전요약, 토마스 아퀴나스, 이재룡 등 옮김, 38쪽 (가톨릭대학교출판부 1995)

고 주장한다. 이런 이유는 이런 의미로 이해된다면 신이 현존한다는 것은 명백하게 알려질 수 없기 때문이라는 것이다. 그러므로 오직 하나의 신이 존재한다는 것이 명백하게 알려질 수 없다. 그 추론은 명백하다. 그 전제은 다음 방식으로 증명된다. '신이 현존 한다' 는 명제는 그것 자체만으로는 알려질 수 없는데 왜냐하면 많은 사람들이 그것을 의심하기 때문이다. 게다가 그 자체들만으로 알려진 명제들로부터도 그것은 증명될 수 없는데 왜냐하면 모든 논증에 있어서는 의심스럽거나 또는 믿음으로부터 도출된 어떤 것이 가정 될 것이기 때문이다. 게다가 명백한 것처럼 그것은 경험에 의해서도 알려지지 않는다." [50]

"따라서 우리는 아리스토텔레스주의자의 경우 세계가 필연성에 의해 규정되었던 바와 같이, 오컴의 경우에는 신(神)이 신의 우주로부터, 신의 볼 수 있는 책으로서의 창조주로부터 사실의 수집(피조물에 대한 견해에 국한 된)이 이루어졌다.

결국 우리개념의 보편성(우리의 주관에 윤색된 보편, 즉 神)은 되돌아와서 완전히 우리 편에 떨어져버렸고, 세계의 창조주는 보편성과 무관하게 되었다. 사람들은 이를 신앙심에 대한 폭행으로 해석할 수도 있었다. 이른바 사유는 신의 비규정성에 대한 자신의 실패(규정으로서의 사유는 비규정의 신에 이를 수 없음을)를 고백한다. 그러나 오컴의 신이 다음과 같이 말했을 때 이를 다르게 읽을 수도 있었다. 즉, 너희들의 개념 척도를 신성(神聖)의 바다로 끌고 가는 것을 포기하라. 절대적 단순성이 지배하는 곳에 너희들의 구분이 깃들일 곳은 없다. 감각적 세계에 열중하라, 너

---

50) 윌리엄 오캄, 이경희 옮김, 279쪽 (간디서원 2004)

희는 거기에 관계된다. 너희는 거기서 자신을 정향하지 않으면 안 된다. 너희는 그렇게 하도록 갖추어져 있다. 신성의 본질에 관한 사변은 그냥 둘 지어다. 너희는 세계에 열중하라." [51]

【생명인식의 어려움】
 예수는 생명의 중요성에 대하여 제자들에게는 물론, 그를 따르는 사람, 그 밖의 사람들에게 강조한다. 그렇긴 하나 이 가르침은 듣는 사람들과는 거리가 있을 수밖에 없었다.

 그때 예수님은 그들에게 이렇게 말씀하셨다. "내가 바로 생명의 빵이다. 내게 오는 사람은 굶주리지 않을 것이며 나를 믿는 사람은 절대로 목마르지 않을 것이다. ……사실 내 아버지의 뜻은 아들을 보고 믿는 사람마다 영원한 생명을 얻는 것이다."……예수님이 "내가 하늘에서 내려온 빵이다" 하고 말씀하셨기 때문에 유대인들이 예수님에 대하여 수군거리며 "이 사람은 요셉의 아들 예수가 아니냐? 그의 부모를 우리가 다들 아는데 어떻게 하늘에서 내려왔다고 하는가" 하였다. 그래서 예수님이 그들에게 이렇게 말씀하셨다.: "너희는 서로 수군거리지 마라. 나를 보내신 아버지께서 이끌어주시지 않으면 아무도 나에게 올 수 없다. ……아버지의 말씀을 듣고 배운 사람은 모두 나에게 온다. 이것은 아버지를 본 사람이 있다는 뜻이 아니다. 오직 하나님에게서 온 자만이 아버지를 보았다. 내가 분명히 너희에게 말하지만 나를 믿는 사람은 영원한 생명을 가졌다. 나는 생명의 빵이다. 너희 조상들은 광야에서 만나를 먹

---

51) 중세철학이야기, K. 플라시, 신창석 옮김, 267, 272쪽 (서광사 1998)

었으나 모두 죽고 말았다. 그러나 하늘에서 내리는 양식을 먹는 사람은 죽지 않는다. 나는 하늘에서 내려온 살아있는 빵이다. 누구든지 이 빵을 먹는 사람은 영원히 살 것이다. 이 빵은 곧 세상의 생명을 위해 주는 내 살이다."

그러자 유대인들은 "이 사람이 어떻게 자기 살을 먹으라고 우리에게 줄 수 있겠는가?" 하고 서로 논쟁하기 시작했다. 그래서 예수님은 그들에게 다시 말씀하셨다.: "내가 분명히 너희에게 말하지만 나의 살을 먹지 않고 나의 피를 마시지 않으면 너희 안에 생명이 없다. 누구든지 내 살을 먹고 내 피를 마시는 사람은 영원한 생명을 가졌다. 그래서 나는 마지막 날에 그를 다시 살릴 것이다. 그것은 내 살이 참된 양식이며 내 피는 참된 양식이기 때문이다. 내 살을 먹고 내 피를 마시는 사람은 내 안에 살고 나도 그 사람 안에 산다. 살아 계신 아버지께서 나를 보내셔서 내가 아버지 때문에 사는 것과 마찬가지로 나를 먹는 사람도 나 때문에 살 것이다……." 이것은 예수님이 가버나움 회당에서 가르치실 때 하신 말씀이다.

이 말씀을 듣고 여러 제자들이 "이것은 정말 어려운 말씀이다. 누가 알아들을 수 있겠는가? "하고 수군거렸다.

예수님은 제자들이 이 말씀에 대해서 수군거리는 것을 아시고 그들에게 이렇게 말씀하셨다. "내 말이 너희 귀에 거슬리느냐? 만일 내가 전에 있던 곳으로 올라가는 것을 본다면 어떻게 하겠느냐? 생명을 주는 것은 하나님의 영(靈)이며 인간의 육체는 아무 쓸모가 없다. 내가 너희에게 한 말은 영적인 생명에 관한 것이다 그러나 너희 중에는 믿지 않는 사람들이 있다." 예수님은 믿지 않는 사람이 누구며 자기를 팔아넘길 사람이 누군지 처음부터 알고 계셨다. 그리고서 예수님은 덧붙여 말씀하셨다. "그러므로 내가 너희에게 아버지께서 오게 해 주시지 않으면 아무도 나에게 올 수 없다고 이미 말하였다."

  이 말씀을 듣고 많은 제자들이 예수님을 떠나고 다시는 그와 함께 다니지 않았다.[52]

5. 생명에 대한 인식의 어려움 : 제논, 베르그송

  우리가 상식적으로 본다고 할 때, 동물이나 사람은 물론이고 역시 어떤 물체의 움직임이 있었음은 당연한 것이었다. 오늘만 해도 나는 아침에 잠자리에서 일어나 세수하고 밥 먹고 버스를 타고 직장에 온 것이다. 나뿐 만이 아니다. 모든 사람들이 다 이렇게 무엇인가를 하면서 행동을 하고 있는 것이다. 따라서 죽지 않고 살아있는 이상에는 누구도 움직이지 않고 살 수는 없는 것이다.
  이러함에도 불구하고 움직임이라는 것은 있을 수 없다는 주장을 하는 철학이 있다.
  오늘의 경우만 보더라도 나에게는 많은 행동이 있었을 것임이 분명하다. 이러함에도 불구하고, 나는 물론 그 누구도 한 발짝을 움직일 수 없다는 것이다. 그것은 소위 제논의 유명한 역설이다. 이는 터무니없는 괴변 같지만, 그렇다고 그의 말을 전적으로 무시할 수만도 없다. 그는 그리스 철학에서 당당히 알려진 엘레아학파 중의 한사람일 뿐만 아니라, 또한 그의 이 역설은 이후 서양철학 이래, 아리스토텔레스를 비롯해 쟁쟁한 철

---

52) 요한복음 6장35-66 (같은책)

학자나 수학자들의 논란의 대상이 되었던 것으로도 알만한 일이기 때문이다.

그의 제1의 논의는 운동하는 모든 것은 그 코스의 종점에 도달하기 전에 먼저 통과해야 할 공간의 반을 지나가야 하는데, 이것은 무한히 계속된다는 것이다. 따라서 이러한 이유를 들어 운동의 불가능성을 주장했다.

이와 마찬가지로 제2논의에서 아킬레우스(달리기 선수)는 달리기 경주에서 아무리 빨리 달린다고 해도 앞서간 거북이를 따라잡을 수 없다고 한다. 왜냐하면 아킬레우스는 먼저 거북이가 출발한 지점에 도착하지 않으면 안 되는데, 그러나 그러기 전에 도망치는 거북이쪽은 언제나 조금은 앞서 나가있기 마련이기 때문이다.

제3논의는 만일 시간이 공간과 마찬가지로 무한히 다른 많은 순간들로 분해된다면, 날고 있는 화살은 움직이지 않는다는 것이다(제1논의에 의해).[53]

다시 영화를 보는 경우의 예를 들어보자. 우리가 보는 영화는 분명 움직이는 화면이지만, 그러나 실상 이를 나타내는 화면의 원 필름은 그렇지 않은 것임을 알 수 있다. 정지된 화면이 연속으로 조각조각 이어져있을 뿐인 것이다. 그런데 이렇게 정지된 화면을 재 빨리 연속으로 비추이게 되면, 마치 움직이는 것처럼 화면이 보이게 될 뿐인 것이다.

---

53) 그리스철학, 장 폴 뒤몽, 이광래 옮김, 37쪽 (한길크세주 1999)

이는 영화만 그렇다고 할 수 없다. 우리의 인식도 그렇다고 할 수 있다. 우리의 인식도 분별의 상을 통해 대상을 보게 되므로, 마치 영화의 촬영에서 화면을 하나하나 조각조각으로 찍을 수밖에 없듯이, 우리의 눈도 대상인, 움직임을 실지 보는 것이 아니라, 움직임 하나하나의 동작을 분별해 인식하는 것이다. 그러니까 우리의 인식도, 영화나 사진 촬영처럼 움직임 하나하나를 정지된 상(분별 된, 움직임이 없는 상)으로 인식한다는 것이다. 이렇게 인식 된 상(각기 한 장면으로 조각조각 분리되어 인식된, 즉 각기 정지된)이 연속으로 이어지면서, 마치 영상처럼 우리에게 움직임이 인식되는 것이다.

이렇게 정지된, 움직일 수 없는 상은, 실상이(사실에 있어서는 어떠하든지) 우리의 인식에 있어 분별로 볼 수밖에 없는 조건 때문이다. 우리의 인식에 따르는 문제일 뿐인 것이지 대상(실상)과는 아무 상관도 없다는 것이다.

그런데 제논의 역설은 움직임 자체(사실상의 움직임)가 아예 없다는 것이다. 상식적으로 볼 때도 매일 우리가 움직이고, 또 이렇게 우리가 움직이지 않는다면 살 수 없는데도 말이다.

이에 대하여 베르그송[54]은 말하기를

"우리의 의견으로는, 운동과 운동체가 지나간 공간 사이의(곧 본질과 본질에 대한 인식, 그 둘 사이의) 혼동으로부터 엘레아학파(제논)의 궤변이 생겨났다. 왜냐하면 두 점을 가르는 간격은 무한히 나눌 수 있으며, 운동이 그 간격 자체의 부분들과 같은 부분들로 이루어져 있다면 그 간격은 건널 수 없을 것이기 때문이다.

그러나 진실은 아킬레스의 발걸음이 각각이 단순하고 나누어질 수 없

---

54) 불란서 현대철학자

는 행위이며, 일정한 수만큼의 행위 후에 아킬레스는 거북을 지나갈 것이라는 것이다.

엘레아학파의 착각은 일련의 불가분적이며 독자적인 행위(곧 본질)를 그 밑에 놓인 동질적 공간(인식)과 동일시한 데에서 비롯된다.

우리는 사물(실은 움직임에 대한 분별)은 나눌 수 있지만 움직임(움직임자체인 실상)은 나눌 수 없다는 것을 잊고, 운동에 그것이 지나간 공간의 가분성 자체를 움직임 자체에 귀속시킨다.— 그리고 다른 한편으로 우리는 그 움직임 자체를 공간에 투사하고, 운동체가 지나간 선을 따라 적용시키는 데에, 한 마디로 그것을 응고시키는 데에 익숙해 있다.

그들은 거북을 뒤쫓는 아킬레스 대신에, 사실은 서로에 맞추어진 두 마리의 거북, 즉 절대로 서로 만날 수 없게 동일한 종류의 걸음이나 동시적 행위를 하도록 처단한 두 마리의 거북으로 대체해 놓는다.

하지만 왜 아킬레스는 거북을 지나가는가? 아킬레스의 각 걸음과 거북의 걸음은 한 운동에 다른 길이이기 때문이다. 따라서[그러한 아킬레스의 걸음의 긴 거리들을] 더해보면, 앞에서 출발한 [거북이의 걸음에 따른 길이] 보다 더 긴 아킬레스의 결과가 산출될 것이다.

공간만이 자의적인 해체와 재구성의 방식에 적합하다는 것을 잊고, 그리하여 공간과 운동(인식과 본질)을 혼동하면서 제논이 아킬레스의 운동을 거북의 운동과 동일한 법측에 따라 재구성할 때, 그가 전혀 고려하지 않은 것이 바로 이점이다." [55]

"제논의 동일한 혼동은 시간에 대한 추상적 개념의 밑바탕에 놓여 있

---

55) 의식에 직접 주어진 것들에 관한 시론, 베르그송, 최화 옮김, 145, 147쪽 (아카넷 2001)

으며, 단일하고 분할 불가능한 특성을, 공간이나 일련의 수처럼 동질적 실재 속에의 단위로 환원시키는 데에 있다.

추상적·동질적 그리고 무한히 분할할 수 있는 시간(분리된 시간)은 하나의 기호, 즉 실재 지속의 상징적 표현이지만, 다른 외적인 어떤 구분도 갖지 않는 실제 지속(실재의 시간) 그 자체는 아니다.

우리의 내적 경험에만 집중할 때 순수지속(운동)을 지각하게 된다.

그러나 우리의 지성(분별)은 불활성물질을 적절히 다루고, 그것을 삶의 필요에 따라 조직화할 수 있는 방식으로 구성된다. 따라서 지성은 우선적으로 생존기관이며 기술적인 숙련에 있어 진보기관이다. 지성의 경향은 질을 양적 차이로, 새로운 현상을 낡은 유형으로, 단일성을 반복성과 추상성으로, 시간을 공간으로 환원하는 것이다." [56]

제논이 움직임(여기서는 실재지속인 시간)을 아예 부정하였음에 대하여, 베르그송은 이를 인정하지 않고, 실제 움직임인 시간(운동)이 부정된 원인을 밝히고 있다. 역시 움직임은 분명하지만 움직임은 분별을 통한, 또는 공간적으로 나누어 분리시키는 이러한 인식과는 거리가 있다는 것이다. 사실 우리 역시 베르그송의 말에 따라 역시 움직임(실재시간)은 분별과, 또는 공간적인 것과는 별개라는 점은 인정되는 바나, 이 분별이나 공간(空間, 이는 칸트도 인식의 조건이라고까지 말한 바인데)을 떠나 어떻게 움직임을 알 수 있느냐는 문제는 역시 사라지지 않는 것처럼 보인다.

"직관은 감성적으로 주어지는 것이 아니라 실재와 직접적으로 접촉된

---

56) 베르그송, L 콜라코프스키, 고승규 옮김, 37쪽 (지성의 샘 1994)

다고 가정되는데, 여기에서 '직접적'이란 말은 추상적 개념을 제거한다는 것을 의미한다.

　추상은 실재와 아무런 동등성을 갖지 않는다. 왜냐하면 추상은 실제적인 목적을 위해 어떤 성질을 분리시키며, 대상을 분류 속에서 집단화하기 때문이다. 또한 추상은 인식적인 도구도 아니며 실재의 참된 지식을 이끄는 어떤 길도 열지 못하기 때문이다. 우리의 언어가 추상적 기호의 집합이라는 가정 하에서 '실상'은 실제로 표현 불가능한 것으로 보인다.

　바로 이런 점에서 베르그송은 불일치에 대한 비난을 면하기 어려웠을 것이다. 즉 베르그송은 한편으론 그가 자랑하는 통찰이 기호(역시 분별의 상) 없이 실행되며, 우리가 기호로부터 얻은 인식적 획득이 무엇이든 간에 기호적 표현으로 인해 불가피하게 왜곡된다고 주장하였다. 바꿔 말해서 직관(실상의 인식)은 의사소통할 수 없다는 것이다. 다른 한편으로 직관을 '방법'이라 부르며, 그것에 의해 직관이 공동 선(善)이 된다고 암시하였다. 게다가 그는 그것을 '형이상학적'이라 부르며, 의사소통할 수 없는 형상학이 어떻게 인식될 수 있는가를 말하기란 어렵다고 하였다."[57]

　이상 제논이나 베르그송을 통해 실제 움직임을 아는 데 따르는 어려움에 대해 말해 보았다. 이는 역시 실상의 인식에 따르는 우리의 문제와 맥을 함께 하고 있기 때문이다. 물론 더 나아가 생명을 알 수 있는 문제를 거론하기 위함인 것이다.

　여기서 특히 베르그송을 거론하는 것은 그가 생명에 대한 언급까지도 말하고 있기 때문이다.

---

57) 같은 책, 55~56쪽

그의 이전 저작이 정신과 물질의 이분법에 관해 저술되었던 것처럼, 베르그송은 이번에는 물질과 생명을 구분하는데 전념하였다. 그는 인간 정신을 생명에너지라는 특유의 관점으로 해석하였다.

"우리의 의식과 마찬가지로 생명은 무수히 창조적이며 독창적이고, 끊임없이 새로운 형태들을 생산한다. 즉 생명은 불활성물질의 저항과 싸우고, 물질을 생명과는 무관한 목적으로 사용하기 위해 모든 종류의 책략에 의존해야 하는 운동이다." [58]

베르그송은 이렇게 생명을 말하는 바이지만 그러나 여기서도, 역시 앞서 지속(움직임)을 인식함에 따르는 문제가 생명을 인식하는 이곳에서도 가시지 않고 있다고 보인다. 지속(움직임)에 대한 인식의 확실성이 없는 이런 태도가, 역시 여기 생명에 대한 인식에 있어서도 불명확한 점이 있다.

"생명의 특이성은 지성을 회피한다. 반면에 본능은 생명 자체를 직접적으로 이해하지만, 생명을 찾을 수 없을뿐더러 그것이 '아는' 것을 표현할 수도 없다." [59]

"지성의 기능은 본질적으로 실용적이고, 변화나 행위보다는 오히려 사물이나 상태를 우리에게 표상해 주도록 되어있기 때문이다. 그러나 사물의 상태란 생성 중에서 우리의 외관에 포착된 외관에 지나지 않는다. 결국 사물(정지된 물질)이란 없는 것이며, 있는 것은 행위(운동성의 물

---

58) 같은 책, 91~92쪽
59) 같은 책, 91쪽

질) 뿐이다. 특히 우리가 살고 있는 세계를 보다 상세히 고찰해보면, 자동적이고 잘 결합된 그 전체의 엄격히 한정된 진화란 와해되고 있는 일부이고, 생명이 거기에서 재단하고 있는 예측 불가능한 형태와 예측 불가능한 움직임으로 연장될 수 있는 형태로서, 그것은 형성되고 있는 행위의 일부를 나타내고 있다는 사실을 발견하게 된다.

  우리의 분석이 정확하다면, 생명의 근원은 바로 의식이다. 또는 초의식이라는 편이 더욱 적절할는지도 모르겠다. 의식, 또는 초의식이란 커다란 불꽃이며, 그 불 꺼진 파편들은 다시금 물질로 되돌아온다. 그 파편을 관통하면서 그 파편을 유기체로 조명해주고 불꽃 자체로부터 잔존하는 당사자 역시 의식이다. 그런데 그 의식은 창조의 요구이므로, 창조가 가능한 곳에서만 창조의 요구에 따라 분명히 나타난다. 생명이 무의식적 동작만 할 때 의식은 잠을 잔다." [60]

  그런데 이상에서 보는 '생명이 무의식적 동작만 할 때 의식은 잠을 잔다'에서 보는 바와 같이, 결국 생명자체가 우리의 인식에는 도달되지 못한 채로 있다는 것에 다름 아니다.

6. 부정할 수밖에 없는 생명과 그 필요성에 따른 부작용

  실상(實相)을 직접 알 수 없다는 것은, 오직 분별을 통해야만 하는 인식

---

60) 창조적 진화, 베르그송, 이희영 옮김, 341, 342쪽 (동서문화사 2008)

의 조건 때문에 역시 실상을 알 수 없다는 것이었다(실상이 분별의 인식으로 말미암아 왜곡되었기 때문에). 이러함에도 실상을 말한다는 것은 허상인 관념에 지나지 않는다는 것이었다(실상에 대한 분별로 인한 관념일 뿐이지, 실상 자체는 아니라는 것).

이리하여 실상(實相)이라기보다, 空(실상이 아닌 관념- 실상에 대한 의식의 상에 지나지 않은 것)이라는 것이기에 공이란 말도, 곧 실상 자체에 대한 부정이라기보다, 실상에 대한 관념(즉 실상에 대한 분별심)의 부정이 곧 공(空)이라고 할 수 있다.

또한 우리가 실상을 모른다고 실상이 없는 것도 아니고, 이를(實相)을 부정할 수 있는 것도 아니다. 마치 이는 우리가 생명을 부정한다고 해서 생명을 떠날 수가 있는 것이 아닌 것과 같다. 이는 우리가 생명을 분명히 인식하지를 못한다고 해서, 생명으로 살게 되는 우리의 처지를 떠날 수가 있는 것이 아니기 때문이다.

따라서 문제는 이것이다. 보다 더 중요한 사실이란 우리가 생명을 인식하지 못하고 살기는 살아도(물론 직접적이 아닌, 곧 명백하지 못한 인식에 따른 것이라 할 것이지만), 생명의 인식에 대한 필요성을 떠나서 살 수 있는 것이 아니라는 사실인 것이다.

이를 더 분명히 말한다면, 우리는 생명에 대한 인식을 하면서 살기는 살아도(물론 그 필요성에 따라서), 이는 단지 생명의 바른 인식이 아닌, 즉 생명에 대한 명백한 의식으로 사는 것이 아니었기에(생명에 대한 바르지 못한 인식, 곧 생명에 대한 명백한 의식이 아니라), 모호하게, 무의식적으로만 생명을 인식하는 채 살아가게 되는 입장이라고 할 것이다. 한 마디로 생명에 대한 각성은 없지만, 생명에 대한 인식이 전혀 없다고는 할 수 없이 살아가고 있다고 할 수 있을 것이다. 이것이 생명의 인식의 필요성은 있지만 그에 대한 분명한 각성은 없이 산다는 것이다.

이를 더 자세하게 말해 본다면, 생명에 대한 인식이 필수적이지만 -그러나 실상은 그렇지 못하여 이 생명에 대한 인식의 필요성에 쫓기는 입장이라고 할 것이다. 생명에 대한 인식도 명백하지 않고, 따라서 이 인식에 대한 요구(그 필요성)에 쫓기면서도 또한 정작 본인은(자신이 생명에 대한 인식의 필요성에 쫓기고 있다는 실정조차도) 모른다는 것이다.

따라서 생명이 아닌 것에, 그러니까 자신이 진정 바라는 대상이 생명에 대한 것임에도 불구하고(이는 무의식적이지만, 그러나 실상 의식적으로는) 이(생명)와는 전혀 다른, 엉뚱한 대상을 바라게 된다는 것(無知)이다.

우리의 진정한 요구, 곧 우리가 살아있음을 느끼는 생명에 대한 인식의 필요성은 분명하다. 이러함에도 우리가 이러한 생명의 인식, 생명의 느낌, 곧 생명감(생명에 대한 인식)에서 벗어나게 된다면, 따라서 우리는 살아있어도 산다는 느낌이 없이(생명감- 이 생명감에 대한 인식이 없이) 살게 된다는 것이다.

이렇게 자신의 생명 자체의 인식에는 미치지 못하고, 전혀 생명의 인식과는 다른, 이를테면 행위, 말, 생각에만 매이게 될 때(비록 이들이 생명자체에서 비롯된 것이라고 할 테지만) 어떤 현상이 되는가?

이는 곧 자기의 생명감, 생명의 인식에서 분리된다는 것인데, 따라서 생명에서의 소외현상이 일어날 수밖에 없다는 것이다. 살아있어도 살아있다는 느낌을 가지지 못한다는 것이다. 그리고 이는_ 살아도, 산다는 느낌이 없을 때는 산다는 것 자체도 고통이 될 수밖에 없을 것이다. 따라서 이렇게 사는 것은 곧 고통뿐인 인간의 삶이 되는 것이다.

생명인식의 분리에서 오는 고통과 욕망(탐욕)

인간이 살아감에 있어 생명의 인식에 대한 무지로 말미암아 겪게 되는 점은, 이와 같은 인간의 고통(살아있음을 느끼지 못함에 따라 느낄 수밖에 없는 죽음과 같은 고통과 또 그와 같은 허망함 - 무의미)이 있을 뿐만 아니라, 여기에 또한 인간의 욕망에 따르는 문제가 있다.

개인적으로 인간의 정신적 고통과, 또한 여기에 한 인간의 고통을 넘어 사회악을 초래 할 수밖에 없는 -곧 한 인간의 고통과 이를 넘어선 욕망에 따라 사회적으로도 파괴적인- 문제가 따른다는 것이다.

인간고통의 정신적인 면의 예는 철학이나 문학 등에서 잘 설명해 주고 있다고 볼 수 있다. 물론 종교에서도 예외는 아니다.

인간의 욕망, 곧 죄악이 될 정도의 탐욕은 종교는 물론 인간사회(사회악)의 문제이기도 하다. 특히 이것은 종교에서의 중심 주제로서, 이에 대한 그 원인을 중생계(미혹)라든가, 그 결과를 지옥(죄악과 고통)으로 보기도 한다.

1. 생명인식의 부족과 고통

사실 생명에 대한 인식의 부족으로 말미암아 고통이 된다고 하는 것은 별다른 이야기가 될 수 없다. 인간의 삶이 고통이 된다고 하는 것은 종교 등의 주제이기도 하는데, 이럴 수밖에 없는 그 원인은 그 고통의 원인을 모르기 때문이라든가(無知-불교), 죄(탐욕-기독교) 때문이라는 것이다. 이렇게 종교에 무지, 고통, 죄악이 함께 어울려 있는 것은, 이는 역시 생명에 대한 인식 부족에 따라서 고통과 죄악(탐욕)이 된다는 것과 맥을 같이 하는 것이다.

(1) 불교에서 보는 고통

특히 불교에서도 인간의 고통을 많이 이야기 하고 있는 바이지만, 불교가 이렇게 보는 이유는 특히 인간이 무지하여 고통을 겪는다는 것이다.

이와 같이 들었다.
어느 때 부처님께서는 사위국 기수급고독원에 계셨다.
그때 세존께서는 말씀하셨다.

환활지옥(還活地獄)과 흑승지옥(黑繩地獄)

등해지옥과 두 계곡지옥

5역죄 지은 이 가는 아비지옥(阿鼻地獄)

염지옥(炎地獄)과 대염지옥(大炎地獄)

이것이 여덟 지옥

그곳은 살 수 없는 곳

이 모두는 악을 지은 탓

열여섯 작은 지옥 그 주위를 에워쌌네.

쇠로 만들어진 감옥위로는

거센 불길이 타오르고

1유순 안은 온통

사나운 불길에 너무도 뜨거워라…….

  이것은 모두 중생들이 죄를 지은 과보 때문으로 중생들로 하여금 한량없는 고통을 받게 하며, 살과 피는 모두 없어지고 오직 뼈만 남게 하느니라.

  무슨 이유로 환활지옥(還活地獄)이라 하는가? 그곳의 중생들은 온몸이 쭉 잡아당겨져 움직이지 못하고 고통에 시달리되 도망가지도 못하고 고통에 시달리되 도망갈 수도 없어 온몸의 살과 피가 없어지게 된다.

  그때 그들은 저희끼리 말한다.

  "중생아, 다시 살아나라, 다시 살아나라."

  이때 그 중생들은 곧 저절로 살아나게 된다. 이런 이유로 환활 지옥이라 하느니라.

또 무슨 이유로 흑승지옥(黑繩地獄)이라 하는가? 이때 그곳의 중생들은 몸은 힘줄이 모두 밧줄로 변하고, 그러면 톱으로 그 몸을 켠다. 그러므로 흑승지옥이라 하느니라.

또 무슨 이유로 등해지옥(等害地獄)이라 하는가? 이때 그곳의 중생들은 모두 한 곳에 모여 서로 목을 매는데 이내 다시 살아난다. 이러한 이유로 등해지옥이라 하느니라.

또 무슨 이유로 체곡지옥(涕哭地獄)이라 하는가? 그곳의 중생들은 선의 근본이 완전히 끊어져 털끝만큼도 남아있지 않기 때문에 그 지옥 안에서 한량없는 고통을 받는데, 그곳에선 원망하며 울부짖는 소리가 끊어지지 않는다. 이런 이유로 체곡지옥이라 하느니라……. [61]

이와 같이 들었다.

어느 때 부처님께서는 사위국 기수급고독원에 계셨다. 그때 세존께서 모든 비구들에게 말씀하셨다.

"마땅히 네 가지 성스러운 진리를 닦고 실천해야 한다. 어떤 것이 그 네 가지인가? 첫째는 괴로움에 대한 진리이니, 그 이치는 다 할 수 없는 것이어서 생각으로도 다할 수 없고 말로도 다할 수 없다. 둘째는 괴로움의 발생에 관한 진리이니, 그 이치는 다할 수 없는 것이어서 말로는 이루 다할 수 없다. 셋째는 괴로움의 소멸에 대한 진리이니, 그 이치는 다할 수 없는 것이어서 생각으로는 다할 수 없고 말로도 다할 수 없다. 넷째는 괴로움의 소멸에 이르는 길에 대한 진리이니, 그 이치는 다할 수 없어서 생각으로 다할 수 없고 말로도 다할 수 없다.

---

61) 증일아함, 八難品增① 壹阿含經3, 김월운 옮김, 379~381쪽 (동국역경원 2007)

어떤 것이 괴로움의 진리인가? 이른바 괴로움에 대한 진리란 나는 괴로움[生苦] 늙는 괴로움[老苦] 병듦의 괴로움[病苦] 죽는 괴로움[死苦]과 근심 슬픔 번민의 괴로움과 미워하는 이[憂悲惱苦]와 만나는 괴로움[怨憎會苦] 사랑하는 이와 이별하는 괴로움[恩愛別苦] 구하고자하나 얻지 못하는 괴로움[求不得苦]이니 통틀어 말하면 5음성고[陰盛苦]라고 한다 이것을 괴로움의 진리라고 하느니라……."

그때 세존께서 이런 게송으로 말씀하셨다.

이제 이 네 가지 진리의 법을
사실 그대로 알지 못하면
나고 죽는(生死) 속에서 윤회하면서
끝내 거기에서 해탈하지 못한다.

만일 이제 이 네 가지 진리를
이미 밝게 깨달아 환히 알면
나고 죽는 뿌리는 끊음으로써
다시는 후생의 몸을 받지 않으리. [62]

(2) 기독교에서 보는 고통

기독교 역시 인간에게 있는 이 고통의 문제가 빠질 수 없다. 이 고통에

---

62) 증일아함 사제품, 증일아함경2, 김월운 옮김, 101~103쪽 (동국역경원 2007)

서의 해방, 구원이야말로 신앙의 주제일 것이기 때문이다.

"다윗은 말한다. '그들은 허기증에 걸려 개처럼 짖어대며 성안을 돌아다니나이다. 배를 채우지 못하면 울부짖나이다.' (시편 58, 15~16) 바로 이것이 욕망을 지닌 자의 특성으로써, 그는 허기증에 걸린 사람처럼 항상 불만하고 못마땅해 하는 것이다. 사실 피조물에 허덕이는 주림(飢渴)과 하느님의 영(靈)에서 오는 만족감이 어찌 비교가 되겠는가? 그러기에 영혼의 욕에서 일어난 이 허기증이 먼저 가시지 않으면, 피조물의 만족에서 오지 않는 만족은 영혼 안으로 들어오지 못한다. 위에서 말한 바와 같이, 하나의 주체 안에 두 상반이 있을 수 없기 때문이다."[63]

"욕망이 영혼을 피로에 지치게 함은 빤한 일이다. 욕망은 마치 가만히 있지를 못하고 무엇을 못마땅해 하는 철부지 어린이와 같다. 철부지는 그 어머니를 항상 졸라대면서 언제 한번 만족한 적이 없다. 보배가 탐이 나서 땅을 뒤지는 사람이 피로에 지치듯이 욕심이 요구하는 바를 얻으려고 마음은 지친다. 과연 이사야의 말 그대로이니 '목마른 사람이 마시는 꿈을 꾸다가 깨어나서 더욱 목말라하듯' (29,8) 헛된 욕망을 가지는 영혼이 지치고 곤하다 함이다. 마치 열기 있는 병자와 같아 열이 내리기까지는 개운치 않고, 각각으로 갈증이 더하는 것이다. 그것은 욥기의 말씀대로 '더할 나위 없는 풍요 속에서도 궁핍해지고, 고통 받는 이들의 모든 손이 그를 덮치리라' (20, 22) 함이니, 그 뜻은 욕망이 채워졌을 때 짓눌림과 갑갑증은 오히려 더하여 그 영혼 안에는 욕망의 열기가 차오르고, 그리

---

63) 가르멜의 산길 십자가의 성요한, 최민순 옮김, 58쪽 (바오로딸 2007)

하여 온갖 (해악과) 번뇌가 그 사람위에 덮치리라는 것이다. 욕망을 지닌 마음은 지치고 곤하기만 하니, 폭풍에 흔들리는 물과 같아 욕정에 흔들리고 까불리고 상처를 입어서, 어느 한 곳 어느 곳에도 안정하지 못하기 때문이다. 이런 마음을 이사야가 가리켜 '악인들은 성난 바다와 같아 가라앉을 줄을 모른다.' (57, 20) 하였으니, 이 욕망을 이기지 못하는 자야말로 정말 불쌍한 사람이다." [64]

"욕망이 대단하면 할수록 그만치 마음도 괴롭다. 따라서 욕망이 있을 수록 괴로움이 더 크고, 욕망을 잔뜩 지니는 마음일수록 더더욱 괴로움을 당한다. 이런 마음을 가진 사람은 바빌로니아를 들어 묵시록이 말한 그대로를 이승에서도 겪는다. 영화와 사치를 누린 그만큼 그에게 고통과 슬픔을 주어라.' (18,7) 하신 이 말씀은, 제 자신을 높이려하고, 제 욕심을 다 채우려했으니, 그만큼 저에게 고통과 고뇌를 주라는 뜻이다.

그러므로 원수의 손에 떨어진 자가 괴롭고 슬픈 것처럼, 자기를 제 욕망에 내맡긴 마음도 괴롭고 슬프다. 이것은 판관기(16, 21)에 있는 상징에서 볼 수 있다. 거기에 보면 전에는 힘세고 메일 데 없던 이스라엘의 판관(判官), 저 천하장사 삼손이 한번 원수의 손에 떨어지자 어느덧 힘은 가시고 눈알은 뽑혀지고 몸은 묶이어 맷돌질을 해야 했으니, 그 고통과 슬픔은 여간 아니었다. 욕망이라는 원수가 그 안에 살고, 승리를 거두면 영혼도 이와 마찬가지로 야위고 장님이 된다. ……욕심의 맷돌에 묶여 고통과 슬픔을 겪게 되는 것이니 그를 묶는 올가미가 곧 제 욕망이다.

그러므로 주께서는 성마태오를 통하여 (11. 28-29) 우리를 불러주신 것

---

64) 같은 책, 58~59쪽

이다. '수고하고 짐을 진 여러분은 모두 내게로 오시오. 그러면 내가 여러분을 쉬게 하겠습니다. 여러분은 내 멍에를 매고 나에게서 배우시오. ……그러면 여러분의 영혼이 안식을 얻을 것입니다.' 과연 제욕망은 무거운 짐…… 그러기에 다윗이 이를 가리켜 말한다. '무거운 짐처럼 저에겐 무겁나이다.' " (시편 37, 5) [65]

(3) 철학과 문학 등에서 보는 고통

철학에서도 인간의 고통에 대한 문제를 많이 다루기 마련이다. 특히 여기 인용하는 쇼펜하우어의 인간의 고통을 인간의 욕망과 함께 말하는 점이 볼만하다.

【쇼펜하우어】

"왜냐하면 노력이라는 것은 모두 부족에서, 자기 상태의 불만에서 생기는 것이다. 따라서 노력이 만족되지 않는 한 고뇌인 것이다. 그런데 만족은 영속하는 것이 아니라, 오히려 언제나 새로운 노력의 기점에 지나지 않는다. 우리들은 노력의 도처에서 여러 가지로 저지되고, 도처에서 싸우고 있는 것을 본다. 따라서 그런 한에 있어서, 노력은 언제나 고뇌인 것이다. 노력의 마지막 목표라는 것은 없고, 따라서 고뇌의 한도라는 것도 없다.

우리들의 보행이란 끊임없는 파멸이 저지되어 있는 것에 지나지 않고,

---

65) 같은 책, 62~63쪽

우리들의 육체의 생이란 지속적으로 보류되어 있는 사멸에 불과하며, 즉 언제나 죽음이 연기되어 있는 것에 지나지 않는다는 것은 분명하다. 마지막으로 이와 마찬가지로 우리들의 정신의 활기는 지루함을 끊임없이 물리치는 것이다. 하나하나의 호흡은 쉬지 않고 닥쳐오는 죽음을 맞고 있으며, 우리들은 이렇게 하여 매초마다 죽음과 싸우고 있는 것이다……

우리들은 인식이 없는 자연에서 이미 그 내적 본질이 목표도 휴식도 없는 부단한 노력이라는 것을 보아 왔지만, 동물이나 인간을 고찰하면, 이 노력은 한층 더 현저하게 눈에 띈다. 의욕과 노력이 동물과 인간의 모든 본질이며, 해소 할 수없는 갈증과 아주 흡사한 것이다. 그런데 모든 의욕의 모든 근본은 필요와 결핍, 즉 고통인 것이다. 따라서 이미 인간은 근원적으로 그리고 그 본질로 해서 고통의 수중에 들어가 있는 것이다. 이와는 반대로 의욕이 너무나 쉬운 만족에 의하여 그것이 곧 소멸되어서, 의욕의 대상이 제거되어버리면, 그는 무서운 공허와 지루함에 빠진다. 즉 그의 본질과 그의 현존 자체가 그에게는 참을 수없는 무거운 짐으로 된다. 이리하여 그의 생은 진자(振子)처럼 고통과 권 태 사이를 왔다 갔다 하는데, 실은 이것들이 그의 생의 궁극적인 요소이다."

"고뇌를 추방하려는 쉴 새 없는 노력은, 고뇌의 모습을 바꾸는 것 외에는 아무것도 할 수 없다. 고뇌의 모습이란 본래 결핍, 궁핍, 생의 유지를 위한 배려이다. 극히 어려운 일이긴 하지만, 만일 다행이도 이러한 모습을 한 고통을 추방하는 일이 가능하다면, 고통은 곧 무수한 다른 모습을 취하고 나타나, 연령이나 사정에 따라 달라지고, 성욕, 열렬한 애정, 질투, 선망, 증오, 불안, 명예욕, 금전욕, 병 등으로서 나타난다. 그리고 그 고통이 급기야 다른 어떠한 모습도 취할 여지가 없게 되면, 혐오와 권태라는 슬픈 회색의 옷을 입고 나타나는 것이며, 이렇게 되면 사람들은 또 이것을 피하려고 하여 여러 가지를 시도한다. 결국 이 혐오와 권태를 물리치는 것이 가능하다면, 그것은 이전의 여러 모습의 고통 중의 하나에 빠져 처음부터 괴로운 춤을 추지 않으면 안 되는 것이다." [66]

"나는 대문 소리가 나면 곧 「무슨 좋은 수가 일어나지 않았나-」 하고 기뻐하는 것이 보통이었는데, 이것은 젊었을 때의 일이고, 나이를 먹은 뒤에는 「무슨 성가신 일이-」 하고 공포에 가까운 것을 느끼곤 한다.

일반적으로 생애의 후반기는 마치 악곡(樂曲)의 하반부처럼 전반부에 비하여 박력이 부족하고 고요한 음률이 가미되지만, 이것은 필경 이 세상에는 행복이라는 쾌락이 얼마든지 숨어 있는데, 다만 그것을 찾기가 힘들 뿐이라고 대부분의 청년들이 생각하고 있는 반면에. 만년에 이르면 이 세상에서 사실상 아무것도 참으로 찾을 수 있는 것이 없다는 것을 깨닫고, 체념과 안정을 느껴 평온한 현재를 즐기며, 눈앞에 나타나는 일에 즐거움을 맛보는 동시에 만족을 느끼기 때문이다."

"말년에 가면 마치 가장무도회(假裝舞蹈會)의 마지막 광경을 보는 것처럼 인물과 사물, 그 밖의 모든 것이 있는 그대로의 정체를 드러내어, 자기의 여태까지 접촉하여 온 많은 인간들의 참된 모습을 알게 되고 그 성격도 분명히 들여다보이며, 또한 자타의 모든 행위는 그 결과에 판단되며, 모든 사업과 작품은 시일이 경과함에 따라 정당히 평가되어, 온갖 환영(幻影)과 운무(雲霧)가 일소 된다. 즉 몇 십 년의 긴 세월은 요컨대 이러한

---

66) 의지와 표상으로서의 세계, 쇼펜하우어, 곽복록 옮김, 382, 384, 388쪽 (을유문화사 1986)

맑고 분명한 심경에 도달하기 위한 도정에 지나지 않는다." [67]

쇼펜하우어가 고통을 이야기하는 이유는 어느 정도 불교와 맥을 같이 한다.(인간의 고통, 또는 '중생의 고통'과 이를 벗어나기 위한 해탈, 또는 '체념'을 말하는 것 등)

인간이 이렇게 고통을 당하게 될 수밖에 없는 경우를 서양철학에서 쇼펜하우어를 통해 본 바이지만, 이와 유사한 면을 서양철학, 특히 실존주의적인 사상으로 통하는 키엘케고르나 하이데거, 또한 문학에서도 카프카나 도스토이에프스키, 베케트 등에서 볼 수 있다.

이들은 주로 고통의 원인을 소외에 둔다. 참다운 인생의 의미라든가, 진정한 나 자신이라든가, 이런 진실성과의 소외로 고통을 당하는 것이다. 역시 이는 생명에 대한 인식의 부족(곧 생명과의 분리, 그 소외)과 맥을 같이 한다고 할 수 있다.

【키엘케고르】

"나의 생활은 극한점까지 다다른 모양입니다. 산다는 것이 지겨워지는 군요. 향미(香味)도 의미(意味)도 가셔버린 무미건조한 인생이 되어버리고 말았습니다. 비록 피에로보다 더 배를 굶주린다 해도, 나는 인간들이 제공하는 설명 따위는 먹고 싶은 생각이 없군요.(어떤 인간이 나의 소외로 인한 고통을 설명해줄 수 있겠습니까?)

사람들이 대지에다 손가락을 꽂아보고 자기가 어느 지점에 왔는가를 냄새 맡아 보듯이. 나는 인생에다 손가락을 꽂아봅니다. 냄새라고는 전혀

---

67) 나의 處世論, 쇼펜하우어, 金文熙 譯, 229, 241쪽 (新潮文化社 1965)

나지 않는군요. 내가 어디에 와 있는 것일까요? 세계에? 세계란 무엇입니까? 이 세계란 단어는 무슨 의미를 지니고 있습니까? 바보처럼 이런 곳으로 나를 처박아 넣고. 이렇게 멍청하게 서 있도록 내버려둔 자가 누구입니까? 나는 누구란 말입니까? 나는 어떻게 세상에 들어온 것이며, 어찌하여 나는 사전에 의사타진(意思打診) 한번 받아보지 못했습니까? 왜 나에게는 사전에 예의범절도 가르쳐주지 않고, 마치 노예상인이 인신매매를 하듯이 훌쩍 이 인생의 대열에 내던져진 것입니까? 어찌하여 나는 소위 현실이라고 일컬어지는 이 거창한 사업의 일익을 담당하게 되었습니까? 어째서 내가 일원이 되어야 합니까?" [68]

【하이데거】

"누구나 다 타자(他者, 불교적으로는 相 - 분별에 따른 것에 지나지 않아 주체는 없는)이고, 어느 누구도 자기 자신(他者가 아닌 自我)은 아니다. 세인(世人)으로서 일상적인 현존재(現存在)는 〈누구〉이냐 하는 물음의 해답을 받았는데, 그 같은 〈세인(世人)〉은 〈누구〉도 아닌 사람이었으며, 이 누구도 아닌 사람에게는 모든 현존재는 서로 섞여 들어서 존재하고 있을 경우에는 그때마다 이미 자기를 (타자에)내맡겨버리고 있는 것이다(마치 연극배우로서만 자신을 인식하듯).

일상적으로 서로 섞여 들어서 존재하고 있다는 존재성격은 현격성, 평균성, 균등화, 공공성, 존재면책 및 영합이라고 밝혀진 셈인데. 이러한 존재성격 속에 현존재의 가장 친근한 부단성(不斷性)이 숨어 있다.

이 부단성은 어떤 사물이 끊임없이 사물적(事物的)으로 존재해 있다는

---

68) 反復, 키에르케고르, 손재준 역, 425~426쪽 (三省版 세계사상전집 1979)

사실에 관계하는 것이 아니라, 공존재(共存在)로서의 현존재의 존재양식에 관계한다. 위에서 말한 모든 양태는 취하고 존재하면서, 스스로에 고유한 현존재의 자기도 타자의 자기도, 아직도 자기를 발견해낸 것은 아니고 어쩌면 자기를 상실하고 만 것이다. 사람은 부단한 비자립성(非自立性)이며 비본래성(非本來性)이라는 방식에 의해 존재하고 있는 것이다." [69]

【도스토에프스키】

"나는 짓궂은 인간이 되지 못 했을 뿐 아니라. 결국은 아무것도 되지 못한 위인이다. 악인도 될 수 없었고, 선인도 비열한도, 정직한 인간도, 영웅도 벌레도 될 수 없었다. 지금 나는 내 방구석에서 최후의 나날을 보내면서 슬기로운 인간은 제정신으로는 아무것도 ⋯⋯될 수 없다. 오직 바보 같은 자들만이 무엇이든 될 수 있을 뿐이다. 라는 부질없는 자위로 스스로를 우롱하고 있는 것이다. 그렇다, 19세기의 인간은(譯註-여기서는 '현대인' 이라는 뜻) 마땅히 정신적인 면에서 무성격적 존재여야 한다. 반면에 성격을 지닌 인간, 즉 실무적인 활동가는 천박한 존재일 수밖에 없다. 이것은 나의 40년에 걸친 지론이다.

지금 나는 나이 40이지만, 40년이라면 이것은 이미 인간의 전 생애라고 할 수 있다. 그야말로 굉장한 노령인 것이다. 40년 이상이나 산다는 건 염치를 모르는 비열한 것이며 추악하기 짝이 없는 것이다. 40년 이상을 사는 건 대체 누구냐? 정직하고 성실하게 대답해 보라. 내가 대답하마. 바보와 무뢰한만이 40년 이상이나 사는 것이다." [70]

---

69) 존재와 시간, 하이데거, 정명오 등 역, 187쪽 (세계사상전집, 大洋書籍, 1981)
70) 地下生活者의 手記, 도스토에프스키, 이동현 역, 9~10쪽 (문예출판사1972)

【카프카】

"이 세상의 결정적인 특징은 그 덧없음이다. 그 뜻으로는 몇 세기라는 세월도 다만 일순(一瞬)이란 순간보다 조금도 나을 것이 없다. 따라서 덧없음, 그 자체의 연속성 따위는 아무런 위안도 되지 않는다.

새로운 생명이 폐허에서 꽃핀다는 것은 삶의 연속성보다도 오히려 죽음의 연속성을 증명하고 있다.

네 의지(意志)는 자유이다. 네 의지는 그것이 황야를 원했을 때 자유였고, 그 황야를 가로지르는 것을 선택할 수 있는 까닭에 자유이며, 걸음새를 고를 수 있는 까닭에 자유이다.

그러나 네 의지는 황야를 지나가지 않으면 안 되는 까닭에 또한 부자유이기도 하고, 어느 길도 미로처럼 모두가 반드시 폭이 한 걸음처럼 황야를 스치기 때문에 부자유이다."[71]

"이는 소름이 끼치는 일이다. 흥분도 되지만 동시에 또한 지루한 일이기도 하다. 거의 견딜 수 없는 일이다. 그는 얼마만큼 걸어 나갈까? 두 걸음, 세 걸음, 그 이상은 아니다. 그리고는 그는 지칠 대로 지쳐 나그네 길에서 다시 고향으로 비슬거리며 되돌아가지 않으면 안 된다. 잿빛의 달갑지 않은 고향으로 말이다. 그 까닭으로 그는 어떤 일이든지 싫어지는 것이다.

여기서 떠나는 것이다. 무슨 일이 있어도 여기서 떠나는 것이다! 어디로 데려갈 셈인지. 그 따위는 말 안 해주어도 좋다……."

---

71) 카프카, 八折判 제4의 노우트에서, 實存과 人生, 최준환 역, 72, 76쪽 (春秋閣 1972)

네가 이런 북극의 얼음과 안개 속으로, 사람이라고는 아무도 없을 것 같지 않은 곳에 끌려올 까닭이 있을까?

너는 이곳에 없다. 너는 이런 고장을 피했으니까 그러나 나는 여기서 있고, 이곳에 있는지 없는지 그것을 결정하면 그 자리에 쓰러지는 것이다." [72]

"공허한 절망, 몸을 일으킬 수조차 없다. 고뇌(苦惱)로 가득 참으로써 비로소 나는 정지 할 수가 있다.

모든 것들을 잊는 일이다. 창을 열일이다. 방을 비워 둘 일이다.
바람이 방 안을 빠져나간다. 보이는 것은 공허한 공간뿐, 네 귀퉁이를 찾아보아야 자신의 모습이 보이지 않는다.

모든 것은 환상이다. 가족, 사무실, 친구, 도로, 모든 것이 먼 데로 가까운 데로의 환상이다. 여자도 그렇다. 가장 가까운 진실은 오직 이것뿐, 즉 창도 없고 문도 없는 독방 벽에 머리를 들이받고 있다는 사실이다.

눈에 띄지 않는 생애(生涯). 눈에 띄는 실패.
언짢은 오후의 잠. 모든 것이 변해버리고 위난(危難)이 다시금 몸에 다가왔다.
사흘 동안 누운 채. 베드 앞에 자그마한 덩어리. 격변(激變), 패주(敗走), 완전한 패배. 항상 되풀이되는 방안에 갇혀진 세계사(世界史)." [73]

---

72) 카프카, 斷章에서, 같은 책, 107쪽
73) 카프카, 日記에서, 같은 책, 201, 211, 235, 249, 251, 264쪽

물론 이상에서 보는 고통의 예들은, 생명에 대한 인식의 분리에서 온다고 분명히 말한다고는 볼 수 없다. 그러나 표현(진정한 나라든가, 역시 생의 진정한 의미, 물자체, 실상의 모습)은 각자 다르지만, 이 모든 것은 결국 진실에 대한 각성이 될 것은 물론이다. 그럼에도 불구하고 아직은 이 진실에 대한 각성이 곧 생명에 대한 인식의 부족에서 온다고, 각자 자신의 입장을 표명하기는 아직 미정이라고 할 수 있다.

그러나 진실이 생명 자체라고 할 수 있고, 따라서 생명에 대한 인식이 진실에 대한 각성이라면, 이 모든 것은 결국 한 맥락에 있다고 볼 수 있다.

따라서 생물이 생명을 떠나 죽어가듯이, 역시 정신도 생명감의 유리에서 오는 경우, 이는 곧 생명에 대한 인식의 부재로, 인생에 대하여 죽은 듯 메말라 갈수밖에 없다. 이것은 곧 생명과의 분리, 생명에 대한 소외다. 따라서 육체는 살아있다고 할망정, 이(생명)를 모르는 정신은 마치 죽은 것처럼 고통을 느낄 수밖에 없는 것이다. 살아있어도 사는 것이 아니며, 살려고 해도 살 수가 없다. 정신이 산다는 것(곧 생명)은 역시 이 생명을 알아야만 하기 때문이다.

생명에 대한 인식도 없는 채, 단지 관념이나 분별의식에 붙들려 있을 때, 생명을, 곧 진실이나 진실한 나라든가- 실상, 물자체, 종교에서 말하는 불성이나 신성도 묘연해져 버리고 만다고 할 것이다.

2. 생명인식의 부족에 따르는 욕망(탐욕)

그런데 생명에 대한 인식의 부족, 곧 이는 생명감에서의 이탈이며 또한 여기에서 오는 소외, 그리고 그에 따른 고통은 한 인간의 고통에 불과한 것이 아니다. 단지 나 한 사람의 고통에 그치는 것이 아니라, 한편으로 나를 넘어 타인들과, 내가 아닌 밖에, 세상에 대하여 악을 행하지 않을 수 없다는 것에도 문제가 있다는 것이다. 이것이 곧 무지, 고통, 탐욕이 함께 어우러져 중생계와 지옥세계가 된다고 종교에서 말하던 것이다.

이는 한 인간의 고통에 그치지(한 인간의 고통 - 결핍으로 인한) 않고, 이를 넘어선 욕망 때문이다(이 결핍으로 인한 인간욕망이 외면적인 욕망으로 전화된다는 것이다 - 우리는 쇼펜하우어의 말처럼 내면적인 무기력인 권태(고통)와 외면적인 욕망(탐욕) 사이를 오락가락 한다).

그러니까 우리는 이 권태라는 고통에 쓰러지든가, 아니면 외면적으로 향하는 욕망을 물리칠 수가 없다는 것이다, 그런데 이 외면적인 욕망에 따를 경우 우리는 결국 악을 행하지 않을 수 없게도 된다는 것이다. 이는 곧 종교에서 말하는 탐욕이다. 불교나 기독교 등에서 탐욕에 따른 악(罪)에 대한 언급을 보자면 다음과 같다.

(1) 불교에서 보는 탐욕

"- 766 : 욕망을 이루고자 하는 사람이 욕망을 이루면, 그는 얻고자 하는 것을 얻었기 때문에 기뻐한다.
- 767 : 욕망을 이루고자 하는 사람이 욕망을 이루지 못하게 되면, 그는 화살에 맞은 사람처럼 괴로워하고 번민한다.
- 769 : 논밭, 집, 황금, 말과 소, 노비, 고용인, 여자, 친척, 그밖에 여러 가지를 탐내는 사람이 있으면.
- 770 : 온갖 번뇌가 그를 이기고 위험과 재난이 그를 짓밟는다.

마치 부서진 배에 물이 새듯이 괴로움이 그를 따르게 된다." [74]

"- 862 : 투쟁, 논쟁, 근심, 슬픔, 인색, 오만, 거친 말은 사랑하고 좋아하는 데서 일어난다. 투쟁과 논쟁에는 인색이 따르고, 논쟁이 일어나면 거친 말이 나온다.
- 865 : 세상에서 사랑하고 좋아하는 것과 욕심은 욕망에서 일어난다. 또 사람들이 내세(來世)에 갖는 희망과 성취도 이것에서 일어난다.
- 867 : 세상에서 유쾌, 불쾌라고 하는 감정에서 욕망이 일어난다. 모든 물질적 존재에 있어 생기고 소멸하는 것을 보고 세상 사람들은 외적인 사물에 사로잡혔다고 단정을 내린다." [75]

"'내 자식이다' '내 재산이다' 하면서
어리석은 사람은 괴로워한다.
제 몸도 자기 것이 아닌데
어찌 자식과 재산이 제 것일까" [76]

"육체의 욕망에 사로잡힌 사람들은
함정에 빠진 토끼처럼 맴돈다.
속박과 집착의 그물에 걸려
두고두고 괴로움을 받는다.

---

74) 숫타니파타, 법정 옮김, 270~271쪽 (이레 2002)
75) 같은 책, 302~303쪽
76) 진리의 말씀 법구경, 법정 옮김, 42쪽 (나무 심는 사람 1999)

욕망의 숲을 나왔으면서

다시 욕망의 숲에 마음을 기울이고

욕망의 숲에서 벗어났으면서

또 다시 욕망의 숲으로 달려가는 사람을 보라

그는 겨우 속박에서 벗어났다가

다시 속박으로 되돌아간다." [77]

"애욕이 참기 괴롭다 하여 세상일에 집착하면,

근심 걱정이 밤낮으로 자라나서 마치 풀 덩굴이 뻗어나가는 것 같네." [78]

(2) 기독교에서 보는 탐욕 : 육신의 죄

"우리는 율법이 영적인 것이라고 알고 있는데 (실상은) 나는 육신에 속한 사람이 되어 죄의 종으로 팔렸습니다(죄의 종으로 팔렸기 때문에 율법 아래에 있게 된 것입니다) 나는 내가 하는 일을 이해하지 못합니다. 이것은 내가 원하는 일은 하지 않고 도리어 원치 않는 것을 하기 때문입니다. 만일 내가 원치 않는 일을 하게 되면 그것은 율법이 선하다는 것을 내가 인정하는 것이 됩니다(마치 내가 율법을 통해 선한 일을 할 수 있다는 것이나 되는 것처럼). 그러나 그것은 내가 아니라 내 속에 있는 죄입니다. 선한 일을 하고 싶어 하면서도 그것을 실천하지 못하는 것을 보면 나의 옛 성품 속에는 선한 것이 없음을 알 수 있습니다. 나는 내가 바라는 선한 일

---

77) 같은 책, 69, 174, 175쪽
78) 법구경, 권영한 역, 308쪽 (전원문화사 2002)

은 하지 않고 원치 않는 악한 일을 하고 있습니다. 만일 내가 원치 않는 것을 한다면 그것은 내가 아니라 내속에 있는 죄(욕망)입니다.

여기서 나는 하나의 원리를 발견했는데 그것은 선한 일을 하려는 나에게 악이 함께 있다는 사실입니다. 나의 내적 존재는 하나님의 법을 좋아하지만 내 육체는 또 다른 법이 있습니다. 그것이 내 마음과 싸워서 나를 아직도 내 안에 있는 죄의 종으로 만들고 있다는 것을 알았습니다. 아아, 나는 얼마나 비참한 사람인가요! 누가 나를 이 죽음의 몸에서 구해 내겠습니까? 우리 주 예수 그리스도를 통해 나를 구원해 주시는 하나님께 감사합니다. 아직도 나는 내 마음에 있어서는 하나님의 법을 따르지만 육신은 오히려 죄의 법을 따르고 있습니다." [79]

"다윗은 말한다. '그들은 허기증에 걸려 개처럼 짖어대며 성안을 돌아다니나이다. 배를 채우지 못하면 울부짖나이다.' (시편 58, 15~16) 바로 이것이 욕망을 지닌 자의 특성으로서, 그는 허기증에 걸린 사람처럼 항상 불만하고 못마땅해 하는 것이다" [80]

(3) 생명에 대한 무지로 인한 결핍, 불만족이 왜곡되어 탐욕으로 된다는 것

자신도 모르기에—자신의 행동이 진정으로는 생명을 위한 일이지만 그러나 자신은 이를 알지 못하므로, 엉뚱한 행동을 일삼는다는 것이다.

---

79) 현대인의 성경, 로마서 7장 6~25절 (생명의 말씀사 1986)
80) 가르멜의 산길 십자가의 성요한, 최민순 옮김, 58쪽 (바오로딸 2007)

역시 문제가 될 수밖에 없는 것은, 자신의 부족감의 진정함을 (이는 물론 생명에 대한 인식의 부족감일 터이지만) 모른다는 점에 있는 것이다.
　이리하여 알 수 없는 자신의 부족감에서, 또한 이를 벗어나고자하는 행위를 유발하게 되고(욕망이 되어), 나아가 심히 왜곡된 행위(탐욕이 악으로 되는)로 나타나게까지 된다고 볼 수 있다. 이는 앞서 쇼펜하우어에 대한 인용에서 그 적당한 예를 볼 수 있었는데, 이를 다시 보기로 한다.

　"그런데 모든 의욕의 모든 근본은, 필요와 결핍, 즉 고통인 것이다. 따라서 이미 인간은 근원적으로 그리고 그 본질로 해서 고통의 수중에 들어가 있는 것이다. 이와는 반대로 의욕이 너무나 쉬운 만족에 의하여 그것이 곧 소멸되어서, 의욕의 대상이 제거되어버리면, 그는 무서운 공허와 지루함에 빠진다. 즉 그의 본질과 그의 현존 자체가 그에게는 참을 수없는 무거운 짐으로 된다. 이리하여 그의 생은 진자(振子)처럼 고통과 권태 사이를 왔다 갔다 하는데, 실은 이것들이 그의 생의 궁극적인 요소이다.
　고뇌를 추방하려는 쉴 새 없는 노력은, 고뇌의 모습을 바꾸는 것 외에는 아무것도 할 수 없다. 고뇌의 모습이란 본래 결핍, 궁핍, 생의 유지를 위한 배려이다. 극히 어려운 일이긴 하지만, 만일 다행이도 이러한 모습을 한 고통을 추방하는 일이 가능하다면, 고통은 곧 무수한 다른 모습을 취하고 나타나, 연령이나 사정에 따라 달라지고, 성욕, 열렬한 애정, 질투, 선망, 증오, 불안, 명예욕, 금전욕, 병 등으로서 나타난다. 그리고 그 고통이 급기야 다른 어떠한 모습도 취할 여지가 없게 되면, 혐오와 권태라는 슬픈 회색의 옷을 입고 나타나는 것이며, 이렇게 되면 사람들은 또 이것을 피하려고 하여 여러 가지를 시도한다. 결국 이 혐오와 권태를 물리치는 것이 가능하다면, 그것은 이전의 여러 모습의 고통 중의 하나에 빠져 처음

부터 괴로운 춤을 추지 않으면 안 되는 것이다." [81]

인간이 마침내 악으로 비롯되어질, 탐욕으로까지 나아가게 되는 것은 물론 인간 욕망의 변질이다. 즉 욕망이 지나치게 되는 것이다. 이렇게 욕망이 지나치게 되는 것은 원래의 욕망이(물론 원래의 욕망도 부족감을 근거로 한다)현실적으로도 욕망이 채워지지 않기에, 따라서 그 욕망은 계속 나아갈 수밖에 없기 때문인 것이다. 이는 역시 원래 기대되었던 욕망이 막상 현실에서 부딪침에서 오는 간극(間隙) - 기대되는 욕망과는 달리, 현실에 있어서는 욕망의 대상이 언제나 멀리에 있을 뿐이다. 이는 물론 욕망이 잘못 적용된 욕망의 대상에 맞물려 계속 엇갈리는데 따른 것이다.

(4) 심리학의 예 1
- 무의식에 대한 무지로 인한 왜곡된 욕망 : 대리만족 -

인간의 욕망(원래의 욕망)과 행위(욕망을 실현시키는 현실적 행위)가 다르게 나타나는 경우를 잘 설명함을 볼 수 있는 입장으로는 역시 심리학(특히 정신분석)에서 볼 수 있다고 할 것이다. 정신분석의 심리학에서 '의식은 자신이 욕망을 가지면서도 실제로는 자신의 실제 욕망이 무엇인지를 모른다'는 것이며, 이리하여 당자는 언제나 현실에 있어서 자신의 욕망을 실현함에 있어서 늘 자신의 실제 욕망과는 어긋난다는 것을 느낄 뿐인 것이다. 아래에서 정신분석심리학인 프로이트에게서 보는 바와 같다.

---

81) 의지와 표상으로서의 세계, 쇼펜하우어, 곽복록 옮김, 382, 384, 388쪽 (을유문화사 1986)

"신경증에서 나온 여러 사태들을 비교해 검토해 보면 다음과 같은 결론이 나와서 하나의 공식으로 정리되는데, 그것은 현실이 성적 욕구에 만족을 주지 못할 때 사람들은 어떤 종류의 〈결핍〉 또는 〈욕구불만〉 때문에 병에 걸리게 된다는 것입니다…… (따라서) 이제 여러분도 증후(症候, 병적으로 보이는 행위)를 현실에서 만족되지 못한 욕망의 대리적 만족(代理的滿足)으로 생각하실 수 있을 것입니다.

매번 우리는 분석에 의해서 환자의 성적 체험 내지 욕망을 발견하며, 언제나 환자의 증후가 동일한 의도에 통한다는 점을 확인 할 수 있었습니다. 이러한 의도는 성적 욕구의 만족을 나타내며, 증후가 환자의 성적만족을 달성토록 돕는 것입니다. 바꾸어 말하자면 증후는 현실에서 달성할 수 없는 성적 만족의 의도를 대리하고 있는 것입니다." [82]

여기서 성적만족이 현실에서 실현 불가능함에 따라, 대리만족으로(직접적으로 성적인 행위가 아닌 행위들 - 이를테면 꿈, 자위, 이야기. 이와 유사한 모든 행위-변태), 여기서는 곧 증후가 된다.

그런데 이런 성적인 욕망이 자기 자신에게도 거슬리게 느껴질 정도로 심하게 될 경우에는 무의식적으로 된다는 것이다.[83] 이와 같은 성적인 욕망은 내외적으로 용납될 수 없기에 무의식적으로 될 수밖에 없다는 것이다. 이때 그의 욕망은 알 수 없게 되고(무의식적으로 되었기에), 이에 따른 병적인 행위(증후) - 곧 자신도 알 수 없는 행위(무지, 무의식적인)로 된다는 것이다.

---

82) 정신분석입문, 프로이트, 김성태 역, 270~271쪽 (삼성판 세계사상전집 1982)
83) 이를테면 오이디푸스 콤플렉스다, 여기서 아들은 성적인 상대로 어머니를 사이에 두고 아버지와 경쟁하게 된다.

"증후의 존재는 어떤 정신과정이 정상적인 방법으로 그 목적을 달성치 못할 때 의식에 떠오르게 되는 것입니다. 즉, 증후는 이루어질 수 없는 정신과정의 대리물인 것입니다.

무의식이 증후를 형성시키는 힘을 가졌음으로(치료를 위해서는), 문제의 심적 과정이 의식을 뚫고 나와 무의식으로 되는 것을 막기 위해서는 많은 노력이 필요할 것입니다. 또한 같은 정도의 노력이 무의식적인 것을 의식적인 것으로 옮기는 것을 막기 위한(환자의 행동) 것도 분석적 치료과정 중에 활용되어야 합니다. 이러한 힘을 우리는 (환자의)저항으로 느끼는데 저항에 의해서 나타나는 병인적 과정을 억압이라 부릅니다.

어느 때이고 우리가 환자에게서 특히 고통스런 어떤 무의식적인 약간의 자료를 의식적으로 끌어올리게 되면 그는 심히 비판적(저항)이 됩니다……. 이렇게 되면 환자는 어떤 희생이든 각오하고 반항하며 마치 정신질환자이거나 혹은 바보처럼 행동을 하게 됩니다.

만일 의사가 이 새로운 저항을 성공적으로 극복하게 되면 환자는 통찰과 이해를 다시 회복하게 되는 것입니다." [84]

이상에서 본 프로이트(Freud,1856~1939)의 욕망은 성적인 것에 불과하고 따라서 그 욕망이 금기시에 따른 억압에서 비롯된 점에서 무의식적이 되었다면, 뒤에 오는 라캉의 욕망은 근본적으로 무의식적이다. 이를 종교적으로 말한다면, 라캉의 무의식이란 근본적인 무지에서 비롯되는 것이라는 점에서, 이를 벗어나는 길은 오직 해탈이나 부활에서 기대할 수밖에

---

84) 정신분석입문, 프로이트, 김성태 역, 266~267쪽 (삼성판 세계사상전집 1982)

없다는 종교적인 태도에 비유해 볼 수 있다.[85]

(5) 심리학의 예 2
- 비정한 운명의 욕망, 영원히 끝나지 않는…… -

프로이트의 욕망은 금기시되는 성적인 것이기에, 그 욕망의 실현에 있어 현실적으로 언제나 결핍(대리만족, 부분충동, 또는 정신병의 증후로 나타나는)을 초래하기 마련인 무의식적인 것이었다(따라서 통찰의 여지가 있는 무의식적인 것이기도 했다).

그런데 라캉(Lacan,1901~1981)의 욕망이 근본적으로 무의식적이라는 것은, 우리의 진정한 욕망을 근본적으로 알 길이 없기 때문이다. 따라서 우리의 욕망의 실현은(프로이트에게 있어서처럼 금기시가 있든 없든, 억압이 있든 없든) 불완전할 수밖에 없고, 결핍된 것일 수밖에 없다.

이는 라캉이 『무의식과 반복 "프로이트의 무의식과 우리의 무의식』』이라는 세미나에 앞서 인용한 아라공의 「엘자에 미친 남자」라는 짧은 시에 잘 나타나 있다. 욕망의 대상인, 엘자에 미친 남자의 욕망으로 비유되어 있다.

"네 모습은 헛되이 나와 만나니
내 안으로 들어오지 못하네. 여기서 나는 내 모습을 비출 뿐
네가 나를 향해 돌아선다고 해도 내 응시의 벽에서
네가 찾을 수 있는 것은 오직 내가 꿈꾸던 너 자신의 그림자

---

85) 따라서 정신분석자인 라캉은 후기 프로이트 주의자로 일컬어진다.

나는 거울과도 같은 불행한 존재

비출 순 있지만 볼 수는 없다네.

나의 눈은 마치 거울처럼 텅 비어 있고 마치 거울처럼

너의 부재에 홀려 아무것도 보지 못하네." [86]

같은 책 『전이와 충동』에서도 다음과 같은 내용을 볼 수 있다.

"요구는 시니피앙들 속에서 분절됨으로써 환유적 잔여물을 남겨놓고 이를 자기 밑으로 흐르게 합니다. 이 환유적 잔여물은 미결정된 요소가 아니라 절대적이면서 동시에 포착 불가능한 조건이 되는 요소입니다. 그것은 필연적으로 막다른 골목에 봉착할 수밖에 없고, 충족되지 못하며, 실현 불가능하고, 몰인식되는 요소입니다. 이 요소가 바로 욕망이라 불리는 것이지요. 이것이 바로 프로이트가 1차 과정의 수준에서 성욕의 심급이라 정의했던 장과 접합을 이루고 있는 것입니다." [87]

"욕망은 충동의 대상에 들러붙지 않습니다(욕망과 욕망의 대상은 언제나 거리가 있다). 욕망이 충동 속에서 작동되는 한 욕망은 충동의 대상 주위를 맴돕니다." [88]

욕망의 불완전성, 결핍이 욕망에 대한 인식의 어려움에 있다는 라캉에게 있는 욕망의 공식은, 역시 생명에 대한 인식의 어려움과도 맞물린다.

---

86) 자크라캉 세미나 11권, 맹정현 등 역, 33쪽 (새물결 2008)
87) 같은 책, 232쪽
88) 같은 책, 368쪽

이는 곧 실상에 대한 종교적인 인식의 어려움, 따라서 물자체에 대한 철학적 인식의 어려움과도 함께하는 문제이다.

 욕망과 욕망이 요구하는 실지 대상과의 거리는_ 좁힐 수 없는 거리는, 마치 칸트철학에서 의식이 끝내 물자체에 이를 수 없는 경우와도 같다. 또한 원래의 생명에 대한 욕구가 잘못됨(대체된-무지나 환각)으로 말미암아, 충족되지 못한 욕구는 끝없이 마냥 부추겨지게 마련이라는 것과 맥을 같이 한다고 볼 수 있다. 따라서 우리는 라캉을 잇고 있는 슬라보예 지젝(Slavoj Zizek)에 대한 다음의 훌륭한 해설을 통해 이를 보여주고자 한다.

"지젝은 자신의 이론에 철학적 기반을 제공하는 헤겔을 경유한다. 그러나 도처에서 철학적 담론의 틈새를 노리는 또 하나의 간섭을 빼놓는다면 지젝의 저서는 절반밖에 흥미롭지 않을 것이다. 그 또 하나의 목소리는 물론 라캉이다. 이렇게 「까다로운 주체」의 철학적 차원은 독일 관념론의 전통에서 등장하는 주체에 대한 이론을 라캉과 조우시킴으로써 획득한다." [89]

이상에서 말하는 지젝의 사상은 헤겔 등의 독일 관념론과 라캉을 종합함으로써 이루어졌다는 것이다.

 (물론 독일 관념론은 물자체를 알 수 없다는 칸트의 철학으로부터 비롯되는 것이며, 또한 라캉 역시 욕망을 불완전성으로써 말할 수밖에 없었음으로 이 양자는 함께 맥을 같이 한다고 할 수 있다)

---

89) 슬라보예 지젝, 김현강 지음, 98쪽 (이룸 2009).

"진리의 자리를 차지하는 공백에 대해서 사유했던 철학가는 다시금 헤겔이다. 헤겔은 우리의 내면이 의식에 대해 '순수한 피안'의 자리를 차지한다고 말한다. 우리의 내면은 우리 안에 있으면서도 의식화되지 않기 때문에 우리는 마치 장님처럼 우리의 내면을 보지 못한다. 그런데 헤겔을 따르면 우리가 우리의 내면을 인식할 수 없는 까닭은 우리의 이성이 제한되어 있기 때문이 아니라 "사태 자체의 본성" 때문이다. 즉 우리의 내면은 그 자체가 텅 비어 있기 때문에 인식이 불가능하다. 그 안에 아무것도 없는데 무엇을 인식하겠는가? 따라서 우리는 보이지 않는 내면이 아니라 현상에 매달릴 수밖에 없다.

또한 헤겔의 설명에 의하면 초감각적인 신성(神性)은 처음에는 아무런 구체적 내용도 없는 공백이었을 뿐인데, 이 빈 공간이 나중에 어떤 내용으로 채워진 것이다. 먼저 빈자리가 존재한다는 점이 중요하다. 빈자리가 있기 때문에 나중에 그 자리에 구체적인 내용들로 채워질 수 있다.

라캉이 '환상을 횡단하기'라고 부른 것은 이처럼 결여하는 진리(不在-또는 결함 있는 진리)를 경험하는 것과 관련된다. 주체는 욕망의 원인인 한 대상이 어떻게 그 자체 결여를 구현하는 것에 지나지 않는지를 체험해야만 한다. 우리는 이미 환상을 횡단하고 나서야 비로소 우리가 무엇인가를 보았다고 생각했던 곳에 사실은 아무것도 없다는 것을 알 수 있다. 우리의 지식은 말하자면 환상에 의해 매개되어 있다. 그런데 이러한 환상에서 환상 그 자체를 공제한다면 남는 것은 단순히 완전한 무(無)가 아니라 그 환상을 위해 공간을 열어주었던 구조 내의 공백이다.

라캉의 사상에서 주체는 대타자 내의 구멍 또는 공백이며, 대상은 이러한 공백을 메우는 구체적 내용이다."[90]

독일 관념론의 도상에서 칸트에 이은 헤겔의 위치는 의미 심상하다. 칸트가 실상, 즉 물자체를 알 수 없다는 점에 대하여, 위에서 본 바와 같이 헤겔은 이(칸트처럼 물자체를 알 수 없다는)에 그치지 않는다. 실상은 아예 없다는 것이다. 알 수 없는 물자체가 아니라 물자체가 없기에 우리는 역시 물자체를 알 수 없다는 것이다(그런데 칸트에 있어서는 물자체가 알 수 없다는 것이었지, 물자체가 없다고까지는 안 했던 것이다). 따라서 헤겔은 이 알 수 없는 물자체를 찾을 것이 아니라, 단지 현상(결국 이는 실상이 아닌 환상에 지나지 않을 수밖에 없는데도―따라서 그의 말과 같이 이 환상인 현상)만을 붙들지 않을 수 없다는 것이다. 그런데 라캉 역시 우리의 욕망은 환상이라는 것이다(우리의 욕망이 실상에 대한 것이 아니라 환상에 대한 것이라는 것이다-또한 실상은 아예 없기에, 따라서 환상으로 될 수밖에 없다는 것이다).

"요컨대 무의식이 미래완료형이라는 것은 무의식에는 실체가 없다고 주장하는 것이다. 정신분석학에서 무의식은 종종 빙산에 비유되어 왔다. 빙산의 가시적인 부분에 해당되는 의식은 무의식이라는 거대한 빙산의 일부가 돌출된 것에 불과하다. 그러나 라캉에 이르면 무의식은 더 이상 의식의 배경을 이루는 거대한 실체가 아니다. 라캉의 구조주의적 단계에서 무의식은 우선 언어와 밀접한 관련을 맺는 것으로 나타난다. '무의식은 언어처럼 구조화되어 있다(무의식은 실체라는 프로이드의 심리학에 대해서, 무의식은 실체가 아니라 단지 말, 곧 언어의 표현, 분별의

---

90) 같은 책, 140~142쪽

상에 불과하다)'는 라캉의 유명한 명제가 표현하고 있는 것이 바로 이 점이다." [91]

종래의 정신분석학이 실체로서의 무의식을 가정하고 있었다면, 이제 라캉의 무의식에 있어서는 환상 밖의 실체에 대한 여지를 전혀 남겨놓지 않고 있다는 것이다.

이를 앞서와 같이 칸트와 헤겔을 비유해 말한다면—칸트는 물자체를 부정한 것은 아니었지만, 헤겔은 물자체를 부정할 뿐만 아니라 물자체는 현상으로만 나타난다는 것이었다. 따라서 정신분석에 있는 무의식 역시도 무의식만의 공간이 존재한다고 보기보다는, 무의식은 의식화 되어있는 것에 지나지 않는다(의식외에 무의식적 공간이라는 여지를 두지 않는다)고 할 것이다

그러나 후기에 이르면 라캉의 정신분석은 더 이상 언어의 역할(언어에 국한된 일면성)만을 강조하지 않는다. 이제 향락의 형태를 띠고 나타난 실제가 정신분석의 주요 대상으로 된다. 이 단계에 이르면 무의식은 더 이상 언어적 과정으로 환원되지 않으며, 오히려 언어 자체가 의미작용의 저편에 놓인 것, 즉 실제로서의 향락과 관련하는 것으로 이해된다.

지젝은 주체를 지연된 욕망으로 보는 라캉의 이러한 사상에 영향을 받는다.

"욕망과 주체의 관계는 '주체의 욕망은 늘 어딘가 다른 곳에 있다'는

---

91) 같은 책, 109~110쪽

것으로 요약된다. 주체는 이것에서 저것으로 대상을 옮겨가며 끝없이 욕망하는 존재이며, 욕망은 그것이 아직 채워지지 않은 한에서 욕망이다. 욕망은 처음부터 미리 존재하고 있었던 어떤 것이 아니라 오히려 사후적으로 구성되어야만 하는 어떤 것이다(욕망의 충족이 결국 실현 불가능함에 따라서). 욕망은 자신의 원인을 소급적으로 구성해낼 뿐이며, 욕망의 대상은 욕망으로 인해 왜곡된 응시에 의해서만 지각되는 특이한 사물이다.

주체와 욕망간의 관계는 라캉에게서 대상 a라는 개념으로 구체화 된다. 대상 a는 결코 채워지지 않는 채 남아있는 욕망의 공허한 구조를 표현하는 개념이다. 그것은 언제나 욕망에 의해 왜곡된 채 지각되며, 나아가 이러한 왜곡되는 내부에서만 존재한다. 달리 말해 대상 a는 왜곡의 물질화 또는 체화이다.

대상 a는 처음부처 존재하지 않았던 것. 원래부터 잃어버린 대상이다. 그러나 동시에 그것은 결핍 그 자체의 구현이기도 하다. 즉 그것은 부재(不在)하는 대상인 동시에 부재하는 것으로써 긍정적인 실존을 얻는다. 그러므로 대상 a는 그것의 실존이 원래부터 부재하며 도달 불가능하다는 사실에 근거하는 역설적인 개념이다.

주체는 자신의 결핍을 대상을 통해 보상받기를 원한다. 그러나 욕망은 절대로 채워질 수 없는 것이므로 주체는 영원히 대상을 통한 충족에 도달할 수 없다. 대상 a는 욕망 안에서 단순한 대상 이상의 어떤 것으로 늘 남는다. 달리 말해 그것은 주체 안에 언제나 남아있는 결핍의 요소이다."[92]

이상에서 본 바는 인간의 욕망이 실상(진실)에 대한 것이 아니라, 환상(

---

92) 같은 책, 110~111쪽

즉 현상)에 메이게 되는 것은 실상(그 진실)을 알 수 없었기 때문인 것이다.

앞에서(프로이드)는 비록 왜곡된 욕망일망정(불완전한 욕망), 왜곡되기 전의 순일한 욕망(완전한 욕망)을 예상하고 있었다고 할 것이다. 그러나 여기서(라캉이나 지젝)는 욕망은 왜곡된 욕망일 수밖에 없고, 따라서 순일한(완전한 욕망)은 기대할 수가 없다는 것이다.

알 수 없는 실상은 결국 없는 것이기도 해, 실상이 아닌, 현상(즉 환상)에라도 메이게 되지 않을 수 없다는 사정인 것이다.

그리고 또한 현상(즉 대상a)은 우리에게 늘 부족한 것일 수밖에 없어 계속 다른 대상을 끊임없이 요구하지 않을 수 없다는 것이다.

이상과 같이 생명에 대한 인식도 생명(그 실상)에 미치지 못하게 되는 경우, 역시 생명의 실상에 대한 인식을 쫓게 되는 것이 아니라 그와는 정 반대일 수밖에 없는 그릇된 방향으로 갈 수 밖에 없음도 분명하다. 따라서 이와 같이 그릇된 방향에서는 역시 그의 욕망이 해결(終局)이 안 될 것이고, 결국 이는 끝없는 욕망이 되어 결국 탐욕으로 나타난다고 할 것이다. 이는 마치 라캉의 '그릇된 욕망 a'이기 때문이다.

(6) 욕망의 어긋남, 끝나지 않는 무한욕망

음식에 굶주려 배가 고픈 것과 마찬가지로, 역시 인간은 생명의 인식에 대한 무지로 인한 굶주림도 없을 수 없는 것이다. 이 무지(생명에 대한 인식의 무지에 따른)가 개인 적으로는 정신적인 고통이 되고, 또 한편으로는 이를 벗어나기 위한(마치 배고픈 굶주림에 음식을 찾듯) 행위가 없지 않을 수 없을 것이다.

그런데 인간이 무지인 채(물론 생명의 인식에 대한 무지), 자신에게 있는 부족함(생명에 대한 인식의 부족에서 오는)을 해결하려고 할 경우 어떤 현상이 되는가? 물론 왜곡된(엉뚱한) 현상이 벌어질 수밖에 없다. 이는 물론 목적에 대한 인식이 분명하지 못한 태도에 따른 것이다(헤겔이나 라캉이 실상을 볼 수 없는 나머지 현상이나 환상에 매달릴 수밖에 없는 것처럼). 따라서 마치 배가 고픈 사람이 그의 굶주림을 해결하기 위한 것은 음식일 수밖에 없음에도 불구하고, 이의 대체로(실제로 음식을 먹는 것이 아니라) 단지 음식을 먹고 있다는 상상을 한다든가. 역시 음식의 그림을 볼 뿐인 것과 마찬가지인 것이다. 결국 이런 식으로는 그의 배고픔은 해결이 안 되는 것일 테지만, 사람이 배고픔이 해결이 안 된다고 여기서 그만 두는 것도 아니다. 따라서 그는 그의 배고픔이 해결이 될 때까지 그의 행위(여기서는 음식에 대한 욕망)를 그만 둘 수가 없을 것이다.

이렇게 배고픈 사람은 실제로 음식을 먹어야만 하는데도(결국 이런 행위만이 그의 배고픔이 해결이 될 것이기에), 실지 음식을 먹는 것이 아니라, 단지 음식을 먹는 흉내만을 낸다면 그의 배고픔은 언제까지나 해결 될 길이 없을 것이다.

이와 같이 자신의 육체적인 배고픔은 실지 음식의 섭취로서만 해결할 길인 것처럼, 인간이 자신의 부족감(생명의 인식에 대한 무지에서 오는)을 해결함에 있어서도 마찬가지가 되리라는 것은 분명하다. 자신의 생명에 대한 진정한 욕구(무지)를 외면한다면, 그에 따른 그의 무의식적인 욕구, 그 기갈에서 오는 욕구를 단지 자신의 행위나 말, 생각들의 현상에 지나지 않은 것들로, 곧 명예라든가 물질적인것 등에 매달리는 식이 되기도 할 것이다. 그런데 이러한 명예나 물질적인 것에 매달리게 되고, 여기에 집착하게 되는 것은 결국 쉼이 없는 탐욕이 될 수밖에 없다. 앞서 예시한 바와 같이 실제 음식을 먹지 않는 모든 행위는 그의 굶주림을 해결할 길이 없는 것처럼- 계속 그의 기갈을 해소하기위한 행동을 멈출 수는 없기 때문인 것이다.

   이와 같이 명예나 물질적인 것에 대한 욕망이 탐욕이 될 뿐만 아니라 악이 될 수밖에 없는 것은, 이 물질적인 것으로는 자신의 생명에 대한 욕구에 따른 부족감을 채울 수 없는 데에 따른 것이다. 사실 이런 것(명예, 물질적인)으로는, 자신의 생명에 대한 욕구—정확하게는 이(생명)에 대한 인식과 느낌이 없음을 해결 할 수가 없음은 물론이다.

   따라서 이(물질적 욕망)에 대한 욕망이 쉼이 없게 된다는 것이다(바라는 욕망이 해결이 안 되는 나머지 끝없는 행동으로 갈 수밖에, 즉 끝없는 욕망이란 그의 욕망이 해결된 상태로 있을 수 없는 욕망이기 때문이다)

   따라서 여기에서 온갖 악이 도래하는 온상이 된다고 할 수 있다.

   그럴 수밖에 없는 것은 이렇게 끝이 없을 수밖에 없는 욕망과는 대조적으로, 그 대상(물질적인 것)은 한계가 있을 수밖에 없기 때문이다. 곧 끝없는 욕망과 물질적인 한계가 맞물리는 상황이 되어 갈등을 일으킬 수밖에 없는 것이다.

   또한 이러한 사정이 한 사람 만에 그치는 것이 아니라, 모든 사람이 가담하지 않을 수 없다면, 이는 더욱 걷잡을 수 없는 지경에 이르게 될 것이다.

   따라서 이 모든 것이 끝내 해결점이 없는 악순환이 될 것이다.

탐욕의 실상
- 사례로 본 인간의 끝없는 욕망 -

1. 개인적 욕망

인간의 욕망을 보여주는 사례는 많다.

그중에 물질적인 황금이나 돈에 대한 욕망은 흔한 예가 된다. 물질적인 욕망이 단지 필요성을 넘게 될 때 그 욕망은 끝이 없게 된다.

(1) 동화에서 말하다

개인적인 욕망을 보여주는 것으로, 모두 잘 알고 있는 사례(동화)를 몇 가지 들어보자면 금붕어와 할머니, 이솝의 동화에 나오는 황소와 개구리, 우리 전래동화로서 흥부와 놀부 등이라고 할 수 있다.

【 인간에게 필요한 땅은 얼마인가? 】

인간의 욕망을 표현하는 것으로써 구구절절 동감이 되는 한 사례를 톨스토이의 한 단편 「인간에게 땅이 꼭 필요한가?」에서 볼 수 있다.

앞서 본 금붕어와 할머니가 여러 나라의 동화로 전해져 오듯이, 톨스토이의 이 단편도 여러 곳에서 보이는 전래동화를 재미있게 이야기로 꾸민 것처럼 보인다. 재미가 있을 뿐만 아니라, 인간욕망을 살펴보는 것으로도 아주 적절한 것으로 생각되어, 짧은 것이 아니지만 여기에 인용해 보기로 한다.

"이 고장에서는 값이 똑같습니다. 누구에게나 하루당 1천 루불로 정해져 있답니다."

바흠은 영문을 알 수 없었다.

"저는 잘 알아들을 수 없습니다. 하루당이란 몇 정보나 됩니까?"

"우리들은 땅을 재는 방법을 모르고 있기 때문에……."

촌장은 말을 계속했다.

"그것은 땅을 사는 사람이 특정한 장소에서 출발해서 하루 사이에 출발점에 돌아올 수 있는 범위 안의 땅을 매수인에게 양도하는 것입니다. 이 하루당 값이 1천 루불로 정해져 있다는 말입니다."

바흠은 어리둥절했다.

"거 참 놀라운 일이군요. 나는 아직 이런 측량법은 들어본 일이 없습니다. 그런데 하루 동안에 돌아올 수 있는 땅이라면 상당히 넓은 땅일 텐데요."

촌장은 웃으며 대답했다.

"그렇습니다. 그 전부가 댁의 토지가 되는 것입니다. 그런데 한 가지 조건이 있습니다. 그날 안으로 출발점까지 되돌아오지 못하면 당신의 돈은 무효가 되는 것입니다. 그걸 명심해야 합니다."

바흠은 기뻐 어쩔 줄을 몰랐다. 그는 내일 아침 일찍 출발하기로 하였다. 바흠은 푹신한 털이불 속에 누웠지만 좀처럼 잠을 이룰 수가 없었다. 땅에 관한 생각이 머리에서 사라지지 않고 마음을 부풀게 했던 것이다.

"될 수 있는 대로 멀리 한 바퀴 돌아와야지. 적어도 1백 3, 4십리는 돌아올 수 있을 것이다. 더구나 요즘은 해가 제일 긴 철이니까. 둥글게 1백 2, 3십리쯤 돌면 상당히 넓은 땅을 차지할 수 있는데 그 중에서 나쁜 땅은 팔든가 소작인에게 빌려주고, 좋은 땅만 골라서 농사를 지어야지. 소 두 마리를 끌고 갈만한 큰 쟁기를 사들이고, 머슴을 두세 사람 두고서 5십 정보쯤만 농사를 짓고 나머지는 목축을 하면 되겠지."

바흠은 이 궁리 저 궁리 하다가 한 밤을 뜬 눈으로 새우다시피 하고 날이 샐 무렵에야 겨우 잠이 들었다. 그것도 잠깐 사이에 꿈만 꾸었던 것이다.

천막 밖에서 웃는 소리가 들리기에 내다보니 그것은 바쉬카르의 촌장이었다. 촌장은 천막 밖에서 두 손으로 배를 움켜쥐고 자지러질듯 커다란 소리로 웃고 있었다. 그런데 자세히 살펴보니 그것은 바쉬카르의 촌장이 아니라 자기를 이 고장에 소개해준 상인이었다.

그리하여 그와 이야기를 나누려고 하자 그것은 상인이 아니고 뿔과 발굽을 가진 악마가 주저앉아 배를 움켜쥐고 웃고 있는 것이었다. 그리고 그 앞에는 맨발의 사내가 쓰러져 있었다.

바흠은 그 사내의 정체를 확인하려고 가까이 다가갔다. 이미 숨이 끊어진 그 사내는 다름 아닌 바로 자기 자신이었던 것이다.

바흠은 소름이 오싹 끼쳤다. 그와 동시에 그는 눈을 번쩍 떴다. 꿈을 꾼 것이다.

"제기랄 꿈이었군 그래."

열려있는 문으로 밖을 내다보니 어느새 희끄무레하게 날이 밝아오고 있었다.

촌장이 바흠 곁으로 다가와 한 손을 들어 들을 가리켰다.

"이 근처 일대는 모두가 우리 토지입니다. 그러니 어디든지 마음대로 택하십시오."

바흠의 눈에서는 광채가 났다. 땅은 모두 초원으로 평평하고 거무칙칙했다. 그리고 약간 웅덩이 진 곳은 여러 가지 잡초가 가슴까지 무성하게 자라고 있었다.

촌장은 여우가죽 모자를 땅바닥에 벗어 놓았다.

"그럼 우리 이것으로 표적을 삼읍시다. 여기서부터 출발 하십시오. 그리고 여기로 돌아오시기 바랍니다. 한 바퀴 빙 돌아 온 곳은 모두 당신의 소유가 되는 겁니다."

촌장이 말했다. 준비를 갖춘 바흠은 하늘을 바라보고 제 자리 걸음을 하면서 해가 뜨기를 기다리고 있었다. 절대로 시간을 낭비해서는 안 되지. 그리고 선선할 때 걷는 게 편할 것이다. 바흠은 속으로 그렇게 생각했다. 해가 뜨자 바흠은 괭이를 메고 언덕을 내려갔다. 그는 10정보쯤 간 곳에서 땅을 파고 잔디를 두 장 겹쳐 놓았다. 그의 걸음은 점점 빨라졌다.

한참을 가다가 그는 뒤를 돌아보았다. 애초에 출발한 언덕은 해가 눈부시게 내려쪼여 손에 잡힐 듯이 잘 보였다. 그럭저럭 어느 새 15리쯤 걸어 온 것 같았다. 그는 날씨가 몹시 더워 웃통을 벗고 길을 걸었다. 햇살로 미루어 대충 아침식사 시간임을 알 수 있었다.

"벌써 하루의 사분의 일이 지났군 그래. 그러나 길을 꺾어서 돌아서기에는 너무 이르지."

그는 이렇게 생각하고 구두를 벗어 들었다. 한결 걷기가 편했다.

"앞으로 15리쯤 더 가서 왼쪽으로 돌도록 해야지. 땅들이 너무 기름져 탐이 나는군. 갈수록 땅이 더 좋은 걸."

그는 발길을 재촉했다. 뒤를 돌아보니 언덕은 보일 듯 말 듯 하고 사람들이 개미처럼 조그맣게 보였다.

"이제 이쯤해서 왼쪽으로 돌아야지. 게다가 이제는 목도 마르고."

바흠은 더 큰 구멍을 파고 잔디를 심었다. 그리고 물통을 열어 물을 마시고 나서 왼쪽으로 휙 돌아섰다. 풀은 무성하게 자라 더위가 한결 심했다.

바흠은 차츰 피로를 느끼기 되었다. 어느새 정오가 되어있었다.

"좀 쉬어 가야지."

그는 앉아서 물과 빵으로 요기를 했다. 잠시 쉬고 나서 그는 다시 걸음을 재촉했다. 그는 그제야 기운이 나서 잘 걸을 수 있었다. 더위는 점점 극성을 부렸다. 그는 차츰 졸기 시작했다. 그러나 여전히 발길을 재촉했다. 한 시간의 인내가 일생을 좌우한다는 생각이 앞서는 것이었다.

그는 왼쪽으로 돌면서 더욱 빨리 걸어갔다. 그가 더욱 급히 돌아가려는데 앞을 내다보니 넉넉한 늪이 하나 보였다. 그에게는 그 늪도 탐이 났다. 그리하여 그 늪을 건너 왼쪽으로 돌아 앞으로 계속 걸어갔다. 언덕을 돌아보니 더위가 심하고 눈이 가물거렸다. 그제야 그는 생각이 났다.

"지금까지 너무 욕심을 부렸군. 어서 빨리 돌아가야지."

그는 발길을 재촉했다. 오리쯤 지나왔다. 앞으로 출발 지점까지는 약 10리쯤 되었다.

"이거 큰일 났는걸. 차지할 땅이 좀 줄더라도 곧장 출발지점으로 돌아가야겠군."

그는 이렇게 생각하고 구덩이를 급히 파고는 곧장 언덕을 향해 걸어갔다.

바흠은 몹시 괴로웠다. 온 몸은 땀으로 흠뻑 젖었으며 맨발은 상처투성이가 되고 다리는 휘청거렸다. 그는 무척 피곤했다. 그러나 해가 지기 전에 출발지점으로 돌아가기 위해서는 쉴 수도 없었다. 태양은 한결같이 지평선을 향해 내달리고 있었다.

"아! 이것 큰일인걸. 욕심이 과했나봐. 시간을 대지 못하면 어떻게 한담?"

바흠은 종종 걸음을 쳤다. 아직도 출발점까지 가려면 아득한데. 해는 어느새 지평선에 다가가고 있었다. 그는 할 수 없이 뛰기 시작했다.

"어! 너무 욕심을 부렸어. 해가 지기 전에 출발 지점으로 되돌아가기는 다 틀렸다. 지나친 욕심이 나를 알거지가 되게 했어!"

그는 힘껏 뛰었다. 가슴에서는 방망이질을 했다. 이러다가는 심장이라도 마비되지 않을까 싶었다. 그러나 걸음을 멈출 수는 없었다.

"도중에서 그만 둘 수도 없고."

바흠은 무작정 뛰었다. 출발점에 가까워 오자 사람들이 외치는 소리가 들려왔다. 그들은 함성을 질렀다. 그러자 바흠의 심장은 터질 것만 같았다.

바흠은 있는 힘을 다하여 달음질쳤다. 해는 지평선에 가라앉으려고 했다. 그리고 출발지점도 눈앞에 다가왔다. 언덕 위에 사람들이 보였다. 땅바닥의 모자도 보였다. 촌장이 두 손으로 배를 움켜쥐고 있었다. 그제야 바흠은 아침의 꿈을 생각했다.

"비록 땅은 많이 차지했지만 하느님이 나를 그곳에서 살게 하실까? 아! 이제 가망이 없어."

바흠은 태양을 바라보았다. 해는 지면에 맞닿아 있었다. 그는 있는 힘을 다하여 뛰었다. 벌써 사방은 어두웠다. 그는 주위를 둘러보았다. 해는 이미 넘어갔다.

바흠은 망연자실했다.

"나는 헛수고만 했구나."

그렇게 생각한 그는 달리기를 멈추려고 했으나 바쉬카르인들의 아우성 소리에 정신이 번쩍 들었다. 언덕 아래서는 해가 보이지 않았지만, 언덕 위에서 보면 아직도 해가 지지 않았던 것이다.

바흠은 용기를 내어 언덕 위로 뛰어올라갔다. 그곳은 아직 환했다. 모자도 제 자리에 있었다. 촌장은 모자 옆에 서서 까마귀 소리를 내며 웃고 있었다. 오늘 아침의 꿈이 또다시 그의 머리를 스치고 지나갔다. 순간 그의 다리가 휘청하며 앞으로 고꾸라졌다. 그러자 손이 모자에 닿았다.

"와! 만세. 만세."

촌장이 외쳤다.

"기름진 토지를 소유하게 되셨습니다."

바흠의 머슴이 그에게 달려갔다. 머슴은 주인을 안아 일으키려고 했으나 그의 입에서는 피가 쏟아지고 있었다.

그는 이미 숨을 거둔 뒤였다.

바쉬카르사람들은 저마다 혀를 차며 안타까워했다.

머슴은 주인이 들고 온 괭이로 그를 매장할 수 있는 만큼 구덩이를 팠다. 그리고 주인을 고이 눕혔다.[93]

---

93) 작은이의 인생이야기, 톨스토이, 김이진 옮김, 119~129P (푸른 샘 1999)

(2) 돈에 대한 욕망

땅에 대한 욕망이 옛날 사람에게 지배적이었다면, 요즘 사람은 주로 돈에 대한 욕망인 것 같다. 이를 테면 서점가에서 본 다음과 같은 책의 제목들이 이를 말해 준다.

『큰돈은 이렇게 벌어라』『1년에 10만 달러 벌수 있는 시스템』『돈을 끌어들이는 하루 10분 성공 다짐』『시간관리가 돈 관리다』『성서 속의 백만장자』『2900만원으로 50억 만든 왕비가 돌아왔다』『(월급쟁이)의 10억 꿈 아파트로 키운다』『10억 오르는 아파트 고르는 법』…….

물론 돈에 관한 것이 이러한 책 등에만 해당되는 것이 아니다. 한 나라의 지도자(이를테면 대통령이나 수상)의 능력에 있어서도 이 돈 관리(경제)가 절대 기준이 될 수 있다. 따라서 선거 공약(국민에 대한 약속)에서도 이를 내세워 당선되기도 한다.

따라서 돈과 이 돈에 관한 현대사회의 지나친 관심이라는 면을 지적하는 말들을 볼 수 있다.

"19세기에 세속과 종교의 위대한 예언자들, 특히 토머스 칼라일. 존 러스킨. 랠프 월도 에머슨. 프로이드. 마르크스 등은 모두 돈을 향한 욕구가 서로를 향한 사람들의 욕구를 망치는 방식(거기에 광기가 있다는 사실)이라는데 주의를 기울였다.

부(富)의 추구가 다른 모든 노력, 즉 구원, 사랑, 평등, 정의, 진실을 향한 노력의 자리를 차지하게 됨에 따라서 이 돈을 향한 욕망이, 욕망에 관한 사람들의 감각을 바꾸기 시작하는 것이다. 이 돈을 향한 사랑은 사람들의 멀쩡함에도 위협이 되는 것으로 여겨진다. 경제적인 것이 어느 정도

편안한 삶을 누리며 살아남기 위해 반드시 필요한 욕망이 아니라, 필요 이상으로 사람들은 이 경제에 대한 욕구에 사로잡히는 사람들이 늘어난 것이다. 필요 이상의 욕구로 인해 인간의 이 욕망(경제적인)이 만족할 줄 모르고 달랠 수도 없으며 방종한 것이라는 데에 인식을 갖게 된 것이다." [94]

" '사람들을 광기로 몰아가는 물신주의' 는 엄청난 호소력을 지닌 반문화를 낳았다. 이러한 자본주의의 파괴성에 큰 충격을 받은 칼라일이 '국가의 멀쩡함' 이라고 명명한 것은 이를 튼튼하게 뒷받침하려는 시도였다. 상업을 기반으로 한 나라들, 즉 인간들이 유례없이 점점 많은 것을 원하게 만든 장본인이기에, 이러한 욕구를 좀 더 정량적으로 만들어야" [95]

"사회학자 게오르그 짐멜은 〈돈의 철학〉(1900)에서 '우리시대의 심리적 특징' 은 돈에 기반한 경제체제 안에서, 현대인들이 자신이 뭘 원하고 상호간에도 무엇을 원하는지를 정확히 안다는 환상을 품는 점이라고 했다(소위 경제지상주의 체제)."
"이전 시대의 충동적이고 감정적인 특징과 결정적인 대조를 이루는 이러한 특징은 내가 보기에 화폐경제와 친밀하고 편안한 관계를 맺고 있는 듯하다. 화폐경제는 일상적인 거래에서 지속적인 수학적 작전을 강화한다. 질적인 가치를 평가하고 가늠하고 계산해서 양적인 가치로 만들어 버리는 이러한 방식이 많은 사람의 삶을 흡수한다. 돈을 기준으로 가치를

---

94) 멀쩡함과 광기에 대한 보고되지 않은 이야기, 애덤 필립스, 김승욱 옮김, 227쪽(알마 2008)
95) 同上, 228쪽

가늠하는 방식은 우리에게 여러 가치를 마지막 한 조각까지 구체적으로 정의하는 법을 가르침으로써 다양한 것과의 비교에서 훨씬 더 정확을 기하게 해주었다. 그것들을 평범한 화폐단위로 축소할 수 없을 때 훨씬 더 자유로운 평가(참으로 황당한 평가)가…… 발견된다."

"짐멜의 글에서 돈은 정량화의 제국을 확대시킨다. 그래서 우리로 하여금 정량화에 걸맞지 않은 것들(감정, 생각, 기분, 욕망 등)을 정량화 할 수 있다고 믿게 만들 뿐 아니라, 질적인 평가를 향한 욕망 속으로 우리를 꾀어 들인다. 그 욕망에 이점이 있음이 분명히 보이기 때문이다. 숫자는 더 말보다 덜 모호하다. 그리고 인상에 비해 척도는 사람들의 동의를 바탕으로 하고 있음이 분명하다. 하지만 짐멜은 마음속으로 파고드는 어떤 것, 아니 마음의 작동방식과 실제로 지향하는 바를 설명해주는 듯한 어떤 것을 묘사하고 있다. '질적인 가치를 평가하고 가늠하고 계산해서 양적인 가치로 만들어버리는' 이라는 부분이 바로 그것이다." [96]

일단 돈을 기준으로 생각하기 시작하면 인간욕구의 범위가 줄어든다. 우리는 자신이 계산할 수 있는 것만 원하게 된다. 마치 우리에게 필요한 것은 돈 밖에 없다는 듯이 욕구를 품게 된다. 철학자 노먼 O.브라운은 『죽음에 맞선 삶』에서 다음과 같이 썼다.

"돈을 향한 욕망이 진정한 인간적 욕구의 자리를 모두 차지한다. 그렇게 해서 겉으로 드러나는 부의 축적이, 사실은 인간의 본성과 욕망을 포

---

96) 같은 책, 229, 230쪽

기하는 금욕주의가 적절한 도덕이 된다. 그 결과는 인간의 본성이라는 구체적인 전체를 호모 에코노미쿠스라는 추상으로 대체함으로써 인간의 본성을 비인간화 하는 것이다. 이처럼 비인간화된 본성 속에서 인간은 자신의 몸, 더 구체적으로 말하면 자신의 감각, 관능, 쾌락 원칙과의 접점을 잃어버린다. 이처럼 비인간화된 인간의 본성은 비인간적인 의식을 낳는데 이 의식이 유일하게 받아들이는 것은 현실과 동떨어진 추상, 즉 근면하고, 냉정하고 이성적이고, 경제적이고 산문적인 정신뿐이다. 자본주의가 우리를 너무나 어리석고 일방적인 존재로 만들어버렸기 때문에 소유할 수 있는 물건, 쓸모 있는 물건만이 우리에게 존재하는 것이 되었다."

"인간관계의 수단으로써 돈(사람이나 물건의 가치가 얼마나 되는지를 논하는 것)은 인간 본성이라고 부를 수 있는 것을 기운 빠질 만큼 작게 쪼그라뜨린다. 부자가 되는 것은 미친 짓일 뿐 아니라, 돈의 언어에 동의하는 것 또한 일종의 광기일 수 있다." [97]

"(예전에는) 사람들은 부(富)와 부패(즉 잔혹한 행위)를 연결시켰다. 또한 깊은 인상을 받았더라도 항상 남에게 늘 숨겨야 하는 특정한 행동(차마 말 못할 비열함)과 돈을 향한 욕구를 연결시켰다. 예를 들어 돈을 향한 욕구는 원죄를 계속 믿는 데 일조했다. 종교적인 원죄 대신 세속적인 형태의 원죄를 믿는 사람의 경우도 마찬가지다.

그러나 지금과 같이 물신주의 세상에서는 부가 노골적인 찬양의 대상이 되고, 대개 이 부(富)는 우리를 급습해서 선(善)한 길에서 벗어나게 만

---

97) 같은 책, 231~232쪽

드는 욕망의 대상으로 묘사된다. 이 경우 돈을 향한 욕망은 그보다 더 훌륭한 모든 욕망을 배반하고 훼방을 놓는 욕망이 된다. 부가 아닌 다른 욕망(이를 테면 종교적이나 선함, 학문, 예술 등)을 비현실적인 구식으로 만들어버리는 욕망이 된다." [98]

인간이 이렇게 땅이나 돈과 같은 물질적인 것에 지나친 욕망으로 되다고 하는 점은 앞서 든 예 즉

"욕망의 대상은 욕망으로 인해 왜곡된 응시에 의해서만 지각되는 특이한 사물이다. 주체와 욕망간의 관계는 라캉에게서 대상 a라는 개념으로 구체화 된다. 대상 a는 결코 채워지지 않는 채 남아있는 욕망의 공허한 구조를 표현하는 개념이다. 그것은 언제나 욕망에 의해 왜곡된 채 지각되며, 나아가 이러한 왜곡 내부에서만 존재한다. 달리 말해 대상 a는 왜곡의 물질화 또는 체화이다.

대상 a는 처음부처 존재하지 않았던 것. 원래부터 잃어버린 대상이다. 그러나 동시에 그것은 결핍 그 자체의 구현이기도 하다. 즉 그것은 부재(不在)하는 대상인 동시에 부재하는 것으로써 긍정적인 실존을 얻는다. 그러므로 대상 a는 그것의 실존이 원래부터 부재하며 도달 불가능하다는 사실에 근거하는 역설적인 개념이다.

주체는 자신의 결핍을 대상을 통해 보상받기를 원한다. 그러나 욕망은 절대로 채워질 수 없는 것이므로 주체는 영원히 대상을 통한 충족에 도달할 수 없다. 대상 a는 욕망 안에서 단순한 대상 이상의 어떤 것으로 늘

---

98) 같은 책, 231~232쪽

남는다. 달리 말해 그것은 주체 안에 언제나 남아있는 결핍의 요소이다." [99]

우리가 바라는 욕망의 진실한 대상은 생명이라고 하더라도, 실제에 있어서 우리가 지각하는 것은 이상에 보는 것처럼 왜곡된 대상 a인 것이다.

따라서 이 왜곡된 대상 a는 결핍(물론 우리가 진정 바랐던 것- 즉 생명의 인식- 이 아니므로)을 나타낼 뿐인 것이다.

이 왜곡된 대상 a는 우리의 욕구(생명에 대한 욕구)가 물질적인 것으로 나타난 것이다. (대상 a는 왜곡의 물질화 또는 체화이다. 이것은 곧 우리의 진실한 욕망이 물질적인 취향으로 왜곡되었다는 것이다)

따라서 이 물질적인 것에 대한 욕망(대상 a)으로 우리의 진정한 욕망(즉 생명의 인식에 따른)을 보상받길 바라지만_ 그러나 이러한 상태로는 영원히 충족에 도달할 수 없다는 것이다.

이것이 곧 물질적인 것에 대한 욕망(대상 a)에 메달려-충족할 수 없음에도 계속 충족을 위해- 끝없는 욕망으로 될 수밖에 없는 이유가 되는 것이다. 이러한 점을 다음의 예를 통해서도 알 수 있다.

"원래 인간의 욕망이란 주체와 대상간의 직선적, 이자적(二者的) 관계가 아니라 매개를 통한 삼각형의 형태를 띤다는 것이 르네 지라르 Rene Girard가 개발한 '욕망의 삼각형'이론이다. 우리는 우리의 주체적 욕구에 의해 어떤 대상을 욕망한다고 믿는다. 주체인 나를 하나의 점으로 표시해 본다면 내가 원하는 대상은 저 멀리 위에 위치해 있다. 만일 나의 욕

---

99) 슬라보예 지젝, 김현강 지음, 110~111쪽 (이룸 2009)

망이 주체적이라면 나와 대상 사이에는 아래에서 위로 일직선이 그어질 것이다. 그러나 그 사이 중간쯤에 오른쪽으로 비스듬히 점 하나가 나타나, 내 욕망은 이 점을 우회하여 대상으로 향한다……. 이 중간쯤의 점이 나의 욕망을 중개하는 매개자이다." [100]

나의 욕망을 중개하는 중간의 이 매개자란 왜곡된 대상 a라고도 할 수 있다.

진정 바라는 것을 직접적이 아니라 간접적으로 추구한다는 셈인데, 그러나 이를 더 명백하게 말한다면 진정 바라는 것을 구하는 것이 아니라 엉뚱한 다른 것을 구한다는 것이다. 자기가 바라는 것이 무엇인 줄을 모르기에 바라는 것을 구하지 않고 엉뚱한 것을 구한다는 것인데, 이렇게 될 수밖에 없는 것은 무지 때문이라는 것은 앞서도 말한 바다. 이것을 '앞에 인용된 지라르의 욕망의 삼각형'으로 본다면 저 멀리 위에 있는 것으로 내가 원하는 대상이란 생명이라고 할 수 있고, 그 중간쯤에 있는 점 하나란 왜곡된 대상 a로서 이것에 어쩔 수 없이(실제 바라는 것이 생명에 대한 인식의 욕구였던 것이지만—이를 모르기에 물질적인 것에—전혀 생명과는 다른 것이지만) 집착한다는 것이다. 이렇게 우리의 생명에 대한 인식의 욕구는 물질적 욕구로(왜곡된 대상 a로, 무지로 말미암아 어쩔 수 없이 이 중간지점에 가로 막혀)된다는 것이다. 물론 이러한 방향에서(물질적인 것에 대한 욕구로)는 진정한 욕구(생명에 대한 인식의 욕구)가 해소될 수 없을 것이며, 또한 계속 이렇게 이어질 수밖에 없을 터인데, 이것이 결국 끝을 보지 못하는 욕망이 되는 것이다.

---

100) 로빈슨 크루소의 사치, 박정자 지음, 79쪽 (기파랑 2006).

이러한 방식으로 우리의 욕구는 물질적인 것에 대한 욕망으로 되기 때문에, 그러한 대상으로써 앞서처럼 땅이 되기도 할 것이며, 돈이 되기도 하며, 또는 그 밖에 무엇이 될 것이다.

"욕구는 특정 사물에 대한 욕구가 아니라 차이에 대한 욕구, 사회적 의미에서의 욕망이다. 다시 말하면 고가의 액세서리나 고급 옷을 사는 것은 남들과 달리, 그것도 남들보다 위쪽으로 달리 차별되기 위해서이다. 보드리야르식으로 말하면 가치가 있는 사회적 코드를 생산하기 위해서이다. 이때 내가 소비한 액세서리나 옷은 그 자체로 욕망의 대상이라기보다는 나의 다른 욕망을 이루기 위한 매개적 수단, 즉 하나의 기호(記號)에 불과하다. 소비의 체계는 욕구의 향유에 근거하는 것이 아니라 언어처럼 인위적인 기호 및 차이의 코드에 근거하고 있다.

기호란 화살표처럼 자기 아닌 다른 것을 지시하는 어떤 것이다. '행사장 입구'라는 화살표는 화살 모양의 형태 자체에 의미가 있는 것이 아니라 그것을 넘어서는 다른 어떤 것, 즉 '행사장'이라는 목표물을 지시하는 기호가 아닌가. 사물 그 자체가 아니라 사물을 대신하거나 재현하는 그 무엇이 바로 기호이다.

루이비통이나 까르띠에의 핸드백은 그것을 든 사람이 일정 수준 이상의 상류계층임을 보여주는 기호이다. 기호중의 대표적인 것이 언어이다. 언어는 자기 아닌, 자기를 넘어선 어떤 다른 것을 의미해주는 기호들 중에서 가장 체계적이고 다양한 기호이다. 그렇다면 아주 비싼 사치품은 "나는 어떤 상류층이다."라고 말해주는 언어와도 같다.

기호는 사물 그 자체가 아니라 사물을 대신하거나 재현하는 그 무엇이므로 실제의 사물이 아니라 가상이며 허구이다. 그러니까 값비싼 명품 옷을 입었건 값싼 시장 물건을 착용했건 우리 모두는 옷이라는 실제의 물건이 아니라 가상의 혹은 허구의 이미지를 하나씩 몸에 걸치고 다니는 셈이다. 우리의 말을 듣고 타인이 우리의 생각을 알고 서로 의사소통을 하듯이 우리의 옷을 보고 타인들은 우리의 사회적 지위를 알며 상호간의 신분을 확인한다."[101]

　본인은 사치스런 물품을 욕망하는 것처럼 보여도 실상 그 이면에는 상류층이라는 지위를 욕망한다는 것이다. 욕망에 대한 겉보기와 이면이 있음을 볼 수 있다. 물론 이 역시도 비틀린, 즉 왜곡된 욕망의 기호(대상 a)인 것이라고 할 수 있다.
　그런데 이 왜곡된 이 욕망의 기호(대상 a)는 진실(즉 진정 바라는 생명에 대한 인식)에 이르게 되지 않는다면, 언제까지나 왜곡된 욕망의 기호 '대상 a'일 수밖에 없을 것이라는 점이다.

(3) 왜곡된 욕망의 구조

　사람이 살아감에 의식주는 필수적인 것이고, 그에 대한 의식(살아감 - 곧 생명에 대한 인식)도 필수적이라고 할 때, 이 양자(살아감에 필요한 물질과 또한 물질에 그치지 않는 생명의 인식)는 함께 부정할 수 없는 것은 물론이다. 이러함에도 살아감 - 생명에 대한 인식을 단지 물질적인 것에서만 찾으려고 한다면, 이는 마치 배가 고픈 굶주림을 음식(물질적인)을 먹는 것으로 해결할 수 있는 것인데도, 그 밖에서 (먹지 않고- 곧 정신적인 재미로) 해결하려는

---

101) 같은 책, 83~84쪽

것과 같이 부질없는 것이다. 그리하여 먹지 않는 행위(즉 정신적 행위)에 의한 굶주림의 해결로는 끝내 배고픔은 계속 이어질 수밖에 없듯이, 결국 물질적인 것에 대한 것에만 집중한다면, 물질적인 것 만에 속할 수 없는 것(정신적인 것, 생명에 대한 인식 등)은 부족한 채(부족감으로, 허망함으로) 계속 이어질 수밖에 없을 것은 당연할 것이다.

따라서 이를 아귀의 탐욕이라고 한다면 매우 적당한 비유가 될 것이다 (아귀의 탐욕이란, 배는 산처럼 큰 것에 비해, 먹어야 하는 입은 바늘귀만 해서 끝내 허기를 채울 수 없다는 데에 따른다고 한다).

정신적인 욕망이 물질적인 것으로 왜곡되는 점에 비추어, 물질적인 것 자체 안에서도 왜곡되는 양면성(겉보기의 욕망과 이면의 실제 욕망)이 있음을 보았다. 본인은 이 겉보기 욕망을 알 수도 있고 (자신의 진정한 욕망을 겉보기의 욕망으로 숨긴다는 점에서), 끝내 자신의 진정한 욕망을 모른 채 겉보기의 욕망에만 치우칠 수도 있을 것이다. 마치 명품 가방에 탐을 내고 큰 아파트를 갖고자 하는 것 같지만, 실상은 자신의 위신을 내세우려는 것이었다는 점에는 생각이 미치지 못하는 것과 같다.

이것이 정신분석에서 프로이드의 성도착이며 라캉의 대상 a이며, 또한 여러 형태, 곧 열등감에서 비롯된 나머지 과도한 물질적 욕망과 함께 권위의식으로 이르게 되는 것이라 할 것이다.

2. 사회적 욕망 : 쟁탈의 장

물질적인 것에 대한 욕망이란 우리 자신에게 많은 고통을 안겨준다. 욕망은 한이 없고 또한 거기에 치르는 많은 대가와 노력, 절망 등 많은 고통이 겹쳐오기 때문이다.

또한 이 물질적인 것에 대한 욕망은 자신 한 사람에 그치는 것이 아니며, 나 혼자만 가질 수 있는 것도 아니다. 여기에 모든 사람이 원하는 것임에도 불구하고, 물질적인 것은 한정되어 있는 것이다. 물론 물질적인 것이 이렇게 한정되어있음에도 우리의 욕망만은 한이 없는 것이었다. 또한 욕망이 한이 없다는 점에서도 나 혼자만의 문제가 아니다.

따라서 이렇게 한정된 물질을 두고, 그 반면에 욕망에는 한이 없는 사람들이 너나 함께 모두 모여 싸울 수밖에 없다는 것이다.

다음을 보자. 에리히 프롬의 글이다.

"보다 일반적으로 말해서 생존의 소유양식(물질적인 소유)에 있어서의 개인 간의 관계의 기본적인 요소는 경쟁·대립·공포이다. 소유관계의 대립적 요소는 소유관계의 본질에서 파생된다.

'나는 내가 가진 것(I am what I haue)' 이기 때문에 소유가 내 주체성의 근본일 경우 소유하려는 소망은 필연적으로 많이 소유하려는 욕망, 더 많이 소유하려는 욕망, 가장 많이 소유하려는 욕망으로 유도된다. 다시 말해서 탐욕(貪慾)이 소유지향의 자연스런 경과가 된다. 그것은 수전노의 탐욕일 수도 있고 이윤추구자의 탐욕일 수도 있고, 난봉꾼의 탐욕일 수도 있고 또는 바람둥이 여자의 탐욕일 수도 있다. 그 탐욕이 어떤 것이든 탐욕 많은 사람은 결코 충분히 가질 수는 없는 일이며, 결코 '만족' 할 수 없다.

배고픔 같은 생리적 욕구는 신체의 생리에 따르는 일정한 충족점이 있는 법이지만, 〈정신적〉 욕구는 - 모든 탐욕은 그것이 신체를 통해 만족될지라도 정신적인 것이다 - 충족점이 없다. 그 포화점은 그것이 극복하려고 의도된 내적 공허감, 권태, 외로움, 침울 등을 채워 주지 못하기 때문이다.

더욱이 소유하고 있는 것은 이런저런 형태로 빼앗길 수 있기 때문에, 그런 위험에 대비하여 자기 존재를 더욱 잘 보호하기 위해서는 더욱 많이 소유해야만 한다. 모두가 더 많이 소유하기를 바란다면 자기가 소유하고 있는 것을 빼앗아 가려는 이웃의 침략적 의도를 항상 두려워 할 수밖에 없다.

그러한 공격을 방어하기 위해서도 스스로 더 강해질 필요성과 함께, 예방적으로 자기가 공격적이 되기도 할 것이다. 또 생산은 아무리 그 양이 많더라도 〈무한한〉 욕망을 따라갈 수는 결코 없으므로 각 개인들은 서로 더 많이 차지하기 위해서 경쟁과 대립을 일으키는 수밖에 없다. 이 싸움은 절대적 풍요의 상태에 도달할 수 있다고 해도 계속 될 것이다.

소유양식과 그로부터 결과하는 탐욕이 필연적으로 사람들 간의 대립과 투쟁을 불러일으킨다는 사실은 개인 사이에만 해당되는 것이 아니라 국가들 간에도 해당된다.

국가가 소유와 탐욕을 주된 행동요인으로 하는 국민들로 구성되어 있는 한 그 국가들 간에 전쟁이 일어나는 것은 불가피하다. 그 국가들은 필연적으로 다른 국가가 가지고 있는 것을 탐낼 것이며 전쟁이나 경제적 압력, 위협 등을 사용해서 그들이 원하는 것을 얻으려고 할 것이다. 그들은 우선 이런 수단을 더 힘이 약한 국가들을 상대로 사용할 것이며 또 공격받게 될 국가보다 더 강력한 동맹관계를 형성할 것이다.

　승리할 합당한 찬스를 하나만 가졌어도, 국가는 분명히 전쟁을 할 것이며 이 전쟁의 이유는 그 국가가 경제적으로 고통을 받고 있기 때문이 아니라 더 많이 소유하려는 욕망, 정복하려는 욕망이 사회적 성격 안에 뿌리 박혀있기 때문인 것이다." [102]

　물질적 욕망이 대립과 투쟁이 될 수밖에 없다는 점은 이상과 같은 프롬의 글에서도 알 수 있다. 물질적 욕망은 역시나 한 개인에게만 한한 것이 아니기 때문이다. 따라서 상호 대립과 투쟁이 있을 수밖에 없을 것인데, 그 구체적인 사례를 통하여 보기로 한다면, 또한 다음을 보아야 할 것이다.

(1) 자본주의로 가는 길

　서울대 주경철 교수의 『문명과 바다』에는 유럽사람들이 아메리카 대륙을 발견하고 나서 자행한 만행이 이렇게 적혀있다.[103]

　"아메리카 대륙에서 에스파냐인들이 벌인 사업은 탐험, 정복, 상업이 혼재된 양상을 보였으며, 무엇보다 대단히 폭력적이었다. ……이 당시의 사정이 얼마나 참혹한지는 이 일들을 직접 경험하고 기록을 남긴 라스카시스 신부의 증언에 알 수 있다. 예컨대 그는 이스파뇰라 섬에서 있었던

---

102) 소유냐 삶이냐, 에리히 프롬, 김진홍 역, 143~144쪽 (홍성사 1979)
103) 〈한겨레 신문〉에 연재하고 나중에 낸 책 (산처럼)

사건들을 이렇게 적고 있다.

'기독교도들은 말과 칼, 창을 사용해 학살을 시작했고 원주민들에 대해 이상할 정도의 잔혹성을 보였다. 마을을 공격하면서 어린이, 노인, 임산부, 혹은 출산 중인 여인까지 한 명도 살려두지 않았다. 그들은 칼로 찌르거나 팔다리를 자르는 정도에 그치지 않고 마치 도살장에서 양을 잡는 것처럼 갈가리 찢었다. 그들은 한칼에 사람을 벨 수 있는가, 머리를 단번에 잘라낼 수 있는가, 혹은 칼이나 창을 한번 휘둘러서 내장을 쏟아낼 수 있는가에 대해 서로 내기를 걸었다.'

이렇게 해서 아메리카 대륙에서 죽은 사람은 약 1천5백만 명이라고 합니다. 유럽 사람들은 닥치는 대로 금과 은을 약탈하고, 원주민들에게 강제로 사금체취 작업을 시키고, 광산에서 금은(金銀)도 캐게 했습니다. 볼리비아의 포토시에서는 이 과정에서 300년 동안 약 8백만 명이 죽었다고 합니다. 참고로 현재 볼리비아 전체 인구가 약 8백만 명입니다.

약탈된 금과 은은 유럽으로 흘러들어 가서 매뉴팩처업자들에게 대출되고 무역에 사용되었습니다. 이렇게 아메리카 원주민들의 희생으로 자본주의가 형성되어갔습니다. 아끼고 절약하면서 열심히 일한 사람이 돈을 모아 자본가가 되고, 그렇지 못한 사람은 그냥 노동자로 사는 것이 아니냐고 생각하는 사람이 많습니다. 자본주의도 그러면서 생겼다는 것이 많은 사람의 주장이었습니다. 하지만 우리는 이런 역사적 사실에서 마르크스가 '자본은 머리끝에서 발끝까지 피와 오물을 뒤집어쓰고 태어난다' 고 했던 말이 사실임을 알 수 있습니다." [104]

---

104)   Hi, 마르크스 Bye 자본주의, 강상구, 82~84쪽 (데디앙 2009)

자본은 금은이나 돈과 같이 물질적인 것이라고 하지만, 그러나 자본은 단지 물질적인 돈에 불과한 것이 아니다. 마르크스는 자본론 제2장에서 화폐(돈)가 자본으로 바뀌는 과정을 설명한다.

"화폐와 자본은 차이가 있다. 자본이란 화폐 가운데서도 유통과정에 들어간 화폐를 가리킨다. 자본은 유통과정에서 더 많은 화폐를 얻기 위해 끊임없이 운동하는데, 이 과정에서 추가로 얻게 된 가치가 잉여 가치다. 자본은 스스로 움직일 수 없기 때문에 이를 담당할 사람이 필요한데, 이 사람이 바로 자본가다. 자본가는 자본의 운동논리에 따라 끊임없이 이윤을 추구하기 때문에 인격화된 자본, 즉 자본의 대변자라고 할 수 있다.

자본은 유통과정에서 화폐 형태와 상품 형태를 번갈아 거치면서, M(화폐) - C(상품) - M'(잉여가치가 더해진 화폐)로 운동한다. 잉여 가치는 단순한 유통 과정이 아니라 생산과정에서 만들어진다. 그렇기 때문에 생산과정에 들어간 산업자본이 잉여 가치를 만들어 내는 대표 자본이 된다.

상품유통은 자본의 출발점이다. 상품 생산과 상품 유통, 그리고 이로 말미암은 상업의 활성화가 자본이 형성되기 위한 전제 조건이다. 세계 무역과 세계시장이 형성된 16세기부터 근대 자본의 역사는 시작된다.

자본은 처음에는 화폐 재산이나 상인처럼 화폐 형태를 취한다. 이러한 현상은 오늘날에도 쉽게 볼 수 있다. 오늘날에도 새로운 자본은 언제나 화폐 형태로 시장에 등장한다. 그렇지만 화폐와 자본 사이에는 차이점이 있다. 그 차이점은 무엇인가?

우선 화폐와 자본은 그 유통 형태가 서로 다르다. 일반적인 상품 유통은 C(상품) - M(화폐) - C(상품)의 과정을 거친다. 우리는 상품을 판매하여 화폐를 얻은 다음에, 그 화폐로 다시 상품을 구매한다(예를 들어, 어떤 농부가 말을 팔아서 화폐를 얻은 다음에 그 화폐로 다시 옷을 사면, 그 농부는 판매와 구매의 과정을 거친 것이다. 여기서 화폐는 밀과 옷이라는 두 상품이 서로 교환되도록 도와주는 역할을 한다. 다시 말해 유통 수단의 기능을 맡는다. 이것은 단순한 화폐로서 화폐가 유통되는 과정이다).

이에 비해 M-C-M의 과정도 있다. 화폐로 상품을 구매한 다음에, 그 상품을 판매하여 다시 화폐를 얻는다. 앞서 제1단계인 M - C(구매)에서는 화폐가 상품으로 바뀌며, 뒤에 제2단계인 C - M(판매)에서는 상품이 화폐로 바뀐다. 화폐로 상품을 구매한 이유는 그 상품을 판매하여 다시 화폐를 얻기 위해서다. 이러한 유통 과정을 거치면 결과적으로 화폐와 화폐의 교환이 이루어진다. 만약 내가 100원으로 면화를 구매한 후에 이 면화를 다시 판매하여 110원을 얻는다면, 결국 나는 100원을 110원과 교환한 셈이다. 즉, 화폐를 화폐와 교환하여 더 많은 화폐를 얻은 것이다. 바로 이것이 화폐가 자본으로서 유통되는 과정이다. '단순한 화폐'가 상품을 얻기 위한 목적으로 유통된다면, '자본으로서의 화폐'는 화폐, 특히 더 많은 화폐를 얻기 위한 목적으로 유통된다.

자본은 더 많은 화폐를 얻기 위해서 끊임없이 운동한다. ……처음에 들어간 화폐 M이 자본으로서 가치를 늘리려는 욕구를 지니듯이, 나중에 생산된 화폐 M도 자본으로서 가치를 늘리려는 욕구를 지닌다. 따라서 자본의 유통 과정에서 종착점에 있는 화폐 M는 또 다시 새로운 유통 과정에 들어가 하나의 출발점이 됨으로써 연속 순환을 한다. 유통 과정에서 100원이 10원의 잉여 가치를 증가시켜 110원이 되었는데, 이 110원은 더 많은 잉여가치를 얻기 위해서 또 다시 유통과정에 들어간다. 잉여가치를 계속 늘리려면 자본은 반복해서 유통과정에 새롭게 들어가야 하며, 그 결과 자본의 순환 과정이 형성된다. 자본은 더 많은 잉여가치를 얻기 위해 무한 운동을 한다.

이 운동의 의식적 담당자인 화폐 소유자는 '자본가'가 된다. 자본가는 화폐 소유자로서, 그의 주머니가 화폐의 출발점이자 종착점이 된다. 자본가는 잉여 가치를 늘려 더 많은 자본을 축적하는 것을 유일한 목표로 삼는다. 따라서 자본가는 의지의 의식이 부여된 '인격화된 자본'으로 기능한다.

자본가의 최고 목적은 끊임없는 이윤 추구다. 자본가와 구두쇠는 무한한 부를 축적하려는 욕망을 지녔다는 점에서 공통점을 갖는다. 그러나 구두쇠는 얼빠진 자본가에 지나지 않지만, 자본가는 합리적인 구두쇠다. 구두쇠는 화폐를 끌어내어(빼내서)부를 축적하려고 하지만, 영리한 자본가는 화폐를 유통 과정에 끊임없이 집어넣어 부를 축적한다. 그래서 구두쇠는 새로운 투자에 관심이 없지만 자본가는 새로운 투자에 많은 관심을 기울인다."[105]

자본주의 역사 과정에서 처음 16세기 자본주의가 태동되기에 이르게 된 계기는, 소위 본원적 축적이 있었기 때문이라고 한다. 그런데 이 본원적 축적의 과정에는 세 방면에서 엄청난 수탈이 있었다는 것이다. 따라서 이 세 방면의 수탈이 어울려서 지금의 자본주의 터전이 되는, 소위 본원적 축적이 가능했다는 것이다. 이른바 엔클로우저 운동으로서 목양지화에 따른, 농민으로부터 토지 수탈과 아메리카 식민지로부터의 약탈, 모직물 공업으로 인한 노동임금 착취다.

---

105) 자본론, 칼 마르크스, 손칠성 풀어씀, 59, 60, 61~63, 64쪽 (풀빛 2005)

1494년의 스페인여왕 이사벨의 원조에 의한 '콜럼버스'의 아메리카대륙의 발견 및 1497년의 포르투갈의 '바스코 다 가마'에 의한 희망봉과 동인도항로의 발견 등의 '지리상의 발견'에 의하여 다음과 같은 사태가 전개되었다.

"그때까지 이탈리아의 도시들, 특히 베네치아의 상인에 의하여 아라비아 상인의 중개를 거쳐서 행해지고 있었던 동인도 무역이 신항로에 의한 포르투갈 상인의 수중으로 들어가게 되었다. 또한 콜럼버스의 발견 후 약 30년이 지난 1520년대부터 멕시코, 페루, 등의 각 지역에서 막대한 양의 값싼 은이 산출되기 시작하여 이것이 대량으로 유럽 국가들로 유입되고, 그것에 대하여 각종 공업제품 특히 모직물 및 모직물 제품이 수출 되었다. 이리하여 신대륙과 유럽 사이에 새롭고 극히 중요한 무역 분야가 열렸으며, 우선 스페인 상인이 그것을 장악하게 되었다. 이리하여 스페인과 포루투갈이 일약 세계상업의 패자로 등장하게 되었으며 그 이후 세계상업의 패권을 둘러싸고 지구를 무대로 하는 유럽국가들 간의 상업전쟁이 전개되기 시작하였다. 그 세계상업의 패권은 주지하는 바와 같이 스페인, 포르투갈에서 네덜란드, 프랑스, 그리고 최후로 영국으로 옮겨가는데, 그러한 패권의 추이를 궁극적으로 규정한 요인은 모직물 공업의 발전여하에 있었던 것이다. 왜냐하면 동인도 무역은 무역보다도 은을 필요로 했던 것인데, 그 은은 모직물을 갖고 있으면 신대륙으로부터 값싸게 그리고 거의 무진장으로 얻을 수 있었기 때문이다. 모직물을 갖고 있으면 신대륙의 은이 얻어지며, 그 은을 갖고 있다면 동인도 무역을 지배할 수 있다고 하는 세계무역상의 구조연관을 근거로 하여 영국은 스페인, 네덜란드, 프랑스 등 당시의 열강을 누르고 결국 신대륙무역 및 동인도 무역이라고 하는 세계상업의 2대 분야를 실질상 장악하여 18세기 중엽에는 완전히 세계시장의 패권자가 되며 동세기 70년대 이후 급속히 산업혁명의 과정에 돌입하고 그것에 의하여 결정적으로 '세계의 공장'이 되어갔던 것이다." [106]

그런데 이 과정에서 앞서 지적된 세 방면의 수탈을 무시할 수 없다는 점이다.

"첫째로, 신대륙으로부터 대량의 값싼 은이 산출되어 그것이 격류와 같이 유럽으로 유입됨에 따라 유럽국가들의 공업생산물 특히 모직물에 대한 방대한 판로가 나타났다는 경우, 수출물에 대한 대가인 신대륙의 은이 매우 염가였던 이유는 단순히 스페인령 아메리카에 은의 매장량이 풍부하였을 뿐만 아니라, 식민지에서의 은의 생산이 원주민의 육체마손 적 부역노동 내지는 아프리카 흑인의 노예노동에 의하여 행해졌기 때문이다. 즉 자본주의적 생산에 있어서 장미색의 서광인 신대륙에서의 '신시장의 개척' 이라고 하는 매달의 이면은 야만적이고 가혹한 식민지의 정복, 약탈, 착취라고 하는 '목가적' 과정에 지나지 않았던 것이다.

둘째는 상업전쟁에서 승리하여 세계시장을 장악할 수 있는가 없는가를 궁극적으로 규정한 요인은 세계시장 제패의 생산적 기초인 모직물공업의 발전여하에 있었던 것인데, 모직물공업의 발전정도는 그 나라의 사회경제적 구조에 의존하고 그것에 의해 결정된다는 것이다(자본의 잉여를 낳을 수 있는 임금노동의 존재여부).

---

106) 경제학 개론, 안병직 등 편, 121, 122쪽 (풀빛 1983)

셋째. 봉건적 생산양식의 자본주의적 생산양식으로의 전화과정을 촉진하고 과도기간을 단축하기 위해서는 어떠한 방법도 사회의 집중되고 조직된 폭력인 국가권력을 이용한다. 폭력은 새로운 사회를 잉태하고 있는 모든 낡은 사회의 조산부이며, 그 자체가 하나의 경제적인 힘인 것이다. 자본주의적 생산의 불가결한 전제인 프롤레타리아(無産者)의 창출이 '엔클로우저적 운동'에 의한 농민으로부터의 토지수탈에 의하여 폭력적으로 행해진 것과 같이, 또한 시민혁명에 의한 부르주아국가의 탄생과 함께 개인적 폭력행위로써 행해지고 있었던 '공동지 엔클로우저'가 의회의 법령발표에 의하여 합법화되었던 것과 같이(이른바 '의회 엔클로이져'), 이제는 세계시장 제패를 위한 산업자본의 강력한 육성정책이 취해지게 되었던 것이다.

시민혁명의 소산이 체제 - '구식민체제(Old Colonial System)' 불가결한 하나의 지주로 하는 '중상주의체제' 하에서 영국은 지구를 「지구를 무대로 하는 '상업전쟁'(식민지 및 해외시장 쟁탈전쟁)을 거듭하고, 그 때문에 또한 전비조달을 위한 거액의 공채 발행과 그 누적 및 중과세를 불가피한 부수한 현상으로 하면서 네덜란드, 스페인을 누르고 세계시장을 제패하여갔다.」그 과정에서 영국은 「모직물 매뉴팩처를 기축으로 하는 초기산업자본의 발전을 조장하고」동시에 「'엔클로우저'를 합법화하여 프롤레타리아의 창출을 가속하면서 국가권력에 의하여 '자본관계'를 강력하게 창출하여 갔던 것이다.」이와 같은 사정은 국내적으로도 국외적으로도 참으로 지옥과 같은 피비린내 나는 시대였다."[107]

---

107) 같은 책, 122, 123, 124쪽

약탈의 사례들

아메리카 식민지로부터의 약탈

따라서 다음은 구체적으로 보는 실제 사례들의 본보기다.

"디아스는 1487년에 희망봉을 일주하였고 콜럼버스는 1492년 아메리카를 발견하였으며 1498년 바스코 다 가마는 아프리카를 일주하여 인도에 도착하였다. 이로써 거대한 부의 사냥 - 교역과 약탈 - 이 시작된 것이다.

이러한 부에 대한 열망을 성취하기 위하여 탐험을 시작한 국가가 스페인과 포르투갈이었다. 스페인의 학살자 코르테스(Cortes, 1485~1547)는 마야문명의 후신인 멕시코의 아스텍 왕국을 정복하였다. 또 다른 정복자 피사로(Pizarro, 1475~1541)는 페루 고원을 중심으로 태평양연안까지 뻗어 있던 잉카 제국의 멕시코 문명을 약탈, 파괴하였다.

'콜럼버스의 보고서에 따라 카스틸 평의회 (le Conseil de Castille)는 주민들의 자위능력이 결여되어 있는 지방을 점령하기로 결정하였다. 그들 주민을 기독교인으로 개종시킨다는 신성한 목적이 이 계획의 부도덕한 측면을 성화시켜 주었다. 그러나 그곳에서 보물을 가져오리라는 희망이 이 사업을 결정하게 한 진정한 동기였던 것이다. ……콜럼버스 이후 스페인이 신세계에서 꾀한 여타의 모든 사업들도 그 동기는 이와 동일한 것으

로 보인다. 그것은 신성모독의 황금욕이었다. (부기된 자료에서 인용)'

멕시코를 정복한 코르테스는 이렇게 고백했다. '우리들 에스파냐(스페인)인은 황금만이 유일한 치유책인 마음의 병을 앓고 있다.'

1503년 최초의 귀금속 화물이 안틸레스로부터 도착하고 1519년에는 멕시코 아스텍으로부터, 이어서 1531년에는 페루의 잉카로부터 각각 보물 약탈이 시작된다. 페루에서는,

'정복자들은 한 차례에 130만 온스의 금을 실어 갔다. 그들은 순금으로 된 4개의 라마거상(巨像)과 12개의 실물 크기의 순금 여상(女像)을 발견하였다. 왕은 몸값으로 황금이 가득한 방을 제공하였다. 그의 신하들은 그들의 정원과 집과 사원에 금으로 만들어진 나무와 꽃, 새, 기타 동물들을 가지고 있었다. 그들의 식기는 금으로 만들어져 있었고 길이 20피트, 너비 2피트, 두께 두 뼘의 은판(銀板)이 탁자로 쓰이고 있었다.(동상)'

공식자료에 따르면 1521~1660년 사이에 18,000톤의 은과 200톤의 금이 아메리카로부터 스페인으로 운송되었다. 또 다른 추계에 의하면 그 숫자가 2배에 달한다.

'황금은 세상에서 가장 좋은 물건이다. 그것은 심지어 사람들의 영혼을 천국으로 보낼 수도 있다.' 라고 콜럼버스는 지적한 바 있다. 불과 1세기 남짓한 기간 동안에 인디언 주민의 수는 멕시코에서는 90퍼센트가 감소하였으며 (그곳의 인구는 2,500만에서 150만으로 줄어들었다) 페루에서는 95퍼센트가 감소하였다. 라스 까사스(Las Casas)는 1495년에서 1503년 사이에 3백만이 넘는 사람들이 그들이 살던 섬에서 사라졌다고 추계하였다. 그들은 전쟁 통에 대량 학살되거나 카스틸리아에 노예로 보내지거나 혹은 죽을 때까지 광산이나 기타 다른 일에 사역되었다.

'미래의 세대 중에서 누가 이러한 사실을 믿을 것인가? 이 글을 쓰고

있는 나 자신조차 그러한 일이 가능하였으리라고는 도저히 믿어지지 않는 것이다.' "[108]

다음은 당시 16세기 에스파냐(스페인)인들에 의한 인디아스 정복 당시의 기록물들 가운데 가장 중요한 문서로 바로똘로메 데 라스 까사스 신부의 '인디아스 파괴에 관한 간략한 보고서'중의 내용이다.

"자비심과 왕실의 선의로 이것을 받아 읽어주시길 폐하(본국인 스페인 왕)께 간청 드립니다. ……단지 탐욕과 야심으로 그렇게 극악무도한 일들을 저지르는 그들은 아무런 이유도 까닭도 없이 원주민들을 파괴하고 갈가리 찢어놓고 있습니다. 그처럼 사악하고 혐오스러운 계획을 폐하께 요구하는 그들에게 폐하께서 거부해주실 것을 간청 드립니다.

에스파뇰라 섬에는 3백만 이상의 주민이 있었던 것을 보았지만 오늘날에는 그들 가운데 200명도 남아있지 않았습니다. 쿠바(Cuba) 섬은 바야돌리드(Valladolid)에서 로마까지 이를 정도로 긴 섬이지만 오늘날 거의 모든 주민이 없어졌습니다. 매우 크고 행복하고 우아한 섬들인 산 후안(푸에토리코섬)과 하마이까(자메이카) 섬도 황폐화 되었습니다. 에스파뇰라와 쿠바의 북쪽에 가까이 있으며 하간떼스(Gigantes)라 불리는 크고 작은 여러 섬들에서 70레구아 이상 떨어져 있는 루까요스(lucayos)의 섬들은 그 가장 못한 섬도 세비야(Sevilla)에 있는 왕의 과수원보다 더욱 비옥하고 우아합니다. 세상에서 가장 훌륭한 그 섬들에는 50만 이상의 인디오들이 있었지만 지금은 한명도 없습니다. 〈에스파냐인들은〉 그들을 에

---

108) 자본주의 역사, 미셸 보, 김윤자 역, 18~19쪽 (創作社 1987).

스파뇰라 섬에 데려오기 위해 데려오면서 죽였고 도착한 이후엔 결국 〈그들〉 모두가 죽었습니다. 모두가 끌려나온 이후 한척의 배가 그 섬들에서 3년 동안 사람을 찾아다녔지만 겨우 11명만 찾을 수 있었습니다. ……산 후안 섬 근처에 있는 서른 개 이상의 다른 섬들도 같은 이유로 주민이 없으며 황폐화 되었습니다. 2,000 레구아 이상에 이르는 이 모든 섬들의 주민이 전멸되었고 파괴되었습니다.

기독교인들이 그렇게 많은 사람들을 죽이고 파괴한 이유는 단지 결국은 황금을 얻기 위한 것이며 단시일 내에 부유해지는 것이고, 사람들의 숫자에 상관없이 높은 지위에 오르고자한 때문입니다. 다시 말하자면 마르지 않는 탐욕과 야망 때문이며, 그것은 이 세상에서 되어 질 수 있는 것보다도 더욱 큰 것이었습니다. 그리고 그 땅이 행복하고 부유했기 때문이며, 사람들은 매우 겸손하고 평화로워 복종시키기가 너무 쉬었기 때문입니다." [109]

"기독교인들은 말을 타고서 그들의 칼과 창으로 원주민들을 학살하고 괴상한 잔혹함을 저지르기 시작했습니다. 에스파냐인들은 마을로 들어가서 마치 우리에 갇힌 어린 양들을 공격하는 것처럼 어린이, 노인, 임산부, 아직 배를 가르지 않은 산모도 내버려두지 않고 공격하였습니다. 에스파냐인들은 누가 단칼에 사람을 두 동강 내는지 혹은 말뚝으로 머리를 자를 수 있는지 창자를 들어내는지 내기를 하곤 하였습니다. 젖을 먹고 있는 젖먹이를 두 발을 잡고서 어머니의 젖가슴에서 떼어내어 바위에 머리를 내동댕이쳤습니다. 어떤 사람들은 갓난아이를 뒤로 강에 던지고서

---

[109] 인디아스 파괴에 관한 간략한 보고서, 바르똘로메 데 까사스, 최권준 옮김, 15, 18~21쪽 (북스페인 2007)

는 웃고 조롱하면서 어서 발버둥 치라고 말하곤 하였습니다.

어떤 이들은 자신 앞에 있는 모든 갓난아이들을 그 어머니와 함께 칼로 찔렀습니다. 구세주의 12사도를 기념하여 거의 땅에 발이 닿도록 13개의 교수대를 설치해놓고 장작에 불을 지펴 산 채로 태워 죽였습니다. 또 어떤 이들은 몸을 마른 짚과 함께 묶고는 불을 질러 태웠습니다. 산 채로 잡아가길 원하는 모든 사람들은 양손을 자르고 줄줄이 매달고 가면서 경고문으로 "걸어가." 라고 말했습니다. 다시 말하면 산에 도망간 사람들에게 소식을 전하라는 것이었습니다. 또한 귀족들과 영주들(그들의 지도자)은 공통적으로 이러한 방법으로 죽였습니다. 장작불 위에 몽둥이로 된 석쇠를 만들어 그 위에 사람들을 묶어놓고선 그 밑에 커다란 불을 지피는 것입니다. 그리하여 고통과 절망에 비명을 지르며 조금씩 그들의 영혼이 빠져나가도록 말입니다. ……그리고 매우 드물게 가끔 인디오들이 정당하고 신성한 정의로 에스파냐인들을 죽였기 때문에 에스파냐인들은 인디오들이 죽인 에스파냐인 한 명당 백 명의 인디오들을 죽여야 한다는 내부의 규칙을 만들었습니다." [110]

"빠나마(Panama)에서 10 혹은 15레구아 거리에 금이 매우 많은 빠리스라고 하는 대영주가 있었습니다. 기독교인들이 그곳에 가자 그는 마치 자신의 형제들인 것처럼 그들을 영접하고 자발적으로 5만 까스떼야노를 대장에게 선물하였습니다. 대장과 기독교인들에게는 자발적으로 그 정도의 선물을 준 족장이라면 많은 보물(그들의 목적이었고 위문품이었습니다)을 가지고 있을 것이라고 보았습니다. 그래서 짐짓 속이고는 떠나

---

110) 같은 책, 23~24쪽

길 원한다고 그에게 말했습니다. 그리고는 새벽 4시에 안심하고 있는 그 마을을 덮쳐서는 가능한 모든 곳에 불을 질러 많은 사람들을 죽였습니다. 그리고 다른 5만 내지 6만 까스떼야노를 도적질 하였습니다. 그 족장은 도망을 갔는데 아무도 그를 죽이거나 붙잡지 못했습니다. 그는 가능한 많은 사람들을 모아 13만 내지 14만 까스떼야노를 도적질하여 가는 기독교인들을 2,3일 만에 따라잡았습니다. 그들은 남자답게 싸워 50명의 기독교인을 죽이고 모든 금을 도로 빼앗았습니다. 나머지 기독교인들은 부상을 입고 도망갔습니다. 이후 많은 기독교인들이 그 족장을 덮쳐 그와 그의 수많은 사람들을 몰살시키고 나머지는 일상적인 노역으로 죽게 만들었습니다. 그리하여 사람으로 가득했던 30레구아 크기의 그 영지가 오늘날에는 그곳에 사람이 있었는지 혹은 누군가 태어난 사람이 있었는지 흔적도 모르게 되었습니다." [111]

"그런데 에스파냐만이 아니라, 1607년 영국의 식민지 개척자들이 정착을 위해 오늘날의 미국 버지니아 지역에 도착했을 때, 그곳에는 이미 많은 인디언이 살고 있었다는 것이다. 그러나 개척자들은 그곳을 임자 있는 땅이라고 결코 생각하지 않았다. 그들의 눈에는 버지니아를 비롯한 북아메리카의 모든 땅이 비어 있는 땅으로만 보였다. 영국인들이 정착한지 채 100년도 되지 않아 버지니아의 포와타 부족 연맹(Powhattan Confederation) 인디언의 수는 3,000명 정도로 급격히 줄어들었다. 몇 차례 일어난 백인들과의 전쟁 때문이었다. 말이 전쟁이었지, 실제로는 일방적인 학살에 가까웠다. 케롤라이나와 조지아 지역에 살고 있던 카토바 부족과

---

111) 같은 책, 35~36, 44쪽

야마시 부족도 같은 운명에 처했다. 정도의 차이는 있었지만 영국인들이 정착한 다른 지역의 부족도 마찬가지였다. 영국인들은 가는 곳 마다 '청소한 뒤에 정착하는(clear and settle)' 전략을 철저하게 구사했다." [112]

"상업에 주력했던 프랑스인들은 영국인들과는 사뭇 다른 전략을 갖고 있었다. 그러나 결과는 크게 다르지 않았다. 1729년에 일어난 나체스 부족 학살과 그 해에 일어난 폭스 부족 학살이 말해주는 것처럼, 프랑스인들도 몇 차례에 걸쳐 대대적인 학살을 감행했다. 프랑스인들은 특히 영국인들과의 경쟁심 때문에 대대적인 인디언 살상 원정을 시도했다. 1649년에 오대호 부근에 살고 있던 휴런 부족이 거의 절멸된 것도 이 과정에서 일어난 참사였다.

네덜란드인들도 짧은 원정기간 동안에 지금의 뉴욕에 해당하는 지역에서 라리란 부족을 비롯해 몇 개의 인디언 부족을 섬멸해버렸다. 이들은 인디언 부족을 섬멸하는 데 보조금 지급 제도(bounty system)라는 매우 효과적인 방법을 동원했다. 1641년 네덜란드 총독 키프트(Willem Kieft)가 도입한 이 제도는 부족이나 성별, 나이에 관계없이 인디언의 머리 가죽을 벗겨오는 사람에게 일정한 돈을 지급하는 것으로서, 엄청난 인디언 살상을 불러 왔다.

네덜란드인들에게 자극받아 영국인들도 곧바로 보조금 제도를 도입했다. 그러나 영국인들은 이 제도를 그대로 받아들인 것이 아니라, 더욱더 '세련된' 방식으로 발전시켰다. 영국인들은 인디언 가운데서 성인 남

---

112) 제노사이드, 최호근, 111쪽 (책세상 2005)

성의 머리 가죽에 가장 많은 보조금을 걸었고, 성인 여성의 경우에는 그보다 적은 돈을 걸었다. 놀라운 사실은 어린이들도 학살 대상에서 제외되지 않았다는 것이다. 12세의 어린이를 살해해도, 성인을 죽인 것만큼은 안 되지만 어느 정도의 돈을 받을 수 있었다.

영국인들은 '서캐가 자라면 이가 된다' 라는 표어를 내걸면서, 인디언 어린이들을 살해하는 데 주저하지 말라고 설득했다. 이러한 원칙이 오랫동안의 교육을 통해 사람들 마음속에 심성처럼 자리 잡았고, 지급되는 보조금 액수가 상당한 정도에 이르렀기 때문에, 1600년 대 전쟁이 끝나고 식민지 시절에 영국 군대가 물러간 뒤에도 북아메리카에서는 인디언 학살이 끝나지 않았다. 미국인들은 식민지 시절에 영국인들이 발전시켰던 보조금 지급 제도를 그대로 받아들여 모든 주에서 시행했다. 특히 텍사스에서는 살해해야 할 인디언이 단 한 명도 남지 않게 될 때까지 이 제도가 그대로 유지되었다. 캘리포니아에서는 보조금 지급 제도가 폐지된 뒤에도, 재력을 갖춘 사당(私黨)들이 인디언을 죽이는 사람들에게 여전히 보조금을 지급했다. 그 여파로 1850년만 해도 30만 명을 넘었던 캘리포니아 인디언 인구는 1885년에 3만 명 이하로 크게 줄어들었다.

인디언을 전멸하기 위해 영국인들이 고안해낸 '생물학적 전쟁'의 방법도 독립전쟁 이후에 그대로 동원되었다. 생물학적 전쟁이 처음 도입된 것은 1763년이었다. 바로 이해에 에머스트경은 '저주받은 인종'을 괴멸하기 위해 천연두에 감염된 물건들을 오타와 부족에게 나눠줄 것을 지시했다. 그 결과 오하이오 강을 따라 퍼진 전염병 때문에 최소한 10만 명 이상의 인디언이 목숨을 잃었다. 독립전쟁이 끝난 뒤에도 미국인들은 영국인들이 남긴 이 잔인한 유산을 폐기하지 않았다. 그 때문에 1836년에는 미주리 상부 지역에 살고 있던 10만 명의 만단 부족 인디언이 생물학적 공격에 희생되었다. 피해 규모는 이보다 작았다고는 하지만, 캘리포니아를 비롯한 여러 지역에서도 이와 비슷한 일들이 연이어 일어났다.

　1830년대 초 미국은 미시시피강 동쪽 지역에 살고 있던 모든 인디언들을 다른 지역으로 강제 이주시키는 정책을 수립했다. 이 계획에 따라 구금되었던 인디언들은 백인들의 감시와 통제 속에 수 마일에 이르는 행진에 나서야 했고, 이 과정에서 많은 인디언이 희생되었다. 체로키 인디언들이 치러야 했던 '눈물의 행진(Trail of Tears)'은 그 가운데서 가장 대표적인 사건이었다. 이 계획에 1837년 봄부터 1838년 가을까지 1만 6,000명의 체로키 인디언들이 정든 고향을 떠나 오클라호마까지 걸어가야 했다. 이 행진은 9개주에 걸쳐 1,800마일을 걸어가야 하는 대장정이었다. 목적지까지 도착하기까지는 약 200일이 걸렸다. 억수같이 쏟아지는 비, 살을 에는 듯이 차가운 바람, 굶주림, 질병, 정신분열증 때문에 목숨을 잃은 사람만 4,000명이 넘었다. 날로 늘어나는 백인들에게 생활공간을 마련해 주기 위해 고향에서 추방된 체로키 인디언들에게 북아메리카 대륙은 '죽음의 공간' 그 자체였다. 전직 노스캐롤라이나 주지사 마틴James G Martin은 이 눈물의 행진을 '인간이 인간에게 행한 일들 가운데 가장 기념비적인 비인도적인 처사'라고 평가하면서, 영원히 지워지지 않을 미국사의 오점이라고 비난한 바 있다.

　40여 차례에 걸쳐 일어난 기묘한 성격의 '인디언 전쟁'도 아메리카 인디언이 전멸되는 데 크게 기여했다. 1814년부터 1870년까지 대규모로 이뤄진 이 전쟁들은 이름과는 달리 일방적인 학살을 의미했다. 인디언 학살은 직접적인 방식뿐만이 아니라 간접적인 방식에 의해서도 이루어졌다. 그 중 대표적인 것이 바로 대대적인 버팔로 사냥이었다. 수천 년간 인디언들의 필수적이었던 버팔로를 전멸시킨 것은 인디언들의 삶의 기반을 붕괴시킨 것이나 다름없었다.

　이렇게 다양한 방법이 동원된 전멸 전쟁을 통해, 최대치로 추산할 경우,

1,500년경 1,500만 명에 이르렀던 북아메리카 인디언은 1800년에는 25만 명 이하로 줄어들었다. 95퍼센트가 사라져버린 것이었다. 최소치로 추산한다 해도 90퍼센트였다. ……이 비극 속에는 백인들의 의도와 목적과 계획이 내재되어 있었다. 백인들의 목적은 무엇보다 '백인만의 생활공간'을 확보하는 데 있었다. 1890년경에 이미 백인들의 이 꿈은 완전히 이루어졌다. 이 시기에 이르러 전체 미국 영토에서 인디언들이 차지한 지역이 2.5퍼센트 이하로 떨어졌기 때문이다." [113]

"흑인 노예가 본격적으로 등장한 것은 포르투갈이 대항해 시대를 연 시기와 정확히 일치한다. 1415년 북아프리카의 상업도시 세우타 점령을 시작으로 아프리카 서부해안을 타고 내려가던 포르투갈 탐험가들은 얼마 안 지나 흑인 노예가 황금만큼이나 돈이 된다는 사실을 깨닫고 흑인 사냥을 시작했다. 노예를 찾아 강을 거슬러 내륙 깊숙이 들어가지 않았더라면 포르투갈 탐험대의 희망봉 발견(1488)이 보다 빨라졌을지도 모른다. 포르투갈인들은 1444년 처음으로 라고스(지금의 나이지리아 수도)에 아프리카 노예시장을 열고 본격적으로 노예장사에 나섰다.

노예무역을 주도한 인물은 포르투갈 해양 정책의 버팀목인 '항해왕 엔히크'였다. 그는 노예사냥과 무역을 시작하고 나서야 '수익도 안 나오는 해양탐험에 돈을 들인다'는 비난에서 벗어날 수 있었다. 교황도 적극 거들었다. 1452년 로마교황 니콜라우스 5세(NicolausV, 1397~1455)는 포르투갈 국왕 아폰수 5세에게 비 기독교인을 노예로 잡아들이는 행위는 정당하다는 문서를 내린 데 이어 1455년에는 아프리카 침략과 노예 획득을 정당화하는 칙령까지 내렸다. 비록 짧은 기간까지만 적용됐지만 교황

---

113) 같은 책, 112~117쪽

파우스 2세(PiusⅡ, 1405~1464)가 1462년 노예제도는 '중대한 범죄'라고 말했던 대목은 당시에도 반대론이 존재했음을 말해준다.

1482년 아프리카 황금 해안에 노예 거래소를 설치한 포르투갈의 노예무역 독점은 1528년 에스파냐가 개인 기업에 대한 노예무역을 허용한 뒤에도 상당기간 이어졌다. 에스파냐가 노예무역에 끼어든 이유는 수요가 워낙 많았기 때문이다. 우선 에스파냐가 서인도 제도와 라틴아메리카에 건설한 요새와 광산부근의 원주민, 즉 인디오들이 가혹한 노동환경과 백인들이 갖고 온 질병을 이기지 못하고 사망하는 통에 노동인력이 급감하자 대체 인력이 필요했다.

영국의 해상 영웅인 존 호킨스와 프렌시스 드레이크도 에스파냐 보물선에 대한 약탈이 없을 때나 전쟁 상황이 아닐 때는 노예상인이었다.

(뒤늦게 나선 네덜란드와 영국, 프랑스는 무장을 갖춘 민간에게 적국의 배를 적극 공격해 약탈하도록 부추겼다. 정부가 국가 예산을 들여야 할 해상에서의 전쟁업무를 민간에게 위탁한 셈이다 먼저 해외로 진출한 포르투갈이나 에스파냐에게 타격을 주는 동시에 그들이 거둔 수익을 빼앗아 올 수 있고 사략선 업자, 즉 국가가 지원하는 해적들 역시 이익은 이익대로 챙기면서 국가를 위해 싸운다는 명분과 명예도 얻을 수 있었다)

백인 노예상인들이 활개 칠 수 있었던 배경에는 동족을 팔아넘긴 아프리카 추장과 족장, 현지 상인들이 있었다. 이들은 럼주, 화폐 대용의 희귀한 조개껍질, 소총이나 화약을 받고 동족이나 이웃 종족들을 백인에게 팔았다. 백인들이 직접 사냥하는 경우도 있었다. 한 마을을 사냥하면 '50세 이상의 노인'과 환자는 내버려졌다. 건강한 성인 남자도 견디기 힘든 고된 이동과정에서 죽을 것이 확실했기 때문이다. 노예상인들이 고른 것은 건강한 성인 남녀와 6세 이상의 아이들이었다. 손이 많이 가는 6

세 이하 어린아이들을 죽여 버리는 경우도 허다하게 일어났다.

아프리카에서 신대륙으로 끌려온 노예가 몇 명이냐에 대해서는 설이 분분하다. 920만 명에서 1700만 명에 이르기까지 다양한 가운데 아프리카 육로나 해상 운송 도중에 적어도 20~30퍼센트가 죽어나갔다. 유럽인들에게 아프리카 노예는 인간이 아니었다. 단지 화물이었을 뿐이다. 노예무역선에도 화물을 적재하듯 흑인노예를 실었다.

미국의 초기 경제는 담배와 면화를 매개로 한 돈에 대한 백인의 탐욕 속에서 흑인 노예의 피와 땀으로 성장한 셈이다.

포르투갈이 처음으로 아프리카 흑인을 하나의 상품으로 삼은 1444년 이후 1600년까지 40만 명 수준을 넘지 않았던 흑인 노예가 갈수록 늘어난 이유도 마찬가지다. 바로 삼각무역이 안겨주는 돈 때문이다.

삼각무역이란 아프리카와 아메리카, 유럽을 연결했던 무역을 말한다. 대항해 시대가 열린 15세기말부터 19세기 말까지 수백 년 동안 유럽과 미국을 먹여 살린 거대한 무역망이기도 하다. 인류의 역사로 따진다면 삼각무역처럼 장기간에 걸쳐 동일한 경유지를 통해 그토록 거대한 수익을 안정적으로 창출한 무역시스템도 찾아보기 어렵다.

담배로 인한 북아메리카 최초의 경제호황이 장기 노동력 확보가 더 이익이라는 판단을 낳고 흑인의 노예화를 불렀다. 끝없이 늘어나는 담배 경작지와 함께 흑인 노예도 급증해 독립전쟁 직전 흑인은 남부 인구의 3분의 1에 이르렀다. 남부출신 가운데서도 제퍼슨(Thomas Jefferson, 1743~1826) 대통령처럼 노예를 개인적으로 해방시켜준 사람도 없지 않았지만 흑인노예는 면화 호황기였던 19세기 초중반 더욱 늘어났다. 손이 많

이 가는 면화가 흑인 노동력에 대한 수요를 급증시킨 것이다." [114]

돈과 황금에 욕망이 되는 것으로 말미암아 아메리카 정복, 그리고 그에 따르는 인디언에 대한 무자비한 학살로 이어졌음을 이상의 사례를 통해 확인 된다.

자영농민으로 부터 토지수탈

한편 당시 유럽에서의 다음과 같은 사정이 있었음도 지나칠 수 없다. 자본주의로 가는 도상에서 삼각무역에 따르는 한편의 실상이었다.

"영국에서는 봉건기반인 농노제가 14세기 중엽 이후 붕괴하기 시작하여 동세기 말엽에는 사실상 소멸하고, 인구의 대다수는 당시 이미 사실상의 '자유로운 자영농민' 으로 이루어져 있었다. 농촌에는 '소농민경영'이 온통 산재하고 있었으며 오로지 여기저기에 비교적 대규모의 '영주직영지' -그 경영은 지대의 금납화, 즉 노동지대에서 화폐 지대에로의 전화에 따라 그 자신 농노인 莊司(영주의 대리인)가 관리하던 것이 이제 일종의 차지농업가에 의한 경영으로 전화하고 있었다.- 가 존재하고 있었다. 그리고 그 차지농업가가 고용하는 임노동(일용노동)은 일부는 자영농민으로부터 공급되고 일부는 소수의 임노동으로부터 공급되었는데, 후자도 소규모의 농지와 집을 가지고 있었던 사실상의 자영농민이다. 또한

---

114) 부의 역사, 권홍우, 170, 172, 174, 178쪽 (인물과 사상사 2008)

본래의 자영농민과 함께 공동지의 사용권을 가지고 있었다. 이리하여 15세기의 영국은 자유로운 자영농민에 의한 '민부(民富)'의 형성으로 특징지어지는 시대였다. ……그러나 프롤레타리아(無産者)의 창출의 보다 대규모적인 본격적인 형태는 농경지의 목양지화를 위한 이른바 '엔클로우저 운동(Enclosure Mouement)'으로서 전개되었다. 플랑드르지방의 모직물 공업의 번영에 의한 양모가격의 등귀에 자극된 봉건영주들 -그렇다고 하더라도 화폐를 권력 중의 권력이라고 하여 이미 화폐에 대한 관심을 현저하게 강화시키고 있었던 지주- 은 왕권과 의회에 완강하게 대립하여 농민을 그 토지(농민이 영주와 마찬가지로 봉건적 권리를 가지고 있었던 토지)로부터 폭력적으로 몰아내고 공동지를 점탈함으로써 대량의 프롤레타리아를 창출하였다. 이리하여 토머스 모어(Thomas More, 1478~1535)가 그의 저서 「유토피아」에서 지적하였던 바와 같이 "양이 인간을 잡아먹는다."는 기이한 상태가 이 지상에 출현하게 되었던 것이다.

  농민으로부터의 토지수탈의 폭력성은 이른바 '토지청소'에서 절정에 달하였다. 아일렌드에서는 수개의 촌락으로부터 인간이 추방되는 정도였으며, 스코틀랜드의 고지에서는 구래의 씨족적 소유의 형태 - 공동체적 소유의 한 형태 - 가 취해지고 있었던, 도이치 공국과 거의 같은 크기의 땅으로부터 1만여 명의 사람이 추방되어 '근대적 사유' 하에서의 목양지로 전화되었다. 예를 들면 1814년부터 1820년까지 사자랜드 여공(女公)은 그 지배하에 있는 스코틀랜드 고지의 15,000명의 게일인, 약 3,000가구를 추방하고 그것을 29개의 임대 목양지로 분할하였다. 모든 촌락이 파괴되고 소실되었으며 모든 경지가 목양지로 전화되었다. 이리하

여 모든 주민이 잡초가 뽑히듯이 송두리째 뽑혀버렸던 것이다." [115]

임금 노동자로부터의 수탈

이렇게 자본의 원시적 축적기(아메리카 식민지에서의 수탈, 일반 농민에게서의 토지 수탈)를 거치면서 기왕의 봉건제가 내부로부터 분해되기에 이르게 되고, 또한 직접 생산자(봉건제에서의 자급자족에 따른 직접생산)에서 분리되어 노동자(직접적 생산수단을 지니지 못한 프롤레타리아)를 양산하게 되는 것이다. 이는 또한 다음과 같은 사정이라고도 말할 수 있을 것이다. 즉 원시적 축적을 통한 자본가와 이와는 대조적인 노동자(일할 능력 밖에는 없는 무산자)로 나뉘게 되었다는 것이다. 따라서 다음과 같은 상황에 이르게 될 것이다.

생산수단으로부터 분리된 노동자가 생활 자료를 얻기 위해서는 자신의 노동력을 상품으로서 자본가에게 판매하지 않으면 안 되는데, 이 경우에 노동자는 자신의 노동력소유권 그 자체를 판매하는 것이 아니라, 시간 계약으로 자본가에게 판매하는 것이다.

노동자가 일체의 생산수단으로부터 분리되었다는 것은 동시에 봉건사회에서와 같은 인격적 예속 관계로부터 해방되어 자유롭다고 할 수 있다. 그러나 자본주의적 상품생산과 노동력의 상품화에 의해서 확립되는 것은…… 잉여가치의 생산이다. 상품도 잉여가치(이윤을 남기는 것)이듯, 따라서 노동도 잉여노동(자본가의 이윤을 남기기 위한)인 것이다. [116]

---

115) 경제학개론, 안병직 등, 113~115쪽 (풀빛 1983)
116) 같은 책, 163쪽

다음을 보자.

"노동력을 구매하려는 자본가와 노동력을 판매하려는 노동자는 시장에서 서로 만난다. 자본가는 기계나 원료와 같은 생산 수단을 갖고 있으며, 반면에 노동자는 생산 수단을 갖고 있지 않고 단지 자신의 노동력만을 갖고 있다.

자본가의 목적은 다음 두 가지다. 첫째, 그는 교환 가치를 지닌 사용가치, 즉 다른 사람에게 판매할 수 있는 물건인 상품을 생산하려고 한다. 둘째, 그는 생산에 사용된 가치 총액, 즉 생산수단과 노동력의 가치 총액보다 가치가 더 큰 상품을 생산하려고 한다(잉여가치를 생산하려고 한다)." [117]

"자본의 입장에서 본다면 일단 노동력 A를 구입한 후에는 그것은 자신의 소유가 되며 그것을 어떻게 사용하는가는 그의 자유이다. 보통 상품의 개인적 소비와는 달리 노동력은 가치증식이라는 무한의 욕망을 충족하기 위하여 사용되는 것이기 때문에 자본은 노동시간을 가능한 한 연장하거나 혹은 〈노동의 강도〉를 가능한 강화하는 형태로 그것을 소비하려고 한다." [118]

"방직공장이 세워지고, 수백 명의 노동자들을 고용하는 4~5층의 벽돌건물이 세워졌다. 제철공장과 주철공장에는 대형 용광로와 작업장이 몇 개씩 모여 있었다.
전통적인 수공업자나 가내노동자들은 공장에 나서서 일하는 것을 싫

---

117) 자본론, 칼 마르크스, 손칠성 풀어씀, 70, 85쪽 (풀빛 2005)
118) 경제학 개론, 안병직 등, 241쪽 (풀빛 1983).

어했다. 공장에서는 "엄격한 규율에 복종해야 했고 영혼이 없는 기계들의 가차 없는 움직임 속에서 톱니바퀴처럼 다루어졌던 것이다. 공장에 들어간다는 것은 병영이나 감옥에 들어가는 것과 같은 것이었다." 그러므로 처음에 산업가들이 그 노동력을 확보한 것은 농촌에서 추방당한 빈민 프롤레타리아들로부터였다.

공장의 인원은 초기에는 극히 다양하게 구성되어 있었다. 대지주의 토지확대로 농촌에서 쫓겨난 농민, 해고된 군인, 교구에서 맡고 있는 빈민 등 온갖 계급과 온갖 직업의 쓰레기 같은 인간들이 들어있었다. 공장주는 경험이 전혀 없고 공동노동의 준비가 되어 있지 않은 이들에게 일을 가르치고 훈련을 시켜야 했으며 특히 이들에게 규율을 익혀주어야만 했다. 말하자면 공장주는 이들을 자신의 작업에 맞고, 그 작업과정에 정확히 일치하며 또 자신들이 부속되어있는 목제기계나 금속기계와 같이 단일한 생산물의 생산목적에 부합되는 인간기계로 변형시켜야 했던 것이다. 소규모의 작업장의 간섭 없는 분위기 대신 극히 엄격한 규율이 지배하였다. 노동자들의 입실·식사·퇴실이 모두 종소리에 맞춰 진행되었던 것이다. 공장 내에서는 각자가 자신의 지정된 위치와 엄격하게 정해진, 그리고 항상 똑같은 각자의 업무를 가지고 있다. 모든 십장의 감시 하에서 규칙적으로 쉼 없이 일해야만 한다. 십장은 벌금이나 해고, 또 때로는 훨씬 야만적인 강제를 통해 노동자들에게 복종을 강요한다.

섬유공장의 노동력은 거의 대부분 여자와 어린이들로 이루어져 있었는데 특히 교구의 부양을 받는 구호아동들이 많았다. 예컨대 1789년, 1,150명을 고용하고 있던 더비셔의 3개의 아크라이트 공장에서는 고용원의 2/3가 어린이였다.

이리하여 영국에서는 생산의 자본주의적 변화가 시작되었다. 이러한

제 1 편 _생명인식의 중요성 **153**

변화의 한 면모는 그 후 '산업혁명'이라는 이름으로 더욱 두드러지게 된다. 식민지 지배, 세계적 무역, 상인자본주의 등은 교환의 발전과 더불어 1차 생산물(차·설탕·면화)의 공급 증대와 판로확대(직물·제조품)를 가져왔다."[119]

"공장 감독관의 말을 들어보기로 하자.

'사기꾼 같은 공장주는 아침 6시보다 15분 전에 - 그보다 더 빠른 때도 있고 그보다 더 늦을 때도 있다. - 작업을 시작해서, 오후 6시보다 15분 늦게 - 그보다 더 빠를 때도 있고 그보다 늦을 때도 있다 - 끝마친다. 또 그는 명목상 아침식사를 위하여 반시간의 처음과 마지막에서 5분씩을 떼어내며, 점심시간에 할당된 한 시간의 처음과 마지막에서 10분씩을 떼어낸다. 토요일에는 오후 2시보다 15분 늦게 - 그보다 빠를 때도 있고 그보다 늦을 때도 있다. - 작업이 끝난다. 이로부터 그가 얻는 이득은 다음과 같다.

평일	오전 6시 이전	15분	5일간 합계 300분	1주간 총계 340분
	오후 6시 이후	15분		
	아침 식사 때	10분		
	점심 식사 때	20분		
	합계	60분		
토요일	오전 6시 이전	15분	토요일 합계 40분	
	아침 식사 때	10분		
	오후 2시 이후	15분		
	합계	40분		

이것은 1주일 동안에는 5시간 40분이나 되는데…… 아침 6시 이전, 오

---

119) 자본주의의 역사, 미셸 보, 김윤자 역, 97~98쪽 (창작사 1987)

후 6시 이후, 그리고 식사시간 전후에서 조금씩 떼어내어 하루에 1시간씩 추가한다면, 1년에는 13개월 노동하는 것과 같다.' (공장 감독관 보고서 1856년 10월 31일」 35쪽)

공황(恐慌) 때는 생산이 중단되어 오직 '단축된 시간' 즉 1주일에 며칠 밖에는 작업을 하지 않지만, 이 공황도 물론 노동일을 연장하려는 충동에 아무런 영향도 미치지 않는다. 사업의 규모가 축소되면 될수록 그 사업에서 나오는 이익은 더 커야 하며, 따라서 작업시간이 적어지면 적어질수록 그만큼 그 중의 잉여노동시간은 더 길어져야 하기 때문이다. 그리하여 1857~1858년의 공황기에 관하여 공장 감독관들은 다음과 같이 보고하고 있다.

'이와 같이 경기가 나쁠 때에 과도노동이 행해지고 있다는 것은 모순인 듯이 보이지만, 이 불경기 상태는 파렴치한 사람들로 하여금 위법행위를 하도록 충동하며, 그리하여 그들은 초과이윤을 얻는다. ……나의 관할 지구에서 지난 반 년 동안에 122개의 공장은 완전히 폐업하였고 143개의 공장은 휴업하고 있는 그때에, 법정시간 이상의 과도노동이 계속되고 있다. ……나는 노동자들이 법률에 의하여 그들에게 보장된 식사시간과 휴식시간을 침해당함으로써 매일 2분의 1시간 내지 4분의 3시간을 빼앗기고 있다는 하소연을 마찬가지로 많이 듣고 있다.' (같은 보고서, 25쪽)

영국의 한 부르주아 경제학자가 말한 바와 같이, 아메리카 인디언에 대한 스페인인들의 잔학성에 못지않은 자본의 극도의 무법성 때문에……

'주의 치안판사 찰턴은 1880년 1월 14일에 노팅검市의 공회당에서 열린 집회의 의장으로서 다음과 같이 밝혔다. 즉, 이 도시의 주민들 중 레이스에 종사하고 있는 사람들 사이에는 영국의 다른 곳에서나 문명세계에서는 들어보지도 못할 정도의 궁핍과 고통이 지배하고 있다. ……9세부터

10세까지의 아이들이 새벽 2, 3, 4시에 그들의 불결한 잠자리에서 끌려나와 겨우 입에 풀칠만이라도 하기 위해 밤 10, 11, 12시까지 노동하도록 강요당하고 있는데, 그들의 팔다리는 말라비틀어지고 신체는 왜소해지며 얼굴은 창백해지며, 그들의 인간성은 완전히 목석처럼 무감각 상태로 굳어져버려 보기만 해도 소름이 끼칠 지경이다. ……우리는 버지니아나 캐롤라이나의 면화 재배자들을 비난하고 있다. 그러나 그들의 흑인 시장(市場)과 채찍과 인간매매가 자본가의 돈벌이를 목적으로 면사포와 칼라의 제조를 하기 위해서 날마다 수행되고 있는 이 완만한 인간도살(屠殺)보다도 더욱 흉악한 것이라고 말할 수 있는가?'『데일리 텔레그라프』紙. 1850년 1월 17일자" [120]

(2) 권력욕

생명의 인식에 대한 결여, 이에 따른 부족감은 왜곡된 욕망으로 나타나 돈, 황금을 쫓게 될 뿐만은 아니고, 이와는 다른, 이를테면 권력욕 등으로도 나타날 것이다. 이는 자신의 부족감을 채우기 위하여 권력 등에 의지하는 셈이라고 할 것이다.

앞서 살펴 본 바와 같이 돈이나 황금에 대한 욕망이 폭력을 수반하기

---

120) 資本論, K 마르크스, 김수행 역, 305~307, 310쪽 (비봉 1989)

도 했었다. 특히나 오늘날 화려한 자본주의의 뒤 그늘에도 암울한 역사가 있었다는 것. 또한 그 시초에는 과히 폭력적인 강탈로 자본축적이 이루어지기도 했다는 것을 볼 수 있었다. 그러나 돈이나 황금에 대한 욕망에 있어서는 폭력이 예외일 경우가 있을지 모르나, 권력에 대한 욕망에 있어서는 폭력이 반드시 수반되기 마련이다. 그리고 또한 돈이나 황금에 대한 욕망은 비록 폭력적이라고 해도 긍정적 - 비록 물질적인 것에 한한 것이라고 해도 - 인 것에서 아예 벗어난 것이라고는 할 수 없다.

그런데 권력에 대한 욕망은 이 권력에 대한 욕망을 내놓고는 물질적인 것이나 나아가 타인의 생명은 물론 자신의 생명까지도 부정되는 것이다. 이것이 바로 권력에 대한 야망이 폭력과 더불어 파괴적이 되기 마련인 이유가 되는 것이다.

이 권력에 대한 욕망은 자신에게 의식적일 수도 있고, 무의식적일 수도 있지만, 생각 보다 사람들에게 광범위하게 퍼져있음을 알 수 있다. 또한 이 권력에 대한 욕망은 매우 다층적이어서 적게는 가정, 나아가서는 사회, 그리고 국가에 걸쳐 광범위하게 이루어지고 있는 것이다.

흔히 가정폭력 하면 육체적인 가해를 연상하기 쉽지만, 사실 꼭 그런 것만은 아니다. 물론 가정에서의 육체적 폭력도 무시할 수는 없겠지만, 그보다는 정신적인 폭력이 아마 가정에서 이루어지는 주된 것이 아닌가 싶다.

일상생활 내에서의 권력

따라서 이러한 권력의 행사(권력욕)는 우리의 가정 곳곳에서도 알게 모르게 흔히 일어날 수 있는 폭력이라는 점이다. 물론 직장 등에서도 마찬가지여서 다음의 사례들이 이를 말해준다.

"내가 일주일에 한 번 야간 강의를 듣겠다고 말하자 남편은 언제나 그럴듯이 짜증스런 목소리로 말했다.
 '당신 맘대로 해. 언제는 내가 하지 말라고 해서 안 했나. 하지만 당신이 집에 왔을 때 내가 기다리고 있을 거라고는 기대하지 마. 난 항상 당신 곁에 있는데, 당신은 왜 나한테 그래줄 수 없는 거지?'
 나는 남편의 말이 억지라고 생각하면서도 내가 이기적인 사람으로 느껴졌다. 결국 나는 수강료를 환불받았다.

 나는 이번 크리스마스에 아내와 여행을 할 계획이었다. 우리 부부는 몇 달 전부터 이날을 손꼽아 기다리고 있었다. 드디어 표를 구했다는 소식을 전하려고 전화했을 때, 어머니는 울먹이며 말씀하셨다.
 '그럼 크리스마스 저녁은 어떡하고? 그날은 항상 식구들이 한 자리에 모이는 날이라는 걸 너도 알잖니. 네가 집에 오지 않고 여행을 가면 다른 사람의 크리스마스까지 망치는 거다. 어떻게 그렇게 네 생각만 하니? 내가 앞으로 살면서 크리스마스를 몇 번이나 함께 지낼 수 있겠니?'
 결국 나는 여행을 포기했다. 아내는 몹시 화를 냈지만 나는 죄책감에 파묻힌 채로는 도저히 휴가를 즐길 수 없었다.

 나는 현재 내가 맡은 대형 프로젝트에 일손을 더 붙여주든지, 아니면 마감일을 좀 늦춰달라는 말을 하려고 사장님을 찾아갔다. 일을 도와줄 사람이 더 필요하다는 얘기를 하자마자 그는 마치 기다렸다는 듯이 내게 말하기 시작했다.

'가족이 있는 집으로 일찍 들어가고 싶은 마음은 이해하네, 또 식구들도 지금 자네가 보고 싶겠지만, 아마 내가 자네의 승진을 고려하고 있다는 걸 알면 오히려 고맙게 생각하지 않을까? 우리에겐 그 일에 정말 모든 걸 바칠 사람이 필요하고 나는 자네가 그런 사람인줄 알았는데. 자네가 그렇게 못하겠다면 할 수 없지. 아이들과 좀 더 많은 시간을 함께 보내고 싶다면 그렇게 하는 수밖에. 하지만 한 가지만 알아두게. 자네가 가족을 우선순위에 놓겠다면 나도 자네의 승진을 고려해봐야겠지.'

나는 완전히 기습공격을 당한 기분이었다. 나는 지금 어떻게 해야 할지 알 수가 없다." [121]

"전여옥은 한국 남자들이 불쌍하다고 말한다.

'남자들의 세계는 가혹하다. 남자들의 몸속을 휘몰아치는 남성호르몬 테스토스테론의 영향일까? 그 호르몬이 명한 대로 남자들은 셋만 모이면 바로 위계질서를 따진다. 출세한 남자들의 세계를 수없이 구경해 온 나는 남자들의 비정함을 잘 알고 있다. 위에 있는 자는 다만 너그러움과 자비로 포장할 뿐이다. 세상의 모든 남자들은 아랫사람이 '죽여주세요'라고 복창할 때까지 깔아뭉갠다. 그러다 마치 아랫사람의 목에 칼을 들이대고 '너 이래도 말 안 들어?' 하고 묻는 것이 대한민국 남자들이 위계질서를 세우는 방식이다. 집안에서 남편이 아무리 제왕이라 해도 밖에 나가는 순간, 자신의 남편이 '머슴'으로 변신한다는 사실을 잊어서는 안 된다.' " [122]

---

121) 그들은 협박이라 말하지 않는다, 수잔 포워드, 김경숙 옮김, 11~12쪽 (서돌)
122) 대한민국은 있다, 전여옥 저, 78쪽 (중앙M&B 2002). 이는 〈오버하는 사회〉 강준만 저, 157쪽 (인물과 사상사 2003)에서 재인용함.

우리 역사에서의 정권

물론 권력의 정점에는 국가적인 정권이 있다. 어쩌면 역사란 국가 정권의 역사라고도 말할 수 있다.

그런데, 이 역사(정권에 대한 역사)를 보게 되면 과히 피의 역사라고도 말할 수 있다. 거의가 상대를 무참히 죽이고서야 결국 정권을 탈취하는 역사를 보게 되기 때문이다.

우리의 역사에 있어서도 그 한 페이지를 들추게 되면 다음과 같은 구절을 볼 수 있다.

"정도전은 특히 왕자들이 보유하고 있던 사병의 혁파를 단행하는 조치를 취하여 경쟁관계에 있었던 방원 등의 무력 기반을 해체하고자 했다. 자신에게 서서히 가해지는 정치적 압박에 위기의식을 느끼고 있던 방원에게 기회가 왔다.

계비 강씨가 죽고 태조마저 병석에 눕게 되자 세자로 책봉된 방석의 입지가 점차로 위축되었다. 방원은 이 틈을 놓치지 않았다. 이전부터 단결하고 있던 한씨 소생의 왕자들은 방원의 주도로 1398년 경복궁 남문에 쿠데타군을 배치한 후 우선 최대의 정적인 정도전의 제거에 나섰다.

그 시각 정도전은 자신의 자택(현재의 종로구청 자리)에서 가까운 남은의 첩 집에서 측근인 남은, 심효생 등과 환담을 하던 중 불의의 일격을 받고 죽음을 당했다." [123]

---

123) 하룻밤에 읽는 조선사, 신병주, 23쪽 (렌덤하우스 중앙 2004)

"수양은 거사 당일 직접 김종서의 집을 방문하였다. 자신의 심복 군사 일부만을 대동하였기 때문에, 김종서는 크게 경계하지 않고 있다가 수양의 지시를 받은 심복들에 의해 아들과 함께 철퇴를 맞았다. 김종서는 철퇴를 맞고도 의식을 회복했으나 결국 심복 양정의 칼을 맞고 쓰러졌다.

세종 때 북방육진의 개척에 큰 공을 세우며 오늘날 우리 영토를 확립하는 데 주역이 된 인물. 대호(大虎:큰 호랑이)라는 별명으로 여진족에겐 두려움의 대상되었던 인물의 마지막은 이처럼 비참했다." [124]

"정중부의 난에서 시작된 고려시대의 무신정권은 최충헌의 무단 독제정치를 거쳐 김준이 최의를 타도할 때까지, 그러니까 자그마치 백여 년에 걸쳐 서로 죽이고 죽거나, 오늘은 권력을 잡았다가 내일은 쫓겨나거나, 어제는 동지가 되었다가 오늘은 적이 되거나 하는 반복의 역사를 빚어냈다.

그 대장격인 정중부는 임금과 함께 놀던 김돈중의 촛불에 수염을 그슬리는 조롱을 받기도 하였다. 정중부와 그와 뜻을 같이하는 무신들은 그와 같은 임금과 신하들의 짓거리에 분노를 느끼고 기회를 엿보다가, 의종이 보현원이란 곳으로 놀러가자 임금을 뒤따르는 신하들을 죽이고 난을 일으켰다.

이어서 의종을 내쫓고 새로운 임금으로 명종을 내세웠다. 그리고 그들은 임금을 허수아비로 만들고 권력을 잡아, 정중부와 그 졸개들인 이소옹·이고·이의방들은 높은 자리와 실권을 쥐고 화려한 집과 재산을 차지하고서 영화와 이익을 좇아 권력을 마음껏 휘두르기 시작했다. '중방(重房)'이란 곳에 모여서 임금을 감시하고 신하들을 주무르면서, 조금이

---

124) 같은 책, 47쪽

라도 마음에 거슬리거나 원한이 있는 사람들을 마음 내키는 대로 죽이기도 하고 살려주기도 했다.

이들의 우두머리인 정중부, 이고, 이의방은 서로 권력다툼을 벌이다가 이고는 이의방에게, 이의방은 정중부의 아들 정균에게 죽임을 당하였고 그 틈에서도 정중부는 온갖 세도를 다 부렸다. ……그러다 보니 무신정권 자체 내에서 분열과 상극, 숙청이 잇달아 일어났다. 특히 정균이 제 아버지를 배신하는가 하면 공주를 아내로 맞아들이겠다는 등 더욱 날뛰게 되고, 젊은 무신인 경대승이 소장 무신을 이끌고 정중부 패거리를 모조리 죽여 버렸다.

경대승은 거사에 성공한 뒤에 냇가에 그물을 치고 고기를 잡듯이 남은 세력을 모조리 잡아 죽였으며 몇 백 명으로 짜인 결사대를 집 앞에 배치하고 그 집을 도방(都房)이라 불렀다. [125]

이후로도 간신 이의민의 독재, 이어서 이의민을 위시해 그 패거리를 죽이고 쿠데타로 일으킨 최충헌, 충수 형제와 그들의 집권(소위 최씨의 집권), 그사이 이어진 형제끼리, 또는 친척끼리의 권력 다툼과 살상도 이어지는데, 이런 상황이 무신 정권의 종말까지 간다는 것이다.

고려에 이은 이조(李朝) 역시, 당시의 실권자인 최영이나 정몽주 등의 죽음이 따르지 않을 수 없었다.

세조에서 성종에 이르는 동안에 이들 학파는 서로 눈을 흘기고 질투하는 마음으로 바라보게 되었다. 특히 훈구파와 사림파가 더욱더 그랬다. 훈구파는 세조가 조카인 단종을 무자비하게 죽이고 권력을 잡는 데에 공

---

125) 한국의 파벌, 이이화, 40~41쪽 (솔과학 2004)

을 세운 정인지, 신숙주, 양성지들이다. 이들은 모두 높은 벼슬자리를 몽땅 차지하고 떵떵거리며 살고 있었다. 조정의 정책은 모두가 이들의 머리에서 나왔고 그들은 문화나 정체를 모두 손에 쥐고 흔들었다.

김굉필, 정여창, 김일손 등은 중앙에 등용되면서 하나의 소장 세력권을 이루고 훈구파의 비리와 횡포에 도전하였다. 이들 사림파는 공정하지 못한 제도를 모두 고쳐야한다고 외치고 훈구파의 부패와 부정을 들춰내기도 하였다.

이에 위협을 느낀 훈구파들은 그들을 없앨 기회를 엿보고 있다가 연산군의 폭정이 시작되자 자잘한 사건을 꼬투리를 삼아서 이들을 눌렀다. 그래도 제대로 되지 않자 모략질로 사림세력을 하루아침에 꺾어 버렸다. 그리하여 사림파는 모조리 죽임을 당하거나 또는 조정에서 쫓겨났다. 이것이 이른바 무오사화이다.

당쟁은 16세기부터 시작되었다. 처음에는 자잘한 시비로 말미암아 벼슬에 있는 사람들이 두 세력으로 갈라졌다. ……동인과 서인은 모두 일마다 맞서면서 군자와 소인, 옳음과 그름을 놓고 하루도 조용할 틈이 없이 떠들어댔다. 이 시비는 마침내 정권 쟁탈의 수단으로까지 번지게 되었고, 세월이 지남에 따라 새로운 분열을 거듭하였다.

이들 중에서 어떤 당파가 한 번 정권을 잡으면 그 정권을 지키려고 반대 당파에 보복을 일삼았고 다음 기회를 노리지 못하도록 무자비하게 탄압하는 수법을 썼다.

한편으로 집권에서 밀려난 당파는 산 속에서 묻혀 다시 권력을 잡을 기회를 노리거나, 서울의 한 구석에 틀어박혀 있다가 어떤 수단으로든지 임금과 줄을 대어 가까이 가서 그럴듯한 모략으로 다시 한 번 힘을 필 기회를 엿보고 있었다.

이처럼 처음에는 자잘한 시비로 시작되어 점차로 권력을 잡으려는 싸움으로 번졌지만, 그럴수록 이 당쟁은 권력을 잡고 못 잡고를 떠나 목숨을 잃느냐 아니냐는 생존과 직접적으로 이어졌기 때문에 더욱더 치열할 수밖에 없었다.

그래서 다른 당파 세력이 고개를 들 조짐을 보이면 온갖 책략을 꾸며 허물을 뒤집어 씌워 죽일 뿐만 아니라 그 남은 세력까지 없애버리곤 했다." [126]

따라서 반역자에 대한 권력자의 처벌은 단지 그의 죽음만을 원하지 않는 것 같다. 참으로 잔혹하기가 그지없는데, 소위 능지처참이다. 따라서 다음과 같은 희화적인 한 예도 이를 시사한다고 볼 수 있겠다.

"1757년, 로베르 프랑수아 다미앙은 프랑스의 루이 15세를 암살하려고 하다가(그 방법은 어중간하여 효과적이지 못했다 그는 백치에 가까웠다) 잔인한 방법으로 처형되었다. 그는 형장으로 운반되었는데, 그 이유는 그의 두 다리가 좁은 상자 속에 큰 망치로 못 박혔기 때문이었다. 다음에 다미앙의 손 - 황공하게도 왕을 찌르려고 한 손(그의 손에 잡힌 칼은 짧아서 옷도 관통하지 못했을 정도였다) - 은 불태워졌다. 그리고 팔다리는 로프로 네 필의 짐마차를 끄는 말에 묶이고, 사형 집행인은 달아오른 인두로 그의 가슴에 상처를 내고, 거기에 녹은 납을 부어 넣었다. ……말을 몰아서 그의 팔다리가 찢기기 시작하자, 그는 비명을 질렀다. 말은 별로 힘이 없었다. 더 많은 말이 끌려왔고 마침내 사형집행인은 그의

---

126) 같은 책, 46~47, 49~51쪽

팔다리를 반쯤 잘라서 말이 찢기 쉽도록 만들었다. 다미앙은 한쪽 팔밖에 남지 않은 상태에 이르기까지 의식을 잃지 않았다. 그의 검은 머리는 형이 집행되는 동안에 백발이 되었다. 이러한 예를 보면 후에 프랑스와 러시아의 무정부주의자들이 왕의 암살을 신성한 의무로 생각한 이유를 알 수 있을 듯하다." [127]

독재권력 : 스탈린과 히틀러

권력과 폭력에 대해 말한다면 단연 으뜸으로 20세기 파쇼시트들을 말하지 않을 수 없다. 이들에 비한다면 이상 예를 든 것들은 차라리 새발에 피에 불과하다고 밖에 말할 수 없다.

"스탈린과 히틀러 두 사람 다 폭력을 자신들에게 주어진 정치적 사명의 불가피한 귀결로 보았다. 혁명 투쟁은 반혁명 분자로 규정한 세력을 없애거나 물리적으로 없애버릴 수밖에 없었으며, 종족투쟁은 인간에게 자연스러운 것이며, 그 안에서 폭력은 본능이고 무자비하기 마련이다.

두 독재체재는 자신들의 감옥과 수용소에 갇힌 생명들을 짓밟는 데서 그치지 않았다. 어쨌든 간에 오래된 공동체들을 완전히 파괴했고 수백만 명을 몰살시켰으며 수백만 명을 고국에서 추방했다. 또 종교적 신념의 뿌리를 뽑았으며 교회를 파괴했고 도시들을 박살내, 때 이른 폐허로 만들었으며 유럽의 몇몇 귀중한 문화를 파괴했다. 이유는 달랐지만 두 체재는

---

127) 살인의 심리, 콜린 윌슨, 황동문 옮김, 40쪽 (선영사 1999)

굶주림이나 방치, 질병, 국가의 살인으로 수백만 명을 더 계획적으로 죽음에 이르게 하였다. 독일이 소련을 공격하면서 1100만 명의 현역병이 목숨을 잃었는데, 대부분 소련군이었다. 이 상상조차 할 수 없는 통계를 되풀이하는 것만으로도 두 독재체재는 현재의 어떤 다른 체재와도 구별된다." [128]

"1930년대에 당에 희생된 주요인사의 아들인 안톤 안토노프 옵세엔코는 1980년대에 쓴 회고록에서 정치국 자료를 토대로 1835년에서 1840년 사이에 소련의 감옥에 수감된 사람이 1884만 명인데 이중 700만 명이 사살되었고, 1600만 명이 수용소에 수감되었다고 주장했다. 그리고 1930년대에 기아나 억압으로 죽은 사망자 수는 4100만 명으로 계산했다. 서방에서는 이 수치 가운데 일부를 받아들여 추정치를 내는데 이용했다. ……800만 명에서 2천만 명이 체포되고 900만 명에서 4천만 명이 사망한 것으로 널리 알려졌다." [129]

"천 년 동안의 인류역사에서 괴물을 꼽으라면, 그 첫 번째 자리는 당연히 많은 민족을 계획적으로 대량 살상한 이 통치자에게 돌아갈 것이다. 바로 아돌프 히틀러(1889-1945)이다.

이 살육의 형태와 규모는 정말이지 놀라운 것으로, 인간이 어디까지 잔악할 수 있는 있는가 하는 점을 여실히 보여 주었다. 또한 현대문명과 원시적 광기의 결합이 얼마나 무서운 재앙을 초래하는가에 대한 전율적인 교훈을 안겨준다.

---

128) 독재자들, 리처드 오버리, 조행복 옮김, 887~888쪽 (교양인 2008)
129) 같은 책, 290쪽

나치가 점령한 유럽 전역에서 유태인(유대인)들을 실은 화물 기차들이 동 유럽 각지의 인간 수용소로 보내졌고, 노인과 환자, 부녀자와 어린이를 할 것 없이 수용소로 보내진 유태인들의 대부분은 도착하는 즉시 살해되었다. 건강한 사람들은 노동력이 완전히 고갈될 때까지 강제노동을 한 다음 총살당하거나 가스실로 끌려갔다. 옷과 소지품을 모두 빼앗긴 뒤 살해된 벌거벗은 시체들은 즉시 소각실에서 처리되어 잿더미로 변했고, 이들의 금이빨은 독일 정부의 국고로 보내졌다. 뿐만 아니라 히틀러의 군대는 유태인들을 상대로 갖가지 생체 실험을 하였다. 공기가 없는 곳에서 얼마나 견디는지, 영하 몇 도에서 인간은 죽는지, 이런저런 병균에 감염되면 시간에 따라 어떤 증세가 나타나는지 하는 것들이 실험의 주제였다.

히틀러의 과대망상은 이처럼 처참한 유태인 대학살을 일으켰고, 역사상 가장 파괴적인 전쟁인 제2차 세계대전을 발발시켰다. 이 두 끔직한 사건의 준비는 히틀러가 독일의 총통이 된 순간부터 이루어졌다." [130]

"이처럼 대량학살의 대상과 함께 우리를 놀라게 하는 것은 무엇보다 문명의 중심으로 자처하던 유럽의 한 복판에서 엄청난 규모의 대량학살이 철저하고 근본적인 방식으로 자행되었다는 것이다. 베토벤과 칸트, 괴테와 실러를 배출한 문화민족이 문명의 이름으로 저지른 학살은 그 자체만으로도 우리의 관심을 끌기에 충분하다. 그들 속에 그 무엇이 전대미문의 대량학살을 자행할 수 있었을까?" [131]

비교의 출발점은 제1차 세계대전 이후 극단적인 독제 체제가 출현하여

---

130) 대사건 100, 박미경 편저, 353~354쪽 (고려문화사 1998)
131) 제노사이드, 최호근, 143~144쪽 (책세상)

널리 대중의 지지를 받은 이유는 무엇인가라는 질문에 답하는 것이다.

"유태인을 '극히 위험한 외부의 적'으로 조작함으로써 독일인의 통일성을 강화시키는 한편, 유태인을 추방하거나 공장과 수용소에 보내 강제 노동에 종사케 함으로써 노동력을 착취하고 그들의 재산과 직업을 독일인들이 차지할 수 있다는 이익 계산이 앞섰기 때문이었다.

나치세계가 굳어져가면서 친위대와 관료 기구의 꼭대기에는 잘못된 편견에 미친 듯한 영광의 꿈을 결합한 인종론의 광신자들로 가득 찼고, '위대한 게르만 민족의 세계 지배'라는 미명하에 침략전쟁이 정당화되었다. 사실 전쟁의 진정한 원인은 독일 영토 내에서는 더 이상 살길을 찾을 수 없는 독점 자본의 활로를 찾기 위해서였다. 이렇게 해서 제2차 세계대전이 시작되었고, 마침내 나치에 의한 유태인 절멸 정책도 실행되었다. 당시 1100만의 유럽 거주 유태인은 나치가 두 번째 세계전쟁을 통해 거의 전 유럽을 점령함에 따라 모두 죽음에 처해질 운명에 놓였었다. 그리고 결국 그 가운데 약 절반인 5백 72만의 생명이 나치에 의해 무참히 학살당하였다."[132]

"두 체제의 지도자들은 집단적으로 절대적 유토피아의 추구에 몰두하는 배타적이고 전체론적인 공동체의 이상을 설파했다. 두 사회 모두 추상적인 세계가 아니었으며 외부의 힘에 강요당한 체제도 아니었다. 두 독재 체제는 설명할 수 없는 역사적 일탈이 아니라, 특정한 정치문화와 사회 환경의 산물이었다.

---

132) 대사건 100, 박미경 편저, 356쪽 (고려문화사 1998)

……스탈린은 사회주의 천국을 추구하느라 끔찍한 희생을 치렀지만 독재체재 내내 소련인민의 압도적 다수가 정치적 통제와 경제적 결핍으로 고생하고 있을 때에도 전 세계의 혜택 받지 못한 자들과 착취당하는 자들의 승리를 위해 싸우고 있다고 주장했다. 히틀러는 수백만 명의 국민이 죽고 불구가 되고 고통을 당했지만 1945년 최후의 순간까지 이상적인 종족제국은 싸워 지킬 만한 가치가 있다고 확신했다. 두 체제가 일치한 부분은 영원히 메울 수 없는 이상과 현실의 거리와, 두 체계가 진실의 왜곡을 감추려고 공통으로 이용한 수단이었다." [133]

또한 두 독재권력이 들어서기 전에 처음 다음과 같은 사정이 있었다는 점도 무시할 수 없다.

"먼저 히틀러의 경우는 1933년 1월 30일 아돌프 히틀러가 독일 총리가 되었을 때, 부총리 프란츠 폰 파펜을 우두머리로 하는 보수파 동맹 세력과 히틀러 선택이라는 폰 파펜의 실험을 지지했던 재계 및 군사지도자들은 미숙한 신임총리를 손쉽게 휘어잡을 수 있으리라 생각했다. 학위도 있고 공직 경험도 풍부하며 사회적 지위도 높은 자기들이 세련되지 못한 나치에 대해 쉽게 우위를 차지할 것이라 생각한 것이다. 그들은 히틀러 총리가 대중을 사로잡는 사이, 실재로는 폰 파펜 부총리가 정부를 장악할 것으로 기대했다." [134]

"또한 스탈린의 경우에도, 레닌은 자신의 유언(당 대회에 보내는 편

---

133) 독재자들, 리처드 오버리, 조행복 옮김, 878쪽 (교양인 2008)
134) 파시즘, 로버트 팩스턴, 손명희 등 옮김, 292쪽 (교양인 2005)

지)에서 스탈린을 당 서기장의 자리에서 배제해 줄 것을 바라고 있었던 것이다.

　스탈린은 너무 거칩니다. 이런 결함은 우리 안이나 우리 관계에서는 충분히 참을 수 있지만, 서기장이라는 자리는 도저히 어울리지 않습니다. 따라서 나는 동지들에게 스탈린을 물러나게 하고 다른 사람을 임명하는 방안을 생각해보라고 하고 싶습니다.[135]

　그러나 레닌이 바라는 이 유언은 단지 일부 권력층의 이해관계로 말미암아 결국 당 대회에는 알려지지도 못하고, 따라서 스탈린이 당 서기장으로 그대로 눌러앉게 되는 꼴이 되고 만다는 것이다." [136]

　이를 볼 때 권력에 대한 지향은 어느 특정인에만 해당되는 것이 아니라는 것을 알 수 있을 뿐만 아니라, 또한 이들(처음 히틀러나 스탈린과 관계되었던 이들이, 비록 엄청나게 폭력적인 히틀러나 스탈린과 같은 권력의 야망은 없었을 지라도)이 결국 두 독재 권력이 들어서게 된 책임을 면할 수가 없다는 것이다.

　그런데 두 독제 체제에서 억압기관은 추상적인 개념이 아니라 사회의 일부였다. 억압기관을 운영한 경찰 간부와 경찰관은 국민 중에서 충원되었지 외부인은 아니었다. 두 독재 체재에서 똑같이 트로츠키주의자나 유대인을 무자비하게 사냥한 자들은 상당수 이전에 오랫동안 일반 경찰업무를 수행한 이력을 지녔다. 소련에서 '체카 대원'이 되면 지위를 보장받았다.

　1938년에 엔카베데에 충원된 한 사람은 이렇게 회상했다.

---

135) 독재자들, 리처드 오버리, 조행복 옮김, 375쪽 (교양인 2008)
136) 같은 책, 18~19장의 레닌의 유언과 권력투쟁

"나는 만족한다. 심지어 자랑스럽기도 하다." 그자의 동료 경찰관들도 대체로 "단순한 사내들로 '사회주의 사회의 적들'이 소련체계를 파괴하려 한다는 말을 들었다. ……동료들은 들은 대로 행동했으며 묵묵히 업무를 수행했다." 일부는 당원이었다. 당원 비율은 소련보다 독일에서 더 높았다. 그러나 게슈타포 수장인 하인리히 뮐러조차 당원이 아니었으며 1938년에 가서야 입당했다. 다른 사람들은 정규 경찰 활동을 하다가, 아니면 당 조직에서 우연히 선발되어 보안경찰에 들어가게 되었다. 이자들 상당수는 크리스토퍼 브라우닝의 말을 빌리자면, 자신들이 충성했던 체재에 의해 야수처럼 변해버린 '보통 사람'이었다. 반사회적 병자는 거의 없었다. 그들은 짐승 같았다기보다는 무정했다. 1960년에 이스라엘 첩보원들이 아돌프 아이히만(유대인 절멸 살인공장을 운영한 수용소장)을 체포했을 때 아이히만을 진찰한 어느 정신과 의사는 아이히만이 완전한 정상이라고 판단했다. "진찰하고 보니 어쨌거나 나보다 더 정상이다." [137]

두 나라 보안기관은 자신들이 단속했던 집단(이 역시 보통의 일반사람)들의 적극적인 협력과 공모에 기대어 활동했다. 첫 번째 연결고리는 경찰 정보원이었다. 게슈타포는 1933년 이전의 정치경찰로부터 방법을 전수 받았다. 1933년 이전의 정치경찰은 공산주의 조직에 침투하는 방편으로 경찰 첩자를 이용했다. 이것은 1917년에 차르의 비밀경찰이 불법이었던 볼세비키 운동에 했던 방식 그대로였다. 어느 추산에 따르면 1940년에 하리고프 시에는 약 50명의 정보원이 암약하고 있었다. 중요한 공장이나 기관들에는 거의 정보원이 있어 지역의 특수수사국에 보고를 올렸다. 두 독재체

---

[137] 같은 책, 314~315쪽

재에서는 당의 일꾼들이 이웃을 감시하고 당 사무소의 경찰에게 정보를 전달하여 같은 역할을 수행했다.

독일의 게슈타포는 고발을 활용하는 경우가 압도적으로 많았다. 수많은 편지는 새로운 범주의 정치범죄, 이를테면 유대인과의(상업적, 성적) 교류, 악의적 험담, 정치적 명예 훼손이 눈에 띄게 늘었다. 비르츠브르크 게슈타포의 작업을 분석한 로버트 겔리틀리의 선구적인 연구는 고발이 얼마나 광범위했는지 보여준다. 유대인의 격리와 관련한 사례에서는 57퍼센트가 대중이 편지를 보낸 결과였으며, 17퍼센트는 당 기관과 정규경찰이 제공한 정보의 결과였다. 175건 중에서 오직 단 한 경우만 실제로 정치경찰이 밝혀낸 사건이었다. 쟈르브뤼켄에서는 악의적인 험담사례의 87,5퍼센트가 대중의 보고에서 비롯되었다. (아니면 게슈타포가 이런 정보를 달리 어떻게 얻을 수 있겠는가)

대중의 공모는 여러 가지로 설명할 수 있다. 상당수 고발은 악의적인 의도를 지녔으며 심지어 거짓말이기도 했다. ……많은 편지들은 동기가 있음을 굳이 숨기지 않았다. 1940년 1월에 아이제나흐 나치당 사무소에 배달된 다음 편지를 예로 들 수 있다.

"나는 유대인 프뢸리흐가…… 왜 아직도 방 예닐곱 개짜리 아파트를 나누어 쓸 수 있는지 알고 싶다……. 유대인보다 더 그 아파트에 살 가치가 있는 동포가 틀림없이 있을 것이다."

집단 농장 농민들은 분노의 대상인 농장조직자나 관리들에게 앙갚음하기 위해 계급의 적들을 고발했다. 사례를 두 가지만 들어보자.

"우리가 콜호스에서 이 불한당을 추방하게 도와주시오." "이 인민의 적들로부터 우리를 구원해주시오."

그 결과는 '부드러운 테러'라고 할 만한 생존이었다. 그 곁에는 국가의 직접적인 억압이라는 혹독한 현실이 나란히 놓여 있다. '하일 히틀러' 서명을 하라고 일러주는 악의 없는 조언에서부터, 유대인 어린이를 보호하고 있는 이웃을 배반한 일까지 여러 형태를 띤다. 1936년에 소련에서 일터의 사보타주 방지운동이 전개되던 중에, 노동자들은 그 일을 직접 떠맡아 관리자들에게 폭로하겠다는 위협을 가했다. 에조프시나 동안에 희생된 수많은 사람들은 정치경찰이 아니라 자신들이 속한 사회집단이나 동료들에 의해 격리되었다. [138]

그런데 다음과 같은 수용소 내의 실상을 보면 권력의 행사는 어느 한 편 만의 것이 아니라는 것도 알 수 있다. 권력관계는 위나 아래로 상하관계의 구분이 없는 것이고 역시 억압체재나 처벌의 대상도 각각 분명한 것이 아니라는 것이다. 따라서 단지 수용소 내의 수감자라고 해서 억압이나 처벌의 대상만은 아니었던 것이다.

실지 두 수용소 체제에서 수백만 명이 살았고, 또 죽었다는 사실은 잘 알려져 있다. 그러한 수용소의 실태와 또한, 그곳에서의 권력관계는 어떠하였는지를 살펴보자.

"수용소의 배치와 의례는 아무렇게나 만든 것이 아니라, 수감자를 어떻게 수용하고 통제하며 노동을 시킬 것인지 중앙에서 내려 보낸 규칙과 명령에 따른 결과였다.

독일제도는 일부러 육체적으로 고되게, 심리적으로 파괴적이게끔 만들어졌다. 1933년에 테어도어 아이케가 다하우 수용소에 적용하려고 마련한 최초의 명령은 1945년까지 계속 효력을 발휘했다. 수감자들에게는 딱딱한 나무침대와 형편없는 음식을 배급해야했고, 노동은 벌을 주고 품위

---

138) 같은 책, 317~320쪽

를 떨어뜨리려는 의도로 마련되었으며, 경비대는 전쟁이 시작되기 훨씬 전부터 일련의 고문 같은 처벌에 정통했다.

엔카베데(소련의)는 굴라크 수용소에 음식 배급량과 노동 규범, 징계 절차에 관한 명령을 내려 보냈고, 두 제도에서 똑같이 사용한 호칭인 수용소 지휘관과 그 명령을 받는 관리대와 경비대가 규칙과 규정을 지휘했다. 수용소마다 자체 관료기구를 두었다

수용소 관리부서 가운데 가장 큰 두려움의 대상은 정치 부서였다. 두 나라의 수용소는 이미 체재에 희생된 수감자들에게 이중의 테러를 가했다. 독일 수용소의 정치 분과는 게슈타포에 연계되어 있었다. 정치 분과는 정치적 저항이나 '파벌형성'의 움직임이 있는지 수감자들을 감시하고 이감을 권고하고 수용소 내에서 처형을 집행했다. 엔카베데의 전권위원이 운영했던 굴라크의 특수부들은 정치범들이 멀리 떨어진 툰드라의 황무지에서도 파괴 활동과 테러 활동을 계속하리라고 예상했다. 특수부는 더 나은 음식이나 적은 노동량으로 특혜를 주고 수감자를 정보원으로 고용했다. 1940년에 정보원은 수감자 1천 명당 10명이었고, 1947년에는 1천 명당 80명꼴로 모두 13만 9천 명이 있었다. 정보원의 한마디 말은 곧 굴라크의 즉결 심리를 뜻했고 불가피하게 추가 선고가 뒤따랐다. 템니코프스키의 어느 수감자는 차르시대에 장화를 더 잘 만들었다고 중얼거리다가 10년 형기에 8년이 더해졌다. 남은 기간이 2년이었는데 말 한마디로 8년이 추가된 것이다.

수용소 관리부 아래에는 두 번째 수용소 권력층이 있다. 두 제도에서 수감자들은 스스로 관리해야 했다. 수용소 주요 직무는 수용소 지휘관이 선정한 수감자들이 맡아 했다. 어떤 경우에는 이전 수감자가 수용소 경비까지 맡았다. 수감자- 감독은 자신들이 통제하고 있는 모든 수감자

의 생사를 나날이 결정할 수 있었기 때문에 수용소 당국보다 더 두려움의 대상이었다. 감독들(역시 수감자인)은 동료를 임의로 처벌하고 위협했으며 폭행했고, 자신들도 처벌을 받거나 지위가 강등될까봐 작업 속도를 높이라고 닦달했다. 독일 수용소는 군부대처럼 운영되었다. 1944년에 힘러 일단의 고위 장군들에게 신뢰할 수 있는 수감자들은 수용소 계급제도의 '하사관'이라고 말했다. 계급제도의 맨 꼭대기에는 (같은 수감자로써) '수용소 고참(Lageralt- ester)'이 있었고, 각 막사는 '구역 고참(Blockaltester)'이 관리했다. 작업지시는 카포(Kapo, 組長, 역시 수감자)가 내렸다. 그밖에 막사에서 서기로 일하거나 수용소 노동 사무소에서 일하는 사무직 일자리가 있었는데, 누구나 탐내는 자리였다. 그러한 직책 보유자들은 모두 저명인사로 알려졌고, 보통 가장 오래 복역한 수감자 중에서 선정되었다. 그들은 때로는 범죄자였기 때문에 수용소를 마치 마피아 두목처럼 관리했으며, 때로는 정치범인 경우도 있었다. 수용소가 확대되었을 때, 제일 좋은 직책은 범죄자든 정치범이든 독일 민족에게 돌아갔다. 그래야 친위대 감독관들과 더 효과적으로 연락할 수 있었기 때문이다. 그들은 몽둥이나 고무곤봉을 휴대했다. 아우슈비츠의 어느 카포는 '통역'이라는 별칭이 붙은 악명 높은 채찍을 들고 다녔는데, 채찍은 여러 민족으로 구성된 노동자들에게 어떤 언어로든 말할 수 있다고 해서 그런 별칭이 붙었다. 그들은 필요하다고 판단되면 아무 거리낌 없이 그런 흉기를 휘둘렀다. 복종하지 않는 수감자들은 '처벌단'이 다루었다. 이 집단은 대단히 흉포한 잔인함으로 불운한 입소자들을 덮쳤다.

소련의 수용소도 모든 주요직능에 수감자들을 활용했다. 작업조마다 지도자와 십장이 한 명씩 있어 아침 6시에 수감자들을 연병장으로 내몰아 작업할당을 수행했다. 그들은 노동자들이 하는 일을 면면히 감시했으며, 태만한 자들의 이름을 적어두었고, 곤봉과 막대기로 난폭하게 처벌했으며, 일과가 끝나면 작업조의 성과를 상세히 기록했다. 작업량 초과나 미달은 음식배급량에 영향을 끼쳤기 때문에, 수용소에서 그들은 막대한 권한을 휘둘렀다. 그중에는 거의 언제나 범죄자였고 수용소 질서를 유지하기 위해 훔치고 강간하고 강탈했던 무자비한 우르키족도 종종 포함되었다.[139]

수용소에서 죽음에는 무수히 많은 이유가 있었다. 굶주림과 질병의 치명적 영향에 수용소의 기본적인 무법성을 덧붙여야 한다. 수감자들은 이익이나 복수를 위해 다른 수감자를 살해했다. 아우슈비츠의 선임 카포는 모든 수감자가 두려워한 거한이었는데, 부헨발트의 카포로 좌천된 후 그곳의 새로운 동료 10명에게 막사에서 교살 당했다. 굴라크에 감금된 과거 심문자들은 당국의 심문을 받았던 사람들에게 일상적으로 암살당했다. 두 제도의 수감자들은 모든 규칙 위반과 무시를 잠재적인 중대 범죄로 여긴 경비대나 수감자-직원들의 예측할 수 없는 자의적 폭력에 희생되었다. 곤봉에 맞아죽은 사람, 변소나 수프 끓이는 큰 솥에 거꾸로 처박혀 죽은 사람, 아니면 단순히 예사로 총에 맞아 죽은 사람 이야기는 셀 수 없이 많다. 처벌은 면밀히 조정한 사디즘의 실험이었는데, 그러한 사디즘은 두 나라 수용소 생활의 모든 측면에 스며들었다. 각 수용소에는 특별 독방이 있어 수감자는 사소한 규칙 위반으로도 작고 비좁으며 어둡고 환기도 되지 않는 방이나 격리소에서 약간의 음식으로, 또는 음식이 전혀 없이 한 주 이상을 보내야 했다. 소련의 독방에서는 수감자의 따뜻한 의복과 장화를 빼앗았다. 1930년대 초 솔로베츠키 수용소에서는 여름밤에 청소년 수

---

139) 같은 책, 858~860쪽

감자들을 벌거벗겨 나무에 묶어놓아 모기에 물어뜯게 했고, 겨울에 즐겨 내린 형벌은 얼어붙은 호수까지 이어지는 273단의 얼음 계단을 맨발로 오르내리는 것이었다. 수감자들은 두 양동이의 물을 긷기 위해 얼음 계단을 오르내려야 했다. 만일 얼음계단을 힘들게 오르내리다가 조금 쏟기라도 한다면 다시 내려가야 했다. 얼음 계단 형벌은 수감자의 발이 서리로 덮인 계단에 얼어붙게 만드는 것이 목적이었고, 수감자는 그곳에서 동사하곤 했다. 1933년에 다하우에 세운 아이케의 수용소는 잔인한 처벌을 시행했는데, 그러한 야만적인 관행은 1945년에 수용소가 붕괴될 때까지 두드러진 특징이었다. 즐겨 사용된 고문은 말뚝 고문이었다. 수감자의 두 팔을 들어 올려 긴 장대의 뒤쪽에서 묶어 매달았다. 그런 자세로 몇 시간 매달려 있으면 어깨가 탈구되었고, 며칠이 지나면 서서히 죽어 갔다. 전쟁 중 소련의 어느 수용소에서는 수감자들을 발가벗겨놓고 발끝으로 서게 한 뒤 높은 울타리에 묶은 철사 올가미를 목에 걸어놓았다. 지쳐서 발이 아래로 내려가면 묶인 자들은 서서히 철사 줄에 질식했다.

(하지만)그러한 잔악 행위들이 언제나 용인된 것은 아니었다. 수용소 상황에 대한 불평이 모스크바 당국에까지 전달되었으며, 실제로 사디즘과 삶을 소진시키는 생활조건을 억제하려는 노력을 낳았다. 베르멘을 포함하여 첫 번째 세대의 굴라크 수장들은 1938년 숙청에서 범죄의 폭력 체재를 운영했다고 고발당하여 사라졌다.

독일 수용소에서는 수용소 폭력을 더 느슨하게 통제했다. 부분적으로는 고위관료와 장교, 의사를 포함하여 너무도 많은 사람들이 폭력에 탐닉했기 때문이다. 그들은 일상적으로 가장 잔인한 조건으로 수감자들을 대상으로 실험했다. 굴라크 생활에서는 노동력을 짜내고 일을 계속 시키려는 모진 노력이 핵심이었다. 그러나 친위대가 지배한 수용소 생활에 대한 무수한 회고는 폭력이 그 자체로 목적이었음을 시사한다. 폭력은 무제한의 억압이라는 특권에 전시 경제의 요구가 훨씬 더 해지기 전부터 체재에 깊이 스며들어 있다. 친위대의 경비병들은 자신들의 절대 권력을 과시하느라 정기적으로 막사 전체나 모든 수감자에게 고난과 처벌을 안겼다. 초겨울에 작센하우젠 수용소에 일이 없을 때, 수감자들은 자유 시간을 누린 것이 아니라 하루 종일 서 있거나, 아니면 몇 시간씩 마룻바닥에 엎드려 있어야 했는데 그동안 친위대 방문객들은 늙은 수감자들에게 지쳐 쓰러질 때까지 팔굽혀펴기를 시키며 즐거워했다. 그런 식의 무차별적 괴롭힘으로 독일 수용소 경험은 유달랐다.

두 수용소 제도가 어째서 그처럼 의도적으로 잔인하고 냉담한 문화를 만들어냈느냐는 질문은 피할 수 없다. 이를 두고 여러 가지 다양한 설명들이 나왔다(단지 현상을 설명한 것이지만). 우선 1930년대에 유럽 전역의 수감제도가 강압적이었음을 기억할 필요가 있다. 수용소 생활의 여러 측면은 고된 노동을 선고받은 기결수 감옥과 많은 부문을 공유했다. 둘째, 독일과 소련에서 수용소의 무법성을 감시하거나 통제하는 제도는 미미했으며 거의 존재하지도 않았다. (여기에) 중앙에서 전달한 메시지는 이례적으로 모진 수용소 생활을 만들 수밖에 없었다. 많은 수감자들이 반역자로 몰렸기 때문이다. (따라서) 경비대와 수감자-직원의 태도에 잔인성을 부채질하고, 여기에 범죄자 출신 직원들은 자신들의 지위를 이용하여 수용소를 범죄 장소로 만들었다. 범죄자 출신이 아닌 사람들은 자신의 업무를 생존 수단으로 이용했고, 더 안전해지기 위해 악랄하게 행동했다. 그들은 본의 아니게 유배된 자들이었으며, 좌절감을 수감자들에게 풀었다. 여타 경비대, 특히 1930년대 수용소를 경비했던 친위대 해골단은 영혼을

파괴하는 일상적이고 가학적인 테러 기술을 확실하게 훈련받았다.[140]

그런데 무엇보다 특징적인 것은 히틀러 독재 권력에서 나타났던 유대인에 대한 절멸의 횡포다.

종족 학살은 여러 요인이 한데 결합한 결과였다. 이를테면 동유럽 전쟁의 잔인한 형세, 종족 오염에 맞선 독일의 생물학 정책, 강제 이송과 살인 정책을 등에 업고 권력과 영향력을 확대했던 보안기관과 종족담당기관의 사리사욕 추구, 이 모든 것이 유대인 종족학살에 한몫했다. 그러나 이 모든 요인을 한데 묶은 끈은 유대인의 위협에 맞선 민족 생존의 문제였다. 유대인의 처우는 독일의 민족적 근심과 민족적 열망이라는 왜곡된 거울에 비추어볼 때만 이해할 수 있다. 체재는 의도적으로 독일의 생존이 오로지 유대인의 배제나 필요하다면 절멸을 조건으로 한다는 관념을 만들어내는 데 매달렸다.

히틀러는 1945년 2월에 보어만에게 이렇게 말했다. "우리에게 그것은 꼭 필요한 소독 과정이었다. 우리는 소독과정을 극한까지 수행했으며 그 과정이 없었더라면 질식하고 파멸했을 것이다."

그러한 만족의 대망을 지원하기 위해 독일의 대중적 반유대주의가 동원되었다. 널리 퍼진 잔혹한 행위와 차별은 당(히틀러의 독일 나티스당)의 발명품이 아니었으며, 1939년에 전쟁이 일어나 '유대인에 대한 위협'이 노골화되기 훨씬 전에(이미) 독일의 공적 생활에 빠르게 스며들었다. 전쟁은 민족의 생존이 걸린 필사적인 것이며, 유대인은 전쟁의 원인과 확대의 해로운 손으로 제시되었다. 히틀러는 계속한다. "이렇게 전형적으

---

140) 같은 책, 868~871쪽

로, 동시에 배타적으로 유대인과 연관된 전쟁은 이전에는 없었다." (민중의) 편견과 자기 합리화, 기회의 끔직한 수렴은 히틀러의 독재체재가 '아리아인'과 '유대인' 사이에 묵시론적 전쟁을 선포하며 내세운 비타협적이고 무서운 조건 때문에 그토록 치명적인 결과를 낳을 수밖에 없었다."[141]

"오도르 아도르노는 나치에 가담해 학살집단으로 활약한 인간형을 '권위주의적인 성격'을 가진 사람들로 규정한 바 있다. 즉 '잠재적으로 파시스트적인 개인들'이 있으며 이들이 반민주적인 선전선동에 가장 취약하다고 했다. 바로 이들이 나치스의 골격을 이루었다고 보았다. 말하자면 아도르노는 나치스가 특별한 종류의 인간집단이었다고 보았다. 이러한 아도르노의 견해는 지그문트 바우만이 적절하게 비판한 바와 같이, 나치즘이 잔인한 이유는 나치대원들이 잔인하기 때문이었고, 나치대원이 잔인한 이유는 애당초 잔인한 성격을 가진 인간들이 나치대원이 되는 경향이 있었기 때문이라는 논리이다. 그것은 평범한 인간들이 나치스가 자행한 잔혹한 행동을 할 가능성을 배제한 논리라고 볼 수 있다.

존 스타이너도 아도르노의 논리는 학살자들이 가진 잠재적인 성격의 요인만을 강조하고 상황적(사회적·문화적·제도적) 요소들의 영향을 무시했다고 평가하며 그 두 가지를 다 같이 고려하는 취지에서 '잠재자(sleeper)'의 개념을 제시했다. 특정한 부류의 집단은 원래 폭력적인 성격을 가지고 있는데, 이 성격은 평소에는 잠재해 있다가 일정한 상황적 조건에서 발동한다는 것이었다. '폭력의 하위문화(subculture of vio-

---

141) 같은 책, 815~816쪽

lence)'를 가진 집단에게 나치스의 등장이라는 사회적 조건이 그런 잠재력을 충분히 발휘하게 기회를 제공했다는 것이다. 나치스 보안대원(SS)들은 그런 잠재적 잔인성을 가진 자들이 자기선별 과정을 통해서 참여한 것이라는 견해였다.

어빈 스타움은 스타이너가 말하는 잠재적인 폭력적 성격은 특정한 부류의 사람에게만 잠재해 있는 것이 아니라 평범한 대부분의 사람에게 공통된 특징이라고 파악한다. 그는 그런 잠재자는 예외적인 사람들에게 고유한 하나의 예외가 아니고 평범한 사람들이 갖고 있는 일반적인 성격이라고 보았다.

지그문트 바우만도 잔인성은 특수한 성격이나 특정한 집단의 인간성에 기인한 것이 아니며 사회적인 상황의 요인에 의하여 발동되는, 사회적 기원을 갖는 것으로 보았다. 바우만은 비뚤어진 성격이 인간 잔인성의 원인이라는 관점을 비판했다. 그는 더 나아가 (오히려)예외가 되는 것은 잠재적 잔인성을 가진 성격이 아니라, 부당한 (독재적) 권위에 저항하면서 독자적인 도덕적 자율성을 발휘할 수 있는 능력을 가진 개인들이라고 주장한다. (따라서) 그런 예외적인 능력은 평소 감추어져 있다가 시험대에 오를 적에 (비록 폭력적인 상황에 이른다고 해도) 결코 (잔인할 수만은 없는 것으로) 드러난다는 것이다." [142]

---

142) 같은 책, 40~43쪽

(3) 폭력 : 중독, 자살, 살인

이상에서 폭력에 대한 사례를 무수히 봐왔지만 그러나 이는 단지 수단(다른 목적을 위한 부차적인 것)에서 비롯된 것에 지나지 않은 것이라고 할 수 있다. 그러나 이제 폭력이 직접적인 목적인 인간들의 성향을 살펴보고자 한다.

인간의 폭력의 성향이 살인에 이르게 되는 것으로, 이것이 타인을 향할 때는 물론 타살(살인)이 된다(물론 살인은 주로 타살이다). 그러나 이러한 폭력적인 살인이 자신에게 향한다면 자살이 될 것이다. 물론 이 자살이 단지 자신의 목숨만을 끊는 것에 해당하는 것은 아닐 것이다. 타인에 대한 폭력(또는 권력)이 타인의 목숨을 끊는 것에 이르기도 하지만, 타인의 자주적인 의지를 말살하기도, 부정하기도 하는 것이다. 따라서 자신에 대한 폭력이 자신의 목숨을 끊는 경우에 이르게 되는 것은 물론이지만 그 전에 자신의 의지를 부정, 학대하는 등(중독 등도 여기에) 갖가지 형태가 있을 것이다.

황금 욕이나 권력행사에 따른 폐해도 문제지만, 또한 생명에 대한 인식의 부족은 결과적으로 사람들 개개인을 무력감에 빠지게도 할 것이다. 일이 잘 되건 못 되건(실상은 일이 잘 되지 않을 것) 재미가 없고, 따라서 일 밖에서나마 재미를 찾아보려고 하나 그 역시도 뜻대로 아니 되는 것이다(마치 조화가 아무리 아름답다고 해도 생명이 없는 모조품에 불과하듯이).

이에 따라서 사람들(뜻대로 일이 성사 되지못한 사람들)은 의기소침상태에 빠지기도 하고, 한편으로는 일에서 재미를 찾지 못한 사람들은 일 밖에서

나마 재미를 찾아 온갖 짓을 찾아다니는 일도 다반사가 되지만, 결국은 이 모든 것이 문제 인물로 될 수밖에 없다.

중독

"계절이 바뀌면서 내가 탐닉하는 대상도 달라졌다. 나는 음식 대신 마약, 담배 대신 알코올을 선택하기도 하고 그 밖에 다양한 방법을 시도했다.

청소년 시절의 탐닉 대상은 마리화나, LSD, 신경안정제, 진통제, 코카인이었다. 나는 완전한 망각을 위해, 내 자신과 고통을 조금이라도 더 잊기 위해 마약과 약물에 찌들어 살았다. 마약 때문에 머리가 깨질 듯이 아프더라도, 악몽 같은 세상이 더욱 무서운 악몽으로 변하더라도, 내 안에 머물러 있는 것보다는 마약에 취해 있는 것이 나았다. 나는 마약을 통해 다른 사람이 되고 싶었다. 내가 아니기만 하면 어떤 사람이 되든 상관이 없었다.

열아홉 살이 되던 해에 나는 하루에 세 갑씩 피우던 담배 대신 술 한 잔으로 아침을 맞이하기 시작했다. 하루가 저물고 지평선 너머로 해가 떨어질 때까지 한 잔은 두 잔으로, 두 잔은 석 잔으로 이어졌다. ……내게 있어 스무 살은 필름이 끊긴 저녁, 간밤에 무슨 말을 했고 어떤 짓을 했으며 어떻게 집까지 올 수 있었는지 전혀 생각이 안 나는 아침이 계속 이어졌다.[143]

---

143) 중독, 도너 크로지어 등, 이은선 옮김, 46쪽 (홍익출판사)

이런 생활이 예순 한 살을 맞이한 내 인생에 남긴 결과는 무엇인가? 나는 여전히 알코올에 중독된 채 수치심, 죄책감, 자기연민, 분노, 절망, 불신, 혼돈을 오락가락하며 절제에서 무절제로, 무절제에서 절제로 옮아가고 있다.[144]

내가 서있을 자리는 어디인가. 지금 이 날, 이 밤, 이 시각, 이 순간, 이때를 위해 기도를 올리는 나는 누구인가. 부러진 뼈의 숫자를 세고 있는 예순한 살의 나를 위해 열려있는 길은 어떤 모습인가. 아니, 그런 길이 있기나 한 것일까?[145]

망가지는 몸을 뒤로 한 채 본드에 정신을 빼앗겨 친구들과 어린나이에 여관을 잡고 하루 종일 본드에만 매달렸던 적이 있습니다. 그러다가 친구 오빠에게 걸려 댐통 혼나고…… 그리고 몇 년 후 나에게는 올 일 없다고 생각한 마약의 구렁이 찾아왔습니다."[146]

자살

이상 중독의 경우에서 보듯이 무기력에 따른 상심과 고통은 술이나 여러 약물중독이나 마약 등에 의지하기도 하지만, 절망 상태가 되어 돌이킬 수 없는 실수를 범하기도 한다(자살). 그런데 이런 경향이 적지 않다고 한다.

---

144) 같은 책, 29쪽
145) 같은 책, 34쪽
146) 과연 내가 옛날로 돌아갈 수 있을까, 전경수편, 15쪽 (삼진 프린트)

"우리나라의 한 해 자살자 수는 얼마나 될까? 통계청 자료에 따르면(경찰청 수치는 훨씬 높다) 2006년 한 해 동안 한국의 자살자 수는 1만 688명으로, 하루 평균 29명이 스스로 목숨을 끊은 것으로 나타나고 있다. 2005년에는 그 수가 더 많아 전체 1만 2,047명, 하루 33명꼴에 이른다. 인구 10만 명당 자살률로 계산하면 각각 23명(2006), 26,1명(2005)에 이르는 높은 수치다. 자살률이 충격적으로 증가했다고 말하던 외환위기 직후가 19,9명(1998)이었으니 현재의 자살률이 얼마나 심각한지 실감할 수 있다.

자살 사망자 수가 교통사고 사망자 수를 넘어섰다는 이야기는 이제 뉴스거리도 아니다. 2002년에 이미 자살률(19,13명)은 교통사고 사망률(19,12)을 앞질렀다. 게다가 자살은 수년째 20대와 30대의 사망원인 1위로 나타나고 있어 안타까움을 더한다." [147]

"이 책을 위해 수집한 유서 가운데 56%가 자학이나 무가치감이 주된 요인이었다.

- 윤ㅇㅇ에게 : 내가 죽어야 하는 이유. 쓸모없는 인간. 나는 도대체 무슨 존재인가. 오늘도 우두커니 앉아 의미 없는 시간을 보냈다. 정말 이런 내가 싫다.

- 강ㅇㅇ에게 : 우울하다. 갈수록 내가 바보 천치가 되어가는 것 같다. 이렇게 가만히 바보천치가 되느니 차라리 일이라도 저지르고 싶은

---

147) 자살, 오진탁, 19쪽 (세종서적 2008)

날이다. 그래, 좋은 날이다. 안개도 끼고. 아지랑이 모락모락 피어나네. 이렇게 칙칙한 날, 나의 운명의 모가지를 비트는 날로는 차라리 좋은 날이다. 더할 나위 없이 최상의 날이다.

- 성ㅇㅇ에게 : 누나. 정말 미안해. 나로 인해서 큰 문제가 생기지 않길 바라. 그냥 길 가던 똥개 한 마리 죽었다고 생각하고 아무 데나 묻어버리길. [148]

- 이 시점에서 내 생을 마무리하려 한다. 나는 내 삶이 다이아몬드처럼 값지고 학처럼 고귀하길 원했다. 그러나 내 삶은 그러지 못했다. 절이 싫으면 중이 떠나야 하듯이, 난 이곳을 떠난다. 죽음이라는 극단적인 방법으로 해결하는 것이 어리석지만. 그 어리석음을 중단하려한다. [149]

- 사랑하는 엄마에게.
살아오면서 엄마한테 꼭 하고 싶은 말이 있었어요.
'엄마 사랑합니다.'
이런 글을 남기기까지 수많은 생각과 고민을 해왔습니다. '다시 한 번 시작하자. 난 할 수 있다. 사랑하는 가족들을 위해서라도 다시 한 번 시작하는 거야'라고 수 없이 외쳐봤지만 절망감만 더해갈 뿐…… 누구도 원망하지 않습니다. 나 스스로 택한 길입니다. 내가 이런 어처구니없는 짓을 함으로써 사랑하는 부모님은 물론 사랑하는 가족, 주위 모든 분들에게 나의 마음속 고통보다 더욱더 큰 상처를 남긴다는 것을 알면서도 자

---

148) 자살, 마르탱 모네스티에, 한명희 등 옮김, 51쪽 (새움 2002)
149) 같은 책, 57~58쪽

살을 해야 하는 제 자신이 너무도 답답하기만 합니다. 좀 더 자신감 있고 행복한 생활을 하려고 수많은 노력을 해왔습니다. 하지만 나에겐 마음의 상처만 더해갈 뿐이었습니다." [150]

그런데 생명에 대한 인식의 부족은 무엇보다 자신이 죽은 사람처럼 느껴진다는 것이다. 이렇게 자신이 죽은 사람처럼 느껴지기에, 이에 따른 고통(생)을 견딜 수 없기에 생에 부정적이 되기도 하는 것이다.
이것이 제 자신에 향할 때는 자살 등이 되겠지만, 만약 이것이 타인에 향할 때는 살인 충동이 되는 것이다.

살인

사실 살인은 의미심장한 것이어서 우리 모두가 이를 쉽게 지나칠 수 없는 점이 있다. 생각보다 우리의 주위에 살인이 산재하고 있을 뿐만 아니라, 우리의 감정도 흔히 이 살인에 대해 관심을 그만두지 못하는 점이 있는 것이다. 따라서 이 폭력적인 살인은 비록 영화나 게임, 소설이지만 여기에도, 또는 성경에게까지도 이 폭력적인 살인의 이야기가 빠질 수 없는 것을 볼 때, 우리는 항상 이 살인에 접해 살고 있는 것이라고 할 수 있다.
그런데 이 살인 충동은 자신의 인생에서 부정적인 것 만에 그치지 않고 더욱 복합적인 데가 있는 것 같다. 죽은 사람처럼 생(生)에 대하여 부정적이기에 역시 살인에 있어서도 냉담하지 않을 수 없다든가, 또는 살인

---

150) 같은 책, 56쪽

을 통하여 생을 확인해 볼 뿐만 아니라, 살인을 통하여 죽음과 같은 마음을 소생시켜 보려는(이를 테면 살인을 통한 흥분이나 스릴로) 것인지도 모른다. 이는 생명의 소외로 인한 무기력, 냉담함을 벗어나기 위한, 곧 스릴이나 폭력 등의 범죄적 행위로 해소하려는 이러한 그릇된 행위는 더욱 가증스럽고 끔찍한 것이 되기에 이를 것이다.

다음의 보기는 살인에 대하여 말하는 한 범죄 심리학자의 말과 함께 인용이 된, 실제 살인사건의 예들을 살펴본 것이다.

"우리는 너 나 없이 '권태의 위대한 신비' 의 지배를 받거니와, 이것은 '축복' 이 결여되었을 때 - 생명에 대한 인식의 부족의 가장 흔한 형태이다

살인은, (마치)간통이라는 생각이 청교도적인 노처녀에게 일으키는 것과 같은 병적인 흥미를 우리들에게 일으킨다.

만일 이 노처녀가 다소라도 분석적이라면, 이 병적인 흥미는 성(性)이란 사실상 더럽고 혐오스러운 것으로 처리해 버릴 수 없다는 것을 보여주는 증거임을 알 것이다. 사람들은 거지나 쥐의 시체에는 병적인 흥미를 느끼지 않는다. 노처녀의 병적인 흥미는 성(性-sex)이 인간이 숨겨진 가능성을 통찰하는 가장 중요한 것이 될 수 있음을 역설적으로 인정하는 것이다. 그리고(살인에 있어서도) 만일 살인이 이 숨겨진 자유의 가능성을 부정한다는 것을 본능적으로 인식했기 때문이다. 살인에 대한 우리의 흥미는 말하자면 역설과 같다.

(노처녀의 성에 대한 병적인 흥미가 성에 대한 지나친 거부로 나타난다. 살인자 역시, 생명에 대한 병적인 흥미가 살인으로 나타난다는 것)

우리는 풍부한 석유 자원을 가졌으면서도 가난에 시달리는 인도사람과 비슷하다. 언제든 누군가가 유전을 파는 기술을 습득할 것이고 그것은 인

간의 역사에서 가장 중요한 일일 것이다.

   살인이 나의 관심의 대상이 되는 것은, 살인이 이러한 인간의 가능성을 부정하는 가장 극단적인 형태이기 때문이다. 삶의 가치의 감소가 20세기 이르러서는 당연한 일이 되었다. [151]

   쇼의 지적에 따르면 '우리는 예술가를 그 가장 높은 순간에 판단하고, 범죄자를 그 가장 낮은 순간에 판단한다. 이 두 가지 기질은 많은 공통점을 가진 듯하고, 따라서 양자의 차이는 성격이나 환경의 차이라기보다는 선택행위의 차이임을 나는 밝히려고 한다. 인간이 기분이 좋다, 또는 나쁘다 하는 현상에 좌우되는 것은 불가피하지만, 우울할 때 우리는 선택을 강요당한다. 우리는 이에 저항하든가, 또는 패배적 자세로 이를 더욱 심하게 만들든가 한다.' [152]

   "- 1967년 7월 4일, 클라우스 고스만이 (살인사건으로) 재판에 회부되었다. 그는 다른 사람도 살 권리가 있지 않겠느냐고 판사가 묻자,

   이렇게 대답하였다. '그렇지 않다. 타인은 나에게 있어서는 물건과 마찬가지다. 무생물이다. 제로다. 나는 실용주의자이다.'

   고스만은 뉘른베르크 근처의 할스부르크의 악명 높은 '정오의 살인자' 였다. 그가 최초의 살인을 한 것은 7년 전이었고, 그때 그는 19세로 학생이었다. 고스만은 총에 매혹되었다. 그는 어느 날 정오에 살인을 하기로 마음먹었다. 정오에는 교회의 종이 큰소리를 내므로 총소리가 들리지 않을 것이라고 생각했다.

---

151) 살인의 심리, 콜린 윌슨, 황동문 옮김, 24~25쪽 (선영사 1999)
152) 같은 책, 16쪽

정확히 시간을 재서 정오가 되기 1분 30초 전에 그는 토헬가르텐의 아파트로 갔다. 고스만이 노크를 하자 헤링이 문을 열었다. 고스만에게는 30초가 남아 있었다.

그는 천천히 헤링에게 말했다. '한 가지 질문을 하고 싶습니다만, 매번 되풀이할 수는 없습니다.'

'뭐라고요?' 헤링이 반문했다.

그러자 고스만은 '돈을 내놓지 않으면 죽일 테다'라고 말했다. 물론 고스만이 돈을 바라고 이렇게 말한 것은 아니었다.

정오에 교회의 종이 울리기 시작하자. 그는 헤링의 심장을 바르사 P-38(권총)로 정확히 꿰뚫었다.

그는 집으로 돌아와 평소처럼 점심을 먹고 공부를 했다. 그는 신비주의적 신학에 관심을 갖고 시골의 작고 조용한 교회에 가서 일생을 신에게 바치겠다는 막연한 꿈을 꾸고 있었다.

2년 후, 고스만은 다시 한 번 해보기로 했다. 이번의 피해자는 오헨부르크에 있는 도일 은행의 중역 에리히 할바위였다. 이번에도 고스만은 정오의 종소리가 울려 퍼질 때 그를 사살하고 사무실의 현금상자에서 3천60마르크(살인강도라고 보기에는 비교적 소액)를 훔쳤다. ……(이후에도 몇 번 정오의 종소리에 맞추어 살인)

다음의 — 그리고 마지막의 — 범행에서 고스만은 큰 상점을 선택하는 과오를 저질렀다. ……마침내 고스만은 붙잡혔는데 다음과 같이 말했다고 한다. '나는 생각하고 있었다. 얼마나 우스운 일이냐? 이렇게 될 리가 없다.'

고스만은 형무소에서 계속 일기를 썼는데, 이 일기는 읽을 만하다.

'(도스토예프스키의 『죄와 벌』에 나오는) 라스콜리니코프와 나 사이에는 커다란 차이가 있다고 생각한다. 나는 판사로부터 대단한 벌을 받지 않는 한, 나 자신을 범죄자라고 생각할 필요는 없다. 그러나 라스콜리

니코프는 언제나 스스로를 범죄자라고 생각했다.'

이 사건에서 주목할 주요한 점은 고스만의 소외감이다.

'얼마나 우스운 일이냐?'

거의 모든 살인범과 마찬가지로 그도 게임을 하고 있었다. 그는 신비주의에 관심을 가졌음에도 불구하고 인생이 중대하다고 느끼지는 못했다. 알베르 카뮈는 그의 소설 『이방인』에서 처음으로 이런 인간을 본격적으로 그렸다. 하기는 도스토예프스키의 스타브로킨이 70년 전에 이러한 인간의 출현을 예고했다고 할 수도 있지만(역시 도스토예프스키의 소설, 『악령』에 나오는 스타브로킨은 인생의 의미를 잃고 자살한다).” [153]

위에서 보는 살인사건은 실제의 사건임에도, 마치 한 편의 연극이나 영화를 보는 듯하다. 그리고 특이한 것은 살인자에게서 보이는 지성적 태도이다. 그는 신학을 공부하고 문학을 공부하고 있었다. 하지만 그에게 삶의 의미는 알 수 없었다는 것이다. 이에 따라 직접적으로 삶에 도전을 하기도 한다, 곧 아예 생명을 끊어버리는 살인이다. (이는, 타인의 생명이란 무생물이며, 물건이며 제로라고 말한 그의 태도에서 그의 심정이 짐작됨직 하다)

따라서 살인 따위(역시 그에게는 살인은 별다른 것이 아닌 듯이 보이므로)로 처벌된다는 것이야말로 웃기는 것이며 있을 수도 없는 것처럼 생각이 된 듯도 하다.

이상의 살인사건에서 보는 소외(허무감), 그리고 사람이 생명이 없는 물건처럼 생각되고, 여기에 인간이 제로로 느껴지는 - 삶의 무의미야말로 생명의 무지, 생명에 대한 인식이 없기 때문에 비롯되는 것이라 할 것이다.

---

153) 같은 책, 209~301쪽

그런데, 위에서 보는 살인자는 그나마 지성적인 분석 능력이 있었기에 인생의 허망함이라든가, 무의미성을 직접적으로 느끼는 데 맞닥뜨렸던 것이 가능했을 것이다. 보통은 흔히 이런 입장마저도 되지못하고 부족감 - 불만을 느끼는 정도(허망함의 실상과 원인을 생각하지도 알지도 못한 채, 이를 무조건 외면적인 - 물질적인 부족으로만 돌리는)에 그치는 것이다(그러한 나머지, 실상은 생명에 대한 인식이 없으므로 말미암은 허망을, 이 밖에 다른 것의 부족으로만 여기는 것이다. 이를테면 돈이나 권력 등의 부족 - 불만으로). 따라서 그가 이렇게 여긴 나머지 이(돈과 권력 등)를 아무리 쫓아도 결말이 나지 않고, 단지 상호간에 피해만 줄 것이라는 것은 지금껏 얘기한 바와 같다.

다음에 보는 살인사건은(아마 여기 - 살인은) 생명에 대한 인식이 없음에서 오는 죽음과 같은 권태를 외부적 자극, 곧 흥분이나 스릴에 의지하려는 것처럼 보이는 것이다.

따라서 앞서 본 살인사건의 경우는 무의미(허망성, 虛妄性) - 역시 인간의 생명조차도 허망함으로 느껴진 탓에 저질러진 것이었다면, 이제 뒤의 경우는 다른 유형을 보여준다. 살인에 흥을 느끼게 되고 집착하는 지경에까지 이른다는 것이다.

"- 두 피고인은 1963년 10월에 체포된, 당시 27세의 이안 브레디와 23세의 정부인 마이아라 하이드리였다.

브레디는 스미드와 모린을 자주 집에 초대해서 술을 마시며 마르키드 사드의 교의(教義)를 설교했다 - 사회가 법률을 만드는 것은 법률을 만드는 쪽의 사람들을 보호하고 법률을 받아들이는 쪽의 사람들을 탄압하기 위한 것이라는 교의를. 스미드는 얼마 후에는 일기에 다음과 같은 글을 쓰게 되었다.

'살인은 하나의 취미이고 최고의 희열이다. (이것을 부정하는 도덕적인) 신은 미신이고 일종의 뇌암이다. (따라서) 인간은 지렁이와 같은 것으로써 작고 맹목적이고 무가치하다(할 뿐이다)'

브레디는 스미드에게(자기는 이미) 3,4명을 죽여서 황야에 묻었다는 사실도 말하였다.

브레디와 마이아라는 멘체스터 중앙역으로 두 개의 수트케이스를 들고 나갔다. 그들은 난폭한 범죄의 즐거움을 스미드에게 가르쳐주기 위해서 살인을 실연(實演)하기로 한 것이다.

그들은 맨체스터 술집에서 17세의 에드워드 에반즈에게 눈독을 들였다. ……에반즈는 브레디와 함께 그의 집으로 가기로 동의하였다. 에반즈와 브레디가 집 거실에서 값싼 포도주를 마시고 있는 동안에, 마이아라는 급히 스미드를 부르러 갔다. 그는 가까운 곳에 살았다.

스미드가 도착하는 것과 거의 동시에 커다란 비명소리가 들려서 스미드가 거실로 뛰어가 보니, 브레디가 손도끼를 들고 에반즈를 공격하고 있었다." [154]

살인자 브레디의 선생님인 사드는 과연 어떤 사람인가? 이왕에 함께 보는 내용이 되겠다.

"이유는 간단하다. 사드 후작 자신이 범죄학의 교과서이기 때문이다. 그에게는 두 가지 기본적인 충동 밖에 없다. 살아남으려는 충동과 자기의 욕망을 채우려는 충동이다. 이 상황은 반드시 이해와 충돌을 가져온다. 배가 고픈 호랑이는 먹이가 필요하다. 보통의 경우, 사슴이 어쩔 수 없이

---

154) 같은 책, 285, 287쪽

그의 먹이가 된다. 인간사회에도 호랑이역과 사슴역이 있다. '가진 자'와 '못 가진 자'이다. 가진 자는 그 우월한 힘(부)을 사용하여 욕망을 채울 뿐만 아니라, 책략을 써서 도둑질과 살인을 금하는 도덕률이 있음을 믿게끔 한다. 그러나 못 가진 자는 그 도덕률이 부자계급의 발명품이라는 것을 알게 된다. 그들은 갖고 싶은 것을 자기도 손에 넣으려고 한다. 따라서 범죄율은 반드시 상승한다. ……그는 온갖 쾌락을 실험할 것이다. ……그중 가장 하고 싶은 것은 섹스의 충족이다, 욕망을 품으면 상대를 가리지 않는다. 아마 하루에 100번도 마다하지 않을 것이다.

사드의 물질주의적 전제조건 - 현대의 많은 과학자나 철학자도 결국 같은 생각인 듯하지만 - 을 받아들일 때 반론의 여지도 없는 것이 아니다.
순간순간의 욕망이 모두 충족된다고 과연 그 인간이 행복해지는가 하는 문제이다. 욕망에도 '수확체감의 법칙'(경제학에서 특정의 생산요소의 투입을 증가시킬 때 그 단위당 생산물이 감소한다는 법칙)이 통용되는 듯하다.
욕망이 일어날 때마다 충족할 수 있는 인간은 아마 따분함 때문에 자살하고 말 것이다. 이것은 사드 자신의 문제이기도 하다. 그의 집은 부유하였다. 물론 용모도 걸출한 젊은이였다. 그는 '정상적'인 성적 쾌락을 10대 중반 이전에 경험하였다. 그는 그 후의 인생을 '금지된 것'의 추구에 바쳤다. 궁극적인 성적 쾌락이다. 그러나 추구하면 할수록 그것은 그에게서 멀어져간 것이 아닐까? 성도착은 극단적이 되었다. 거칠고 그로테스크하였으며, 마침내는 기괴하기까지 하였다.

키에르케고르의 『이것이냐, 저것이냐』에는 사드에 대한 회답이 있다. '무료함의 역사는 세계의 시초까지 거슬러 올라갈 수 있다. 신들은 무료하였다. 그래서 인간을 만들었다. 아담은 혼자서 따분하였다. 그래서 이브가 만들어졌다 이리하여 세계에는 무료함이 발생하였다. 인구가 증가함에 따라 무료함은 증가하였다. 아담은 혼자서 따분하였지만 아담과 이브의 둘이 서로 따분하였다. 다음에 아담과 이브와 카인과 아벨이 다 같이 따분하였다. 세계의 인구가 더욱 증가하였다. 사람들은 집단으로 따분하였다. 기분풀이로 하늘까지 높은 탑을 세우려 하였다. 그러나 탑이 높이 올라간 만큼 이 생각 자체도 따분한 것이었다. 결국은 무료함이 우세해진다는 무서운 증거가 된다.'

 이 경우의 착오는 따분함을 해결하는 방법이 기분풀이에 있다고 생각한 점에 있다. 무슨 '재미있는' 일이 없을까 하고 찾아 헤맨 결과 나온 행위이다. 사드의 행위는 말하자면 '바벨의 섹스탑' 이었다." [155]

"다음을 보자. 우리는 웰즈가 말한 스스로를 지키기 위해 강 유역에 함께 모여 살던 유목민의 시대와는 완전히 다른 시대에 살고 있다. 유목민의 시대에 일어난 살인은 사회에 좀 더 확고한 발판을 마련하기 위한 것이었다. 그러나 그 후에 서서히 변하기 시작했다. 앞으로 어떤 시대에 이르면 지금까지의 패턴은 완전히 사라질지도 모른다. 우리는 좌절감 때문에, 사디즘 때문에, 반항심 때문에, 또는 단지 권태 때문에 살인을 하는 시대에 살고 있는 것이다." [156]

 그런데 이상의 살인자들의 살인은 단순하지가 않다. 한두 번으로 그치는 법도 없고(연쇄살인범이 되는), 또한 그 살인(참사)은 흉포하기도 이를 데

---

155) 잔혹, 콜린 윌슨, 황종호 옮김, 480~483쪽 (하서 1993)
156) 살인의 심리 콜린 윌슨 황동문 옮김 319쪽 (선영사 1999)

없어, 과히 우리를 놀라게 한다. 이는 살인자들의 별명을 봐도 알 수 있다
(실제로 악명 높은 살인자들로써 신문 등에 나온, 그들의 이름과 별명이다).

이 름	별 명
리처드 안젤로	'죽음의 천사'
케네스 비안치와 안젤로 부오노	'언덕의 교살자들'
리처드 체이스	'체크라멘토의 뱀파이어'
안드레이 치카틸로	'미친 짐승'
레지크리스티	'릴링톤 거리의 괴물'
더글러스 클라크	'선셋도로의 도살자'
제프리 다머	'밀워키의 식인종'
에드먼드 켐퍼	'여대생 살인마'
제시 포메로이	'소년 미치광이'
캐롤 콜	'술꾼 교살자'
윌리엄 맥도날드	'시드니 토막 살인자'
윌리엄 헤이렌스	'립스틱 킬러'

출전 : 연쇄살인범 파일, 해럴드 세터, 김진석 옮김, 134쪽 (Human & Books 2007)

이상에 보이는 사람들은 세계범죄사에 오르내리는 유명한 살인자들이다. 그러나 우리나라(한국)라고 여기서 제외되는 것은 아니다. 아직도 우리의 기억에 생생한 '유영철'이 그다. 유영철은 '희대의 살인마'로 우리나라뿐만 아니라, 세계범죄사 연쇄살인범 기록 제2위에 오르게 되었다고 한다.

"2005년 1월 현재 연쇄살인범 1위는 20여년에 걸쳐서 48명의 윤락녀를 살해한 미국의 '게리 리지웨이(Gary Ridgway)' 이다. 1982~1983년 사이에 미국의 워싱턴주 켄트 지역의 그린 강 주변에서 무려 마흔여덟 구의 시체들이 발견되어 미국의 온 국민들을 경악케 하는 사건이 일어났다. 피해자의 대부분은 매춘여성 혹은 가출한 청소년이었다. 그렇지만 단기간에, 시간상으로 살해한 사람의 수를 따지자면 유영철은 리

지웨이를 제치고 단연 세계 1위가 되는 셈이다(유영철은 놀랍게도 열 달 동안이라는 짧은 기간에 스무 명을 연쇄살인을 했다고 한다. 그는 전화방 등 윤락여성을 자신의 거주지로 유인하여 둔기로 머리를 내리쳐 살해하고, 시신을 토막 내 봉원사나 서강대의 주변 야산 등에 암매장했다고 한다)." [157]

그런데, 이상에서 보는 연쇄살인범들이 물론 이렇게 처음부터 살인을 저지른 것은 아니다.

"켐퍼(여대생 살인마)는 아버지가 없이 자랐고. 여기에 그의 엄마는 끊임없이 켐퍼를 멸시했다고 한다. 이런 굴욕적인 분위기 속에서 켐퍼는 극심한 자기혐오에 빠졌고, 또한 자기에게 호통을 치는 어머니에게 증오심을 품었다고 한다. 어머니에 대한 원한은 곧 세상 전체에 대해서까지 확대되었다. 그리고 자라면서 가학적인 성격도 나타나기 시작했다.

처음에 그는 여동생의 인형을 해체하면서 흡족해했다. 그리고 얼마 지나지 않아 애완동물을 괴롭히기 시작했다. 켐퍼는 벌목에 쓰는 칼로 남의 집 애완용 고양이의 목을 벴고, 또 산채로 묻는 경우도 있었다. 10대 초반에 그는 온 동네 사람들을 죽여 그들과 성교하는 상상을 하며 자위를 했다(켐퍼는 이미 초등학생 시절에 유다른 증세를 나타냈다.) 다른 아이들이 슈퍼맨이나 데이브 크로켓을 흉내 내며 다닐 때, 어린 켐퍼는 가스실에서 처형되는 사람을 따라(흉내)했다.

하루는 켐퍼가 2학년 때 여선생님을 대단히 좋아하는 것을 알아낸 친

---

157) 살인중독, 이은영 (월간조선사 2005)

구가 '에드먼드, 가서 키스해 봐' 하고 놀렸다. 그러자 '키스를 하려면 먼저 죽여야 돼' 라고 어린 켐퍼는 대답했다. (자신을 거부하지 않고 받아줄 여성은 죽은 여성뿐이라는 믿음이 어린 소년의 마음속에 자리 잡고 있었던 것이다. 그 같은 믿음은 갈수록 커져갔다).

1963년 겨울, 15세의 에드먼드 켐퍼는 그의 조부모가 사는 캘리포니아주 노스 포크의 목장으로 보내졌다. 이듬해 8월, 할머니 모드가 식탁에 앉아 있을 때 켐퍼는 22구경 권총을 할머니의 머리에 들이댔다. 그는 할머니를 쏜 후 칼로 난자했고, 피 흘리는 시체를 침실까지 끌고 갔다. 잠시 후 나갔다 돌아오던 할아버지는 문을 열고 들어오다가 총에 맞아 죽었다.

켐퍼는 자신의 어머니에게 사실을 알렸고, 경찰이 올 때까지 기다렸다. 살해 동기를 묻는 질문에 켐퍼는 어깨를 으쓱하며 '할머니를 죽이면 어떤 기분일지 궁금했어요' 라고 대답했다. 할아버지까지 죽인 이유는 자비를 베풀기 위해서였다고 대답했다. 아내에게 일어난 일을 알고서 슬퍼하게 될 노인의 고통을 덜어주려 했다는 것이다.

이후 켐퍼는 편집증 및 정신분열증의 진단을 받고 주립병원에 입원했다 퇴원한다. 이후 그는 본격적인 살인행각에 들어간다.

여대생을 비롯해 7명의 여성을 살해하고, 나중에는 자기 어머니까지 살해하게 된다(이 과정에서 시체에 대한 한풀이도 따른다. 훗날 정신과 의사들은 이 불쌍한 여성들이 실은 켐퍼가 진정으로 미워했던 어머니의 대리인이라고 분석했다. 그가 어머니를 죽일 당시 광기의 절정에 달해 있었다는 사실이 이를 입증해준다).

이후 켐퍼는 자진 자수하여, 판사가 '어떤 처벌을 받고 싶냐' 고 묻자

'고문해서 죽여주세요' 라고 대답을 했다고 한다." [158]

이밖에도 제프리 다머, 캐럴 콜, 제시 하딩 포메로이 등의 경우를 볼 수 있다. 위에서 보았듯이 제프리 다머는 '밀워키의 식인종', 캐롤 콜은 '술꾼 교살자', 제시 포메로이는 '소년 미치광이'라는 별명을 얻었다.

그러나 이들도 역시 처음에는 동물을 학대하는 정도로부터 시작했다.

"제프리 다머는 살아있는 개구리를 나무에 못 박기를 좋아했다. '술꾼 교살자' 로 불린 캐럴 콜은 집에서 기르는 개가 기절할 때까지 발로 걸어찼다. 다른 사이코패스들은 동물의 배를 갈라 창자를 꺼내고 산채로 태워 죽였다. 유리를 갈아서 먹이기도 하고 발을 도려내기도 했다.

미국동물학대 방지 협회의 치료전문가 스테파니 리퍼지는 '동물에게 위해를 가하는 사람은 다른 사람에게도 그럴 가능성이 있다' 고 말한다. 물론 많은 아이들은 나이가 들면 그런 행동을 그만두며, 대부분은 어린 시절의 사소한 장난질을 부끄러워하고 뉘우친다. 그렇지만 연쇄살인범으로 성장한 아이들은 달랐다. 그들은 나이가 들수록 더 잔인해졌고, 길 잃은 짐승뿐만 아니라 사람을 상대로 공격성을 표출했다. 연쇄살인범에게 동물학대는 예행연습에 불과하다." [159]

"그러나 모두 동물학대로부터 시작하는 것은 아니고 소년 미치광이로 불린 포메로이는 12세였던 1871년 12월부터 9개월간 자신보다 어린아이들을 보스턴 남쪽 첼시 등 외진 곳으로 데려가서 묶고 때리고 고문했다. 경찰에 체포되어 소년원에 가게 된 포메로이는 17개월 후 석방되었다. 그

---

158) 연쇄살인범 파일, 해럴드 세터, 김진석 옮김, 35~38쪽 (Human & Books 2007)
159) 같은 책, 41쪽

리고 소년원에서 나온 즉시 10세 여자애와 4세 사내애를 토막 살해했다. 미성년자의 연쇄살인은 매우 드문 현상이지만, 미국역사에서 가장 악명 높은 한 사례가 되었다고 한다." [160]

" 또한 1940년대 미국의 연쇄살인범으로 가장 악명을 떨친 한사람 윌리엄 헤이렌스(립스틱 킬러)다. 그는 여자들이 사는 집에 몰래 들어가 속옷을 훔치는 것으로 쾌락을 느끼는 페티시스트였다.
헤이렌스는 자신의 집에서, 훔친 속옷을 착용하고 나치의 전쟁범죄에 관한 책을 읽기도 했다. 그도 청소년기에 두 번 체포되어 소년원에서 생활한 적이 있다. 1945년 6월5일, 43세의 시카고 여성 조세핀 로스는 자신의 침실에 도둑이 든 것을 알고 경악했다. 결국 오후가 되었을 때 침대에 가로누운 채로 목이 베이고 드레스로 머리를 감싸인 조세핀 로스의 시체가 발견되었다. 6개월 후인 12월 10일, 자그마한 체구에 거무스름한 피부를 지닌 프렌시스 브라운이라는 33세의 여성이 시카고에 있는 자신의 아파트 욕실에서 벌거벗은 시체로 발견되었고, 그곳은 앞서 살인이 저질러진 곳과 멀지 않은 곳이었다. 희생자는 머리에 총을 맞았고 푸주칼이 목에 박혀있었으며 실내복으로 머리를 덮고 있었다. 거실 벽면에는 립스틱으로 휘갈겨 쓴 글이 적혀 있었는데, 그것은 도움을 청하는 살인범의 메시지로 당시 널리 알려졌다.
'제발 더 많은 살인을 저지르기 전에 나를 붙잡아줘. 나를 통제할 수가 없어'
'립스틱 살인자(헤이렌스)' 는 1월 초 그의 마지막이자 가장 극악한

---

160) 같은 책, 65쪽

살인을 저지른다. 당시 그는 침실에 있던 여섯 살 난 수잔 데그넌을 납치해 목을 졸라 죽였고 사냥용 칼로 사체를 토막 낸 후 하수구에 버렸다. 어린 소녀에게 행해진 충격적인 살인은 시카고 역사상 가장 큰 규모의 범인 수색을 촉발시켰다." [161]

다음은 극히 정상적으로 살던 사람(그 방면에 성공한 사람이라고 할)이, 어떻게 한 순간에 무너져서 악에 빠지고 마는 가를 보여주는 사건이다.

"1924년에 발표된 리처드 코넬의 유명한 단편소설 『가장 위험한 게임(The Most Dangeros Game)』에는 제로프라는 미친 러시아 장군이 사자나 호랑이 같은 짐승사냥에 싫증이 난 나머지, 자신이 소유한 섬에 난파한 선원들을 가둬두고 인간 사냥을 즐긴다. 1973년부터 10년 동안, 이중성격자인 섹스 살인자 로버트 한센이 바로 그러한 환상을 실현하였다. 그는 무시무시하게만 여겨지는 공상을 악몽 같은 현실로 바꿔놓았으며, 그 대상이 된 불운한 여성은 12명이 넘었다.

여러 가지 점에서 한센의 삶은 연쇄살인범들의 성장배경에 흔히 나타나는 유형을 보여준다. 소년 시절 말을 심하게 더듬어 괴롭힘을 받은 그는 손쓸 도리가 없을 만큼 소심했고, 여드름투성이의 흉한 얼굴을 지녔다. 그는 커가면서 세상으로부터 배척받는다고 느꼈고, 특히 이성에게는 더 그랬기 때문에 여성에 대한 증오심을 평생 지니게 되었다.

20대 후반에 한센은 아이다호에서 알레스카로 이사를 갔다. 알레스카는 사회부적응 자가 새 인생을 출발하기 좋은 곳이었다. 한센은 앵커리지

---

161) 같은 책, 192, 193쪽

에 정착해 성공한 사업가로 자리를 잡았고, 번창하는 제과점의 소유주가 되었다. 이후 한센은 조종사 자격증을 취득했으며 자가용 비행기도 샀다. 또 야생동물 전문사냥꾼이 되어서 활과 총을 지니고 산양이나 회색 곰, 늑대들을 쫓아 다녔다. 그는 이웃들에게 모범이 되었다. 자수성가해서 성공한 가정적인 남편이었고 지역사회의 후원자였다.

그러나 30대 초반이 되자 그럴듯해 보이던 모습에 금이 가기 시작했다. 한센은 가게에서 쇠사슬 톱을 훔치다가 붙잡혔고, 강간 미수로 두 번이나 체포되었다. 이런 범행들은 장차 벌어질 잔혹한 사건의 전주곡에 불과했다.

나이가 서른셋이던 1973년부터 한센은 수십 명의 창녀들과 토플리스 댄서들을 황야의 은신처로 실어갔으며, 자신의 비행기를 이용해 산속 깊은 곳에 날랐다. 군말 없이 섹스를 제공한 이들(내가 바라는 대로 몸을 허락한 이들이라고 한센은 말했다)은 무사히 아무 해도 입지 않고 앵커리지로 돌려보냈다. 그러나 대가를 요구한 여자들은 끔찍한 운명과 맞닥뜨렸다. 그들은 며칠 동안이나 오두막에 갇혀서 강간당하고 고문 받았다. 한센은 이 여성들을 발가벗긴 채 황야로 내쫓았고, 여자들이 먼저 출발하고 나면 사냥용 총을 들고 그들의 뒤를 밟았다. 이 추악하고 타락한 놀이에서 모두 17명의 여자들이 목숨을 잃었다.

사냥놀이는 1983년에 마침내 끝났다. 희생자가 될 뻔했던 한 여성이 억지로 비행기에 태우려고 하자 가까스로 달아난 것이다. 사냥꾼은 1984년에 종신형을 선고받았다."[162]

---

162) 같은 책, 216~218쪽

(4) 뱀파이어 : 피-생명을 갈구하는 죽은 자들

그런데 이런 연쇄살인자들을 보게 되는 경우, 마치 신화(神話)에서의 뱀파이어나 드라큘라 백작을 생각나게 하기도 한다.

뱀파이어의 의미

"모순적인 피조물인 뱀파이어는 다른 인간들의 생명을 취하면서 자신의 생을 연장한다. 이것이야말로 진실 된 저주이다. 뱀파이어들 역시 죽음을 두려워한다. 클라리몽드의 경우를 살펴보자. 그녀의 건강은 악화되었고 시선은 창백해졌으며 점점 몸이 식어갔다.

그녀(클라리몽드)는, 로뮈알이 과일을 자르면서 낸 깊은 상처에서 흐르는 그의 피를 마시면서 가까스로 냉기를 가라앉힐 수 있었다.

그녀는 내(로뮈알) 상처를 보더니 서둘러서 피를 빨아먹었다. 뭐라 말할 수 없는 쾌감이 솟아나는 것처럼 보였다. 피를 빨아먹은 클라리몽드는 이렇게 외친다.

'난 죽지 않을 거야! 죽지 않을 거야! ……내 생명은 당신의 생명 속에 있어. 내 모든 것은 당신한테서 오는 거야. 세상의 그 어떤 영약보다도 효험이 있고 소중한 당신의 고귀하고 넘쳐나는 몇 방울의 피만 있다면 나는 살아남을 수 있을 거야.'

(이-뱀파이어와 관련하여) 루이 아라공의 시 「마음의 병」에서 시인이 죽은 자의 입을 빌려 말하는 시구(詩句)가 무슨 뜻인지 이해할 수 있다.

우리는 공허한 거주지를 유랑하는구나.
사슬도 없고 흰 이불도 없고, 불평도 하지 않고, 생각도 없으니.
(이 세상에 대한 구속도, 안정도, 원망도, 의미도 없으니).
정오의 유령들, 대낮의 유령들……

이제부터 우리는 무슨 까닭으로 뱀파이어들은 부패하지 않으며, 무슨 이유로 세상에 다시 나오는지 설명해야 한다. 그들이 어디에서 오는지를 알아야 한다.

만일 무덤에서 나온다는 대답이 일반적이라면 테오필 고티에는 일반적인 상상력을 뛰어넘는 증거를 제시한 것이다. 클라리 몽드는 이점에서 교훈적이다.

하지만 난 먼 곳에서 왔어. 그 어느 누구도 되돌아온 적이 없는 곳에서. 그곳은 달도해도 없는 곳이야. 공간이 있고 어둠이 있을 뿐." [163]

이상에서 보는 뱀파이어는 생명에 관하여 말한 것이라는 것을 알 수 있다. 물론 생명이 없다는 것은 죽은 것과 마찬가지다. 그런 의미에서 뱀파이어는 죽은 자라고 할 것이다. 하지만 여기서 생명이 없다고 말하는 것은 생명에 대한 인식이 없다는 것이다. 그래서 죽은 자와 마찬가지인 것이지, 실지로 죽은 자라는 것이 아니다. 이것이 죽었지만 부패하지 않고, 무덤에서 세상에 돌아오게 되는 설명의 이유가 되는 것이다. 생명에 대한 인식이 없기에, 이 세상이 죽은 자가 보는 것처럼 해도 달도 없고 어두움

---

163) 《살아있는 죽은 자》 뱀파이어의 역사, 클로드 르쿠퇴, 이선형 옮김, 54~55쪽 (푸른 미디어)

만이 있는 것이다. 이리하여 대낮인데도, 정오인데도, 공간(세상)이 있는데도, 어둠 속 유령처럼, 공허한 거주지를 유랑한다는 것이다.

여기서 주목할 것은 클라리몽드다. 일반적으로 뱀파이어는 살아있는 사람의 피를 빨아먹고 사는 흡혈귀로 알고 있다. 여기 클라리몽드 역시 뱀파이어처럼, 주위에 있는 사람으로 보이는 로뮈알의 피를 탐내고 있다는 것이다.

(이리하여)뱀파이어나 연쇄살인범은 타인의 피를 마시고 산다고 말하는 것일 것이다.

뱀파이어의 역사적 사례 1 : 늑대인간

그런데, 실제로는 연쇄살인범이 뱀파이어로 통하던 적도 있었다.

사실상 연쇄살인이라는 현상은 우리의 생각보다 훨씬 오래전부터 존재했을지 모른다. 늑대인간과 뱀파이어에 관한 이야기와 전설들로 여과되어진 이야기는 사실 그것이 너무 무섭고 끔찍한 행동이기 때문에 유럽이나 초창기 미국에서처럼 이웃끼리 굳게 뭉친 규모가 작은 마을에서는 (오늘날 우리가 당연하게 받아들이는 것과는 다르게)사람의 행동으로 이해할 수 없는 기괴한 행동이었을 것이다. 그들에게 괴물(과도 같은 사람)은 초자연적인 존재여야 했다.

"미국인들에게 늑대인간은 오래된 공포영화의 주인공으로 보름달이 뜨면 털이 나고 흉포해져서 괴로워하는 남성이다.

당시(16세기) 관리들은 어떤 미친 범죄자가 사람을 죽이고 돌아다니는 것을 알았다. 그는 사람들을 죽일 뿐만 아니라 시체를 갈기갈기 찢어놓았으며, 그것을 단지 왜곡된 심리적 충동에 따른 행동으로 보기 어려웠다. 따라서 그들은 범인이 악마의 힘을 빌린 인간이며, 말 그대로 괴물로 변했다고 간주했다.

1573, 12월 프랑스 동부에 있는 프랑슈-콩테의 지역 의회는 성명을 발표했는데, 그것은 늑대인간을 가장 효과적이고 적절하게 체포하고 심문하고 처벌하는 방식에 대한 설명이었다. 당시 프랑스 당국은 그 시대에 가장 악명을 떨친 늑대인간 질 가르니에의 충격적인 범행에 대응한 것이었다. 16년이 지난 뒤 독일에서는 페터 슈투베라는 남자를 재판하면서 늑대인간에 대한 관심이 최고조에 달했다. 위의 두 인물은 소위 악마로 불린, 그 시대의 연쇄살인범들이 얼마나 광포했는지. 또 그들에 대한 국가의 처벌이 얼마나 무자비했는지를 알게 해준다." [164]

뱀파이어의 역사적 사례 2 : 드라큘라 백작

또한 세계적으로 유명한 흡혈귀 드라큘라, 줄곧 이 드라큘라 백작은 가공의 인물로 생각되었으나 사실은 실재의 인물이었던 것이다.

"흡혈귀 드라큘라는 송곳니로 처녀의 살아 있는 피를 빨아먹는 무서운 괴물로 표현되고 있다.

하지만 드라큘라의 모국 루마니아에서는 이 이야기에 크게 불만을 가지고 있다고 한다. 드라큘라의 모델로 알려져 있는 와라키아왕 브라드 체

---

164) 연쇄살인범 파일, 해럴드 세터, 김진석 옮김, 166~167쪽 ((Human & Books 2007)

페슈는 구국의 영웅이기 때문이다. 브라드는 생애의 대부분을 유럽에서 쳐들어온 코르코와의 전쟁으로 보낸 인물이었다. 국민의 눈으로 본다면 그는 영웅이었지만 다른 한편으로 보면 흡혈귀라고 불릴 만한 잔학한 왕(또는 영주)이었다." [165]

"유명한 서사요에 따르면 드라큘라는 1456년 영주의 자리에 오른 뒤 수백 명에 달하는 보야르(귀족)들과 주교 다섯 명, 국내의 주요 수도원의 수도원장, 대주교 등을 티르고비슈테의 궁전으로 소환했다고 한다. 보야르들의 교활하고 부정직한 눈빛을 살피면서 드라큘라는 모인 사람들 중에 자신의 아버지와 형을 암살한 자가 있음을 확신했다. 전통적으로 왈라키아의 영주는 보야르들의 꼭두각시 노릇을 해왔으나 이번에는 조금 달랐다.

그는 '충신들이여, 이제까지 사는 동안 몇 분의 군주를 모셨소?' 라고 물었다.

좌중은 재미있다는 듯 웃기도 하고 얼굴을 찌푸리기도 하다가 잠시 쥐 죽은 듯 조용해졌다.

한 사람이 '일곱 분입니다' 라고 대답하자, 또 다른 사람이 '저는 서른 분을 모셨습니다' 라고 말했다. 세 번째 사람은 '폐하의 조부이래로 적어도 스무 분이 계셨습니다, 저는 그 모두를 모셨습니다' 이렇게 반농담조로 보야르들은 새로운 통치자의 인내를 시험했다. 영주라는 칭호와 그 칭호가 갖고 있는 권위를 누구도 심각하게 받아들이지 않고 있는 듯 했다.

---

165) 공포의 세계사(2), 25쪽 (미디어 서울 1997)

드라큘라는 그 특유의 불을 뿜는 듯한 눈빛으로 보야르들을 쏘아보면서 한 가지 명령을 내렸다. 얼마 되지 않아 그의 심복들이 방을 에워쌌다. 5백여 명의 보야르들과 그 아내들, 하인들이 궁전 근처에서 즉시 말뚝에 꽂혔고 그 상태로 까마귀밥이 되었다." [166]

"드라큘라의 흉악한 범죄 및 극악무도한 행위를 일일이 열거하자면 한이 없다. 그다지 새롭다고는 할 수 없는 말뚝 형은 그가 가장 즐겨 쓰던 처형 방식이다. 말뚝이 박히는 동안 희생자의 양 다리에 말 한 마리씩을 연결하여 절대 즉사하지 않도록 했다. 또한 그는 찔린 상처 때문에 희생자들이 한 번에 죽는 일이 없도록 말뚝 끝을 무디게 만들라는 지시를 내리기도 했다.

드라큘라는 희생자들이 천천히 죽어가는 모습을 보며 희열을 느꼈다. 이러한 고문은 몇 시간, 때로는 며칠씩 지속되기도 했다. 나이, 직위, 성별에 따라 다양한 방식의 말뚝 형이 집행되었다.

말뚝에 박혀 죽은 시체를 전시하여 각종 기하학적 무늬를 만들기도 했다. 사람들의 통행이 잦은 시 외곽에 동심원 형태로 나열하는 경우가 많았다. 직위에 따라 말뚝의 길이도 다르고, 발을 위로 향하고 있는 희생자도 있고 머리를 위로 향하고 있는 희생자도 있었다. 심장이나 배 부분이 꿰어지기도 했다. 드라큘라는 사람들의 머리에 못을 박기도 하고, 사지를 절단하기도 하고, 눈을 멀게 하거나 교살하거나 화형 시키기도 했다. 또 귀와 코를 자르기도 하고, 여성의 경우에는 생식기를 도려내기도 하고, 머리가죽을 벗기거나 맹수의 먹이로 만들거나 산 채로 끓는 물에 집어넣기

---

166) 공포의 세계사(2), 25쪽 (미디어 서울 1997)

도 했다." [167]

이러한 드라큘라의 잔혹의 본보기는 여러 나라의 전설로도 전해온다. 이중 독일 전설에서 중복되지 않는 내용 몇 구절을 보면

"16. 그는 남녀노소를 가리지 않고 사람들을 무차별적으로 말뚝에 박았다. 처음에는 사람들은 박히지 않으려고 손발을 감싸면서 개구리처럼 몸을 이리저리 비틀었다. 그는 이 모습을 보면서 '아, 이 얼마나 우아한 모습이냐!' 그들 중에는 이교도도 있었고, 유대인, 기독교인, 왈라키아인도 있었다.

17. 그는 물건을 훔친 집시를 잡아들였다. 그러자 다른 집시들이 그에게 와서 풀어달라고 애원했다. 드라큘라는 '그는 목을 매달아야 한다. 너희들이 매달아라' 라고 말했다. 그들은 '그것은 저희의 관습이 아닙니다' 라고 대답했다. 드라큘라는 집시를 냄비에 넣고 끓어버렸고 다 익었을 때 다른 집시들로 하여금 뼈까지 먹게 했다.

26. 그는 귀족들의 목을 베고 그 시체로 음식을 만들었다. 그런 뒤 죽은 자들의 친구들을 불러 그 음식을 먹이고 이렇게 말했다. '그대들은 친구의 시체를 먹고 있다' 그런 뒤 그들도 말뚝에 박아 죽였다." [168]

다음은 러시아 전설 중 한 구절이다.

---

167) 드라큘라 그의 이야기, 레이몬드 맥널리, 하연희 옮김, 63~64쪽(루비박스 2005)
168) 같은 책, 267쪽

"10. 드라큘라는 말뚝에 박힌 시체들을 죽 늘어세우고 그 가운데서 연회를 즐겼다. 그는 시체들 사이에서 먹고 마시면서 여흥을 즐겼다. 그의 정면에 서있던 하인이 시체에서 풍겨오는 악취를 더 이상 참을 수가 없었다. 그는 코를 감싸 쥐고 머리를 옆으로 돌렸다.

드라큘라가 물었다. '왜 그러고 있는가?'

하인이 대답했다. "폐하, 이 악취를 도저히 견디지 못하겠습니다."

드라큘라는 즉각 그를 말뚝에 박은 뒤 '저 높은 곳, 악취가 닿지 않는 곳에 계속 머물라' 고 말했다." [169]

다음 드라큘라에 대한 참고의 말로 끝내도록 하자.

"드라큘라의 잔혹한 기질은 집안 내력이기도 하다. 아버지에 대해서는 드래곤 결사에 속한 십자군이었다는 사실 외에 알려진 바가 거의 없다. 드라큘라의 장남은 '악랄한 마흐네아' 라는 별칭을 가지고 있었다. 드라큘라 자신도 영주로 지낸 시간보다 감옥에서 보낸 시간이 많았다. 물르크 제국에서의 첫 번째 유폐시절은 그가 겨우 15세 되던 무렵부터 시작되었다. 험난한 인생 역정을 거치면서 드라큘라가 얻은 결론은 하나였다. 그에게 인생은 불안정하고 무의미 했다. 그의 아버지는 암살당했고, 형은 생매장 당했으며, 다른 친척들도 모두 살해되거나 고문당했다. 첫 번째 부인은 자살했고, 아랫사람들은 늘 자신에 대한 음모를 꾸며댔고, 둘도 없는 친구였던 그의 사촌은 그를 배신했다. 게다가 늘 헝가리인이나 독일인, 투르크인이 그를 뒤쫓고 있었다.

---

169) 같은 책, 279쪽

드라큘라의 유폐시절 및 혼돈으로 가득했던 시절을 되짚어가다 보면 공포가 공포를 낳는다는 말의 의미를 확실히 알 수 있게 될 것이다."[170]

무서운 뱀파이어나 드라큘라는 단지 신화에만 나오는 것이 아니라는 사실을 알 수 있다. 따라서 뱀파이어나 드라큘라가 실제 우리 주위에 있는 연쇄살인범이며, 또한 연쇄살인범 같은 뱀파이어나 드라큘라들은 언제든지 우리 주위에 나타날 수 있는 가능성을 가지고 있는 것이다. 이렇게 잔혹한 연쇄살인범도 처음부터 그랬던 것은 아니다. 사소하게 나타난 폭력적 성향이 발전되고, 그처럼 무서운 연쇄살인범으로까지 되었던 것이다. 따라서 우리는, 주변에 있는 이런 사람들(마치 폭탄을 안고 있는 사람들) 속에서 함께 살아가고 있다고 할 수 있는 것이다.

그런데, 이러한 사실들이 단지 누구도 벗어나기 어려운 무지(생명인식에 대한) 때문이라는 것이다.

---

170) 같은 책, 136쪽

3. 탐욕, 죄악에 대한
   종교적 관점과 구원으로서의 생명인식

인간의 고통과 악의 문제가 생명의 인식을 떠나서는 해결이 될 수 없듯이, 이런 점에 비추어 다음의 불교 경전을 볼 수 있다.

"왕은 세존께 정중하게 문안을 여쭙고 한 옆에 앉아서 '세존이시여 무슨 까닭으로 이 세상은 고뇌가 끊이지 않고 불합리하고 불안합니까?' 하고 여쭈었다.

그러자 세존께서 대답하셨다. '대왕이여, 바로 세 가지 이유 때문입니다'

'그 세 가지란 무엇인가'

'탐욕[貪] 때문에 세상에 고뇌가 생기고 불합리하고 불안해집니다. 진심(嗔心) 때문에 세상에 고뇌가 생기고 불합리해지고 불안해집니다. 그리고 어리석음(愚癡) 때문에 세상에 고뇌가 생기고 불합리해지고 불안해집니다. 대왕이시여, 이 세 가지가 세상에 번지면 고뇌, 불합리, 불안이 일게 됩니다'

세존은 이어 게송으로 설하시었다. '탐욕(貪)과 진(嗔)심과 우치(痴)이는 사람 마음에서 생겨 사람을 해치오. 예컨대 저 나무가 그 열매를 맺으면 넘어지듯이'" [171]

"60 잠 못 이루는 사람에게 밤은 길고
　　지쳐 있는 나그네에게 지척도 천리

---

171) 아함경으로 배우는 불교, 아함경 상응부, 반영규, 172P (솔바람 1998)

바른 진리를 깨닫지 못한 자에게는
윤회의 밤길이 아득하여라

170 물거품처럼 세상을 보라
아지랑이처럼 세상을 보라
이와 같이 세상을 보는 사람은
죽음의 왕도 그를 보지 못한다

171 자, 이 세상을 보라
왕의 수레처럼 잘 꾸며진 이 세상을
어리석은 자는 그 속에 빠지지만
지혜로운 이는 거기에 집착하지 않는다." [172]

이러한 맥락에서 생명을 인식하는 삶이, 곧 견성(見性)이나 성불(成佛)을 말하는 불교 등의 종교적인 입장을, 또 그것이 최종적인 목적이 될 수밖에 없다는 것도 이해할 수 있는 것이다. 깨달음이나 바른 신앙을 강조하게 되는 이유, 개인의 구원은 물론, 평화의 상징인 천국이라든가, 극락정토인 불국토가 된다는 미래상을 내세우는 이유가 될 것이다.

"이 세상에서 그 최고의 브라흐만을 알게 되면 그는 브라흐만 그 자체가 되고, 그러한 현인의 가문에는 브라흐만을 알지 못하는 어리석은 자가 태어나지 않는다.

---

172) 진리의 말씀 법구경, 법정 옮김, 42, 97P (나무심는 사람 1999)

그는 살아 있는 동안

원하는 것을 갖지 못하여 생기는 고통을 겪지 않으며

선과 악을 초월하며

죄악을 건너고

아트만과 아트만이 아닌 것이 얽힌 마음의 매듭을 풀고

불멸을 얻으리라." [173]

"파멸하는 것과 파멸하지 않는 것.

드러나는 것과 드러나지 않는 것이 결합되어있는 이 세상을

그 스스로의 '존재의 빛'으로 유지시키고 길러내는 자.

최고의 아트만이로다.

개체 아트만은 '겪는 자'의 한계로 인하여

세상에 매이지만

그러나 그도 최고의 아트만을

본래의 모습으로 알게 되면

모든 굴레에서 해방되리라.

지고의 아트만을 알면

모든 올가미는 사라지고

그리하여 고통이 사라지고

생사의 윤회도 끝난다.

더 나아가 그 지고의 아트만에 대한 명상을 하면

[173) 우파니샤드, 이재숙 옮김, 207쪽 (한길사 1996)

육신이 떠난 뒤에도
모든 풍요의 원인인 세 번째의 단계에 이르고
그리하여 모든 욕망이 저절로 가라앉는
하나 됨의 단계에 이르리라." [174]

"진실 아닌 것을 진실이라 생각하고, 진실을 진실 아닌 것으로 보는 사람은, 진실을 모르고 부질없이 망상만을 따르고 있다. 그러나 진실을 진실인줄 알고, 진실 아닌 것을 진실 아닌 줄 아는 사람은, 진리에 도달하고 바른 생각을 따르리라." [175]

"이와 같이 쓰레기처럼 눈먼 중생 가운데서 바로 깨친 이의 제자는 지혜에 의하여 찬란하게 빛난다." [176]

"사람들 가운데서 피안(彼岸)에 이른 이는 아주 적다. 나머지는 이편 강가에서 서성거리고 있다. 그러나 진리가 바로 전해졌을 때 그것을 따라 간 사람들은 피안에 이른다. 죽음도 그 피안에는 이르지 못한다." [177]

"깨달은 사람이나 그의 제자들이나 또는 마군을 정복하고 슬픔의 강을 건너간 사람을 존경하는 이는. 해탈을 발견했고, 공포로부터 벗어난 사람을 존경하는 이는 그의 공덕이 한량없으리라." [178]

---

174) 동, 430~431쪽
175) 法句經, 라드하크리슈난, 서경수 옮김, 12~13단락 (弘法院 1974)
176) 같은 책, 59단락
177) 같은 책, 85~86단락
178) 같은 책, 195~196단락

"병들어 있는 사람 가운데서 살면서 병에서 벗어나 행복하게 살자. 병들어 있는 사람 가운데 병에서 벗어나 살자. 건강은 가장 큰 은혜이고, 만족은 가장 큰 재산이다. 믿고 의지함은 가장 귀한 벗이고 열반은 가장 높은 행복이다. 고독과 적정의 맛을 본 사람은 그가 진리의 기쁨을 마시고 있는 한 공포나 죄로부터 벗어난다." [179]

이상은 인도고전인 우파니샤드나 불교경전인 법구경 등의 내용인데, 역시 다음과 같이 신약(기독교)에서도 보게 된다.

"아담 한 사람이 지은 죄로 많은 사람이 죽었지만, (이와 같은 원죄로) 하나님의 은혜와 한 사람 예수 그리스도의 은혜의 선물은 (이와 같은 깨달음으로), 더 많은 사람에게 넘쳤기 때문입니다……. 한 사람이 지은 죄로 모든 사람이 죄인이라는 심판을 받게 되었으나 하나님이 거저 주시는 은혜의 선물로 많은 죄인들이 의롭다는 인정을 받게 되었기 때문입니다. 한 사람이 지은 죄로 죽음이 사람을 지배했으나 하나님의 풍성한 은혜와 의의 선물을 받은 모든 이들은 한 분 예수 그리스도를 통해 생명을 얻게 되었습니다.

그래서 한 사람의 범죄로 모든 사람이 죄인이라는 판정을 받게 된 것처럼 한 사람의 의로운 행동으로 모든 사람이 의롭다는 인정을 받아 생명을 누리게 되었습니다……. 그래서 죄가 죽음이라는 수단으로 군림하게 된 것처럼 하나님의 은혜는 의로 군림하여 우리 주 예수 그리스도를 통해 우리를 영원한 생명으로 인도하게 되었습니다." [180]

---

179) 같은 책, 198, 204, 205단락
180) 현대인의 성경, 로마서 5장 15~21절 (생명의 말씀사 1986)

"그 천사는 또 내게 수정같이 맑은 생명수 강을 보여주었습니다. 그 같은 하나님과 어린양의 보좌에서 흘러나와 그 성의 거리 중앙으로 흐르고 있었습니다. 강 양쪽에는 생명나무가 있어서 일 년에 열두 번 열매를 맺는데 달마다 과일이 맺혔습니다. 그리고 그 잎은 모든 나라 사람들을 치료하는 약이 되었습니다. 다시는 그 성에 저주가 없을 것입니다. 하나님과 어린양의 보좌가 그 성에 있을 것이며 그 분의 종들이 그 분을 섬길 것입니다. 그들은 하나님을 보게 될 것이며 그들의 이마에는 하나님의 이름이 기록 될 것입니다. 거기에는 더 이상 밤이 없을 것이며 동물이나 햇빛이 필요 없을 것입니다. 이것은 하나님이 빛을 주실 것이기 때문입니다. 그들은 거기서 영원히 왕처럼 살 것입니다.

그 천사는 또 나에게 이렇게 말했습니다. '이것은 진실한 참된 말씀이다. 예언자들에게 성령을 주시는 주 하나님께서 그의 종들에게 곧 되어질 일들을 보이시려고 그분이 천사를 보내셨다.'

나 요한은 이 모든 것을 직접 듣고 보았습니다. 나는 이 모든 것을 듣고 본 후에 이런 것을 보여 준 천사의 발 앞에 엎드려 경배하려고 하였습니다."[181]

종교의 경우뿐만이 아니라, 심리학(정신분석의 치료)에서는 정신병을 통찰과 이해에 의해 의식화시키는 것이 치료의 요점이라고 한다. 정신병은 무의식에 대한 이해[自覺]가 없이 표출된 행동이므로.

"어느 때이고 우리가 환자에게서 특히 고통스런 어떤 무의식적인 약간

---

181) 같은 책, 요한이 받은 계시 22장 1~8절

의 자료를 의식적으로 끌어올리게 되면 그는 심히 비판적이 됩니다. 이렇게 되면 환자는 어떤 희생이든 각오하고 반항하며 마치 정신결함자이거나 혹은 바보처럼 행동을 하게 됩니다. 만일 의사가 이 새로운 저항 을 성공적으로 극복하게 되면 환자는 통찰과 이해를 다시 회복하게 되는 것입니다."

각성에 의해서만 죄악과 고통에서 헤어나고자 하는 이 모두(종교와 심리학 등)는, 역시 생명에 대한 인식의 전제로서만 온갖 이 많은 폐단을 물리칠 수 있을 것이란 점과 맥을 같이 한다는 것을 알 수 있다.

제 2 편

종교와 생명인식의 양면성

이런 점을 보아 생명에 대한 인식은 피할 수 없다. 그렇기는 하나 역시 생명에 대한 인식에는 문제가 있다.

생명에 대한 인식의 필요성에서 볼 때, 생명에 대한 인식(각성)이 없을 수 없음은 물론이다. 그러나 생명에 대한 인식(실상에 대한 인식)은 분별의 조건[無知] 때문에 (앞에서 살펴본 바와 같이) 장애가 있지 않을 수 없었던 것이다. 따라서 생명에 대한 인식(실상의 인식) 역시 이 분별(이 피하기 어려운 무지의 조건)도 함께 생각하지 않을 수 없다는 것을 알 수 있는 것이다.

위와 같은 실정에서 우리가 생각할 수 있는 것은, 역시 우리가 생명을 알아야만 한다고 해도, 생명(곧 실상 그대로, 마치 칸트의 물자체 그대로)를 직접 알아야만 하는 것에 있는 것은 아닐 것이라는 것이다.

물론 이렇게 생명을 직접적(곧 실상 그대로)으로 안다면 더 없이 좋겠지만, 가능하다고만 할 수는 없기 때문이다. 역시 우리의 인식(분별) 조건상에서는 생명을 이렇게 직접적(분별없는 실상 그대로)으로 안다는 것은, 이는 마치 불완전한 인식에 대하여 절대적인 인식능력을 갖추길 바라는 것과 같아 실제로는 실현 불가능한 것이라고밖에 말할 수 없다.

따라서 이러한 인식의 조건(분별 할 수밖에 없는-즉 육체의 제한적인 인식을 통한)을 피할 수 없는 바라면, 이 역시(분별인식)도 수용하지 않으면 안 된다는 것을 알 수 있는 것이다.

이러한 점을 인정하지 않을 수 없다면, 오직 다음과 같은 두 길이 있을 수밖에 없다.

첫째는, 분별을 통한 인식이다. 그러나 역시 분별을 통해서는 대상(實相)을 알 수 없다. 하지만 이 길 외에는 달리 없다면, 그 나름의 방도(분별을 통한 인식)를 찾아야 한다는 것이다.

두 번째는, 우리가 분별의 인식을 통해서는 실상(實相)에 접근 할 수가 없다는 것을 알았음에도 불구하고 실상을 찾아야 한다면, 우리는 이 분별의 인식을 떨어낼 수밖에 없는 것이다. 따라서 그 길(분별인식을 떨어낸)을 찾아 떠나야만 한다는 것이다.

이상에서 보는 바는 **분별을 통한 깨달음**과 - 이는 제한적일 수밖에 없으므로 역시 깨달음도 제한적인 깨달음이라고 밖에 할 수 없고,
또한 **분별을 떠나야만 하는 깨달음** - 이 역시 분별은 제한적이므로- 분별을 떠나야만 비로소 제한적인 것을 넘어, 실상에 대한 인식에 걸 맞는, 곧 절대적인 인식에 따른 깨달음으로 갈 수 있다는 것이다.

이를 종교적인 표현, 곧 불교적으로 말하자면 다음과 같은 두 국면인 것이다. 이는 절대적인 깨달음의 자리로, 곧 분별의 상(色)을 뛰어넘는 절대 공(空)의 자리와 같다. 그러나 이상과는 달리, 또한 불교는 분별의 상을 떠나지 않는 현상의 세계-즉 색(色)의 세계에 대한 인식을 부정하는 것 만에 있는 것은 아니라는 사실이다.

물론 이상에서 본 불교의 양면적인 입장은 기독교적으로 본다고 할 때도 마찬가지일 것이다. 첫째는 종말신앙이다. 이는 이 세상이 끝남과 함께, 바야흐로 천국의 세계에서 살기위한 신앙이다.(물론 이는 제한적일 수밖에 없는 이세상과 육신을 떠나지 않으면 안 된다는 조건에서 비롯되는 것이다) 그러나 또한(기독교 역시) 불완전하나마 이 세상을 떠나지 않는, 곧 이 세상의 생활신앙을 부정하는 것은 아니다.

(뒤에 말하게 될)도교와 유교역시도 이런 맥락에서 벗어나지 않는다는 것은 물론이다.

불교이론을 통해 본 양면성

다음은 생명에 대한 인식(이해)과 결부되지 않을 수 없는 입장에서 불교를 살펴 본 것이다. 생명인식에는 절대적(생명의 실상에 즉한)인 깨달음과 그러나 이상과는 다른(불완전하나마) 깨달음도 있을 수밖에는 없으리라는 것이었다. 생명인식에 따르는 이러한 양면성이, 역시 불교에도 이러한 양면성이 있음을 알 수 있다는 것이다.

불교의 이 양면성은 곧 불교의 수행, 신앙, 깨달음에 두루 통한다. 따라서 이는 원래의 불교에서 크게는 역사적으로 초기불교와 대승불교라는 양면성으로 나누어지고, 또한 공(空)과 색(色)이라는 이론적인 양면성으로도 나타나는 것을 볼 수 있는 바와 같다. 이와 같은 공과 색의 이론적인 양면성은 곧 출가불교와 세속불교라는 실제 모습의 양상을 취하게도 된다.

따라서 이런 점(空과 色의 양면성)들이 과연 중국 불교인, 특히 선종(禪宗)에서 그들의 수행의 양면성으로 볼, 좌선(坐禪)과 행선(行禪)에서는 어떻게 나타나고 있는지도 함께 살펴보려는 것이다.

(1) 초기 소승불교

초기 소승불교는 초속적이다. 따라서 그 수행과 신앙은 출가적이며 금욕적이며, 생활과는 이질적일 수밖에 없다.

비교적 초기 경전인 『숫타니파다』나 『법구경』 『아함경』 등에서 보게 되는 바는 다음과 같다.

『숫타니파다』

4. 자식과 아내에 대한 기대는 뻗은 대나무가 엉킨 것과 같으니, 대나무 순이 서로 달라붙지 않듯이 코뿔소의 외뿔처럼 혼자서 가라.

10. 잎이 떨어진 꼬빌라라 나무처럼, 재가 생활의 특징들을 없애버리고 재가의 속박을 끊고, 용기 있는 이는 코뿔소의 외뿔처럼 혼자서 가라.

16. 쾌락의 종류는 다양하고 달콤하고 즐거우니, 여러 가지 형상으로 마음을 혼란시킨다. 욕망의 가닥들에서 이러한 위험을 보고, 코뿔소의 외뿔처럼 혼자서 가라.

26. 자식과 아내, 아버지와 어머니 재산도 곡식도, 친지들도, 모든 감각적 쾌락의 경계까지도 다 버리고, 코뿔소의 외뿔처럼 혼자서 가라.

40. 홀로 앉아 선정을 버리지 말고, 모든 일에 항상 법답게 행하며, 존재들 가운데 위험을 똑바로 알아, 코뿔소의 외뿔처럼 혼자서 가라. 홀로 앉아 명상을 닦고, 수행자로서의 수행을 배우라. 홀로 있는데서

기쁨을 찾아라. 홀로 있는 것이 해탈의 길이라 불린다,

53. 이 세상의 욕망을 끊고 집을 떠나 유행하며, 욕망과 윤회를 버린 사람, 나는 그를 바라문이라 부른다.[1]

『법구경』

그는 고요한 곳에 머물기를 즐긴다.
세상 사람들은 즐거움을 찾지 못하는
그 곳에서 더 이상 바라는 것 없이 즐거워라.
그 어떤 것에 대해서도 욕망을 일으키지 않네. (나한품 · 10장).
披樂空閑 衆人不能 快哉無望 無所欲求

만물은 물거품과 같고 마음은 아지랑이와 같다.
허깨비 같은 이 세상에 머물며 어찌 이것을 즐거워 허랴. (세속품 · 4장).
萬物如泡 意如野馬 居世若幻 奈何樂此

이 세상 즐거움을 버리기를
나무뿌리를 자르듯이 할 수 있다면
낮이나 밤이나 이와 같이하여
반드시 선정에 이를 수 있다. (세속품 · 5장).
若能斷此 伐其樹根 日夜如是 必至于定
사랑의 기쁨 때문에 근심이 생기고

---

1) 숫타니파다, 전재성 역

사랑의 기쁨 때문에 두려움이 생긴다.
사랑의 기쁨을 느끼는 대상이 없다면
무엇을 근심하랴. 무엇을 두려워하랴. (호희품 · 4장)
愛喜生憂 愛喜生畏 無所愛喜 何憂何畏

애욕을 위하여 고통도 마다않고
탐욕스럽게 세간에 집착하면
걱정과 근심은 밤낮으로 자라난다.
넝쿨풀이 무성하게 뻗어가듯이. (애욕품 · 2장)
以爲愛忍苦 貪慾著世間 憂患日夜長 如蔓草生

근심하고 슬퍼하는 까닭은
세상이 괴로움이 하나가 아닌 때문이다.
이 모든 괴로움은 애착에서 생기나니
애착을 버리면 근심이 없다. (애욕품 · 4장)
夫所以憂悲 世間苦非一 但爲緣愛有 離愛則無憂

감각적인 욕망을 버리지 못하면
근심과 애착은 날로 불어난다.
잔잔한 물방울이 연못을 채우듯이. (애욕품 · 3장)
人爲恩愛惑 不能捨情慾 如是憂愛多 潺潺盈于池

진리를 배우려는 사람은 조용한 곳에 들어가
고요하게 머물며 어지러운 마음을 쉬게 하라.
그윽한 곳에 혼자 있는 것을 즐기면서

한결같은 마음으로 법을 관찰하라. (사문품 · 13장)
當學入空 靜居止意 樂獨屛處 一心觀法 [2]

다음은 『아함경』이다. 아함경은 이상의 숫타니파아타나 법구경보다는 비교적 뒤 늦게 형성되었다는 것으로, 따라서 세간의 고에 대해 보다 정밀하다고 할 수 있다. 바로 불법의 정립인 셈이다. 세간에서 이루어지는 고의 원인과 그로부터 벗어나는 길인, 이른바 사성제와 인연법(十二因緣法등) 등이다.

『아함경』의
〈사성제〉는
"이는 고(苦)이다." (1.고의 성제)
"이는 고의 발생이다." (2.고의 발생의 성제)
"이는 고의 멸진(滅盡)이다." (3.고의 멸진의 성제)
"이는 고의 멸진에 이르는 길이다." (4.고의 멸진에 이르는 길의 성제)

다음은 〈인연법〉이다. 인연법 중, 12인연(因緣)은 12유지(有支)라고도 한다.

무명, 행, 식, 명색, 육처, 촉, 수, 애, 취, 유, 생, 노사,(無明 行 識 名色 六處 觸 受 愛 取 有 生 老死): 처음 무명에서 시작하여 생노사에 이르는 것과는 반대로(즉 역으로), 노사로부터 거슬러서 올라가게 되면 마침내는 무명이 사라진다. 이를 아함경에서 직접 보게 되면 다음과 같다.

---

[2] 법구경, 한명숙 옮김 (홍익 1999)

"이와 같이 나는 들었다. 한때 부처님께서는 슈라바스티의 기수굽고 독원에 계시면서, 여러 비구들에게 말씀하셨다.

마땅히 항상 방편을 써서 선정을 닦아 익혀 안으로 그 마음을 고요히 하여 참되게 관찰할지라. 어떻게 참되게 관찰하는가?

이것은 물질이요, 이것은 물질의 모임이며, 이것은 물질의 사라짐이고, 이것은 느낌, 생각, 뜻함, 의식이요, 이것은 의식의 모임이며, 이것은 의식의 사라짐이다, 라고 참되게 아는 것이다.

무엇이 물질의 모임이며, 무엇이 느낌, 생각, 뜻함, 의식의 모임인가?

눈과 빛을 인연하여 눈의 의식이 생기고, 이 세 가지가 합하여 닿음이 생기며, 닿음을 인연하여 느낌이 생기고, 느낌을 인하여 애욕이 생기며, 내지 순수한 큰 괴로움의 무더기가 생기나니, 이것을 물질의 모임이라 하느니라.

이와 같이 귀, 코, 혀, 몸을 인연하고 뜻과 법을 인연하여 의식이 생기고, 이 세 가지가 인연하여 애욕이 생기며, 이리하여 내지 순수한 큰 괴로움의 무더기가 생기게 되나니, 이것을 물질의 모임과 느낌, 생각, 뜻함, 의식의 모임이라 하느니라.

무엇이 물질의 사라짐과 느낌, 생각, 뜻함, 의식의 사라짐인가? 눈과 빛을 인연하여 눈의 의식이 생기고, 이 세 가지가 서로 합하여 닿음이 생긴다. 닿음이 사라지면 곧 느낌이 사라지고, 이리하여 내지 순수한 큰 괴로움의 무더기가 사라지며, 이와 같이 귀, 코, 혀, 몸도 그리하며, 뜻과 법을 인연하여 의식이 생기고 이 세 가지가 화합하여 닿음이 생기며, 닿음이 사라지면 곧 느낌이 사라지고, 느낌이 사라지면 내지 순수한 괴로움의 무더기가 사라지게 되나니, 이것을 물질의 사라짐과 느낌, 생각, 뜻함, 의식의 사라짐이라 하느니라.

그러므로 비구는 항상 방편을 써서 선정을 닦아 익혀 안으로 그 마음을 고요히 하고 꾸준히 힘쓰고 방편을 쓰면 참답게 관찰할 수 있느니라."[3]

이상은 초기 불교에서 보는 내용이다. 감각이나 물질적인 이 세상을 벗어나고자 한다. 곧 세속 생활을 멀리하는, 소위 출가불교다.

(2) 후기 대승불교

출가불교와는 다르게, 곧 세속 생활도 마다하지 않는 불교로서 다음과 같은 내용을 보게 된다. 물론 앞에서와는 판이하다. 오히려 출가불교를 부정한다고 해야 할, 이를테면 세속불교인 셈이다. 따라서 다음과 같은 『유마경』의 내용을 보게 된다.

〈그때에 비야리성에 유마거사라는 대선지식이 계셨습니다.
모든 부처님이 찬양하고 십대제자, 제석천, 대범천왕, 사천왕에게 존경받는 유마거사는 사람들을 이롭게 하고자 방편을 베풀어 비야리성에 살고 있었습니다.

재가선수행자(在家禪修行者)로 청정한 삶을 유지하면서
세간에 살면서 삼계에 집착하지 않고
가족과 함께 하면서 세상사에 초연하며

---

3) 아함경, 이상규 편역, 306-307쪽. (해조음).

장신구로 몸을 꾸미면서 공덕의 장엄함을 드러내고
먹고 마시면서 선의 참맛을 즐기며
도박하면서 사람들의 정견을 일깨우고
다양한 가르침을 접하면서 올바른 믿음을 유지하며
세속의 법전에 밝으면서 불법의 진리를 밝히고
존경받고 공양 받으면서 세상을 이롭게 하며
정법을 간직하면서 모든 사람과 화목하고
세속의 이익을 얻으면서 그 가치에 초연합니다.

거리를 다니면서 사람들을 이롭게 하고
정치하면서 사람들을 보호하며
법문하면서 큰마음을 일깨우고
술 마시면서 바른 정신을 보입니다.
장자들과 함께 있으면 그들을 위해 훌륭한 법을 일깨우고
거사들과 함께 있으면 그들의 탐심을 일깨우며
왕족과 함께 있으면 그들에게 인욕을 일깨우고
바라문과 함께 있으면 그들에게 아만을 제거하라고 일깨우며
대신들과 함께 있으면 그들에게 정법을 일깨우고
왕자들과 함께 있으면 그들에게 충효를 일깨우며
내관들과 함께 있으면 그들에게 궁녀 다스리는 법을 일깨우고
서민들과 함께 있으면 그들에게 복덕의 증진하는 법을 일깨우고

유마거사는 이와 같이 때와 장소에 따라서 그에 알맞은 무량방편으로 중생을 이롭게 합니다.

어느 날 비야리성의 여러 장자들의 아들들이 라후라를 찾아가 예배를 하고 다음과 같이 물었다.

라후라존자여!
당신은 부처님의 친아들로서 장차 전륜성왕이 되실 왕위를 버리고 출가하여 수행하니 그 출가라는 것에 어떤 이익이 있습니까?

라후라는 법대로 출가의 공덕과 이익에 대해서 말했는데, 그때 유마거사가 와서 말했다.

라후라존자여!
출가의 공덕과 이익에 대해 말하면 안 됩니다. 왜냐하면 이익과 공덕이라는 그 무엇이 없는 것이 곧 출가이기 때문입니다. 유위법에서는 이익과 공덕이 있다고 말할 수 있지만 출가는 무위법입니다. 무위법 중에는 이익도 없고 공덕도 없습니다.

라후라존자여!
출가라는 것은 저기도 여기도 그 중간도 없습니다.
무엇으로부터도 괴로움을 당하지 않고 갖가지 잡된 악을 떠나 모든 외도를 조복 받으며 가명(假名)의 세상사에 구애되지 않고 애욕(愛慾)과 사견(邪見)의 진흙탕에서 뛰쳐나와 온갖 속박을 벗어나며 나와 내 것이라는 생각이 없고, 집착하는 마음이 없어 마음의 동요가 없으며 안으로 항상 기쁨을 간직하고 사람들의 수행지혜를 일깨워주며 선정에 노닐면서 모든 허물을 떠나 있습니다.
이것을 진정한 출가라 합니다.

유마거사가 다시 장자의 아들들에게 말씀하시기를,

"그대들은 정법(正法) 안에서 다 같이 출가하시오. 이가 아니면 정법 만나기가 매우 어렵습니다."

장자의 아들들이 말했습니다.

"유마거사님! 우리가 듣기로 부모가 허락하지 않으면 출가할 수 없다고 부처님께서 말씀하셨습니다."

"그렇지. 그러니 그대들은 지금 아뇩다라삼먁삼보리심을 발하면 이것이 곧 출가요 이것이 곧 구족(具足)입니다."

또한 한때 사리불이 숲 속의 나무 아래 앉아 좌선하고 있을 때 유마거사가 와서 이렇게 말했다.

"사리불존자여! 반드시 이렇게 앉는 것만이 좌선은 아닙니다. 마음과 몸이 삼계(三界)에 나타나지 않는 것이 좌선입니다. 멸정(滅定)에서 모든 위의를 나타내는 것이 좌선입니다. 도법(道法)을 버리지 않고 범부사(凡夫事)를 나타내는 것이 좌선입니다. 제견(諸見)에 부동(不動)하면서 삼칠도품을 수행하는 것이 좌선입니다. 번뇌(煩惱)를 끊지 않고 열반(涅槃)에 드는 것이 좌선입니다."[4]

출가불교가 아닌, 세속불교를 마다하지 않는 가르침으로서 역시 화엄경을 빼놓을 수 없다.

---

4) 유마경공부, 정암 편역

〈그때 대중 가운데 한 보살마하살이 있었으니, 이름이 관찰일체승법
연화광혜왕(觀察一切勝法蓮花光惠王)이다. 부처님의 위신력을 받들어
시방을 살펴보고 게송으로 말하였다.

　'여래의 깊고 깊은 지혜는
　모든 법계에 두루 들어가
　삼세를 따라 변천하면서
　세간의 밝은 길잡이 되며

　여러 부처님 법신이 같아
　의지도 없고 차별 없건만
　모든 중생의 뜻을 따라서
　부처님 모습 보게 하도다.

　온갖 것 아는 지혜 갖추고
　온갖 법들을 두루 아시며
　온갖 세계에 온갖 것들을
　나퉈 보이지 못함이 없다.

　부처님 몸과 밝은 광명과
　요량 못하는 빛깔과 형상
　믿고 즐기는 모든 중생들
　분수 따라서 보게 하시며

　온갖 세계의 나라들마다

몸을 나타내 정각 이루고
신통 변화를 제각기 내어
온갖 법계에 가득 차도다.

낱낱 여래의 화신들마다
중생 수 같은 부처 나투고
세계 티끌 수 같은 세계에
신통한 힘을 널리 나타내네.'

그때 대중 가운데 또 보살마하살이 있으니, 이름이 법희혜광명(法喜慧光明)이다. 부처님의 위신력을 받들어 시방을 살펴보고 게송으로 말하였다.

 '부처님 몸이 항상 나타나
법계 가운데 가득히 차고
넓고 큰 음성 언제나 내어
시방 국토에 진동하시네.

여래의 널리 나타내는 몸
모든 세간에 두루 들어가
중생의 뜻과 욕망을 따라
신통한 힘을 보여 주도다.

모든 중생의 마음을 따라
앞에 부처님 나타나시니
중생이 부처 뵈옵는 것은

모두 부처의 신통하신 힘
부처는 중생 마음을 따라
크신 법 구름 일으키시며
가지각색의 방편문으로
일러 보이고 조복하시네.'

그 때 대중 가운데 또 보살마하살이 있으니, 이름이 법계보명혜(法界普明慧)이다. 부처님의 위신력을 받들어 시방을 살펴보고 게송으로 말하였다.

'모든 여래의 미묘하신 몸
빛과 형상이 부사의(不思意) 하여
보는 이마다 환희심 내고
법을 믿으며 공경하도다.

부처님 몸의 온갖 몸매에
수 없는 부처 나타내어서
시방세계의 티끌 속마다
낱낱이 모두 들어가시네.

누구나 만일 보현보살의
행과 서원에 머무른 이는
저 많은 세계 보게 되나니
모든 부처님 위신력이라.

부처님 세계 티끌 수처럼

그렇게 많은 여러 나라들

한 마음 내는 잠깐 동안에

낱낱 티끌에 나타나리라.〉[5]

　화엄경에서는 여래가 아니 가는 곳이 없다. 이와 같이 중생의 마음과 욕망을 따라서 세계 곳곳에, 세간에 두루두루 아니 가는 곳이 없다는 것이 여래라는 것이다.
　세속생활을 떠나야만 하는 출가불교가 있는가 하면, 출가를 하지 않음은 물론이요, 오히려 세속 안에서 세속 생활을 이상으로 삼는, 이와 같은 세속불교도 있는 것이다.

　이처럼 출가불교와 세속불교라는 양면성이 있음은 물론이지만, 또한 여기에 따르는 교리 내용도 무시할 수 없다. 즉 서로가 상반되는 주장인 교리의 양면성이다. 그 한 예를 든다면 공(空)과 실상(實相)이다.
　공과 실상을 내용적으로 보면, 실상과 실상이 없음, 곧 공(空)이다. 따라서 공(空)은 실상에 대해 부정적이어서 실상이 없다는 입장이지만, 이와 달리 실상(實相)은 실상에 대해 실상을 그대로 인정하는 입장이다.
　이리하여 공은 실상으로서의 어떠한 지칭(相-色)도 허용이 될 수 없다는 편이지만, 실상 편에서는 공이 부정하는 이런 모든 것들(相-色)이 그대로 인정되는 편인 것이다.
　그러면 먼저 공(空)의 내용을 본질적으로 여실히 보여주고 있다는 반야경을 보기로 한다.

---

5) 대방광불 화엄경, 이운허 옮김, 210~211쪽 (동국역경원 2006)

〈그때에 구수 선현이 다시 부처님께 여쭈었다.

"세존이시여, 부처님께서 모든 길의 나고 죽음과 업의 차별을 얻을 수 없을진대, 어찌하여 지옥, 축생, 아귀, 하늘, 인간, 종자성품, 여덟째지위, 스로오타판나…… 아라한, 독각의 깨달음, 보살마하살, 여래 응정득각을 시설하시나이까?"

부처님께서 말씀하셨다.

"선현아, 모든 보살마하살은 항상 생각하기를, 온갖 법에는 모든 범부 중생들이 집착하는 바와 같이 실제로 제모양이 있지 않도다. 그러나 저 분별과 뒤바뀜의 힘 때문에 실제로 있지 않는 가운데서 실제로 있다는 생각을 일으키는 것이니라. 이른바 〈나-我〉가 없는데 〈나〉라는 생각을 일으키고, 중생, 목숨, 난다는 것, 기른다는 것, 장부, 어린이, 일한다는 것, 받는다는 것, 준다는 것, 본다는 것, 안다는 것이 없는데, 중생과 내지 안다는 생각을 일으키며, 늙음, 죽음 한탄 걱정 번뇌가 없는데 이것들이 있다는 생각을……"

"선현아, 그러하니라. 너의 말과 같이 온갖 유정을 얻을 수 없고 온갖 유정의 시설도 얻을 수 없으며, 온갖 법을 얻을 수 없고, 온갖 법의 시설도 얻을 수 없느니라. 얻을 수 없는 까닭에 도무지 있는 바가 없으며, 있는 바가 없는 까닭에, 안공(內空) 임을 알 것이며, 밖 공, 안팎 공, 공(空)의 공(空), 큰 공, 진리의 공, 함이 있는 공, 함이 없는 공, 끝내 공, 가이 없는 공…… 쌓임, 사라짐…… 공(空)임을 알 것이니라."〉[6]

---

6) 한글 대장경 〈대반야밀다경〉, 385, 624쪽 (동국역경원 1970)

부처님은 사람들이 모인 것을 보고 사리불(舍利佛)을 향해서 말씀하셨다.

"사리불아, 모든 존재에 대하여 그것을 구성하는 다섯 가지의 요소, 즉 색(色), 수(受), 상(想), 행(行), 식(識),의 오온(五蘊)을 들지만 그 색온(色蘊)과 수(受), 상(想), 행(行), 식온(識蘊)도, 모두가 공(空)인 것이다. 모든 색(色)은 변하고 부서지는 물질적 존재로서, 수(受)는 그 색을 감수하는 마음의 작용으로서, 상(想)은 그것을 마음에 표상하는 작용으로서, 행(行)은 그것에 대하여 마음을 지향하는 작용으로서, 식(識)은 전체적으로 그것들 여러 가지 정신적 작용을 가지고 모든 것을 인식하고 사고하는 마음으로서 성립되어 있다. 그러나 색(色)은 공(空)이기 때문에 거기에 실로 변하고 부셔지는 성질이 없다. 수(受)는 공이기 때문에 실로 감수하는 작용이 없다. ……마찬가지로 또 달리 존재의 요소로서 안(眼), 이(耳), 비(鼻), 설(舌), 신(身) 등 십팔계(十八界)도 없고, 무명(無明)에서 노사(老死)에 이르는 연기(緣起)를 설명하는 열둘의 항목도 없고, ……독각에 이르는 길도 없고, 부처도 없고, 부처에 이르는 길도 없다.

사리불아, 보살이 이와 같이 생각하고 수행할 때, 그것을 반야바라밀에 맞는다고 하는 것이다." [7]

사리불 장로가 물었다.

"그러면, 장로 수보리여, 모든 것을 아는 부처님의 지혜본성도 공(空)이고, 또 대자대비하신 보살대사도 공이고 이렇게 모든 것이 다 공이라면, 그 어떤 누구라도 아무런 노력을 하지 않고도 이 모든 것을 아는 지혜를

---

7) 불교성전, 288~289쪽 (대한불교진흥원편 2003)

성취할 수 있다는 말이 아닙니까? 또 중생이 아무런 노력을 하지 않고도 자신의 번뇌 업장을 모두 소멸할 수 있다는 말입니까?"

그러자 수보리 장로는 사리불 장로에게 다음과 같이 말했다.

"사리불 장로여, 나는 공(空)에 대해서도 집착하지 않습니다. 왜냐하면, 공조차도 실체적 대상이 아니기 때문입니다……. 그러므로 우리는 그것을 인식할 수 없습니다. 우리는 그것을 경험할 수 없습니다. 그리고 우리는 결코 거기에 도달하여 그것을 타인에게 내보일 수 없습니다."[8]

수보리 장로가 대답했다

"천신들이여, 그렇다. 부처님도 부처님의 그 깨달음도 환상과 같고, 꿈과 같은 것이라고 나는 설한다."

천신들이 계속 놀라며 말한다.

"성자 수보리여, 당신은 지금 부처님도, 부처님의 깨달음도, 그리고 열반도 모두 환상적 존재이며, 꿈과 같은 것이라고 말하는 것입니까?"[9]

금강경은 다음과 같다.

"수보리야! 너의 생각은 어떠하냐? 신상(32相의 응신)으로 여래[의 법신]이라고 볼 수 있느냐?"

"아니옵니다. 세존이시여! 신상으로 능히 여래라고 볼 수 없으니. 왜냐하면 여래께서 말씀하신 [응신인]신상은 곧(결코) [진정한 법신인] 신상이 아니기 때문입니다."

---

8) 팔천송 반야경 읽기, 석해탈, 67~68쪽 (출판시대 1998)
9) 같은 책, 90쪽

부처님께서 수보리에게 말씀 하시되

"무릇 [형상이 있는] 모든 상은 다 허망한 것이니 만약 모든 상이 [진실한] 상이 아닌 것을 알면 곧 여래를 보리라." [10]

"수보리야! 만일 어떤 사람이 말하기를, 부처님이 아견(나라는 소견), 인견(남이라는 소견), 중생견(중생이라는 소견), 수자견(오래 산다는 소견)을 말했다고 하면, 하면 수보리야! 생각에 어떠하냐. 이 사람이 내가 말한 바의 뜻을 안다고 하겠느냐."

"아니옵니다. 세존이시여! 이 사람은 여래께서 말씀하신 바의 뜻을 알지 못한 것이니, 왜냐하면 세존께서 말씀하신 아견, 인견, 중생견, 수자견이라고 부르신 것일 뿐이기 때문이옵니다."

"수보리야! 아뇩다라삼막삼보리의 마음을 일으킨 이는, 일체의 법에 대하여 마땅히 이와 같이 알고 이와 같이 보고 이와 같이 믿고 깨달아서, 법상을 내지 말아야 할 것이니라. 수보리야! 법상이라고 말하는 것은, 여래가 진정으로 있는 법상이 아니라, [단지 속어에 가탁하여 가명으로] 법상이라고 부르는 것[일 뿐]이다 라고 말하는 것이니라." [11]

이상과 같이 반야경이나 금강경에서 볼 수 있는 내용이다. 어떠한 실상(空과 色)도 인정할 수 없다는 데 따르는, 그리하여 공(空)일 수밖에 없다는 내용이다.

그러나 이상과는 반대되는, 실상(實相)에 대한 것으로 그 주된 경전으로 말하자면 화엄경이나 법화경이 된다.

물론 여기서 말하는 실상은 공(空)에 대한 실상(實相)이다. 공이 실상을

---

10) 如金剛經, 안재철 교수, 수암스님 역, 理實見分 第五 (운주사 2006)
11) 같은 책, 知見不生分 第三十一

부정하는 데 따른다. 공이 실상을 부정하기 위하여 실상을 의미하는 온갖 상이나 분별을 떠날 것을 말하였다면, 여기서 말하는 실상은 실상을 부정하는 공의 입장과는 반대여서, 공을 여의지 않을 뿐만 아니라, 또한 분별에 따른 실상을 그대로 인정하고 있기 때문이다. 따라서 반야경이 지칭될 수 있는 모든 것(分別에 따른 色)을 부정함에 대하여, 화엄경이나 법화경은 이 모든 것(분별적인 색)을 실상으로 수용한다는 것이다.

화엄경에 이어 법화경의 예를 본다면 다음과 같다.

〈그때 세존이 삼매(三昧)에서 조용히 일어나시어 사리불에게 말씀하셨다.

"사리불이여, 여래는 가지가지로 **분별하여 모든 법**을 능숙하게 설하시므로 말씨가 부드러워 대중의 마음을 기쁘게 하느니라. …… 왜냐하면, 부처님이 성취한 제일이며 희유하고 알기 어려운 법은 오직 부처님과 부처님만이 모든 법의 실상(實相)을 철저히 깨달았기 때문이니라. 이른바 모든 법의 이러한 모양(如是相), 이러한 성품(性), 이러한 본체(體), 이러한 힘(力), 이러한 작용(作), 이러한 원인(因), 이러한 연유(緣), 이러한 결과(果), 이러한 보응(報), 이러한 시작과 끝(本末)과 구경(究竟)등이니라."〉[12]

〈그때 세존께서 마하가섭과 여러 제자들에게 말씀하셨습니다.

"가섭이여, 마땅히 알아라. 여래는 모든 법의 왕이므로 말하는 것이 모두 허망(空)하지 아니하니라. 모든 법에 대하여 지혜와 방편으로 말하나니 그 말하는 법은 모두 온갖 지혜의 경지에 이르게 하느니라. 여래는

---

12) 법화경, 무비역, 44쪽 (불광출판부 2003)

모든 법의 돌아갈 바를 관찰하여 알며, 모든 중생의 깊은 마음으로 행할 것을 다 알아서 통달하여 걸림이 없으며, 또 모든 법을 끝까지 분명하게 잘 알아서 모든 중생에게 온갖 지혜를 보여 주느니라.

가섭이여, 비유하면, 삼천대천세계의 산과 내와 계곡과 평지에 나서 자라는 초목과 숲과 온갖 약초들의 종류도 많고 이름과 모양도 각각 다르니라. 두터운 구름이 가득히 퍼져 삼천대천세계를 두루 덮고 일시에 큰비가 고루고루 흡족하게 내리면, 모든 초목과 숲과 온갖 약초들의 작은 뿌리, 작은 줄기, 작은 가지, 작은 잎사귀와 중간 뿌리, 큰 줄기 ,큰 가지, 큰 잎사귀와 크고 작은 나무들이 상, 중, 하를 따라서 제각기 비를 받느니라. 한 구름에서 내리는 비지만 그 초목의 종류와 성질에 맞추어서 싹이 트고 자라고 꽃이 피고 열매가 맺느니라.

비록 한 땅에서 나고 한 비로 적시어서 주는 것이지마는 여러 가지 초목이 각각 차별이 있는 것이니라.

가섭이여, 마땅히 알아라. 여래도 또한 그와 같아서 세상에 출현하는 것은 큰 구름이 일어나는 것과 같고, 큰 음성으로 온 세계의 천신들과 사람과 아수라들에게 두루 외치는 것은 저 큰 구름이 삼천대천세계에 두루 덮는 것과 같으니라."

그때에 부처님께서 상정진(常精進) 보살마하살에게 말씀하셨습니다.

"만일 선남자, 선여인이 이 법화경(法華經)을 받아 지니거나 읽거나 외우거나 해설하거나 쓴다면 이 사람은 마땅히 눈의 팔백 공덕과 귀의 천이백 공덕과 코의 팔백 공덕과 혀의 천이백 공덕과 몸의 팔백 공덕과 의식의 천이백 공덕을 얻을 것이니라. 이러한 공덕으로 육근(六根)을 장엄하여 모두 청정하리라."

"이 선남자 선여인이 부모가 낳아준 청정한 육안으로 삼천대천세계의 안과 밖에 있는 산과 숲과 강과 바다를 보며, 아래로 아비지옥과 위로 유정천을 보느니라. 그 가운데에 있는 모든 중생을 보고, 업의 인연과 과보로 태어나는 곳을 모두 보고 다 아느니라.

이리하여 이 사람은 훌륭한 눈의 팔백 공덕을 얻으리니, 이렇게 장엄하였으므로 그 눈이 매우 청청하리라. 부모가 낳아준 눈으로써 삼천대천세계의 안팎에 있는 미루산 수미산과 철위상을 모두 보고…… 천안통이 없어도 육안으로 보는 힘이 이러하니라."

"또 상정진 보살이여. 선남자 선여인이 이 법화경을 받아 지니어 읽거나 외우거나 해설하거나 쓴다면 귀의 일천 이백 공덕을 얻으리라. 코끼리 소리, 말소리, 소소리, 우는 소리, 북 소리, 종소리, 남자의 소리, 여자의 소리, 법다운 소리, 법답지 않은 소리. 괴로운 소리. 기쁜 소리, 하늘의 삼천대천세계의 온갖 소리…… 이렇게 여러 가지 음성을 듣고 알 것이며, 이렇게 여러 가지 음성을 분별하여도 귀가 상하지 않느니라.

아버지, 어머니가 낳아준 귀는 청정하고 더럽지 않아 이러한 보통의 귀로써 삼천대천세계의 소리를 듣느니라. 코끼리 소리. 말의 소리…… 이렇게 온갖 소리를 듣느니라. 그 여러 가지 음성을 들어도 귀가 손상되지 않느니라."

"또 상정진보살이여, 선남자, 선여인이 이경을 받아 지니거나…… 해설하거나, 쓰는 사람은 코의 팔백 공덕을 성취하느니라. 이 청정한 코로 삼천대천세계에 있는 위와 아래와 안과 밖의 여러 가지 향기를 맡느니라. 수만나꽃 향기, 사제화 향기, 청령화 향기, 과수향, 전단향…… 천만 가지 향을 이 경전을 지니는 사람이 모두 분별하여 맡느니라.

또 성문의 향기, 벽지불의 향기…… 이런 향기를 맡지마는 코는 상하지도 않으며 잘못되지도 않으며…… 이 사람의 코가 청정하여 이 세계에 있는 향기롭고 구린 냄새를 갖가지로 다 맡아서 다 아느니라. ……이렇게 혀, 몸, 의식 등의 공덕과 능력은 법화경을 지니는 연고니라."〉[13]

이상에서 보는 화엄경이나 법화경의 내용으로 말하면, 앞서 반야경이나 금강경의 공의 입장에 따른 면과는 판이하다는 것을 알 수 있다. 그리하여 화엄경이나 법화경은 모든 분별상을 부정했던 공과는 달리, 세속생활의 긍정임은 물론[14] 이에 따르는 모든 것들을, 즉 안이비설신의(眼耳鼻舌身意)의 육근까지도 긍정하게 되는 것[15]을 보게 된다. 이러한 태도는 초기의 출가불교에서는 있을 수 없는 일이었고, 따라서 앞서 살펴보았듯이 모든 것을 공도리(空道理)로 돌리는 반야경에서도 절대 용납 될 수 없는 내용이었던 것이다.

그런데 이렇게 단지 공(空)을 부정 하는 것뿐만이 아니고 색(色)을 긍정하고, 더 나아가서는 색(色)의 중요성에 대해서, 더욱이 이 색(色)을 화려하기까지 언급하는 내용을 뒤에 오는 경전에서 보게 된다.

대일경(大日經) 및 금강정경(金剛頂經) 등에서 다음과 같은 내용을 볼 수 있다.

〈그때 박가범이신 비로자나는 대중을 널리 관찰 하시고 나서 집금강비밀주(執金剛秘密主)에게 말씀 하셨다.

---

13) 같은 책, 173~194쪽
14) (세속생활을 부정하는 소승의 출가불교에 대하여),
15) (출가불교에서는 물론 반야경이나 금강경에서도 부정된 것에 대하여)

"분명히 듣거라, 금강수여. 지금 만다라행(蔓茶羅行)을 수행하여 일체지지(一切智智)를 만족하는 법문을 설하겠다.

3세(三世)의 모든 부처님들도 중생을 요익하게 하기 위해서 주하신다.

이와 같이 모든 현자는 진언(眞言)의 묘한 법을 알고 부지런히 용맹정진 하여 일체종지를 얻는다.

산림에 꽃과 과일이 많고 마음을 기쁘게 하는 여러 맑은 샘이 있을 것이다. 모든 부처님들이 칭찬하시고 찬탄하시는 바이니 마땅히 원단(단의 모습을 꾸미는)의 작업을 행해야 한다. 물이 흐르는 개울과 호수가 있고 산림 등의 장엄이 있으면 또 여기에 따른 지혜로 비생만다라를 건립해야 한다. 일찍이 불, 보살, 성자와 승문들이 즐기고 칭찬했던 곳이다. 또 다른 여러 곳이나 승방과 아련야(阿練若), 꽃집, 거루각, 훌륭한 전원이 있고, 제저(制底)와 불을 모시는 집, 마구간, 하단, 천묘(天廟)선인이 득도한 곳, 이러한 곳이나 뜻이 즐거운 제자를 이익 되게 하기위해서 만다라를 그려야 한다."

이에 집금강비밀주가 세존의 발밑에 대고 정례하면서 말씀드리기를

"불법은 모든 상을 떠나 법은 법위에 머물고 소설(所說)은 비류(譬類)가 없고, 모양과 지은 것도 없습니다. 왜 대정진, 유상(有相) 및 진언행을 설하십니까? 이는 법연의 도리에도 따르지 않는 것입니다."

박가범이신 비로자나는 집금강에게 말씀하셨다.

"분명 법은 분별과 일체의 만상과 분별을 떠나있다. 실제로 시간과 장

소도 없고, 지은자도 없으며, 지을 자도 없다. 그 일체의 모든 법은 오직 실상에 머물 뿐이다. 그러나 비밀주여, 남음 없는 중생계를 제도하기 위해서는 마땅히 그 무량한 중생을 섭수하여 보리종자의 인연을 이루어야 한다. 이것은 제불을 발생하는 만다라라고 한다. 극무비미(極無比味), 무과상미(無過上味), 또 갓 없는 중생들을 불쌍히 여기기 때문에 대비태장생만다라(大悲胎藏生曼茶羅)고도 한다.

비밀주여, 한 중생을 위해서 여래가 정등각을 성취하시지는 않았다. 또한 둘(二)도 아니며 다(多)도 아니다. 무여기(無餘記)와 유여기(有餘記)의 중생계를 어여삐 여기기 때문에 각을 성취하여 대비원력을 가지고 무량의 중생계에서 그 본성과 같은 법을 설한다."

그때 세존은 다시 집금강비밀주에게 게송으로 말씀하셨다.

"진언의 교법대로 행하면 그 과(果)를 성취한다.
당연히 글자와 글자가 상응하며,
글구와 글구 또한 마찬가지이다.
심상을 만들고, 염송해서 일락차(一落叉)에 주하라.
처음의 글자는 보리심이고 두 번째는 성(聲)이라고 한다.
글구(句)를 관상하여 본존으로 한다. 이는 제불의 훌륭한 글이므로.
세 번째의 글구는 마땅히 알아야 한다.
행자는 그 극원정(極圓淨)의 월륜에 주한다고 관상해야 한다.
안에 성심껏 여러 글자를 관상하여 차례에 따라서 행하고
안에 자구(字句)등을 안치, 관상해서 그 명(命)을 정화한다.
진언에 잘 주하는 자는 다음에 하나의 달을 염송해야 한다
행자는 앞의 방편에서 하나하나의 글구(語句)에 통달한다.

제불대명칭(諸佛大名稱)을 수지(受指)하고
다음에 마땅히 소유(所有)에 따라서 도향과 꽃 등을 바쳐야 한다.
산의 봉우리나 우란(牛欄) 및 하단등과
사구도, 일실(一室), 신실(神室)과 대천실(大天室)의 그 만다라처(曼茶羅處)는 모두 금강궁(金剛宮)과 같이 하라.
이곳에서 결호한 행자는 성취를 얻으리라."

그때 집금강비밀주는 또 다시 세존에게 게송으로 아뢰었다.

"채색(彩色)의 의미는 무엇이며, 무슨 색(色)을 써야 합니까?
그리고 어떻게 운포(運布)해야 하며 이 색을 누구를 처음으로 합니까?
문표(門標), 기(旗) 등의 양과 상위도 마찬가진데 어떻게 제문(諸門)을 건립하는 겁니까? 식과 향, 화 및 보병등을 바치고 또한 어떻게……."〉[16]

이상 대일경과 비슷한 보기로, 다음 글은 금강정경(金剛頂經)이다.

〈이같이 내가 들었다.
어느 때 바가범께서는 모든 여래의 금강가지(金剛加持)와 뛰어난 삼매를 성취하고, 일체 여래 보관(寶冠)의 삼계법왕(三界法王) 관정(灌頂)을 하시었다. 모든 여래의 일체지지는 요가자재를 증득하고, 능히 모든 여래의 일체 평등한 갖가지 사업을 지어서 다함없고 온갖 유정들의 세계에서 모든 바라는 바와 지어야 할 업을 다 성취시키시었다,

---

16) 축역 한국대장경, 불교정신문화연구원 편

대비로자나께서는 항상 삼세에 머무시는 모든 몸과 입과 마음의 금강여래로서, 모든 여래가 머무시는 곳인 아가니타천왕궁 가운데 대마니전에서 갖가지로 장식한 영락과 증번(繒幡)이 가벼운 바람에 흔들리고 요동치며, 주만(珠鬘)과 영락 반달모양으로 장엄한 곳에 머무시며 90억 보살들과 함께 하시었다.

그들은 금강수, 성관자재, 만수실리동진, 허공장, 금강권, 재발심전법륜, 최일체마력보살등이요, 갠지스강의 모래처럼 많은 수의 여래와 더불어 수많은 모습으로 나타나 염부제에 가득하였다.

아기타처에서도 역시 헤아릴 수 없이 많은 수의 여래의 몸들은 낱낱의 몸으로부터 무량한 무량아승지 불국토를 나타내고, 그 불국도에서 이같은 법의 이치를 말씀하셨다. ……모든 금가계의 각오지살타(覺悟智薩□)는 허공계의 티끌처럼 수 많은 금강가지(金剛加持)로부터 생기는 지장(智藏)이다. 모든 여래가 가이없는 까닭에, 대금강지의 관정보(灌頂寶)는 모든 허공에 두루하는 진여지를 현증(現證)하는 삼보리(三菩提)로 삼고, 모든 여래께는 자신의 성품이 청정한 까닭에 자성청정한 일체법이 모든 허공에 두루 가득하고, 능히 모든 색지(色智)를 나타내었다.

전부 남김없이 유정들의 세계를 조복하시는 바 뛰어난 행이다. 또 모든 여래는 불공으로서 가르침을 주시므로 일체평등한 위없는 지혜이다. 모든 여래의 대보리(大菩提)인 견고한 살타와 구소삼매(鉤召三昧), 수염지자재(隧染智自在), 선재(善哉), 관정보, ……사유왕(思惟王) 큰 웃음, 크고 깨끗한 법(法), 반야지(般若智), 모든단, 대묘광(大妙光), 무언(無言), 종종업, 정진, 적(寂), 승대적, 삼세(三世), 항삼세, 삼계(三界), 유전(流轉) 열반, 노(怒), 견지(見智), 각유정(覺有情) 대염욕(大染慾), 대락(大樂),

대방편 식락(食樂)…… 등등이다.〉 [17]

이는 분명 공(空)이 아님은 분명하고, 또한 색(色)에 대하여(空에 대해 나타나는 色이라고 할, 즉 현상세계의 이 모든 것), 그것도 화려함을 다해 나타내는 것이, 바로 이상에서 보는 대일경이나 금강정경이라고 볼 것이다.

반야경에서는 법(法)도 공(空)이고, 하는 바도 없고(空), 무수상행식, 무안이비설신의(受想行識가 空이고, 역시 眼耳鼻舌身意가空)였다. 심지어는 부처도 없고(空), 여래도 해탈 열반도, 이렇게 일일이 모든 것이 공(空)이라고 언급 한 것을 보았던 것이다.
그런데 마치 이(반야경의 空)를 반대라도 하듯이, 이 모든 것이 있다고 말하는 것이 화엄경이나 법화경이었는데, 대일경이나 금강정경은 더욱이 이를 한껏 넘어서서 언급하였다.

그런데 다음에서 보는 반야이취경(般若理趣經)도 명칭상만 반야경이지, 내용상으로는 전혀 반야경과는 상반된 내용임을 알 수 있다 따라서 공을 말하는 전반의 반야경전과는 달리 공(空)이 아닌 유(有), 더욱 구체적이게도 즉 색(色)을 주장한다는 것이다. 물론 색과 욕망을 멀리하는 출가불교와도 철저히 반대되는 현상(색과 욕망을 수용한다는 점)에 이르게 된다는 것이다.

〈이때에 박가범, 자성청정의 얻으신 여래께서는 일체법의 평등을 관하

---

17) 같은 책, 217~218쪽

는 데에 자재한 지인(智印)을 출생하는 반야의 이취(理趣)를 설하셨다.

"세간의 일체 욕망은 청정하기 때문에 곧 일체의 진(瞋)은 청정한 것이다. 세간의 의 일체 구는 청정하기 때문에 곧 일체의 죄(罪)는 청정하다. 세간의 일체법(一體法)은 청정하기 때문에 곧 유정(有情)은 청정하다, 세간의 일체지지(一切智智)는 청정하기 때문에 곧 반야바라밀다는 청정하다. 금강수여, 만약 이 이취를 듣고 수지 독송하고 작의하고 사유하는 일이 있으면, 설령 온갖 욕망에 머물더라도 마치 연꽃이 객진의 온갖 더러움에 물들지 않는 것처럼, 속히 무상정등보리를 증득하리라."

다시 일체법의 청정구의 문(淸淨句文)을 설하셨다.

"묘적(妙適)[18], 청정의 구는 이 보살의 지위다. 욕전(慾前) 청정의 구는 이 보살의 지위이고 촉(觸)청정의 구는 이 보살의 지위이며, 애박(愛縛)의 청정의 구는 이 보살의 지위이다. 일체자재주(一體自在主)청정의 구는 이 보살의 지위이고, 견(見)청정의 구는 이 보살의 지위이고, 적열(適悅)청정의 구는 이 보살의 지위이다. 애(愛)청정의 구는 이 보살의 지위이며, 만(慢)청정의 구는 이 보살의 지위이며, 장엄(莊嚴)청정의 구는 이 보살의 지위다. 신락(身樂) 청정의 구는 이 보살의 지위다. 색(色)청정의 구는 이 보살의 지위이며, 성(聲)청정의 구는 이 보살의 지위이고, 향(香)청정의 구는 이 보살의 지위이다. 미(味)청정의 구는 이 보살의 지위이다. 왜냐하면 일체법은 자성이 청정이기 때문에 반야밀다도 청정한 것이다.⟩ [19]

---

18) 산스크리트語로는 수라타(surata, 蘇囉多), 보다 커다란 즐거움이라는 의미라 고 함. 수라타는 또한 남녀 합체(性, sex)의 환희, 오르가즘을 의미하기도.
19) 반야이취경강해, 혜능 편역, 97, 145쪽 (동국역경원 1997)

이상에서 보는 반야이취경(般若理趣經)의 내용도 색(色)의 모든 현상이 수용 되어 있는 것을 보지만, 특이한 것은 반야경의 공(空)에 대하여 청정구로서의 색(色)을 대비해 보인 듯한 모습인 것이다.

또한 인간의 욕락을 더욱 적극적으로 표현하고 있다는 것이다. 그것은 인간의 기쁨, 분노, 여기에 인간의 감각적인 욕망 등 남녀의 성적인 기쁨, 이런 모든 것들이 적나라하게 수용되어 있음을 볼 수 있다.

대승불교에서는 공성(空性)과 방편(方便)을 말한다.

그런데 공성은 소위 두 축면으로 말해지기도 한다. 따라서 한편의 공성은 단지 없는 것으로 표현된다(이때는 세속제라고 한다 - 세속, 즉 현상은 실제 없는 것에 지나지 않음으로). 또 한편 공성은 실상으로도 표현된다.(이때는 진제, 승의제라고 한다 -그런데 승의제로서의 공성은 물론 분별성에 따른 실상이 아니라는 것은 분명하다. 따라서 이는 현실적으로 볼때 심히 어려운 것임을 알 수 있다)

그런데 중생에게 있어 공(空)은 세속제이든 승의제이든 감당하기 어렵다. 이에 따라서 중생에게는 공이 아닌 방편의 필요성이 있게 된다는 것이다. 방편(중생의 근기에 맞는)만은 있지 않으면 안 되는 점이다. 이를 달리 말하면 색(色)의 필요성이다. 방편으로써 색의 필요성을 말하고 있는 것이다.

이리하여 수많은 수행의 방편(방편으로서의 색과 함께하는 공의 수행)이 설해진다. [20]

"자비를 버리고 공성(空性)만 고집하는 사람은 결코 바른 길에 접근

---

20) 따라서 공성(空性)은 보리(깨달음으로서의 覺, 智)라고 한다면(물론 이상적인 깨달음의 경지다), 방편은 자비(慈悲)로 표현되기도 했다(깨달음과는 거리가 먼 중생에 대한 입장도 무시할 수 없고, 따라서 그들의 입장에 맞는 은혜도 필요했기에). 그런데 이 공성과 방편이라는 이 양자가, 혼합(서로보완이 되고 절충이 됨)이라는 형태의 이론으로 설해지기도 했다.

하지 못한다. 또한 자비(慈悲)에 대해서만 명상하는 사람은 비록 천만번 태어난다고 하더라도 해탈하지 못한다. 반면에 공성과 자비를 혼합할 수 있는 사람은 有(생존에도) 머물지 않고, 열반(소멸)에도 머물지 않는다."

"이런 보리심의 경계에 머무르는 자기(自己)가 최고의 실재, 즉 금강살타이다. 그것은 "시작도 없고 끝도 없으며, 적정이고 존재에서도 비존재에서도 불변이며, 공성과 자비가 불이(不二)인 상태이다." 라고 하고, 또 "영원한 광희요, 청정이요 모든 지나의 거처이며, 그 내부에 일체법을 포함하는 성스러운 것으로서 우주 전체의 원리이다." (사라하빠다중에서) [21]

이러한 이론에 따라서 소위 후기불교에서 소위 딴뜨라 불교가 나타났다고 한다.

반야(空性)와 방편 및 이들의 합일에 관해 이상에서 서술한 것이 불교딴뜨라에서는 여러 가지 비유적 표현에 의해 다양하게 상술되어 있다.

〈헤바즈라 딴뜨라〉에서는 방편과 반야(空性-覺)가 요가행자와 무드라라는 비유적 표현으로 나타나는데, 여기서 말하는 무드라는 요가의 성취법에 채용된 위대한 여성을 가리키며, 보리심은 자비와 공성을 각각 상징하는 그 요가행자와 무드라의 완전한 합일이다.

불교딴뜨라의 모든 부류에서 가장 중요한 것은, 철학적 의미에서든 비밀교적(秘密敎的)인 요가의 의미에서든 어느 쪽에서나 이 반야(空)와 방편(色)의 합일을 강조하는 점이다…….

"방편은 반야의 뒷받침이 없다면 속박이고, 반야라 할지라도 역시 방

---

21) 딴뜨라불교입문, S.B 다스굽타지음, 정승석 옮김, 89쪽 (민족사 1991)

편의 뒷받침이 없다면 속박이다. 한쪽이 다른 쪽과 결합되었을 때 그 둘은 모두 해탈하게 된다."

따라서 어떠한 실천이 있더라도, 반야와 방편의 합일이 지닌 진정한 의미에 대한 이해, 또는 오히려 그 의미의 실현을 선행해야 한다.

반야(空性)는 그 자신 안에 완전한 청정성과 완전한 지혜를 갖춘 법신, 혹은 진여로서의 수동적 원리이다.

그러나 세계 전체(즉 報身과 應身)는 방편의 발휘이며, 보신 및 응신이라는 형태로서의 세계과정 그 자체는 감각력을 지닌 모든 존재를 완전한 정화라는 최종 목표로 이끌기 위한 수단이다.

따라서 공성이라는 신부는, 연기(緣起)의 결과로서의 세계현현의 장려한 신랑(방편)이 없다면 죽은 것이나 다름없다.[22] 그리고 신랑(방편)은 공성이라는 신부가 없다면, 영원히 속박된 채로 있을 것이다. 이런 힘들은 지닌 존재의 본래의 상태들은 모든 현상으로부터 추상화 되어있는 것으로서의 환멸, 휴지의 상태인 것이다.[23]

〈이런 힘들이 휴지의 상태로부터 인과적이며 찰나적인 활동 상태로 이행 할 때 현상세계가 생겨나고, 반대로 현현으로부터 환멸로 역행 할 때 현상세계는 다시 그의 존재를 중지한다. 이 환멸을 반야라고 하고, 현현을 방편이라고 한다. 따라서 공성과 자비와의 관계는 떼어 놓을 수 없는 부부간의 관계와 같은 것이다.

---

22) 색(色)을 부정하지 않는 딴뜨라 불교에서는 그들의 입장에 비추어볼 때 역시 색을 떠난 공성(空性)이란 인정될 수 없는 것이었다. 그렇긴 하나 색을 초월한 공성의 입장이 색을 부정하지 않는 조건에서는 수용되어야한다는 것이다.
23) 따라서 색(色)을 떠난 공성(空性)이란 절대 인정될 수 없는 것이었다.

쁘라즈니까빠에 의하면, 활동력의 원리로서의 부처는 먼저 환멸로부터 생겨나온 다음에 그녀〈본초반야〉와 교합하는데 이 교합에서 생겨난 것이 현실의 물질세계이다. 여기서는 원리가 처음에는 어머니인 반야로서, 나중에 부처의 아내인 반야로서 상징화되어 있다.

힌두교의 딴뜨라에 의하면, 구극의 진리는 쉬바와 샤끄띠의 합일이다.
쉬바는 구극적 실재의 정적(靜的)인 면으로서 비활동적이며 청정한 의식을 상징하는 데에 반해, 샤끄띠는 구극적 실재가 지닌 운동 에네르기로서 세계의 힘을 상징한다. 쉬바는 환멸(空)이고 샤끄띠는 현현(色) 이며, 구극의 상태에서 그 둘은 혼연일체가 되어 존재한다.

불교딴뜨라에서 간혹 반야와 방편이, 쉬바와 샤끄띠처럼 동일시된 적이 있음은 분명하다.

〈구하싯디〉에서는 "마음을 지배하는 신격(神格)이 지존(至尊)이며, 반야는 비길 데 없이 견고한 여성이다." "세존[24]은 대락(大樂)의 형태로 비길 데 없이 견고한 이 여성과 호색적으로 즐기고 있었다." 등으로 말한다.

보리심이 상승하여 구극의 상태에 도달할 때, 그것은 스스로를 무아녀(無我女)나 공성(空性)이나 구생 환희 속으로 완전히 몰입시킨다. 여신 무아녀란 곧 열렬한 지복이 본성인 완전한 공성을 가리키는데, 이 무아녀 속으로 보리심이 몰입하는 것을 '세존인 마음과 여신인 공성의 결혼' 이라 칭한다.

깐후빠다의 〈도하〉에서는 "세존인 마음은 자신의 아내인 공성과 스스

---

24) 딴뜨라 불교적인 입장에서 修行者(色으로서 肉身을 지닌)로 지칭할 수도 있을 것이다.

로 융합하여, 소금이 물에 용해되듯이 그녀와 하나가 된다고 한다." [25]

요가행자(修行者)는 종종 말하길, "나는 그녀와 입 맞추고 포옹하지 않고서는 살 수 없을 것이다. 나는 저 저 위대한 여성과 한 몸이 되어 (무명의) 어두운 밤길을 헤쳐 나간다." 라고 한다.
우리는 성취자들의 〈짜파다〉 속에서 이런 초월적인 연애에 관한 많은 시가를 볼 수 있으며, 더욱이 남녀 요가행자의 합일을 간혹 통상적인 연애나 성적인 결합으로 은유하여 설명하고 있음을 볼 수도 있다.〉 [26]

이처럼 후기불교에서 보는, 소위 딴뜨라 불교는 한 마디로 색의 찬가(色의 讚歌)이다. 따라서 색(色)을 수용해야만 하는 것이라고 할 수 있다.
초기불교에서의 색(色)의 부정과 또한 반야경에서 말했던 공성에 대하여, 여기 딴뜨라 불교에서 볼 때 색의 부정과 공이란 단지 생의 환멸과 현실 세계의 파멸로 볼 수밖엔 없었다. 따라서 공(空)이 아닌, 색(色)의 만다라를 구축 할 수밖에 없었다고 할 것이다.

(3) 중국 선종의 양면성

출가(出家), 공(空), 여래장(如來藏), 佛性(불성)으로 이어져오는 불교 전통에서 결국 중국 선종에 이르러 그 핵심은 견성(見性)이 된다. 물론 견성은 깨달음을 말한다. 견성을 통한 깨달음이 중국 선종에서의 목표가 된다는

---

25) 여성으로 비유되는 반야-空性은 色을 통해 大樂(큰즐거움)으로 나타난다.
26) 같은 책, 91, 93, 97쪽

것이다.

그런데 이 견성을 통한 깨달음이, 중국 선종에서도 공(空)과 색(色)의 양면성으로 나타남을 보게 된다. 공은 부정(不定)으로 나타나고(역시 공은 일체를 부정 할 수밖에 없음으로), 색은 세속의 긍정으로 나타난다(이는 일상생활이 된다).

먼저 색(世俗)을 부정하는 공(空)의 입장이다.

〈묻는다. "어떤 것이 일승(一乘)입니까?"
답한다. "마음이 일승이다."
묻는다. "마음이 어떻게 일승임을 아는 것입니까?"
답한다. "마음이 공(空)하여 있다고 할 바가 없음을 알 수 있는 것이니 바로 그래서 일승이다."
묻는다. "마음이 공하여 있는 바가 없음을 깨달았다면 이 일승에 있는 자는 성인이 된 것입니까? ……범부의 마음과 성인의 마음이 하나입니까, 둘입니까?"
답한다. "하나다."
묻는다. "왜 하나입니까?"
답한다. "성품이 청정하여 본래 물듦도 없고 집착하는 바도 없음을 깨달아 아나니, 바로 그래서 하나임을 안다. 단지 형체가 없는 까닭에 물들지 않음을 안다. 만약 형상이 있고, 처소가 있다면 물듦이 있게 되는 것이다."〉[27]

---

27) 北宗禪 法門, 돈황문헌 역주, 박건주 역, 160쪽 (씨아이알 2009).

"모든 사람이 탐, 진, 치의 삼독(三毒)과 안이비설신의(眼, 耳, 鼻, 舌, 身 意)라는 육적(六賊) 때문에 심신(心身)이 혼란되고 생사의 고해에 윤회한다. 해탈을 구하려는 자가 삼독을 전환시켜 삼취정계(三取淨戒)로 하고, 육적을 바꾸어 육바라밀로 하면, 일체의 고통을 벗어날 수 있다." [28]

색을 부정하는 공의 입장은 이처럼 모든 업식(業識)이나 상(相), 육근(六根·六賊)을 벗어나고자 한다. 이는 소위 북종선(北宗禪)으로 혜안선사의 입장이다.

위와는 달리 다음에 보는 바는 상(相)은 물론 육근 등을 수용하게 되는 색(色)의 입장(空에 대비되는)이라고 할 수 있다.

"일체중생은 무량겁을 쫓아오면서 법성삼매(法性三昧)를 벗어나지 않고 있으며, 오래도록 그 법성삼매 중에서 옷 입고 밥 먹고 사람들을 만나 대화하고 있다. 중생들의 육근(六根)의 운용(運用)이나 행위가 모두 법성(法性)이다." [29]

〈용담(龍潭)은 처음 떡장사를 하다가 천황도오(天皇道悟)선사를 만나 출가를 하여 여러 해를 시봉하였다. 그러나 불법을 가르쳐 주지 않아, 어느 날 다음과 같이 질문하였다.

"제가 출가하여 소원을 이루었지만, 화상께서는 불법의 심요(心要)를 지시해 주신 적이 없습니다. 이제는 가르쳐 주십시오."

"나는 네가 내게로 온 이래 불법의 심요를 보여 주지 않은 적이 없다."

---

28) 선의 역사와 사상, 정성본, 244쪽 (불교시대사 1999).
29) 같은 책, 380쪽

"어디가 화상께서 저에게 불법의 심요를 보여 주신 곳입니까?"

"네가 차를 가져오면 나는 차를 마시고, 네가 밥을 가져오면 나는 밥을 먹고, 네가 인사를 하면 고개를 끄덕였으니, 어디가 그대에게 심요를 보이지 않은 곳인가?"〉[30]

이상은 마조어록과 용담숭신장(龍潭崇信章)에서 보는 것으로, 소위 남종선(南宗禪)의 내용이다(일상생활에 따른 행위로, 일상생활에 따르기 마련인 감각, 곧 육근(六根-六賊)에서 벗어나지 않는다고 함).

보는 바와 같이, 앞서 보인 내용과 뒤에 보인 내용은 서로 상반 된 것으로, 또한 앞의 내용은 초세적임에 비하여 뒤는 세속적이라고 할 수 있다 .
이상과 같은 양면성을, 소위 중국 선종에서 쌍벽을 이루는 북종(北宗)과 남종(南宗)에서 보게 된다(혜안선사는 신수대사와 더불어 북종에 속하고, 용담은 마조와 함께 남종에 속한다).

중국 선종(中國禪宗)은 다음과 같이 시작이 되었다. 전통설에 의하면 초조(初祖)인 달마가 527년 중국 남방에 도착하였고, 그 즉시 양무제에 의하여 수도인 남경으로 초치(招致)되었다. 독실한 불교도였던 황제를 알현하는 중에 황제는 물었다.

"내가 즉위한 이래 무수히 많은 절을 지었고, 무수히 많은 경전을 각인하였고, 수많은 승려에게 공양(供養)을 해왔소. 이 모든 것이 무슨 공

---

30) 같은 책, 384쪽

덕이 되지 않겠소?"

"전혀 공덕이 되지 않습니다."

이 뜻하지 않은 인도 나그네의 대답에 황제는 다시 물었다.

"어째서 공덕이 안 된다고 하시오?"

"그러한 것들은 인천(人天) 속에서의 조그만 행위이고, 과보(果報)가 겨우 새어나오는 옹달샘에 불과합니다. 형체에 그림자가 따르듯이 그들을 따를 뿐입니다. 그림자가 존재하는 듯 보이더라도 그것은 실재하는 것이 아니지요."

"그러면 진정한 공덕이란 무엇이란 말이오?"

"진정한 공덕은 청정한 지혜에 대한 미묘한 파악에 있습니다. 이 지혜의 본질은 말이 없고 공적(空寂)한 것입니다. 이런 종류의 공덕은 속세의 여러 방법으로는 추구할 수 없습니다."[31]

달마의 이상과 같이 언급한 내용으로 봐서는 세속적인 것이 아님은 분명하다.

그러나 초조인 달마의 수행의 태도에 있어서는, 위(초세속적인 것으로 곧 공의 입장)와 같이 한 면 만이라고는 볼 수 없다. 물론 초세속적인 점이 있었을 뿐만 아니라, 한편으로는 세속적인 면도 함께하고 있었다는 것이다. 소위 달마의 이입사행(理入事行)이다.

이입사행이란 이입(理性, 理:眞性)으로 가는 입문과, 또 하나는 사행(事行, 세속에 없어서는 안 되는 행위)에로 가는 입문으로, 이 양자가 함께 한다는 것이다.

---

31) 禪學의 황금시대, 吳經態 저, 서돈각 등 옮김, 78쪽 (천지 1997)

이입(理入)은 공적(空寂)한 것이며, 이상에서 보았듯이 속세의 여러 방법으로는 추구 할 수 없는 것이었다.

그러나 사행(事行 즉 行入)은 이상의 이입과는 달리 아래와 같다. 곧 사행(行入)은 행위의 네 가지 규범에 관하여 언급하는 것인데, 여기에는 다른 모든(세속생활에 따르는)규범들이 귀속 될 수 있다. 이는 (1)증오를 갚는 규범, 즉 보원행(報怨行), (2)삶의 가변적인 여러 조건과 환경에 적응하는 규범, 즉 수연행(隨緣行), (3)집착을 버리는 규범, 즉 무소구행(無所求行), (4) 법에 맞추어 행동하는 규범, 즉 칭법행(稱法行)이다. [32]

이상과 같은 점을 볼 때 이입은 공성(空性: 覺)을 위한 길이라고 한다면, 사행인 행입은 생활을 위한 길이라고 할 수 있을 것이다. 따라서 중국 선종은 초조인 달마의 이와 같은 양면적인 (공과 색의 양면을 모두 수용하는) 태도로부터 시작한다고 할 수 있었다.

그런데 달마의 이러한 양면적인 태도는 중국 선종사에서 유명한 한 사건으로 양분되지 않을 수 없게 되었던 것이다. 그 사건의 주인공으로 말하면 중국 선종사에 가장 유명하다고 할 육조(六祖)인 혜능(慧能)대사라는 것이다.

일찍이 혜능은 출가 전에 땔 나무를 해 장터에 내다 팔면서, 노모(老母)를 봉양하면서 살고 있었다. 그런데 어느 날, 땔 나무를 산 손님의 금강경을 읽는 것을 듣고는 마음이 밝아져 출가의 계기가 되었다는 것이다.

---

32) 같은 책, 81쪽

다음은 전해 오는 바와 같이, 그의 맞수라고 할 신수의 게송이다.

〈 "몸은 보리의 나무요
마음은 밝은 거울 같나니
때때로 부지런히 털고 닦아서
티끌과 만지 끼지 않게 하라."
身是菩提樹 心如明鏡臺 是是勤拂拭 莫使有塵埃〉

이 내용은 공을 포함하고 있음은 물론이요. 또한 출가적인 면도 있음을 알 수 있다. 그런데 이에 대한 오조(五祖) 홍인의 평은 다음과 같았다.

"이 게송은 소견은 당도하였으나 다만 문 앞에 이르렀을 뿐 아직 문 안으로 들어오지 못하였다. 범부들이 이 게송을 의지하여 수행하면 타락하지는 않겠으나 이런 견해를 가지고 위없는 진리를 찾는다면 결코 얻지 못할 것이다. 모름지기 문 안으로 들어와야만 자기의 본성을 보느니라. 그대는 다시 돌아가서 며칠 동안 잘 생각하여 다시 한 게송을 지어서 나에게 바치도록 하라."

그런데 이상의 신수의 게송과는 달리 혜능이 이른 게송은 다음과 같았다.

"보리는 본래 나무가 없고
밝은 거울 또한 받침대 없네.
부처의 성품은 항상 깨끗하거니
어느 곳에 티끌 먼지 있으리오."

다시 게송에 이르기를

"마음이 보리의 나무요

몸은 밝은 거울의 받침대라

밝은 거울은 본래 깨끗하거니

어느 곳이 티끌과 먼지에 물들리오."

菩提本無樹 明鏡亦無臺 佛性無淸淸 何處有塵埃

心是菩提樹 身爲明鏡臺 明鏡本淸淸 何處染塵埃

오조 홍인은 혜능의 이 게송을 보고 이내 단박에 깨닫는 법과 가사를 전하며

"그대가 육대조사(六代祖師)가 되었으니 가사로서 신표를 삼아 대대로 이어받아 서로 전하여 마땅히 스스로 깨치도록 하라." [33]

육조단경에는 이런 말도 전한다.

"대사이시여, 신수스님 밑에서는 깨닫지 못하였습니다. 대사께서는 자비로써 가르쳐 주시기 바라옵니다."

혜능대사께서 말씀하셨다.

"네가 거기서 왔다면 참 좀살스러웠겠구나."

"신수대사께서는 계(戒), 정(定), 혜(慧)에 대해 모든 악을 짓지 않는 것을 계(戒)라고, 선(善)을 받들어 행하는 것을 혜(慧)라 하며, 스스로 자기마음을 깨끗이 함을 정(定)이라고 들었습니다."

---

33) 禪學의 황금시대, 吳經熊 지음, 서돈각 등 역 (天池 1997)

혜능대사는 대답하셨다.

"그대의 계, 정, 혜는 작은 근기의 사람에게 권하는 것이니, 자기의 성품을 깨달으면 또한 계, 정, 혜도 세우지 않느니라. 자기의 성품은 그릇됨도 없고 어지러움도 없으며 어리석음도 없나니, 생각 생각 마다 지혜로 관조하며 항상 법의 모양을 떠났는데, 무엇을 세우겠는가. 자기의 성품을 단번에 닦을지니. 계, 정, 혜를 세우면 점차가 있게 되므로 세우지 않느니라."

이에 지성(질문자)은 예배하고 나서 바로 조계산을 떠나지 아니하고 곧 대사의 문인이 되어 대사의 좌우를 떠나지 않았다. [34]

위와 같은 내용에서 우리가 보게 되는 것은, 육조(六祖) 혜능에 대한 오조(五祖)의 인정(認定)이 문제가 아니다. 사실 이는 중국 선종사로 볼 때 큰 획을 긋는 주목되는 사건이라고 할 수는 있다. 이후 달마의 양면적인(理入事行) 태도는 변하지 않을 수 없었기 때문이다.

앞서 인용한 내용에서 보듯이 북종은 출가적인 면이 있었다고 할 수 있었지만, 그러나 남종은 북종에 비교해 볼 때 세속적이었던 것이다.

남종과 북종에서 나타난 이와 같은 양면성은 초조(初祖)인 달마자신에게 있어서는 당연한 것이어서, 그것이 곧 이입사행(理入事行)으로 함께 모아져 있었던 것이다. 이입(理入)은 초속적인 것이며, 사행(事行)은 세속적이다. 그러나 달마의 이입사행은 이입의 초속적인 면과 사행의 세속적인 면이 따로 분리되어 있는 것이 아니라, 함께 모아져 있었던 것이다.

이상과 같은 달마의 이입사행의 태도는, 사실 이조(二祖) 삼조(三祖)를 거

---

34) 六祖壇經, 淸華 譯, 211, 214쪽 (광륜출판사 2003)

쳐 오는 가운데 오조(五祖)의 육조(六祖)에 대한 인정설로 말미암아 결국 이 달마의 양면적인 태도가 변해버렸다고 할 수 있다. 이는 소위 북종과 남종으로 갈라지게 되게 하였을 뿐만 아니라, 종내는 선종이 남종(南宗)일색으로 되어버린 감도 있다.

그러나 여기서는 이상의 과정에 따른 상황에만 관심을 가지는 것이 아니라, 혜능이 보는 공(空)의 입장에 관심을 가지는 문제이다.

앞서 신수가 공을 말함에 대하여, 혜능 역시 공을 말한 것이라 볼 수 있다. 하지만 공에 대한 입장은 서로 다른 것임을 알 수 있었다. 신수는 공을 말하지만 그러나 그는 공과 함께 세속도 떠날 것을 말하고 있는 것이다(六塵인 티끌을 떠나라고 말하므로). 그런데 혜능은 공을 말하지만 세속을 떠날 것을 말하지는 않는다는 것이다(몸은 본래 밝은 거울대라 어느 곳에 먼지, 티끌이 있으리요 -그러니 떠날 필요가 없다는 것). [35]

후에 육조(六祖)로서 그의 상당 법문은 다음과 같다.

"반야는 형상이 없나니, 지혜의 성품이 바로 그것이니라.

이러한 법을 깨달은 이는 반야의 법을 깨달은 것이며, 반야의 행을 닦는 것이니라. 닦지 않으면 곧 범부요, 한 생각 수행하면 법신과 부처와 같으니라.

선지식들이여, 번뇌가 바로 보리이니, 앞생각을 붙들어 미혹하면 곧 범부요, 뒷생각에 깨달으면 바로 부처이니라.

어떤 것을 무념이라고 하는가? 무념이란 모든 법을 보되 모든 법에 집

---

35) 같은 책, 210쪽

착하지 않으며, 모든 것에 두루 하되 모든 곳에 집착하지 않고 항상 자기의 성품을 깨끗이 하여, 여섯 도적(色聲香味觸法)들로 하여금 여섯 문(眼耳鼻舌身意)으로 달려 나가게 하나 육진(六塵) 속을 떠나지 않고 물들지도 않아서 오고 감에 자유로운 것이니 이것이 곧 반야삼매이며 자재해탈로서 무념행이라고 이름 하느니라." [36]

"법은 원래 세간에 있으며
세간에서 세간을 벗어나나니
세간 일을 떠나지 말며
밖에서 출세간(출가)의 법을 구하지 말라." [37]

상당법문을 볼 때 역시 혜능이 말하는 공(형상이 없는 반야, 곧 쏘이다)은 공(空)이되, 그러나 세속을 떠나지는 않는 공이라는 것을 재삼 확인 할 수 있다. (곧 육진(六塵)이나 번뇌를 굳이 떠나는 것이 아니라, 오히려 이 육진 속에서의 공인 것이다)

그런데 혜능에게 있어 이러한 세속을 떠날 필요 없는 공을 말하게 된 계기는 무엇인가? 한마디로 이는 능가경과 금강경의 차이에 있는 것이다.

능가경에 의한 선(禪)

---

36) 같은 책, 140, 161쪽
37) 같은 책, 198쪽

중국 선종은 달마를 초조로 하고는 있다.

하지만, 달마는 중국 선종의 초조라기보다는 능가종(凌駕宗)의 개창자로 보고 있다.

아래는 그에 대한 최초의 기록으로 알려지고 있다는, 속고승전(屬高僧傳)에서 보게 되는 〈혜가장〉의 내용이다.

"처음 달마선사는 4권 〈능가경〉을 가지고 혜가에게 수여하면서 말씀하시기를 '내가 중국에서 살펴보니 오직 이 경만이 수행에 도움이 될 수 있을 뿐이다. 현자(賢者)가 이경에 의거하여 수행하면 스스로 해탈을 할 수 있으리라' 고 하셨다. 따라서 혜가는 오로지 이 경의 현리에 따라 수행하였다." [38]

따라서 혜가 역시 가르침의 요지로 제자에게 물려주게 되었다는 능가경의 내용을, 직접 보게 되면 아래와 같다.

"대혜여, 이 보살 마하살은 항상 삼계가 모두 오직 제 마음임을 요달하고는 여환정(如幻定-환같은 삼매)을 얻어 뭇 영상을 끊고, 지혜를 성취하여 무생법(無生法)을 깨닫고, 금강 같은 삼매에 들어 불신(佛身)을 얻는다……. 모든 외도와 심(心), 의(意), 식(識)을 떠나 전의(轉依)하고…….

응당 온(蘊-色受想行識의 五蘊), 처(12處), 계(18界)의 심(心)과 인연으로 지어진 생(生), 주(住), 멸법(滅法)과 희론과 분별을 떠나 모든 법은 다만 마음의 분별(심량)일 뿐이다)라는 데에 머물러, 〈삼유(三有-三界)는

---

38) 선의 역사와 사상, 정성본, 172쪽 (불교시대사 1999)

옛적부터 내려온 망습에 의해서 생겨난 것)임을 관찰하고, 불지(佛地)는 무상(無常), 무생이며 ……그러므로 대혜여, 보살 마하살은 교법에서 잘 배우고 닦아야 한다." [39]

"대혜여, 법성불(法性佛)은 일체소연상(一切所緣相), 일체소작상(一切小作相)과 근(根), 량(量)등에 상(相)에 반연하지 않으므로, 범부가 아닌 이승과 모든 외도들이 아상(我相)을 집착하여 취하는 바의 경계를 멀리 여의었다. 그러므로 대혜여, 스스로 깨닫는 거룩한 지혜의 수승한 경계에서 마땅히 부지런히 닦고 배워서, 자심(自心)이 나타낸 것에서 상을 분별하여 보는 것을 속히 버리고 여의어야 한다." [40]

그때 대혜 보살마하살이 마음의 현류(마음의 움직임)를 밝히기 위하여 부처님께 청하여 말했다.

"세존이시여, 어떻게 모든 중생들의 자심현류(自心現流)를 밝히옵니까?"

부처님께서 말씀하셨다.

"대혜여, 점차로 맑히고(漸修) 한목에 맑히지(頓悟) 않는다. 과일나무 열매가 점차로 익는 것이지 그렇지 않고 한목(한꺼번에)에 익는 것이 아니듯이, 모든 부처님 여래가 모든 중생의 자심현류를 맑힘도 역시 그러하여, 점차로 맑히고 한목에 맑히지 않는다. 또한 도공이 그릇을 만들 때도 점차로 되고 한목에 되지 않듯이, 모든 부처님 여래가 모든 중생의 자심

---

39) 대승입능가경, 김재근 역, 103쪽 (명문당 1989)
40) 같은 책, 129쪽

현류를 맑힘도 역시 그러하여 점차로 하고 한목에 하지 않는다."[41]

그런데 이상에서 보는 능가경은 해심밀경등과 같은 유식에 관한 경전인 것이다. 또한 이들 경에 따른 논이 곧 유가사지론(瑜伽師之論)이다. 유가사지론은 유식학자인 무착의 저작이며 또한 유가(瑜家)는 요가(Yoga)라는 말이다. 즉 〈요가-수행〉이다. 따라서 이 경은 내용에서 보듯이 수행에 입각한 내용이라는 것을 관과 할 수 없는 것이다.

특히 능가경 내용 중에 보이는 돈오(頓悟)에 대한 점수(漸修)의 입장은, 혜능의 관점을 보게 되는 경우에도 참고가 되는 점이라고 하겠다 - 물론 혜능은 돈오를 주장했다. 따라서 유식(唯識)에 관해 잘 설명해 주고 있는 것이 다음 내용이다.

"유식사상의 핵심은 전식득지(轉識得智)에 있다고 한다. 다시 말하면 번뇌로 인하여 오염된 망식을 수행의 힘으로 정화하고 전환하여 지혜를 증득하는 데 있다는 것이다. 전식득지는

1. 안식(眼識), 이식(耳識), 비식(鼻識), 설식(舌識), 신식(身識) 등 오식(五識)이 청정하면 성소작지(成所作智)로 전환되고
2. 제육의식(第六意識)이 청정하면 묘관찰지(妙觀察智)로 전환되며
3. 제칠말나식이 청정하면 평등성지(平等性智)로 전환되고
4. 제팔아뢰야식이 청정하면 대원경지(大圓鏡智)로 전환된다는 뜻이다.

그런데 이러한 지혜와 본성을 아마라식(阿摩羅識)이라고 하며, 이를 번역하여 무구식(無垢識)이라고 칭하기도 한다.

---

41) 같은 책, 126쪽

유식사상에서 인간은 청정무구한 절대의 진여성에 입각한 순수한 지혜생활을 방해하는 번뇌성을 동시에 보존하고 있다고 한다. 그러나 번뇌는 물거품과 같이 일시적인 현상이기 때문에 이를 정화하여 진여(眞如)이며 불성(佛性)인 진실성을 회복 할 수 있다고 하였다. 이는 지식이나 이론만으로는 불가능하여 오직 수행을 통해서만이 가능하다.

유식론(唯識論)에 의하면 수행방법은 보살의 수행으로서 십주(十住), 십행(十行), 십회향(十回向)의 삼현의 단계를 밟아야 한다고 하였다. 그리고 이 수행과정을 지나서 환희지(歡喜地), 이구지(離垢地), 발광지(發光地), 염혜지(焰慧地), 난승지(難勝地), 현전지(現前地), 원행지(遠行地), 부동지(不動地), 선혜지(善慧地), 법운지(法雲地)등 십지(十地)의 수행위를 닦아야 원만한 수행과정을 마칠 수 있다고 한다. 이와 같은 삼현과 십지위는 유식종의 빼놓을 수 없는 수행과정이며 이는 대승불교의 전형적인 수행론인 것이다."[42]

금강경에 의한 선(禪)

이미 혜능은 육조로 되기 전에, 출가하기도 전에 금강경에 대해 인연을 가지고 있었다(앞서 예를 든 바처럼).

따라서 신수와 대응하여 가진 혜능의 게송을 말하더라도, 그때의 게송은 금강경의 내용에 따른 것이라고 할 수 있다.

이는 육조단경에서 보는 상당법문을 봐서도 알 수 있다.

"선지식들이여, 만약 깊은 법의 세계에 들고자 하고 반야삼매에 들어

---

42) 불교학 개론, 동국대학교, 186쪽

가고자 하는 사람은 바르게 반야바라밀의 오로지 〈금강반야바라밀경〉이 한권만 지니고 수행하면 바로 자성을 보아 반야삼매에 들어가니라.

　이 사람의 공덕이 한량없음을 마땅히 알아야 할지니, 경에서 분명히 찬탄하였으니, 능히 다 갖추어 설명하지 못하느니라. 이것은 최상승 법으로서 큰 지혜와 높은 근기의 사람들을 위하여 설법한 것이니, 만약 근기와 지혜가 작은 사람이 이 법을 들으면 마음에 믿음이 나지 않나니, 무엇 때문인가?

　비유하면 마치 큰 용이 큰 비를 내리는 것과 같아서 염부제에 비가 내리면 풀잎이 떠내려가는 것과 같고, 이 또한 큰 비라고 하더라도 큰 바다에서는 줄지도 불어나지도 않는 것과 같느니라.

　대승의 사람은 〈금강경〉 설하는 것을 들으면 마음이 열려 깨달아 아나니, 그것은 본래 성품이 스스로 반야의 지혜를 지니고 있어서 스스로의 지혜로서 보고 비추어서 문자를 빌리지 않느니라.

　비유하건데, 그 빗물이 하늘에 있는 것이 아님과 같으니, 원래 용왕이 강과 바다 가운데서 이 물을 몸으로 이끌어 모든 중생과 모든 초목과 모든 유정, 무정을 다 윤택하게 하고, 그 모든 물의 여러 흐름이 다시 큰 바다에 들어가서 바다는 모든 물을 받아들여 한 몸으로 합쳐지는 것과 같아서, 중생의 본래 성품인 반야의 지혜도 이와 같으니라."[43]

따라서 금강경을 경전에서 직접, 또한 위에서 살펴 본 능가경에 대비하여 보게 되면 다음과 같다.

　"수보리야, 또 생각해보니 과거 오백 세에 인욕선인(忍辱仙人)이 되어

---

43) 육조단경, 청화 역주, 145, 147쪽 (광륜사 2003)

서 그 세상에서도 아상(我相)이 없었으며 인상(人相)이 없었으며 중생상(衆生相)이 없었으며 수자상(壽者相)이 없었느니라. 그러므로 수보리야, 보살은 응당히 모든 상(相)을 여의고 아뇩다라라삼보리의 마음을 낼지니. 응당히 색(色)에 머물러 마음을 내지 말며, 응당히 성(聲), 향(香), 매(昧), 촉(觸), 법(法)에 머물러 마음을 내지 말고, 응당히 머문바 없이 그 마음을 낼지니라." [44]

"수보리, 네 생각이 어떠하냐. 수다원이 능히 이런 생각을 하되, 내가 수다원과를 얻었다. 하겠는가?" 수보리가 말씀드리기를, "아닙니다. 세존이시여, 왜냐하면 수다원은 입류(入流)라고 하지만 들어간 바가 없기 때문이니 색, 성, 향, 매, 촉, 법에 들어가지 않았음으로 이를 수다원이라 이름합니다." "수보리야, 네 생각이 어떠하냐? 사다함이 능히 이런 생각을 하되, 내가 사다함과를 얻었다고 하겠느냐?" 수보리가 말씀드리기를, "아닙니다. 세존이시여, 왜냐하면 사다함은 이름이 일왕래(一往來)이나 실로는 왕래함이 없기 때문에 이를 사다함이라 이름 하나이다."

"수보리야, 어떻게 생각하느냐? 아라한이 능히 이런 생각을 하되, 내가 아라한과를 얻었다. 하겠느냐?" 수보리가 말씀드리되 "아닙니다, 세존이시여, 왜냐하면 실로 법(法)이 없음을 아라한이라 하나니 세존이시여, 만일 아라한이 이런 생각을 하되, 내가 아라한도를 얻었다 하면 곧 아상, 인상, 중생상, 수자상에 집착함이 되기 때문입니다." [45]

"수보리야, 만일 보살이 항하수처럼 큰 세계에 가득 찬 칠보를 가지고

---

44) 금강경강의, 혜거스님, 191, 193~194쪽 (부디스트 웹 닷컴 2001)
45) 같은 책, 133~139쪽

보시를 하더라도, 만일 어떤 사람이 일체 법이 무아임을 알아 인(忍)을 얻어 이루면 이 보살은 앞의 보살이 얻은 공덕보다 수승하리니, 왜냐하면 수보리야, 모든 보살이 복덕을 받지 않는 까닭이니라." 수보리가 부처님께 사뢰어 말씀드리기를, "세존이시여, 어찌하여 보살이 복덕을 받지 않습니까?" "수보리야, 보살은 지은 바 복덕을 탐착하지 않으므로 이 까닭에 복덕을 받지 않는다 말 하느니라." [46]

공(空)에 대한 금강경과 능가경의 차이

능가경이나 금강경이 함께 공(空)을 말하고 있다는 점에 있어서는 서로 같은 입장이라고 할 수 있다.

능가경은 수행을 통해(닦아서), 공(空)을 터득하지 않으면 안 된다는 것이다. 한편 금강경은 비록 공을 말하기는 하나, 능가경이 공을 말하되 또한 수행을 강조하는 입장과는 다른 입장인 것이다. 금강경으로서는 이미 공이므로 이를 깨닫기만 하면 되는 것이다.

그런데 능가경이 이처럼 수행의 필요성을 갖고 있다고는 해도, 이미 상좌 불교와도 다른 길을 간다(물론 상좌불교야말로 수행단체라고 아니 할 수 없기는 하다).

아래는 능가경의 일면이다.

〈부처님께서는 말씀하셨다

---

46) 같은 책 301,203P

"대혜여, 모든 성문들은 생사(生死)를 두려워하여 허망하게 고(苦)를 생각하고 열반을 구하지만, 생사와 열반의 차별된 모양은 일체가 모두, 허망한 분별로 있으나 〈실제로는, 생사와 열반의 차별〉 없는 것임을 알지 못하므로, 〈미래의 근(根), 경(境)이 없어짐으로써 열반이 된다고〉 허망하게 헤아리지만, 〈스스로 깨닫는 거룩한 지혜의 경계를 증득하여 소의(所衣)를 바꾼 장식이 대열반임〉을 알지 못한다. 그러므로 저 어리석은 사람에게는 〈삼승(三乘)이 있다〉고 말하고 〈오직 마음 뿐 경계는 없음〉을 말하지 않는다.

대혜여, 저와 같은 사람들은 과거, 미래, 현재의 모든 부처님께서 말씀하신 제 마음의 경계를 알지 못하고 마음 밖의 경계(心外境)를 취하여 항상 생사에서 윤전(輪轉-바퀴돔)하여 끊이지 않는다.

대혜여, 과거, 현재, 미래의 모든 여래께서는 〈일체 법은 나지 않음(一切法不生)〉을 말씀하신다. 그 까닭은, 자심이 보인 바는 성품이 없기 때문이며, 유생(有生), 무생(無生)을 떠났기 때문이다.

대혜여, 다시 어떤 중생은 열반을 구하여 깨닫고 말하기를 〈아(我), 인(忍) 중생(衆生), 양자(養者), 취자(取者)를 깨달아 아는 것이 열반이다〉라고 하고, 또 어떤 중생중은 말하기를 〈일체법을 보니 작자로 인하여 있으니 작자가 열반이다〉라고 한다.

대혜여, 그들에겐 해탈이 없으니, 법(法) 무아(無我)를 아직 보지 못했기 때문이다.

이것이 성문승, 종성과 외도 종성인데, 〈벗어나지 못했으면서도 벗어났다〉는 생각을 한다. 그러므로 응당 부지런히 닦아 익히고는 이러한 악견

을 버려야 한다." [47)]

보는 바와 같이 능가경에서는 과거 상좌 불교의 입장인 출가라든가, 세속을 부정하기 등은 없다. 그러나 능가경은 출가불교(고를 피해 열반할 수 있다는 등의 아라한의 입장 등)의 입장만 에 불과한 것이 아니라는 것이다.

또한 능가경은, 단지 공(空)에 대한 입장 만에 그치지 않고(이 점이 금강경의 입장이라고 한다면), 이 공에 대해서도-이에 그치지 않는 점이 능가경이라고 할 것이다.

그때 세존께서 다시 대혜 보살 마하살에게 말씀하셨다.
"대혜여, 이 공(空), 무생(無生), 무자성(無自性), 무이상(無二相)은 모두, 일체 모든 부처님이 말씀하신 수다라(sutra : 敎法) 중에 들어간다. 부처님이 말씀하신 경에는 모두 이 이치가 (들어)있다.

(그러나) 대혜여, 수다라는 일체 중생의 마음에 수순하여 말한 것이므로 진실은 말 속에 없다. 비유하면 아지랑이는, 미치고 혹란한 모든 짐승들이 〈물〉이라는 생각을 내게 하지만 실제로는 물이 아니듯이, 뭇 경에서 말한 것도 역시 그러하여 모든 어리석은 범부가 스스로 분별하여 환희를 내게 하지만, 모든 것은 거룩한 지혜로 깨달을 곳인 진실한 법을 나타내 보인 것은 아니다.

대혜여, 응당 뜻에 따르고 말에 집착 하지 말라." [48)]

능가경에 의하면 공(空)이란, 공을 주장하는 데에 있는 것이 아니다. 이

---

47) 대승입능가경, 김재근 역, 133~134쪽 (명문당 1989)
48) 같은 책, 156쪽

런 모든 것은 생각에 불과하다는 것(三界는 오직 唯識이라는 것)이 밝혀진 이상, 공에 대하여 안다는 것도 생각에 불과하다.

그렇다면 어떻게 하면 이 생각을 떠날 수 있는가 하는 것이(공에 대한 생각까지도), 능가경의 관건이 될 것이다. 따라서 이 생각(미망이 되는)을 밝히는 이것이 곧, 소위 닦는다든가 수행을 하지 않으면 안 되는 까닭이 될 것이다.

따라서 능가경의 이러한 수행의 지침을 갖고 출발 한 것이 능가종(소위 달마선)의 취지일 것이다.

그런데 앞에서도 언급한 바와 같이, 달마의 취지는 또한 이입사행이기도 하다는 것이었다.

여기 달마의 이입사행에서, 이입(理入)으로 첫째 공(空이라는, 생각이 아닌즉, 眞性)을 밝혀야만(覺) 하는 중요성이 있겠지만, 그러나 또한 아울러 행입(行入)으로 일상행위 역시 무시 할 수 없음을 강조하고 있다는 점인 것이다.

달마는 첫째 인도인으로서 인도인답게, 근원적인 깨달음을 목표로 하는 불교인으로서 입장이 있었을 터이다. 그러나 한편으로 달마는 이제 중국이라는 풍토에서, 그 중국에 걸 맞는 생활인으로서의 소양을 무시 할 수 없는 입장도 있었음을 보여준다.

"도(道)에 드는 길은 많으나 요약한다면 두 가지에서 벗어나지 않는다. 첫째는 이입(理入)이요, 둘째는 행입(行入)이다.

이입은 가르침에 의해 종지를 깨닫는 것을 말한다. 중생(合生)이 동일한 진성(眞性)을 깊이 믿으나, 다만 번뇌(客塵)와 망상에 덮힌 바가 되어서 능히 드러나지 못하는 경우이다. 만약 망상을 버리고 참된 성품(眞性)으로 돌아가서 확고하게 벽관(壁觀)에 머무른다면 자기와 남이 없고 범부와 성인이 평등히 하나가 되며, 굳게 움직이지 아니하여 다시는 말에 의한 가르침에 따르지 않게 된다. 이러한 상태가 곧 이치와 더불어 그윽히 부합하여 분별이 없고 고요(寂然)하여 작위가 없는(無爲) 것으로, 이를 이입(理入)이라 한다.

행입(行入)이란 네 가지 실천으로, 그 나머지 모든 행은 다 이 가운데 포함된다. 무엇이 네 가지인가? 첫째는 전세(前世)의 원한에 보답하는 실천(報怨行)이요, 둘째는 인연을 따르는 실천(隨緣行)이요, 셋째는 구하는 바가 없는 실천(無所求行)이요, 넷째는 법대로 살아가는 실천(稱法行)이다."[49]

달마의 취지에서 보게 되는 이입사행(理入사행)중 이입에 있어서만은 역시 수행을 통하지 않으면 아니 된다는 것은 물론이다. 그런데 이 수행이 좌선인 것이다. 따라서 달마는 9년 면벽(즉 壁觀)이라는 좌선(坐禪)의 신화를 남기고 있는 정도인 것이다.

달마로부터 인가를 받고, 달마에 이은 이조(二祖)가 된다는 혜가 역시

"〈능가경〉에서 말했다. 성자는 고요한 마음으로 내성함으로써 만들어진 (생산된) 것에서 멀리 벗어난다. 그것을 집착되지 않는 도라고 부르며 현세도 내세도 항상 청정하다. 사방팔방의 많은 부처님 가운데서, 어느 한 분이라도 좌선법(坐禪法)에 의하지 않고 깨달음을 실현할 수 있었을 것이란 따위의 생각은, 도저히 있을 수 없는 일이다."[50]

---

49) 달마대사의 소실육문, 仁海 역, 122쪽 (민족사 2008)
50) 능가사자기 혜가장, 유전성산 편, 양기봉 역, 93쪽 (김영사 1990)

따라서 달마와 혜가의 이러한 좌선의 태도는 달마에 뒤이은 혜가는 물론, 승찬, 도신, 홍인까지 계속 이어지고 있었다고 한다, 이는 앞에서도 대강 지적 한 바다. 따라서 초조(初祖)가 되는 달마로부터 시작. 오조(五祖)가 된다는 홍인에 이르기까지, 이 좌선이 끊임없이 이어져 온 셈이다.

좌선수행을 위한 기본 태도로서 그중 사조(四祖)인 도신의 말을 인용하여 본다면

"초학자로서 좌선간심(坐禪看心)하려는 사람은 혼자 한 곳에 앉아 먼저 몸을 단정히 정좌하고 옷과 허리띠를 풀어 편안하게 하고, 몸을 느긋하고 부드럽게 하여 스스로 7-8번 정도 흔들어 편안히 하여 숨을 전부 내쉬면 곧 물이 흐르듯이 심성이 맑아져서, 청허하며 고요하게 된다. 몸과 마음이 조화를 이루어 정신이 안정이 되면 그윽하고 유현(幽顯)하게 되어, 기식이 청랭(淸冷)해지며 서서히 마음이 거두어지고 정신이 맑고 예리하게 되며, 심경도 밝고 상쾌해진다. 관찰이 분명해지고 내외가 공적(空寂)하여 심성이 적멸하게 된다. 이렇게 적멸하게 되었을 때 성심(聖心)이 나타나게 된다. 심성(心性;聖心)은 비록 형상이 없으나 저절로 항상 존재하고 있으며 유현하고 신령한 빛은 다함이 없어 항상 두렷이 밝으니, 이것을 불성(佛性)이라고 부른다. 불성을 보는 자는 영원히 생사를 떠나니 이름하여 출세인이라 한다." [51]

도신 다음에 오는 홍인의 전기를 기록한 현존 최고(最古)의 자료는 역시 〈전법보기,傳法寶記〉와 〈능가사자기,凌駕使者記〉의 홍인전이라고 한

---

51) 능가사자기 (도신장) 看話正路 中, 월암 역, 47쪽 (현대북스 2006)

다.

그런데 능가사자기의 저자 정각은, 홍인대사는 숙연히 정좌(靜坐)를 계속하였다고 한다.

또한 전법보기에도, 홍인은 낮에는 스승 도신이 시키는 일에 열중 하였고, 밤에는 새벽까지 좌선(坐禪)에 힘쓰기를 게을리 하지 않았다고 한다.

특히나 노동과 좌선을 아울러 실천했다는 홍인의 모습에서는 달마의 이입사행(즉 좌선과 생활)의 표본을 보는 듯도 하다.

사실 좌선과 함께 노동을 겸했다는 이런 홍인의 입장은 앞서 달마로부터 비롯된 중국선종의 이상이 되기도 했다고 할 수 있다.

그런데 이러한 좌선의 태도가(특히 좌선과 생활을 겸한 입장이) 홍인의 뒤에 와서는 변황을 겪게 된다는 것인데, 그 원인은 홍인의 제자인 혜능과 신수로부터 비롯되었다는 것이다.

이들 양자의 게송을 다시 한 번 확인해 본다면

〈신수의 게송〉

"몸은 보리의 나무요
마음은 밝은 거울 같나니
때때로 부지런히 털고 닦아서
티끌과 먼지 끼지 않게 하라."
身是菩提樹 心如明鏡臺 是是勤拂拭 莫使有塵埃

〈혜능의 게송〉

"보리는 본래 나무가 없고
밝은 거울 또한 받침대 없네.

부처의 성품은 항상 깨끗하거니
어느 곳에; 티끌 먼지 있으리오."
마음이 보리의 나무요
몸은 밝은 거울의 받침대라
밝은 거울은 본래 깨끗하거니
어느 곳이 티끌과 먼지에 물들리오."
菩提本無樹 明鏡亦無臺 佛性無淸淸 何處有塵埃
心是菩提樹 身爲明鏡臺 明鏡本淸淸 何處染塵埃

　신수의 게송은 마음의 티끌과 먼지가 끼지 않도록 항상 털어내라고 하는 것이니, 곧 수행의 강조이다. (사실 수행의 필요성은 처음 능가경으로부터 이어받아온 바일뿐만 아니라, 이에 따라서 달마는 물론 혜가를 비롯해 계속 이어져 왔다는 것은 이상 앞에서도 본 바이다)
　반면에 혜능의 게송은 마음은 항상 깨끗하고, 티끌과 먼지도 물들 리가 없다는 것이다. 물론 티끌과 먼지가 물들지 않는다면 역시 이를 털어낼 것도 없다. 따라서 수행의 필요성도 없을 것이다.
　수행에 대한 이와 같은 신수와 혜능의 서로 다른 태도는, 역시 좌선수행에 대해서도 서로 다른 태도를 가질 것은 분명하다.

【신수】
　"각각 결가부좌(坐禪의 태도)하고 불자의 마음과 같이 담연하게 움직이지 않게 하라. 무엇을 정(淨)이라고 말하는가? 불자여! 제불여래는 입도(入道)의 대방편이 있으니, 일념에 정심을 이루면 단번에 불지(佛地)에 뛰어오를 것이다.
　마음을 간(看)하여 정심을 이루면 정심지(淨心地)라고 부른다.

마음을 편안히 걸림 없이 하여 멀리 간하고 평등히 허공을 다하여 간하라." [52]

【혜능】

"선지식들이여, 도(道)는 모름지기 통하여 흘러야 하나니, 어찌 도리어 정체할 것인가? 마음이 머물러 있지 않으면 바로 통하여 흐르는 것이요, 머물러 있으면 바로 속박이 되는 것이니라.

만약 앉아서 움직이지 않음이 옳다고 한다면, 사리불이 숲속에 앉아 있는 것을 유마힐이 꾸짖었음이 합당하지 않느니라.

선지식들이여, 또한 어떤 분이 사람들에게 〈앉아서 마음을 관찰하고 깨끗함을 관찰하되 움직이지도 말고 일어나지도 말라〉고 가르치고 이것으로서 공부를 삼게 하는 것을, 미혹한 사람은 이것을 깨닫지 못하고 문득 거기에 집착하여 전도(顚倒)됨이 수백 가지이니, 이렇게 도를 가르치는 것은 크게 잘못된 것임을 알아야 하느니라." [53]

신수와 혜능의 다른 의견은 수행의 필요성에 대하여는 물론, 좌선에 대해서도 서로 달리 하고 있음이 명백하다. 따라서 이들의 서로 상이한 입장은, 나중에 갈라지게 된 북종과 남종의 태두로서 장본인이 되기도 한다.

혜능에게 있어서는 수행이나, 더욱이 이 수행에 따른 좌선을 반드시 해야 할 이유는 없었다고 할 것이다

또한 이것이 좌선하던 마조(馬祖)가 꾸지람을 들은 이유가 되는 것이다.

---

52) 신수의 대승무생방편문, 간화정로, 월암 역, 58쪽
53) 육조단경, 청화 역, 84쪽 (광륜사 2003)

마조도 수행초기에는 역시 좌선에 열중하였다고 한다. 그러던 중 마조는 그의 좌선의 태도에 대하여, 혜능의 제자였던 회양으로 부터 질책을 받았던 것이다. 특히나 마조는 회양의 이 좌선에 대한 질책을 얼마나 심하게 받아들였던지(강렬한 영향을 받았던지), 이후 그는 좌선을 하지 않았음은 물론이요, 회양의 이 좌선에 대한 질책으로 말미암아 큰 깨달음까지 얻게 되었다고 한다.

따라서 다음에 보이는 내용은, 역시 뒷날에 마조의 행적이 당연히 이렇게 될 수밖에 없음을 알 수 있을 법한- 그의 말이라 할 것이다.

"일체중생은 무량겁을 쫓아오면서 법성삼매(法性三昧)를 벗어나지 않고 있으며, 오래도록 그 법성삼매 중에서 옷 입고 밥 먹고 사람들을 만나 대화하고 있다. 중생들의 육근(六根)의 운용(運用)이나 행위가 모두 법성이다. 그런데 그 본원에 돌아가지 못했기 때문에 명상(名相)을 쫓고 정(情)에 미(迷)하여 망상을 일으켜, 여러 가지 악업을 짓고 있는 것이다. 만약 일념으로 자기를 반조한다면, 자기의 전체가 성심(聖心)이다." [54]

"나날의 내 삶이란 손에 잡히는 대로
허드렛일이나 하는 것일 뿐
오는 일 막지 않고 가는 일 붙들지 않네
내게 내세울 만한 영광의 상징이 있다면
티끌 하나 없는 산과 언덕일 뿐
내 마음 공부 보여줄 수 있는 것이란

---

54) 선의 역사와 사상, 정성본, (불교시대사 1999)

물 긷고 땔 나무 줍는 일이라." [55]

앞에서 보아온 것처럼, 원래 달마는 이입사행으로 도(道를 닦는, 곧 修行)와 일(생활)을 함께 겸하고자 했던 것은 분명 하다.

그렇긴 하나 그에게 있어서는 또한 분명히 도(道)와 일(事)은 다른 것이었다고 할 것이다. 말하자면 道는 도(修道), 일은 일(事)이었지. 생활을 위한 일을 하면서, 이러한 일을 하는 것이 또한 동시에 도를 닦는 일이 되는 것이라고는 하지 않았다는 것이다. 그러기에 9년 동안이나 면벽을 하면서 좌선수행을 할 수 있었다고 할 것이다.

달마의 수행과 일을 함께 말하는 것으로 봐서는, 수행이나 일 어느 하나라도 편중되지 않을 것처럼 보이긴 하다. 그러나 (달마에게서 보는) 수행을 위한 좌선만을 9년 동안이나 계속했다는 것은, 수행에 편중되었다고 할 수 있겠다. 물론 뒤에 보게 되는 오조(五祖) 홍인은 낮에는 일(노동)을 하고, 밤에는 좌선을 했다는 양면성을 두루 갖추고 있다.

그런데 이상과는 달리 혜능(六祖)은 굳이 좌선을 할 필요가 없다고 한다. 더욱이 수행의 필요성도 없다고 했다. 비록 수행의 필요성까지는 말하지 않았다고 해도, 수행을 위하여 굳이 일을 떠날 필요는 없다고 말한 것은 분명하다.

그런데 이러한 태도가 마조에 이르러서는 더욱 분명함을 알 수 있다. 그의 말에 따르면

"일체중생은 무량겁을 쫓아오면서 법성삼매(法性三昧)를 벗어나지 않고 있으며…… 옷 입고 밥 먹고 사람들을 만나 대화하고 있다. 중생들

---

55) 선의 황금시대, 존 C. H. 우 편, 김연수 옮김, 105쪽 (한문화 2006)

의 육근(六根)의 운용(運用)이나 행위가 모두 법성이다……. 나날의 내 삶이란 손에 잡히는 대로 허드렛일이나 하는 것일 뿐. 내 마음 공부 보여 줄 수 있는 것이란 물 긷고 땔 나무 줍는 일이라."

사실 마조이후가 되면 이러한 태도는, 그의 제자들을 비롯해 일상적인 풍조가 되기도 한다.

능가경의 종지는 생각(헛된)을 떠나는 것이다. 이는 또한 수행이 아니면 안 되는 것이었다. 따라서 달마의 이입 역시 이러한 취지에 의해, 좌선수행을 한 것이라 할 것이다.

금강경의 종지는 공(空, 곧 相이 없는 자리)를 찾는 것이다. 뒤에 도신(四祖)은 이를 일행삼매(一行三昧-소위 문수설 반야경에 의한)가 된다고 했다. 따라서 이(일행삼매)를 위한, 수행의 방편으로(역시 달마의 수행의 입장에 따라서) 좌선수행을 했던 것이다.

그런데 혜능(六祖) 역시 이러한 금강경(相이 없는 자리-일행삼매)의 취지를 이어받았다고는 하지만, 이상의 입장(달마나 도신 등의 좌선수행)과는 달리 한다는 것이다. 그러니까 혜능은 달마나 도신처럼 좌선을 통해 공(空, 상이 없는 자리)을 찾는 것이 아니다. 좌선이 아니기 때문에, 결국 행위(어떤 행위든, 행위를 떠날 필요가 없음으로) 안에서 공을 찾는 경우가 된다. 이는 마조를 통해서 볼 것 같으면 더욱 분명하게 일상행위(물 긷고 땔나무를 하는)속에서 이루어진다.

그런데 일상행위 안에서 공(相이 없음)을 찾는다면, 이런 경우에는 어떤 현상이 될 것인지를 생각해 볼 수 있다.

일상행위 안에서의 공(空)과 상(相)

무엇보다 일상 행위 속에서는 공(空)을 찾을 수 없다는 것이다.(육근의 자리를 떠나지 않는다고 했고, 그렇다면 이 육근을 통한 상이 반드시 있을 것이므로. 물론 육근을 떠나서는 일상행위가 이루어질 수 없다. 따라서 육근의 상을 떠난 일상행위는 있을 수 없기에, 육근이 없는 공·六根의 相이 없는 空을 일상 행위에서는 상상할 수 없다는 것이다. 따라서 육조 역시 육근을 떠날 필요가 없다고 누누이 말하였던 것이다)

이에 따라서 단지 두 경우가 될 수밖에 없다는 것을 알 수 있다. 공의 입장과 상의 입장이다. 공의 입장은 상(相)을 부정 한다(물론 이렇게 상을 부정한다고 상을 떠날 수 있는 것은 아닐 테지만), 반대로 상의 입장은 상(相), 곧 당연히 현실적 입장인 현상을 인정해야 한다는 것이다.

그런데 이와 같이 두 입장에 따른 사정은, 역시 중국 선종 어록을 통해서도 확인 할 수 있다.

상(相)을 부정하는 공(空)의 입장

〈 어느 날 세존께서 법좌에 올라 설법하려고 할 때였다. 문수보살이 법회가 끝났음을 알리는 백퇴를 치며 이렇게 말했다.

"법왕의 법을 잘 살펴보았는가? 법왕의 법은 이와 같도다."
그러자 세존께서는 곧 법좌에서 내려 오셨다.〉[56]

---

56) 碧巖錄, 조오현 옮김, 309쪽 (불교시대사 2005)

〈한 남자가 운문 화상에게 물었다.

"어떤 것이 법신입니까?"

화상은 이렇게 말했다.

"온몸(六大; 地. 水, 火, 風, 空, 識)으로도 받아들일 수 없느니라."〉[57]

〈위산과 오봉 운암이 함께 백장 화상을 모시고 있을 때의 일이다. 어느 날 화상이 위산영우에게 물었다.

"목구멍과 입술을 닫고도 말할 수 있겠는가?"

"화상께서 먼저 말씀해 보시지요."

화상은 이렇게 말했다.

"내가 사양하지 않고 그대에게 말할 수는 있으나 뒷날 법손이 끊어질까 두렵구나."〉[58]

〈어느 날 장경화상이 이렇게 말했다.

"차라리 아라한에게 탐욕과 분노와 우치와 세 가지 독이 있다고 할지언정 여래가 진실한 말과 방편의 말 두 가지로 말했다고 해서는 안 된다. 여래께서 말을 안했다는 것이 아니라 두 가지 말을 안했다는 것이다."

이에 대해 보복 화상이 물었다.

"그러면 어떤 것이 여래의 말씀인가?"

"귀먹은 사람이 어떻게 들을 수 있겠는가?"

"그대가 진실의 차원이 아니라 방편의 차원에서 한 말이라는 것을 알

---

57) 같은 책, 166쪽

58) 같은 책, 239쪽

겠네."

"그러면 어떤 것이 여래의 말이라고 생각하는가?"

"차나 마시고 가시오."〉[59]

〈남전(南泉)화상에게 한 중이 물었다.

"이제까지 사람에게 설하지 않은 법이 있습니까?"

남전이 대답했다.

"있다."

"어떤 것이 이제까지 설하지 않은 법입니까?"

"마음도 아니고 부처도 아니고 물건도 아닌 것이니라."[60]

위산 화상이 백장 화상 회상의 전좌(공양담당)를 맡고 있었다.

백장이 장차 대위산의 주인을 뽑기 위하여, 앞에 물병을 놓고 수좌(首座)와 대중을 향해 말했다.

"이것을 물병이라고 불러서는 아니 되니 너희는 이것을 뭐라고 부를 것인가?"

수좌가 나와 말하였다.

"신발이라고 할 수도 없습니다."

이에 백장이 위산에게 물었다. 위산은 곧 나와 물병을 걷어차고 돌아갔다.

백장이 웃으면서 말하기를

"제1좌가 산자(山子)에게 졌다."

그리고는 위산을 명하여 후임을 맡겼다.〉[61]

---

59) 같은 책, 317쪽
60) 무문관, 광덕스님 옮김, 117쪽 (불광출판사 2009)
61) 같은 책, 161쪽

이상에서 본 것은 선종어록에서 볼 수 있는 부정적인(相을 부정한 空의 입장) 말들이라 하겠다.

이러한 예는 얼마든지 더 보기를 들 수는 있지만 이 정도로 한다.

상(相)을 긍정하는 입장

다음은 부정적인 공(相을 부정한 空)이 입장이 아니라, 그 반대인 상(相을 수용한다고 할) 예들이다.

〈어떤 남자가 운문 화상에게 물었다.
"무엇이 부처님의 일대시교(一代時教)입니까?"
화상은 이렇게 답했다.
"때와 장소에 따라 한 말이다."〉[62]

〈장사(長沙) 화상이 어느 날 산을 유람하고 돌아왔다. 이를 본 수좌(首座)가 물었다.
"화상께서는 어디를 다녀오시는 길입니까?"
"산에 좀 올라갔다 오는 길이네."
"어디까지 올라갔다 오시는 길입니까?"
"처음에는 향기로운 풀을 따라갔다가 지는 꽃을 따라 돌아왔네."

---

62) 벽암록, 조오현 역, 65쪽 (불교시대사 2005)

"봄 냄새가 물씬 풍깁니다."

"가을에 이슬이 연꽃에 맺힌 것보다야 훨씬 낫지."

(이 말에 설두는 "훌륭한 말씀에 감사 한다"고 존평했다)〉[63]

〈어떤 납자가 운문 화상에게 물었다.

"청정법신(淸淨法身)이란 무엇입니까?"

"꽃으로 장엄한 울타리니라."

"그렇게만 알고 있으면 되겠습니까?"

이에 화상은 이렇게 답했다.

"황금색 털을 가진 사자니라."[64]

한 납자가 운문 화상에게 물었다.

"어떤 것이〈화엄경〉에서 말하는 진진삼매(塵塵三昧)입니까?"

화상이 이렇게 답했다.

"바리때 속의 밥, 물통 속의 물이지."〉[65]

〈어떤 납자가 조주 화상에게 물었다.

"만 가지 법이 하나로 돌아간다면 하나는 어디로 돌아갑니까?"

이에 대한 화상의 대답은 이러했다.

"내가 청주에 있을 때 배적삼을 한 벌 만들었는데 그 무게가 일곱 근

---

63) 같은 책, 135쪽
64) 같은 책, 144쪽
65) 같은 책 175쪽

이었네."〉⁶⁶⁾

〈옛날 16명의 보살이 있었다. 그들은 수행자들이 목욕할 시간에 늘 하던 대로 욕실에 들어갔다가 홀연히 물의 성질을 깨달았다. 모든 선덕들이여, 그대들은 이 일을 뭐라고 하겠는가? "영묘한 감촉이 또렷하여 크게 깨닫고 부처의 아들이 되었다." 는 뜻을 알겠는가? 모름지기 종횡으로 자재해야만 비로소 그처럼 터득했다고 할 수 있으리라.〉⁶⁷⁾

위에서 본 내용은 상(相)에 긍정적인 입장이다. 앞서는 어떠한 상(相)도 인정할 수 없다는 절대 부정적인 입장(空)에 대하여, 뒤에서 보는 바는 모든 상(相)을 인정함은 물론이고, 따라서 그 상을 수용해야만 한다는 입장인 것이다.

공(空)과 상(相)을 겸함 : 女來禪 과 祖師禪

물론 한 사람이 이 둘, 부정적인 입장(空)과 긍정적인 입장(相) 사이를 오가는 경우도 있다.

사실 부정적인 경우와 긍정적인 경우가 있게 되는 것은 중국 선종의 전반적인 과정이며 모습이라고도 할 수도 있다.

그것은 다음의 경우를 보면 알 수 있는데, 마치 양면의 입장이 이 한편에서 일목요연하게 나타나있는 것처럼 보인다.

---

66) 같은 책, 161쪽
67) 같은 책, 264쪽

〈향엄은 백장의 문하에 있었다가 위산문하에 들어갔는데, 아는 것이 많고 말재주만이 뛰어났다. 향엄은 위산으로부터 "부모가 그대를 낳기 이전의 일을 한마디 해보라."에 매번 용납되지 못하였다. 그러다가, 우연히 기와조각에 부딪힌 대나무소리에 깨닫고 위앙 문중(門中)에 게송(悟道頌)을 보이게 되었다.

"지난해의 가난은 가난이 아니고

올해의 가난이 비로소 가난이네.

지난해의 가난에는 오히려 송곳 꽂을 땅은 있었는데,

올해의 가난에는 송곳조차도 없네."

이에 앙산이 말했다.

"여래선(如來禪)이라면 그대가 알았다고 할 수 있으나, 조사선(祖師禪)은 아직 꿈에도 보지 못했네."

그러자 향엄은, 다음의 게송을 다시 지어보였다는 것이다.

"나에게 하나의 기틀이 있으니,

눈을 깜짝여 그것을 드러내 보인다.

그래도 사람들이 알지 못하면

다시 사미를 불러보리라."〉[68]

향엄이 보였다는 앞의 게송은 송곳조차 꽂을 수 없는 자리라면(곧 쏘으로서 일체의 相이 부정되는 자리라면), 반대로 뒤의 게송은 눈을 깜작이고 소리를 높이는 등 (相을 내는 모습) 임을 알 수 있다.

---

68) 조당집제19권, 五燈會元 제9권의 香嚴智閑, 祖師禪의 실천과 사상, 김태완, 61쪽 (장경각 2001)

그런데 위산은 앞의 경우에 대해서는 여래선에 지나지 않는다고 한다. 그리고는 뒤의 게송을 듣고 난 후에서야 비로소 앙산은, 향엄이 조사선의 경지에도 이르렀다고 인가했다는 것이다.

이와 같이 중국 선종에는 여래선과 조사선이라는 양면성이 있음을 알 수 있다. 또한 여래선의 상이 없는 자리(空)와, 이와는 반대로 조사선에서 상(相)이 있는 자리(상을 부정하지 않는), 이 둘을 함께 말하고 있음도 알 수 있다.

그러나 사실상 불교가 말하는 공(空), 곧 상(相)이 없는 자리라고 해서 그냥 아무 것도 없는 자리(空)를 말하지 않음은 물론이다. 따라서 상(相)이 없는 자리란, 곧 상이 아닌 - 단지 공의 자리가 아니라, 불성(佛性)의 자리(즉 불도를 이룸)라는 것이다(이를 달리 말한다면 세속제에 그칠 것이 아니라, 승의제에 이를 수 있도록 하라는 말과 같다. 또한 불성에서 성(性)이란 불경(佛經)에서 공(空), 실상(實相), 여래장(如來藏), 불성(佛性) 등으로 이어져오는 말에 따른 중국 선종에서의 표현이라는 것은 앞에서도 지적한 바이다)

법화경에는 다음과 같은 구절이 있음을 볼 수 있다.

〈부처님이 사리불에 이르시되,

"이런 묘법(妙法)은 부처님께오서 드물게야 설하시나니, 우담발화가 한번 피어남 같으니라. 사리불아 너희들은 마땅히 부처의 설하는 바를 믿을지니, 그 말에 거짓됨이 없느니라.

사리불아, 부처님 근기 따라 법을 설하심 이 취지 이해키 어렵나니, 무슨 까닭이뇨. 내 무수한 방편과 여러 가지 인연과 비유와 언사로 여러 법 설했으되, 이 법이 사고(思考), 분별로 능히 이해할 바 아니라, 오직 부처님만이 아실 수 있기 때문이니라.

무슨 까닭이뇨, 모든 부처님께오선 오직 일대사인연(一大事因緣)으로 세상에 나오시느니라. 사리불아, 어찌해 부처님들께오서 오직 일대사인

연으로 세상에 나오신다 이름인가. 모든 부처님이 중생들로 하여금 부처의 지견(知見)을 열어 청정하게 하려 하시므로 세상에 나오시며, 중생들에게 부처의 지견을 나타내 보이려 하시므로 세상에 나오시며, 중생들로 하여 부처의 지견을 깨닫도록 하려 하시므로 세상에 나오시며, 중생들로 하여 부처의 지견의 도에 들게 하시므로 세상에 나오시나니, 사리불아, 이를 일러 모든 부처님들께오서 일대사인연으로 하여 세상에 나오신다 하느니라."

　이 말씀 설하실 때, 자리에 있던 비구, 비구니, 우바새, 우바이, 오천 명의 무리 곧 자리에서 일어나 부처님께 절하고 물러가니, 그 무슨 까닭인가. 이들이 죄의 뿌리 깊고 무거우며 겹쳐서 증상만의 마음 지닌지라, **얻지 못함을 얻었다 하며, 깨닫지 못함을 깨달았다는 과실 있음이라**, 그러기에 머물지 아니함이어늘, 세존이 잠잠하사 굳이 말리지 아니하시니라. 그리고 게(偈)를 설해

　　"이 무리 다 나가니, 모임의 찌꺼기들 불위(佛威)로 해 떠남이라.

　　이들이 복덕 적어 이 법 감당 못하리라.

　　둔한 무리 소법(小法) 바래 생사에 집착하고

　　무량불 그 밑에서 불도를 아니 닦아

　　온갖 고통 받고 있기에 열반(滅度)을 설했나니,

　　이 방편 만들어서 불혜(佛慧)에 들게 하되

　　일찍이 〈불도를 이루리라〉 설하지는 않았도다.

　　설하지 아니함은 때가 오지 않음이러니,

　　이제 그때일새 대승을 설하노라.

　　이 구부법(九分敎)은 중생 따라 설하여서

　　대승에 들게 하는 근본이기에 설함이라.

　　그 마음 청정하여 부드럽고 영민하여

온갖 불소(佛所)에서 도를 닦는 불자 있어,
이러한 불자(佛子) 위해 이 대승경 설하노라.
이들 다 내세에 성불(成佛)할 것 수기(受記) 하리니
충심으로 염불하여 정계 지킨 까닭이라.
이들이 이 말 듣고 크게 기뻐할 것이니,
이런 그들 마음 알새 대승을 설하노라.
성문이건 보살이건 내가 오늘 설하는 법
게(句) 하나를 들었대도 모두 성불하리로다.〉[69]

이상과 같이 세존은 아라한(空 -滅度을 추구하는)을 비롯한 제자들에게, 상(相)이란 가상(이는 속제)인 반면에 성(佛性)은 진실(승의제)이기에, 이제는 상의 부정 만(空)에 그치지 않는, 참으로 견성(見性-불도를 이룸)을 하지 않으면 안 된다는 것을 설하고 있다.

그러나 견성(見性)을 한다고 해도(견성이 무엇이든), 문제는 여전히 남을 수밖에 없다. 견성을 한다고 해도 역시 이견성이 상을 떠나서 견성을 해야만 하는 것인가(空의 입장), 아니면 상을 통해서도 견성을 할 수 있는가(相의 입장), 이양면의 문제는 여전히 피할 수 없기 때문이다.

이러한 양면성을 보이는 대표적인 것으로서 다음의 조주의 개(趙州狗子) 공안이다.

〈어떤 승이 조주(趙州)에게 묻되 "개(狗子)도 불성(佛性)이 있습니

---

69) 법화경, 이원섭 역, 50, 60쪽 (삼중당 1990)

까?" 하니

조주가 대답하되 "있다." 하였다

승이 다시 묻되 "이미 있다면 어찌하여 도리어 저러한 가죽주머니에 들어가 있습니까?" 하니

조주가 이르되 "그가 알면서도 짐짓 범했느니라." 하였다.

또 어떤 승이 묻되 "개도 불성이 있습니까?" 하니

조주가 이르되 "없느니라." 하였다.

승이 다시 묻되 "일체 중생이 모두가 불성이 있는데 어찌하여 개에는 없습니까?" 하니

조주가 이르되 "그가 업식(業識)이 있기 때문이니라." 하였다. 〉[70]

앞에서도 지적한 바지만 일상행위 안에서는 상을 피할 수는 없는 것이다(상이나 분별을 떠나서는 일상행위가 가능하지 않으므로). 따라서 비록 견성을 한다고 해도 일상행위 안에서는 상을 통한 견성일 뿐이라는 것은 분명하다. 말하자면 이 상황(일상 행위 안)에서는 조사선이나 될 뿐이지 여래선(相이 없는)은 될 수 없다는 것이다.

따라서 이 여래선을 부정할 수 없는 것이라면(물론 조사선도 부정할 수 없겠지만), 일상행위 안에서는 가능치 않은, 따라서 일상행위를 떠나 찾지 않으면 안 되는 이 여래선을 과연 어디에서 찾을 수가 있을까?

조사선이라고 하더라도 단지 상(相)만을 찾는다고만 할 수는 없다. 조사선도 상뿐만이 아니라 상이 없는 자리(空)를 찾지 않을 수 없는 것은, 역시 무엇보다 불교의 기본 진리는 상이 없는 자리인 공(空)이기 때문이다.

---

70) 從容錄, 제18칙 (백련선서간행회 2003)

따라서 조사선도 상에 불과하지 않은 공(역시 상이 없는 자리)에 대한 관념을 떨쳐 버릴 수는 없는 것이다. 이리하여 일상행위를 주장하든가(역시 일상행위 안에서 있는 처지이므로), 아니면 떠날 수 없는 일상행위임에도 일상행위를 부정하는(空)을 말한다(공 역시 버릴 수 없는 불교핵심인 목표이기에). 따라서 이렇게 부정할 수도 없는 일상 행위와, 한편 일상행위를 부정해야만 하는, 이 양면성에 따른 입장에 중국 선종이 처해있는 것으로, 어쩔 수 없는 갈등을 피할 수 없는 것처럼 보인다.

이리하여 중국 선종(中國禪宗)이 여래선(如來禪)을 말하면서도 조사선(祖師禪)을 말하지 않을 수 없었던 이유가 이상과 같은 입장에 따른 것이라 할 것이다(상의 부정이면서도 상을 긍정하는).

여래선과 조사선에서 - 坐禪과 行禪 으로

사정이 이러하다면, 결국 여래선과 조사선의 이 어려운 문제를 해결 할 길은, 역시 이 좌선(坐禪)과 행선(行禪)에서 찾아야 하는 것이 아닐까?

생활을 위한 행위를 그만 둘 수 없는 행선에 있어서는, 역시 일상행위에 따르기 마련인 색(色), 곧 분별상을 떠날 수 없다는 것을 알 수 있다. 따라서 이 분별상을 떠난 공을 찾아야 한다면, 행선으로는 안 될 것이고, 일상행위를 떠나야만 할 수 있는, 곧 좌선으로만이 가능할 것이라는 것도 분명하다.

이리하여 일상행위를 통한 선(분별 상을 부정하지 않는)은 조사선으로, 이는 결국 행선이 된다는 것을 알 수 있고, 반대로 공을 찾아야만 하는 여래선은 일상행위를 떠나야 하므로, 이 역시 결국은 좌선이 될 수밖에 없기 때문이다.

이런 점에서 달마 이래 좌선수행을 하지 않을 수 없었음을 이해 할 수 있고, 반면에 좌선을 부정한 혜능이후는 행선으로 될 수밖에 없었음도 알 것이다.

물론 이 좌선과 행선은 모두 필요하지 않을 수 없을 것이다. 역시 이런 점이 있을 것이기에 각기 주장된 바는 이미 살펴 본 대로이다.

그러나 또한 분명한 것은 좌선이 행선일 수는 없으며, 행선 또한 동시에 좌선이 될 수는 없다는 것이다.

불교에서는 미혹 때문에 탐(貪), 진(嗔), 치(痴), 삼독(三毒)이 생긴다고 한다.

그런데 이 탐, 진, 치, 삼독의 원인이 되는 미혹을 해결하는 방법에서도 소승불교와 대승불교는 입장이 다르다.

소승불교는 이 삼독을 떠나는 입장(修行)을 취한다는 것이며. 이에 반해 대승불교는 깨달으면(覺性) 자연히 이 삼독을 떠날 수 있다는 것이다.

그러기에 앞에서 본 것처럼 소승불교(上座佛敎)는 초세속적이 되지 않으면 안 되는 것이다. 이것이 후에 와서는 생각을 떠나지 않으면 안 되는 수도(修道)의 입장이 되었고(능가경등), 또한 중국선의 초기에는 좌선수행으로(능가종) 되었던 것이다.

그런데 대승불교(金剛經 등)나 중국 선(혜능이후 마조 등에서 보는 홍주종)에서 세속을 떠날 필요는 물론, 생각조차도 떠날 필요가 없다고 했던 것이다. 이유는 깨닫기만 하면 될 것이기 때문이다.

이와 같이 좌선과 행선, 또한 수도(修)와 견성(覺)이라는 서로 다른 양면성이 있음을 중국 선종을 통해 알 수 있다.

이처럼 서로 다른 양면성이 한 불교 안에 있다는 것 때문에 출가라든가, 세속적인 입장 중에서 단지 한 면만을 들어서 말하는 것은, 결국 편중이 될 수밖에 없다. 물론 좌선이나 행선도 마찬가지다.

따라서 출가불교와 세속불교, 또는 중국 선종에서 좌선수행이나 행선.의 이 양면성은, 결국 뒤에서 보게 되는, 생명인식의 양면성의 맥락에 따르리라는 것이 예견된다.

기독교의 입장
- 신(神)과 인간의 양면성 -

불교에서 깨달음으로 나타나는 불성의 이 양면성은 기독교에서도 볼 수 있다. 신(神)에 대한 인식 역시 신구약(新舊約)에서는 다음과 같다.

(1) 성경의 양면성

【 구약(舊約)의 보기】

〈여호와께서 시내산 불꽃 가운데서 말씀하실 때 여러분은 여호와의 그 어떤 모습도 보지 못했습니다. 그러므로 여러분은 (여호와를) 어떤 모양으로든지 우상(여호와-神이라는 거짓된 상)을 만들어 죄를 짓지 않도록 조심하십시오. (따라서)남자나 여자나 짐승이나 공중의 새나 땅에 기어 다니는 곤충이나 물고기나 그 어떤 모양으로도 우상을 만들어서는 안 됩니다. 그리고 (나아가)하늘의 해나 달이나 별을 보고 매혹되어서 경배

하지(도) 마십시오.〉[71]

【 신약(新約)의 보기】

〈빌립이 예수님께

 "주님, 아버지(하나님-神)를 우리에게 보여주십시오. 그러면 더 이상 바랄 것이 없겠습니다."

 하자 예수님은 이렇게 말씀하셨습니다.

 "빌립아, 내가 이렇게 오랫동안 이렇게 너희와 함께 있었는데도 네가 나를 모르느냐? 나를 본 사람은 (이미) 아버지를 본 것인데 어째서 아버지를 보여 달라고 하느냐? 너는 내가 아버지 안에 있고 아버지께서 내안에 계신 것을 믿지 않느냐? 내가 너희에게 하는 말은 내 마음대로 하는 말이 아니라 내 안에 계시는 아버지께서 그의 일은 하시는 것이다. 내가 아버지 안에 있고 아버지께서 내안 에 계신다고 말하는 나를 믿어라."〉[72]

 구약에서 보는 여호와, 창조주인 신(神)은 우리 자신을 비롯해 피조물과는 거리가 있는 게 분명하다. 따라서 신은 볼 수도 없고 또한 우리자신을 비롯해 모든 피조물들은 신에 전혀 해당되지 않을 것임은 물론이다. 그러나 신약에서는 우리가 신을 볼 수도 있다는 것이다, 따라서 우리가 예수그리스도를 통하여 신을 보는 것이라면(나 예수를 통하여 너희가 신을 볼 수 있다는 점에서), 신은 인간적인 우리와 함께 있는 것일 수밖에 없다.

---

71) 현대인의 성경, 신명기 4장 15~19 (생명의 말씀사 1987)
72) 같은 책, 요한 14장 8~11

(2) 신과 인간 : 초기 기독교의 배경과 그 이후

그런데, 구약에서 보는 신과 신약에서 보는 신의 차이는 구약과 신약의 시대적 차이에서 비롯되었다고 할 수 있다. 신약이 나오던 시대는 구약의 시대와는 달리, 이미 헬레니즘 시대가 되어서 로마를 중심으로 한 그리스와 그 밖에 동방 등의 문화가 활발하게 교류되던 시대였다. 따라서 과거 지역적인 종교로 구약 등에만 의존하던 유대교에서 벗어나, 당시의 세계적인 추세에 힘입어 새롭게 탄생된 신약으로서의 기독교였던 것이다.

당시 사상의 경향도 양면성을 띠고 있었다고 할 수 있다. 이는 불교의 양면성에서도 보았듯이, 세속적인 세계와 초세속적인 세계다. 대표적인 보기를 든다면, 다음과 같은 희랍의 플라톤과 아리스토텔레스의 사상이 될 것이다.

【플라톤의(초세속적인) 사상】

인간은 누구나 깨닫고 있지는 못할망정, 두 개의 세계에 살고 있는 것이다. 저차적인 세계와 고차적인 세계다. 저차적인 세계는 즉 개별적인 사물들과 개별적인 사건들로 되어있어 완전성이라는 것을 찾아볼 수 없는 저급한 세계다. 이상과 같은 저차적인 세계와는 달리 고차적인 세계는 모든 대상이 완전하고 불변적인 세계이다. 이와 같이 저차적인 세계와 함께 고차적인 이데아의 세계라는 두 세계에 동시에 살고 있다는 것이다.

이는 자신과 더불어 타인이 움직이고 활동하고 있는, 그러나 혼란하고 퇴폐한 세계를 떠날 수 없는 이 세계 안에서는 보다 이상적이고도 절대적인 진리를 실현할 수 있는, 곧 이데아의 충분한 의의를 실현할 수 없다는 것을 인정할 수밖에 없었기 때문일 것이다.

【아리스토텔레스의 현상적인 세계】

그러나 이상의 플라톤과는 달리, 아리스토텔레스는 보다 현실적인 입장에 따른다. 따라서 온갖 실체는 질료(質料)와 형상(形相)과의 결합이라고 말함으로써, 분명히 아리스토텔레스는 플라톤의 설(說)이라고 여겼던 것을 배격하고 있었다. 즉 형상(이데아)과 개별적인 사물을 두 실재(實在)의 등급으로 나누어서 이데아를 근본적 실제로(곧 고차적인 세계로), 개별적 실재를 이차적 내지 파생적 실재(저차적인 세계로)로 나눠 보는 것을 배격하였던 것이다. 아리스토텔레스의 주장에 의하면, 만일 플라톤의 이원론(二元論)이 허용될진대, 우리가 가장 분명하게 알고 있는 것은 존재하지 않는 셈이 되며, 또 존재하는 것은 분명하게 알려질 수 없는 것이 된다고 한다. 그러나 일상적인 경험이 가르치는 바와 같이, 개별적 실체들 외에 다른 지식은 있을 수 있으며, 더구나 이 개별적 지식이야말로 우리의 가장 직접적이며 가장 확실한 지식이라 아니 할 수 없다. 따라서 아리스토텔레스의 사상은 다음과 같다.

"형상은 개성의 원리이다. 즉 형상은 한 실재를 어떤 다른 종류의 사물이 아니라 현재와 같은 종류의 사물이게끔 하는 것이다. 그러나 질료는 특수성의 원리이다. 다시 말하면 질료는 각 실체로 하여금 같은 형상을 가진 수 없이 많은 다른 존재들 가운데에서 수적으로 셀 수 있는 존재의 뚜렷한 존재이게끔 하는 것이다. 그러므로 어떠한 것도 실체이면서 형상과 질료를 갖지 않을 수는 없을 것이다."[73]

---

73) 서양철학사, 스털링 P. 렘프레히트, 김태길 등 옮김, 111~112쪽 (을유문화사 1987)

이렇게 서로가 극단적으로 다른 사상가의 양면성(분별의 세계를 넘어있다고 할 플라톤의 이데아, 즉 형상과 이와 달리 아리스토텔레스의 분별의 세계, 즉 질료, 또한 개별의 세계를 떠나지 않는 입장)은, 이후 기독교에도 끊임없는 영향을 끼치고 있음을 알 수 있다. 따라서 이에 따른 갈등을 빚는 계기로 나타난 초창기의 양면성으로는 영지주의와 성육신(聖肉身)의 입장인 것처럼 보인다. 영지주의는 육신(따라서 이 세상 역시)을 떠날 것을 내 세우고 있음에 대하여, 반면에 성육신을 위한 입장은 오히려 영지(靈智-)가 육신 속으로 들어옴으로서 이 육신을 긍정한다(성령이 육신을 떠나야만 하는 것이 아니라, 오히려 성령은 육신과 이 세상에 들어오게 된다는 것이다)

【불교의 양면성으로서 공(空)과 색(色)이라는 양면성이, 여기 기독교에서는 신과 인간이라는 양면성으로써 나타남을 본다. 그리고 불교에서 주장되는 양면성 중에 역시 공이 이상적이기는 하나, 그렇다고 색이 부정되지 않음은 물론 적극적으로 수용되고 있음을 보았듯이-여기 기독교 역시 이상적인 신에 대하여, 그와 함께 인간의 중요성도 끊임없이 주장됨을 본다. 그리고 이것이 불교에서는 여래장(如來藏)으로, 기독교에서는 성육신(聖肉身)으로 나타나는 것이다.

따라서 (불교의) 여래장에 따르는 문제는 (기독교의) 성육신에 해당 될 것이다. 또한 각기 불교와 기독교에서 보는, 곧 여래장에 따르는 문제를 벗어나는 각성(견성-해탈)은, 성육신을 벗어나는 종말신앙(末世에 의한 천국행을 바라는)이 될 것이다.】

불교의 공(空)과 색(色)에 비할 때, 기독교는 신(神)과 인간이다. 아마 영지주의와 성육신이 신과 인간을 가르는 구체적이고도 단적인 모형이 될 것이다.

따라서 영지주의에 있어서 이 세상의 영혼들, 곧 이 세상에 사는 인간들이란(비록 성육신일 망정 육신에 그치는 한), 그들의 운명의 첫 아버지의 뜻(이 세상의 창조주-악의 신)에 따라 노예상태로 전락되었고, 이런 악의 세계가 끝나기까지 형체를 가진 육신의 감옥에 감금된 것에 불과하다.

"나는 너를 감고 있는 두루마기(육신)를 갈기갈기 찢어야 한다. (그 두루마기는) 무지의 헝겊이며 악의 지주, 부패의 사슬, 암흑의 막사, 살아있는 죽음, 감각 있는 시체, 네가 운반하는 네 묘지. ……너는 이러한 원수들을 두루마기처럼 걸치고 있으며, 이 두루마기가 너를 질식시켜 네 눈이 상계(上界-天上)를 보아 미(美)를 관조할 수 없게 하고, 너를 함정에 빠뜨릴 원수의 악의를 알고도 미워할 수 없게 하여 너를 하계(下界-이 세상)로 끌어 내리는 도다(헤르메스 총서, Ⅶ. 2-3)."[74]

"영혼의 추락의 결과는 자신의 천상적(天上的) 원천에 대한 망각이고, 따라서 무지다. 아담을 위시하여 영혼은 물질에 눈이 어두워져, 오로지 자신의 비좁은 감옥(肉身) 밖에 모른다.
그러나 감옥의 어둠 속에서도 구원이 실현될 희망은 있다. 『영혼에 관한 주석』에 따르면, 영혼은 의식을 회복하여 자신의 타락을 깨닫고 회개한다. 절망에 빠진 영혼은 새로 찾은 명철(名哲)로써 상계(上界)에 있는 아버지께 도움을 청하고, 아버지는 그의 호소에 대답한다. 그래서 영혼은 천상에 있는 집과 옛사랑의 유일한 배필과 아버지를 그리워한다. 이로써 귀향의 여행이 시작된다."[75]

---

74) 영지주의자들, 마들렌 스코필드, 이수민 옮김, 94쪽 (분도출판사 2005)
75) 같은 책, 102쪽

이상에서 보는 영지주의와는 달리 다음에 보는 바는 성육신(聖肉身-受辱)을 지향하는 내용이다.[76] 앞서 든 예(대승불교- 곧 화엄경이나 법화경 등)에서 여래(부처님)가 색(色-分別相)이나 세속을 떠나 있지 않음을 보았듯이, 성육신의 이념은 하느님(聖靈)이 인간의 육신 속에 나타남(聖肉身-신약)을 본다. 성령이 육신의 감옥에 갇힌다는 영지주의의 부정적인 입장과는 달리 성육신의 입장은 성령에 의해 육신(곧 육신을 가진 인간이) 영화롭게 된다는 것이다. 이리하여 성육신(성육신을 긍정하는 입장)의 그 대표적인 사례가 예수라는 것이다.

〈예수그리스도의 태어나신 일은 이렇다. 예수님의 어머니 마리아는 요셉과 약혼하였으나 아직 결혼 전이었다. 그런데 성령으로 임신한 사실이 알려졌다.(요셉의 선대는 아브라함으로부터 시작해 요셉까지 43대, 그리스도까지는 44대째가 된다고 한다). ……(요셉의)꿈에 주님의 천사가 나타나 이렇게 말했다.

"다윗의 후손 요셉아, 마리아를 아내로 맞아들이는 것을 주저하지 마라. 그녀가 임신한 것은 성령으로 된 것이다(요셉으로서는 알 수 없었다). 마리아가 아들을 낳을 것이다. 그의 이름을 '예수' 라고 불러라. 그가 자기 백성을 죄에서 구원하실 것이다."

이 모든 일이 일어나게 된 것은 하나님이 예언자를 통해 말씀하신 예언이 이루어지도록 하기 위해서였다.

"처녀가 임신하여 아들을 낳을 것이며 그의 이름을 '임마누엘' 이라 부를 것이다."

---

76) 이는 성육신을 부정적으로 보는 영지주의에 대하여, 사실상 정경(正經)으로 굳힌 내용일 뿐만 아니라 일반적으로도 볼 수 있는 성경의 내용이기도 하다.

임마누엘은 하나님께서 우리와 함께 계신다는 뜻이다.〉[77]

〈예수님은 이렇게 말씀하셨다.
"그분은 진리의 성령이시다. 세상은 그 분을 보지도 못하고 알지도 못하기 때문에 그분을 받아들일 수가 없다. 그러나 너희는 그분을 안다. 이것은 그분이 너희와 함께 계시고 또 너희 안에 계실 분이기 때문이다."〉[78]

〈예수님은 하늘은 우러러보시며 이렇게 기도하셨다.
"아버지(하나님 아버지), 아버지께서 내안에 계시고 내가 아버지 안에 있는 것과 같이 그들도 하나가 되어 우리 안에 있게 하소서. 그래서 아버지께서 나를 보내신 것을 세상이 믿게 하소서. 아버지께서 내게 주신 영광을 내가 그들에게 준 것은 아버지와 내가 하나인 것처럼 그들도 하나가 되게 하기위해서입니다. 나는 그들 안에 있고 아버지는 내 안에 계십니다. 그들이 완전히 하나가 되게 하셔서 아버지께서 나를 보내신 것과 또 나를 사랑하신 것처럼 아버지께서 그들도 사랑하신 것을 세상이 알게 하소서. 아버지, 아버지께서 내게 주신 사람들이 내가 있는 곳에 나와 함께 있게 하소서. 그래서 세상이 생기기전부터 아버지께서 나를 사랑하셨기 때문에 내게 주신 내 영광을 그들이 보게 하소서. 의로우신 아버지, 세상은 아버지를 모르지만 나는 알고 있으며 그들도 아버지께서 나를 보내신 것을 알고 있습니다. 내가 아버지를 그들에게 알게 했으니 앞으로도 계속 아버지를 알게 하여 아버지께서 나를 사랑하신 그 사랑이 그들 안에 있고 나

---

77) 현대인의 성경, 마태 1장 18-23 (생명의 말씀사 1987)
78) 같은 책, 요한 14장 17

도 그들 안에 있도록 하겠습니다."〉[79]

앞서 본 것처럼 영지주의는 플라톤주의적인 것으로써 그 본질은 현상(인간적인 분별-육신)을 일체 떠나야만 하는 것이었다. 반면에 성육신(성육신된 예수)은 아리스토텔레스적인 것으로 본질일망정 현상을 떠날 수 없는 것이었다. 따라서 성령(聖靈)은 인간육신을 떠날 수는 없는 것이기에 육신과 함께(성령이 육신 속으로 들어오게 되었다는 것으로) 설명되어야만 하는 것이다.

이와 같이 (신약성경 안에)인간예수를 성육신이라는 긍정적인 입장에서 봄에도 불구하고, 한편으로는 육신에 대한 부정적인 영지주의의 모습을 신약 성경 곳곳에서, 곧 로마서 등에서 살펴 볼 수 있다.[80]

"육신을 따라 사는 사람은 육신의 일을 생각하지만, 성령을 따라 사는 사람은 성령님의 일을 생각합니다. 육적인 생각은 죽음을 뜻하고 영적인 생각은 생명과 평안을 뜻합니다. 육적인 사람은 하나님의 법에 복종하지도 않고 또 복종할 수도 없기 때문에 하나님과 원수가 되고 맙니다. 육신의 지배를 받는 사람은 하나님을 기쁘시게 할 수 없습니다."[81]

"나의 내적 존재는 하나님의 법을 좋아하지만 내 육체에는 또 다른 법

---

79) 같은 책, 요한 17장 21~26
80) 육신에 대한 부정적인 영지주의의 모습이 성경에 온전히 남아있는 것(인간 육신으로 성령을 입은 예수의 입장에 따른, 따라서 영지주의의 육신에 부정적인 생각이 배척된 나머지)은 아니나, 그렇다고 그 영향(영지주의의 관점)이 전적으로 사라진 것은 아니다. 따라서 종말을 기대하는 신앙이나 로마서 등에도 그 견해를 충분히 찾아 볼 수 있다고 하겠다.
81) 현대인의 성경, 로마서 8장 5~8 (생명의말씀사 1986)

이 있습니다. 그것이 내 마음과 싸워서 나를 아직도 내 안에 있는 죄의 종으로 만들고 있다는 것을 알았습니다. 아아, 나는 얼마나 비참한 사람인가요! 누가 이 죽음의 몸에서 나를 구해내겠습니까? 우리 주 예수 그리스도를 통해 나를 구원해 주신 하나님께 감사합니다. 내 마음은 하나님의 법을 따르려 하나, 육신은 죄의 법을 따르고 있습니다." [82]

　이상과 같은 신약성경의 내용으로 볼 때, 영지주의의 육신을 부정하는 초세속적인 면과 (그러나 이와는 대조되게도), 한편으로는 성육신(육신을 긍정하는)의 두 입장이 함께 신약 성경 안에 병존하고 있음을 본다.
　그런데 이런 양면성은 율법에서도, 곧 구약의 법(율법)에 대한 상이한 관점이 신약 안에서 서로 다르게 나타나는 현상을 볼 수 있다.
　따라서 성육신의 입장에 따른 것으로 그 한편에 선, 곧 율법에 대하여 긍정적인 경우다.

　〈예수님은 그들에게 이렇게 말씀하셨다.
　"너희는 세상의 소금이다. 그런데 소금이 그 맛을 잃으면 어떻게 다시 짜게 할 수 있겠느냐? 그런 것은 아무 쓸모가 없어 밖에 버려져 사람들에게 짓밟힐 뿐이다. 너희는 세상의 빛이다. 산위에 있는 마을은 잘 보이기 마련이다. 등불을 꺼서 그릇으로 덮어둘 사람은 아무도 없다. ……이와 같이 너희 빛을 사람들 앞에 비취게 하라. 그래서 사람들이 너희 착한 행실을 보고 하늘에 계신 너희 아버지를 찬양하게 하라.
　내가 율법이나 예언자들을 없애려 왔다고 생각하지 마라. 없애려온 것

---

82)　같은 책, 로마서 7장 22~24

이 아니라 완전하게 하러 왔다. 내가 분명히 말해둔다. 하늘과 땅이 없어지기 전에는 율법의 한 점이나 한 획도 결코 없어지지 않고 다 이루어질 것이다. 누구든지 이 계명가운데 가장 작은 것 하나라도 어기거나 다른 사람에게 그렇게 하라고 가르치면 하늘나라에서 가장 작은 사람이 될 것이다. 그러나 누구든지 계명을 잘 실천하고 가르치면 하늘나라에서 위대한 사람이 될 것이다. 내가 너희에게 말해두지만 너희 생활이 율법학자와 바리새파 사람들보다 의롭지 못하면 너희가 절대로 하늘나라에 들어가지 못할 것이다.

모세의 법에는

'살인하지 마라. 살인하면 누구든지 재판을 받게 된다.'

라고 쓰여 있다. 그러나 나는 너희에게 말한다. 누구든지 형제에게 이유 없이 화내는 사람은 재판을 받고, 자기 형제에게 어리석다고 욕하는 사람은 법정에 끌려갈 것이며……."〉[83]

이상에서 본 바는 분명 율법에 긍정적인 경우다. 그러나 이와 같이 세상의 율법에 긍정적인 태도와는 달리, 다음과 같이 부정적인(율법에 대한) 경우도 함께 볼 수 있다.

"우리가 육신의 지배를 받을 때에는 율법에 의해 일어난 죄의 욕망이 우리 안에서 작용하여 죽음에 이르는 열매를 맺었습니다. 그러나 이제는 우리가 얽매였던 율법에 대하여 죽고 거기서 해방되었습니다. 그러므로 우리는 율법에 의한 낡은 방법이 아니라 성령님의 새로운 방법으로 하나

---

83) 같은 책, 마태 5장 13~22

님을 섬기게 되었습니다." [84]

"우리는 율법이 영적인 것이라고 알고 있는데 나는 율법에 속한 사람이 되어 죄의 종으로 팔렸습니다." [85]

"선한 일을 하고 싶어 하면서도 그것을 실천하지 못하는 것을 보면 나의 옛 성품 속에는 선한 것이 없음을 알 수 있습니다. 나는 내가 바라는 일은 하지 않고 원치 않는 악한 일을 하고 있습니다. 만일 내가 원치 않는 것을 하고 있다면 그렇게 하는 것은 내가 아니라 내 속에 있는 죄입니다. 여기서 나는 하나의 원리를 발견했는데 그것은 선한 일을 하려는 나에게 악이 함께 있다는 사실입니다. 나의 내적존재는 하나님의 법을 좋아하지만 내 육체에는 또 다른 법이 있습니다. 그것이 내 마음과 싸워서 나를 아직도 내 안에 있는 죄의 종으로 만들고 있다는 것을 알았습니다. 아아, 나는 얼마나 비참한 사람인가요! 누가 이 죽음의 몸에서 나를 구해 내겠습니까? (이렇게 율법만으로는 죽음의 죄에서 구원이 될 수 없는 나를)우리 주 예수 그리스도(성령의 은혜)를 통해 나를 구원해 주신 하나님께 감사합니다. 아직도 내 마음은 하나님의 법을 따르고 육신은 죄의 법을 따르고 있습니다.(그러나) 이제 그리스도 예수님을 믿는 사람들에게는 유죄판결이 없습니다. 이것은 그리스도 예수님을 통해서 생명을 주시는 성령님의 능력이 죄와 죽음의 굴레에서 여러분을 해방시켜주셨기 때문입니다. 우리의 타락한 성품 때문에 율법이 연약하여 할 수 없는 그것을 하나

---

84) 로마서 7장5-6 (같은 책)
85) 로마서 7장 14

님은 하셨습니다."[86]

그런데 이상에서 본 양면성들은 이후 실제 교회사에 있어서도 나타나게 되는 것이라고 보인다. 곧 수도원 제도와 교회사가 맞물려 있는 것 자체가 양면성과 맥을 같이 하는 것이라는 것이다. 수도원은 초세속적이라고 한다면, 교회는 이 세상(세 속)에서 떠나지 않으면서도 또한 이 세상 속의 일반 민중과 함께 하는 입장이기 때문이다.

그러면 먼저 초세속적이라고 볼 수도원제도를 살펴보기로 한다.
기독교에서 보는 수도원의 사례는 초기(初期) 역사에서 사막교부들의 독수도(獨修修道)로부터 시작된다는 것을 볼 수 있었다.
그들 사막교부들이 초세속적이라고 말하는 것은, 수도원의 역사에 최초에 등장하는, 이집트 등의 황량한 사막에서 혼자 외롭게 수도하는 그들의 모습에서, 세상에 대한 부정적인 모습을 볼 수 있었기 때문이다.

〈아타나시우스(Athanasius 296-373)가 묘사한 수도사(修道士)의 생애는 사막에서의 생활이 평온하고 한적한 만큼 치열한 싸움도 안고 있음을 시사한다.
안토니의 이야기를 써나가는 과정에서 아타나시우스는 수도생활의 내용과 그 참 뜻을 소중하게 다루었는데, 이는 3세기 수도사들과 은자들이 수행했던 엄격하고 가혹한 훈련인 고행을 구성하는 것이다. 후일의 수도생활의 형태가 이 세상으로부터의 혼자 고립된 것이든지 공동체로써 분

---

86) 7장18-25 8장1-4 〃

리된 것이든지…… 수도사들의 고행은 흉내 낼 수 없는 것이었을 때 찬양 받을 수 있었다.

「이렇게 단단히 각오를 하고 안토니는 마을에서 조금 떨어진 곳에 위치한 묘지로 갔다. 그는 한 친구에게 가끔씩 빵을 가져다 달라고 말한 후 어느 무덤 속으로 들어가서 그 안에 혼자 머물렀고 친구는 문을 닫았.

거의 이십년 동안을 이런 식으로(마귀의 극심한 유혹을 이겨내며) 혼자서 수도생활을 추구하며 지냈다. 그는 함부로 밖에 나오지 않았고 아주 가끔씩 사람들 눈에 비쳤다. 이후 많은 사람들이 그의 고행을 본받으려는 열망과 의지를 품게 되었고, 그의 친구 몇 사람이 와서 요새의 문을 강제로 부수고 열었을 때, 안토니는 하늘나라의 신비에 이끌려 갔다가 하나님의 계시를 받고 성지에서 나오듯 나타났다. 그는 사람들(몰려온 군중들)에게

"세상의 그 무엇도 그리스도의 사랑보다는 좋아하지 말라."

고 권고했다. 그는 그들에게 앞으로 있을 좋은 일과 우리를 사로잡은 하나님의 사랑(자기의 아들까지도 아끼지 않으시고 우리 모든 사람을 위해 내어주신 하나님 〔롬 8:32〕)을 마음에 새기도록 촉구하면서 많은 사람들이 은둔의 삶을 시작하도록 권유했다.

"우리가 모든 세상을 다스리는 군주였다가 이제 세상을 버렸다면 그것은 하늘나라와 비교해 볼 때 아무것도 아닙니다. 어떤 사람이 백 개의 금 드라크마(그리스의 화폐단위)를 얻기 위해 한 개의 동 드라크마를 무시하는 것처럼, 온 세상의 지배권을 버린 자는 잃은 것이 없으며 백 배 이상으로 받게 될 것입니다."

그래서 그때부터 산속에는 수도원이 생겨났고 자신의 친지를 떠나 하늘나라의 시민이 되기로 작정한 수도사들에 의해 사막은 도시를 이루었

다.」〉[87]

〈 성자 마카리우스(c.300-390)는 이집트의 프티나폴(Ptinapor)에서 태어났다. 그 곳은 니트리아(Nitria) 사막에서 별로 멀지않은 곳이었다. 그가 살았던 시대는 교회의 역사에 있어서 중요한 형성의 시대였다. 특히 콘스탄틴이 기독교를 인정하면서, 로마 제국에는 많은 명목적인 기독교인의 범람으로 이완되고 대중적인 신앙이 퍼져나갔다. 이에 대해, 바로 이전의 순교자들의 삶을 본받아 전적으로 헌신된 종교생활을 선택한 무리들이 이집트의 사막에 찾아와 거대한 수도원 운동이 일어나게 되었다.

마카리우스는 바로 이 수도원 운동의 창시자였던 안토니(Anthony)의 제자요, 벗으로 알려져 있다. ……광야에서 마카리우스는 고독과 투쟁, 정역(靜域) 속에서 인간의 극한 상황을 통해 하나님과의 깊은 친교를 이루어 나갔다. 먼저 그는 성 안토니(수도 운동의 아버지)를 찾아가서 그의 제자가 되었다. 안토니처럼 마카리우스도 수많은 악마들과 싸우면서 굶주리고 목마른 채 투쟁해온 이십년의 지난 세월을 이야기 한 적이 있다. 그는 강 같은 눈물과 통회의 기도로서 이집트의 사막을 적셨던 것이다. 다음은 그의 설교의 일면이다.

"사람이 사소한 일이든지 큰일이든지 세상 것에 묶이게 되면, 그 일에 구속되어 일어서지 못하게 된다. 사람이 어떤 욕망을 담대하게 대적하지 못한다면, 결국 그 욕망을 사랑하게 된다. 그 욕망은 그를 굳게 붙들고 누르며, 그에게 장애물과 족쇄가 되어, 하나님을 향하며 그 문을 기쁘시게

---

87) 안토니의 생애, 아타나시우스, 안미란 옮김, 26~27, 68, 78쪽 (은성 1993)

해 드리고 그분만 섬기고자 하는 마음을 방해한다. 결국 그는 하나님 나라에 합당하지 못하고 영생을 얻지 못하게 됨이 입증된다. ……자기를 부인하지 않으며, 주님만을 사랑하지 않고 세상의 관심에 메여있는 사람은 영원한 불덩이가 떨어질 때, 세상을 사랑하는 마음 때문에 불에 타죽게 되고, 사악하고 험난한 바다 아래로 빠지며, 악한 영을 가진 야만인 침입자에게 포로로 붙잡혀 사라져 버린다.

만약 주님을 완전히 사랑하게 되면 올바른 길을 갈 수 있다는 사실을 거룩한 성경에서 배우기 원한다면, 욥을 보라. 그는 자신의 소유물 전체, 즉 아이들, 재산, 가축, 종들과 그가 가진 모든 것들을 잃었다. 그는 모든 것을 버려두고 몸을 피하여 자신을 구했다.

그러므로 우리는 옛사람을 벗겨 달라고 하나님께 간구해야 한다. 왜냐하면 우리를 사로잡으며, 그들의 왕국에 감금하고 있는 사탄은 우리보다 훨씬 강하여 하나님만이 우리를 죄에서 구해 주실 수 있기 때문이다."〉[88]

이상과 같이 세상적인 것을 피해 홀로 은둔하며 독수도(獨修道)하는 입장과는 다르게, 이 세상에 살면서 당연히 이웃사랑도 실천하는 교회교부가 있다. 분명 이는 세상을 부정적으로 보는 사막교부들의 수도생활이라고는 볼 수 없다.

따라서 사막교부들의 독수도(獨修道)도 점차 공주수도(共住修道-대중수도원)로 변해버린 점이 있다. 이리하여 후대에 와서는 사막교부들의 독수수도의 경향은 찾아보기도 힘든 경향도 되었다. 이는 마치 불교의 선원(中國禪院)에 있어서도 달마 이래 좌선수도의 집중적인 경향(獨修道)이, 혜능 이

---

88) 마카리우스의 신령한 설교, 이후정 옮김, 13~14, 31, 59, 61쪽 (은성 1993)

래 이런 독수도의 경향이 퇴색되었음은 물론, 또한 기독교회의 공주수도원 제도처럼 중국선원 역시도 대중수도원 제도로 된 것과 맥을 같이한다고 할 수 있다.

성서시대 이후 기독교 역사에서 예수그리스도에 대하여, 인간적인 입장으로 보는 예수상은 계속 있어왔다. (명상에서 보듯)인간세상이나 인간을 떠날려는 것이 아니라, 이와는 반대로 인간세상에서 인간으로 사는 예수의 상이다. 따라서 그리스도는 인간생활 속의 예수인 것이다. (역사에서 볼 때)초기기독교에서 후기로 갈수록 이런 경향은 더욱 가중되는 경향이 있다. 또한 신약이나 초기기독교 등에서 보았던, 종말신앙(末世信仰)이나 명상(修道)의 경향도 점차 희석이 되는 과정에 이르게 되는 것처럼도 보인다.

유대의 구약에서는 신과 인간의 구별이 분명하다. 희랍철학에서도 이와 근사한 점을 볼 수 있다.그 대표적인 경우가 플라톤이나 아리스토텔레스의 사상이었다.

그런데 헬레니즘시대(예수 생존 당시의 로마를 비롯한 접경지대의 상황)에 와서는 신플라톤주의가 득세한다. 신플라톤주의는 플라톤의 이상과 아리스토텔레스의 현상이 절충이 된 점-이데아(理想)와 현상(現實)이 상호 떨어질 수 없는 관계로 나타남을 본다. (이는 세속적인 면과 초세속적인 면을 절충시키는 종교적인 경향과 맥을 같이 한다. 물론 이는 이미 앞에서 살펴 본성육신의 입장에 따른 것이기도 하다).

따라서 신플라톤주의에서 플라톤의 이데아와 아리스토텔레스의 현상이 절충이 된 것처럼, 기독교의 신약에 이르러 수육(受肉)되는 형태로 나타나게 된다. 이는 (구약에서 보는 바와 같은) 신과 인간의 절대 구분이, 신약에서 보는 (聖肉身된 神-聖靈이 인간 속에 나타난) 예수그리스도가 나타나기에 이르게 되는 것이다.

 그러나 당시 신플라톤주의는, 단지 플라톤의 이상(이데아-현상을 넘는)과 아리스토텔레스의 현실(현상)의 절충에 지나지 않은 것만은 아니었다. 따라서 다음과 같이 신플라톤주의의 대표적인 철학자에게서 보는 바는 보다 계층적인 것으로 그 깊이의 높낮이가 설정되어있는 것이다. 이는 양면성이 절충으로만 끝날 수 없다는 점을 지시하는 것이기도 하다. 따라서 절충과 양면성이 함께 혼합되어있는 점을 플로티노스에게서 보게 된다.
 절충을 위한 그의 한 면의 보기로는

 "플로티노스의 철학은 무엇보다 온갖 형태의 이원론(二元論)을 배격한 데에 그 특징이 있다. 플로티노스는 서로 대립된 두 개의 왕국이 있는 것이 아니라고 믿었다.
 그의 주장에 의하면, 일자(一者 -이데아, 최고의 절대적 존재)는 초월적인 것이다. 일자(一者)는 미(美)에 있어서 초월적이요, 선(善)에서 초월적이며, 존재의 완전성에 있어서도 초월적이다. 그러므로 일자는 그것의 무한성의 불충분한 표시(이것을 우리는 유한한 것에서 찾아볼 수 있거니와) 보다도 훨씬 더한 것이다. (그리하여) 사람은 과연, 마침내는 유한한 현실세계를 넘어서 초월적인 일자와 합일하는 경지로 올라가기를 희망할는지도 모른다."
 그러나 플로티노스는 역시 진지하게 일자는 내재적(內在的)이기도 한 것이라고 주장하였다.
 "육체는 그 밖의 유한하고 불충분한 모든 존재물들과 같이 일자(一者)로부터의 필연적인 소산이다. 그리고 만일 어리석게도 육체를 전적으로 악(惡)한 것이라 하여 저주하는 자가 있다면, 그는 암암리에 모든 존재와 모든 선의 근원인 일자(一者)를 저주하고 있는 셈이 될 것이다.

　일자(一者)로부터 필연적으로 생기는 유한한 결과들 속에 그 일자가 내재하여 있음을 인식하지 못하는 사람은 결코 일자와의 합일의 경지에는 도달하지 못할 것이다."[89]

　이상과 현상의 절충에 따르는 플로티누스의 사상이 생성의 하향도(下向道)의 사상 속에 이와 같이 세속적으로 표명되었다면(물론 이상의 입장은 성육신에 해당한다 할 것이다. 그러나 또 한편에서-이것이 그의 계층적인 것으로 깊이를 더 하는 것으로써) 그의 윤리학은 구원(救援)의 상향도(上向道)라는 보상(報償)의 사상 속에 표명되었다. (이는 물론 초세속적이 된다. 따라서)영혼은 마침내 일자와의 합일을 성취할 수가 있을 것이다. 이 합일의 경지는 말로 표현될 수가 없다는 것을 그는 솔직히 단언하였다. ……그 경지는, (일자와 육신의 합일에 그치는 것만이 아니어서) 앞서는 모든 덕의 수련을 통하여(이 모든 것은) 유한성과 물질성의 오염으로부터 완전히 정화된 영혼에 의하여 획득될 수가 있을 것이기 때문이다.

　"만일 사람이 제 자신을 넘어서 올라가고, 한 심상(心像)이 그것의 원형(原型)까지 올라간다면, 그는 그의 여행의 목적지에 도달한 것이다. 만일 그가 이러한 경지로부터 전락한다면, 그는 자신 속에 있는 덕을 불러 일으킴으로써, 그리고 그가 가지고 있는 이상을 회상함으로써 자기의 광명을 다시 회복할 것이요, 덕을 통하여 예지에로, 그리고 지혜를 통하여 일자(一者)에로 올라갈 것이다. 신(神)들의 생활이나 신과 같은 축복된

---

89)　서양철학사, 스털링 P. 램프레히트, 최명관 등 옮김, 153~155쪽 (乙酉文化社 1987)

사람들의 생활이란, 즉 이 속계(俗界)의 온갖 것으로부터의 해탈, 모든 지상적 쾌락의 버림(放棄), 그리고 고독한 자가 고독한 자에로의 비상(飛翔)과 같은 것들이다." [90]

따라서 이상과 같이, 신플라톤주의에서 보는 바는 이상(이데아)과 현상의 절충과 함께, 아울러 현상세계를 넘어서기 위한, 곧 명상수도(冥想修道-神에 대한 관상)도 있음을 알 수 있다.

그런데 신플라톤주의가 이 두 철학(플라톤과 아리스토텔레스의) 입장에 대하여, 단지 그 두 철학의 절충 만에 그칠 수 없었던 그 이유를 생각해 보게 된다. 그것은 아마 희랍이나 유대를 넘어서, 당시(헬레니즘시대) 동방이나 이집트 등의 종말사상(終末思想-未世를 염원하는)이나 신비적인 연금술(鍊金術), 수도(修道) 등의 경향에 힘입고 있었기 때문이라고 할 수 있을 것이다. 이는 철학이 단지 철학에 그치는 것이 아니라, 당시 종교의 성향인, 신비적인 명상이나 수도 등에 맞물리게 된 것처럼 보인다는 것이다.

그런데 이상과 같은, 당시의 헬레니즘철학에서 보는 바(플라톤과 아리스토텔레스의 절충이 되는 신플라톤주의)와 같이, 기독교의 신학에서는 교부인 오리게네스에게서 다음과 같이 나타난다고 할 수 있다.

신(神)에 관한 오리게네스의 체계는 신은 존재 그 자체라는 것이다. 이는 신은 모든 존재를 초월해 있다는 것이다. 다시 말하면 신은 그 본질에 있어서 인식을 초월해 있다는 것이다. 인식이란 주관과 객관의 분리를 전제하고 있기 때문이다. 따라서 신은 불가변적이며, 수난성(受難性)을 초월

---

90) 같은 책, 162, 153~155쪽

해 있다. 신은 인간을 비롯해 모든 것의 근원이기 때문이다.

[한편으로]신은 자신 속에 로고스 곧 내적인 말을 가지고 있다. 또 한 신은 로고스(성령)를 통해서 자기를, 그리고 다음으로 세계에 대해서 열어 보인다. 로고스는 존재의 창조적 힘이다. 모든 존재의 힘은 로고스에서 결합되어 있다. 로고스는 모든 존재의 우주적 원리이다. 모든 존재는 로고스 안에서 하나가 되어 정신적 세계를 구성한다. ……따라서 우리는 '로고스가 존재하지 않은 때(시간과 공간)가 있었다.'라고 말하는 것은 상상조차 할 수 없다.

그러나 [또 한편으로]로고스는 그것의 영원성에도 불구하고 아버지인 신보다 낮다. 아버지만이 근원을 갖지 않는 존재, 곧 지존의 신이다. 반면에 아들은 아버지에 의해서 존재한다. 아들은 신의 성품 곧 신의 본질. 신의 본성의 현상이며, 신 그 자체는 아니다.

따라서 오리게네스의 로고스론도 (플로티노스에게 보았듯이) 두 가지 측면을 가지고 있다. 한편으로는, 아들은 아버지와 마찬가지로 영원한데, 다른 편으로는 아들은 아버지보다 낮은 힘 곧 존재의 힘을 갖는다. 물론 아들은 창조된 모든 영적 존재 가운데서는 최고의 존재이지만 그러나 아들은 아버지보다 낮은 존재이다.

이리하여 아래와 같이 오리게네스에 있어 특징적인 예수그리스도론을 보게 되는 것이다.

첫번째로

"로고스는, 역시 모든 정신적 존재와 마찬가지로 선재적(先在的)이고 영원한 예수의 혼과 결합한다. 로고스는 완전히 받아들이는 혼에게만(예수처럼 로고스를 완전히 받아들이는 혼에게만) 결합하기 때문이다. [따라서] 이(예수) 혼은 로고스의 힘과 빛 안으로 올라간다. 이러한 신비적 경향은 모든 성인들에게 있어서도 되풀이되는 것이지만, 이 신비적 결합에 있어서 신의 로고스와 인간의 육체를 매개한 것은 바로 혼이다. 이런 방식으로 예수에게 있어서도 서로 날카롭게 분리되어 있는 두 본성(신성과 인간성)이 결합되어 있다. 따라서 그 [첫째] 는 '〈로고스가 육체가 되었다〉는 요한복음서의 명제는 형상적 표현으로서, 로고스가 살(육체)의 형상을 취했다는 것, 따라서 마치 로고스가 육체가 되었던 것처럼 보인다는 것을 의미한다.'

그러나 [둘째] 로는 '로고스와의 결합에 의해서 예수의 육체도 영화되고, [나아가서는] 신화되기에 이른다는 것이다. 그래서 예수는 (단지 육신에 지나지 않은) 인간되기를 그만두게 되는 셈이 된다.'"

그러나 두 번째로,
오리게네스의 신학에 있어서 마지막으로 중요한 문제는 종말론, 곧 역사와 세계의 종말에 관한 교설이다.

"그는 종말에 관한 원시적인 표상을 정신화해서, 그리스도의 내림(來臨)을 믿는 자[경건한 자]의 혼에 나타나는 그리스도의 영적 현현(顯現)으로 해석한다. 그리스도는 반복해서 지상에 되돌아온다. 다시 말해서, 그리스도는 영적으로 인간의 혼속에 들어오는 것이지, 육적으로 구름을 타고 뇌성을 울리면서 [극적으로] 나타난 것은 아니다. 믿는 [경건한] 사람들은 종말의 완성을 정신적, 영적 체험에서 찾는다.

죄에 대한 인간의 벌은 지옥이다. 지옥이란 우리의 양심[의식] 안에서 타고 있는 불을 뜻한다. 다시 말해서 이것은 우리가 신에게서 떠나있는 것에 대한 절망의 불이다. 그렇지만 이러한 상태는 혼의 정화의 과도적 상태에 불과하다. [따라서] 마지막에 모든 인간은, 그리고 모든 것은 정신화

되고 영광스럽게 된다. 물질적[정신적] 실존은 사라질 것이다." [91]

(물론 이상에서 보는 첫 번째와 두 번째의 관점은 양면성으로서 성육신의 태도와 영지주의에 비견된다)

이상 초기 교부신학에서 보는 오리게네스의 언급은 역시 신플라톤주의와 별반 다르지 않다. 《물질에 내재된 하위의 일자와 함께 이를 초월한 상위의 일자를 다룬 플로티누스처럼》 - 《오리게네스도 하위에 불과한 성육신(聖肉身-受辱)이 된 그리스도와 함께, 그리스도 이상이 되는 신에의 길(신에 대한 명상)도 제시하고 있다는 점이다.》

이것은 신약 등에서도 분명히 예시되어 있는 종말신앙이나, 신에 대한 관상-명상인 것이다. 따라서 아마도 사막에서의 독수도의 전형도 결국은 이러한 종말신앙과 명상에 맞물려 있었다고 보인다.

그런데 이상에서 보는 입장이, 뒤에 와서는 변화되는 양상이 된다는 것이다. 위에서 본 바와 같이, 당초에는 성육신이 된 예수의 신앙 만에 그쳤던 것이 아니라, 신에 대한 관상, 즉 초속적인 신에 대한 명상이 있었음을 보았다.

그런데 이후 신에 대한 명상(修道)은 사라지고, 단지 성육신 된 예수에만 초점을 맞추는 입장을 보게 된다는 것이다. 이에 따라서 당연히 예수 그리스도에 대한 해석도(修道가 없이 단지 이해에 그치는), 즉 성육신 중 (聖肉身, 두 본성의 결합-신성과 인성의 결합)의 양면성 중에서 어느 쪽에(즉 神性이냐 人間性이냐)하는 한편만의 이해로만 갈리게 되는 현상이 되었다는 것이다.

---

91) 폴틸리히의 그리스도교 사상사, I. C. 헤넬 엮음, 송기득 옮김, 94~99쪽 (한국신학연구소 1990)

이와 함께 예전처럼 성육신을 넘어서는 신에 대한 관상도 없다.

그런데 이럴 수밖에 없게 되었다고 생각되는 것은, 만약에 성육신을 넘어서는 신에 대한 관상을 해야 한다면, 당연히 예수보다 높은 신을 찾는 입장이 되기 때문일 것이다. 따라서 성육신 예수는 하위의(비록 예수가 신이라고 할망정 그보다 높은 신에 비해 하위의 신일 수밖에 없다는- 신플라톤주의나 오리게네스에게서 보았던 것처럼) 신일뿐인 것이기 때문이다.

이리하여 예수가 하위의 신에 불과하게 된다는 것은, 예수를 신처럼 믿는 신자로서는 당연히 난감한 일이 될 수밖에 없는 일일 것이다(당시는 물론 지금도 이러한 현상이 없다고는 할 수 없을 것이다).

이리하여 예수를 신처럼 믿는 사람은 예수 이상의 신을 찾는 일은 용납이 아니 되는 것이라고 할 것이다.

그러나 예수는 분명히 성육신의 신이면서 또한 인간인 것이다(인간의 육체로서의 신). 따라서 신이라고 할지라도, 한편 성육신이 된 신은 어쩔 수 없이 인간육체의 한계를 벗어나 있는 것이 아니다.

이리하여 초월적인 신에 대한 관상은 사라진 채, 단지 성육신된 예수를 놓고는 예수는 신이라고 주장하는(즉 신에 대한 명상이나 수도가 없이 단지 인간적인 이해의 차원에서)편에서 초월적인 신을 주장하는 편과, 반대로 예수는 신보다는 못한 인간, 또는 인간적인 신이라고 주장할 수밖에 없는 입장이 — 양편이 되어서, 서로 항상 대립되어 올 수밖에 없었던 것이다. 이(인간적인 신과 함께 인간성을 초월한 신의 주장)는, 역시 성육신된 예수는 신이라고 해도 인간의 한계 안에 있는 신이라고 할 수밖에 없는 인간 예수이기에, 성육신 안에서 신(즉 인간세상에서 초월적인 신)을 말하기에는 무리가 따르지 않을 수 없었고, 한편으로는 예수를 신처럼 믿는 입장에서 인간예수를 말한다는 것은 난감할 수밖에 없기 때문일 것이다.

그리하여 실상 이들의 양편의 각자의 주장(예수에 대한, 신성과 인간성의 각자의 주장)은 상호간 서로 용납되기 어려움에 따라서, 끝이 없는 투쟁과 갈등을 빚을 수밖에 없는 요인이 되기도 했던 것이다. [92]

삼위일체론의 신앙이 정초될 무렵, 그때의 상황의 일면을 보는 것에서도 그 갈등의 정도를 알 수 있다.

삼위일체란, 성령(聖靈)아버지와, 여기에서 태어난 성령인 아들, 그리고 아버지와 아들이 성령으로 맺어진 관계, 이를 소위 삼위(聖父, 聖子, 聖靈)라고 한다. 한편 이 삼위는 하나라는 주장이 삼위일체론이다.

오리게네스에게 있어서는 성부(신)와 성자(예수그리스도)가 서로 성령으로 맺어진 관계가 되지 않을 수 없었다고는 해도, 역시 성부는 성자보다 위에 있었던 것이다. 그런데 이후에 와서는 사람들에게 이 성부와 성자 이 둘을 함께(즉 하나님이나 예수가 함께 동등한 높이로 계신 분으로) 믿어야 한다는 것이 되었고, 그리하여 이는 언제나 난감한 문제가 되었던 것이다. 따라서 이 어려운 입장의 처지를 해결하기 위하여 의견이 분분하게 되었던 것이다.

대체로 보면 세 가지 의견으로

「첫째는 예수가 신이라는 것. 둘째는 예수는 신의 아들이지만, 역시 신보다는 못한 반신(半神)이거나 보통의 사람보다는 훌륭한 사람에 지나지 않다는 것. 셋째는 앞서 예시한 삼위일체의 주장」이라고 할 수 있다. 세 의견 중에서 한 가지 의견을 주장하거나, 또는 두 가지 세 가지를 함께 말함에 있어 약간 변형시켜 주장한다고 할 수 있다.

그런데 이 세 가지 의견은 각자 일리(一理)가 있을 수밖에 없기 때문에,

---

92) 이후 사도 신조로 정초된 삼위의 신(聖父, 聖子, 聖靈)은 양편의 주장 - 즉 신과 인간의 계층, 즉 아버지와 아들이라는 계층을 주장하는 편과 한편 이들 모두 함께 신이라는 편의 양쪽의 의견이 모두 수렴이 되었다는 것이다.

이들 의견을 부정하고는 누구의 주장도 정당한 주장이 될 수 없다는 것이 밝혀지고, 이리하여 끝이 없는 분쟁이 이어졌던 것이다.

이 분쟁의 국면에 있어 특징적인 예들로 말하면

〈편집된 오리게네스주의로서 좌파와 우파-신적인 면과 인간적인 면의 극한대립〉〈인성(人性)적 독재론과 신적(神的)양식 독재론-유일신으로서 인성적인 입장과 신적인 입장〉〈두 감독 디오니시우스 사이에 벌어진 논쟁〉〈아리우스주의(인간적인)와 아타나시우스(신적인) 사이에 벌어진 논쟁〉〈안디옥 학파(인간적인)와 알렉산드리아 학파(神적인)〉〈네스토리우스와 시릴〉등이라고 한다. 역시 대체로 그리스도의 인성적인 면과 그리스도의 신적인 면의 대립된 주장임을 볼 수 있다.

"이 두 파사이의 [치열한] 싸움에서 그리스도교 교회는 거의 무너지게 되었다.

삼위일체의 논쟁에는 신학적 대립뿐 아니라 그와 함께 교회정치적 관심도 한 몫을 담당했다. 교회정치적 관심은 이론적 깊이에 빠져서 자기를 잃어버리지 않도록, 이 논쟁을 실제적인 방식으로 해결하기를 요구했다. 로마는 그의 절충주의적 전통에 따라, 실제적인 해결의 길을 마련했다. 로마의 교황 디오니시우스[93]는, '신의 삼위[신의 동등성]와 모나르키아의 거룩한 가르침[唯一神-메시지], 이 두 가지는 보존되지 않으면 안 된다'고 선언했다. 이것들은 두 파의 중심사상을 뜻한다. ……이 교황은 이 두 가지 모순된 사상이 결합되기를 원했다. 그러나 그는 이것이 어떻게 결합될 수 있을 것인가에 대해서는 말하지 않았다. 그래서 그것은 다만 〈그럴

---

93)　(Diony ius, 259에서 269년 사이에 재위했다)

다는 것(dab)의 도그마(교리)가 되었을 뿐이다. [이 두 사상의 결합은 교회정치의 실제적인 목표가 되었으며 ……이것은 마침내 달성되었던 하나의 접근 대상이었다.] 그러나 거의 80년에 이르는 치열한 싸움을 거쳐서 비로소 이 교회정치는 관철되었던 것이다. 그래서 이 해결은 모든 시대에 걸쳐서 그리스도교에 영향을 끼치게 되었다." [94]

이 싸움에서 한편이 승리하여 자신들의 주장을 관철시키기도. 반대로 밀려나기를 수없이 반복하면서 그 싸움은 이렇게 계속되었다는 것이다. 그리하여 이 주장들은 실상 오늘날까지 계속되고 있다고 할 수 있다.

이후 신에 대한 신앙적 관점의 양면성이나, 또한 신학의 양면성도 지금껏 이상에서 본 바에 따른 것이라 할 것이다.

(3) 신학자들(敎理)의 양면성

다음에 보기는 신학(神學)의 양면성이다. 신학은 당연히 학문적인 입장에 따라서, 신에 대한 관상(修道)이 배제된 채 단지 이해의 차원에서 이루어질 수밖에 없다는 것도 어쩔 수 없는 문제라 하겠다. 이리하여 신학에서의 신(神)에 대한 이해는 단지 성육신이 아니면 추상적인 이해에 그치게 된다고 할 수 있다. 물론 신의 이해가 추상적으로 그칠 수만은 없기에, 따라서 근대에 이르면서 신학은 자연히 합리적인 신학(이해되기 쉬운), 곧 성

---

94) 폴틸리히의 그리스도교 사상사, I. C. 헤넬 엮음, 송기득 옮김, 106쪽 (한국신학연구소 1990)

육신(聖肉身)의 신학에 초점이 맞추어질 수밖에 없게 된다는 점도 지나칠 수 없는 문제라 하겠다. 물론 이는 신에 대한 믿음을 더욱 어렵게 하는 것으로, 마침내는 뒤에 보는 것처럼 무신신학(無神神學), 또는 사신신학(死神神學) 등을 초래하게 되었던 이유이기도 하다.

신(神)편의 주장

신(神)편의 주장은 신만을 위한다. 인간을 위한 세계가 아니다. 신을 위해서는 인간은 죽어야만 하는 것이다. 따라서 성육신은 성립될 수 없다. 성육신이란 결국 인간을 살리고자 하는 방향이라는 것만은 분명하기 때문이다.

【아타나시우스(Athanasius 296-373)】

아타나시우스에게 있어서 구원은 신적 개입과 관련된다. 그는 초속적인 신의 입장을, 역시 예수에게도 결부시킨다. 따라서 그에게 있어 예수는 인간성을 넘는 신(神)이다.

" 1. 오직 하나님만이 구원할 수 있다.
　2. 예수 그리스도는 구원하신다.
　3. 그러므로 예수 그리스도는 하나님이다.

그리하여 아타나시우스는 요한복음 1:14의 "말씀이 육신이 되었다"를, 예수가 성육한 하나님이라는 것을 수용하는 것뿐이라고 한다. 환원하면

하나님이 우리 인간의 상황 속에 들어왔다.-상황을 변화시키기 위해." [95]

【아우구스티누스(Augustinus 354-430)】

"왜 너는 신(神)을 거역하고 너의 살(肉身)을 따르는가(인간을 따르는가). 신을 향해 돌아서서, 살을 자기에게 복종시켜야 한다. 살을 통해서 감각하는 것은 모두가 부문적인 것이며, 부분적으로 성립되는 것으로는 전체를 모른다. 따라서 그처럼 부분적인 너의 이해로는 전체 인 그(신)을 모르는 것이다. 게다가 그 부문에 현혹되어 있다.

그러나 가령 살의 감각이 전체를 붙잡는 일이 있고, 벌로써 정당하게도 전체의 부문 속에 한정되어 버리지 않았다면(지금껏 인간육신의 세계에 현혹되지 않았다면), 너는 무엇보다도 그 전체(육신의 제한성을 넘는 神)를 즐기고, 눈앞에 있는 것(인간의 현상)을 넘어가려고 했을 것이다.

길을 잘못 디딘 자들이여, 마음으로 돌아가라. 너희들을 만드신 분에게 의지하라. 신(神)과 더불어 서거라. 그러면 너희들도 설 수 있으리라. 신 속에서 안식하라. 그러면 너희들도 안식할 수 있으리라." [96]

【루터 (Martin Luther1483-1548)】

"하나님은 당신 자신이 그것에 의해서(오직 하나님 자신만이) 나를 의롭게 해주는 의에 의해서만 찬양받는다. 왜냐하면(이런 경우) 하나님만이 의가 되시기 〔즉 하나님이 의로우신 것이 승인되기〕 때문이다. ……우리들은 하나님을 향해서 이렇게 말해야 한다.

'오, 당신이 우리들 마음속에 넘쳐흐르는 분이 되시도록 하기 위해서

---

95) 신학의 역사, 알리스터 맥그레스, 소기천 등 옮김, 87~88쪽 (知와 사랑 2005)
96) 고백, 아우구스티누스, 방곤 옮김, 108~109쪽 (세계사상전집 대양서적 1981)

우리들은 기꺼이 마음이 빈자(우리자신을 비운자)가 되겠나이다. 당신의 힘이 내 안에 살아 계시도록 하기 위해서 나는 기꺼이 약한 자가 되고, 당신이 내게 있어서 의가 되도록 하기 위해서 기꺼이 죄인이 되고, 당신이 내 지혜가 되도록 나는 기꺼이 어리석은 자가 되며, 당신이 내 의가 되도록 하기위해서 나는 기꺼이 불의한 자가 되겠나이다.'
라고. 보라, 이것이야말로 선지자가 '오로지 나는 당신에게 죄를 범하였나이다. 당신은 그 말씀에 의해서 의로우십니다' 라고 말한 바로 그것인 것이다." [97]

【칼 바르트 (Karl Barth 1886-1968)】

"우리는 성서에서 한 새로운 세계, 하나님. 하나님의 주권, 하나님의 영광, 하나님의 헤아릴 수 없는 사랑을 발견하였다. 인간의 역사가 아니라 하나님의 역사다! 사람들의 덕이 아니다. 우리를 어두움에서부터 기이한 빛 가운데로 불러내신 그분의 덕이다! 인간들의 입장이 아니라 하나님의 입장이다!

우리는 그 심령으로부터 가장 깊은 필요에서 오, 주여 나를 고치소서, 그러면 내가 살겠나이다! 라고 부르짖는 병든 옛 세계 안에 살고 있다. 그들이 누구이든지, 어디서든지, 무엇을 하며 어떻게 되어 있든지 간에 모든 사람들 속에는 역시 성서 안에 있는 바로 이것을 갈망하는 동경이 있다." [98]

---

97) 로마서 강의, 루터, 장남준 등 옮김, 356~358쪽 (세계사상전집 을유문고 1981)
98) 聖書안의 새로운 世界, 칼 바르트, 全景淵 옮김, 19, 23쪽 (대한기독교서회 1989)

〈 바르트는 키에르케고르를 인용하면서, 하나님과 인간 사이를 무한한 질적 차이로 인식했다. 그는 하나님과 인간은 같은 범주에 속하지 않는다는 의미로서 '질적' 이라는 말을 사용했다. 그는 이것을 더욱 강조하는 의미에서 '하나님은 하늘에, 인간은 땅위에' 라고 주장했다. 하나님은 지금까지 모호하게 생각해온 우리와 유사한 어떤 분이 아니라 그는 전혀 우리와 낯선 자이고, 우리에게는 전혀 알려지지 않은 전적인 타자로 남아 있다.

"하나님, 그는 우리들과 우리가 가진 것과 우리가 행하는 모든 시작과 순수와 절대적 경계이다. 하나님, 그는 인간으로부터 그리고 모든 인간적인 것으로부터 질적으로 구별되며, 결코 우리가 이름 하는, 혹은 경험하는, 혹은 인식하는, 혹은 신으로 경배하는 어떤 것과도 동일시되지 않는다. 하나님, 그는 모든 인간적인 혼란에 대해 무조건적인 '정지' 로 대립하시고, 모든 인간적인 휴식에 대해 같은 무조건적인 '전진' 이라 명한다. 하나님, 그는 우리의 '아니오' 안에 '예' 그리고 우리의 '예' 안에 '아니오' 이며 처음이자 마지막, 그리고 결국 알려지지 않는 다른 존재들 속에서 결코 알려지지 않는 자, 그 알려지지 않은 자이다."

"하나님은 인간과 다를 뿐만 아니라 이 세상과도 전혀 다르다. ……인간과 신 사이에는 어떤 직접적인 연속성도 없다. 유한이 영원을 품지 못한다. 따라서 인간과 하나님의 관계는 오직 '질적 단절' 로서의 관계이다." 〉[99]

이상에서 보는 신은 초속적인 신으로 당연히 인간과는 단절된 신이다.

---

99) 현대신학의 흐름-계시와 응답, 김동건, 167~168쪽 (대한기독교서회 2008)

그러나 이는 이해의 차원에 지나지 않아(신에 대한 관상, 곧 수도가 배제되어있는 관계로), 인간과 별개의 신이 어떻게 인간과 연결되는가라는 문제를 지나치고 있다고 할 수 있다. 따라서 결국 이러한 신에 대한 이해는 추상적인 이해에 불과하다고 할 수 있겠다.

성육신(聖肉身)의 입장에 따른 주장

인간성을 초월하는 신과는 다르게, 다음은 신을 부정하지 않으면서도 인간적인 성육신을 말하는 경우가 된다. 물론 인간육신에 따른 신이기에 육신을 가진 인간도 이해할 수 있는 신인 것이다. 따라서 예수그리스도야 말로 분명 이러한 입장에 불과하다고 말하게 될 것이다. 그러나 이 경우(聖肉身)에는 역시 인간의 육신에 의해 신(성령)은 제한이 될 수밖에 없다는 문제를 안고 있다 할 것이다.

【아리우스(Arianism), 313년에 알랙산드리아 바우칼리스 교회 봉직】
그는 예수그리스도를 성육신으로 해석함에 따라서, 역시 예수 그리스도는 성부(하나님)에 못 미친다고 말한다.

"아리우스는 그리스도를 노스틱주의의 창조신과도 같은 한 신화적 표상-반신(半神) 반인간(半人間)의 존재-로 설명하였다. 그는 참으로 신적(神的)이지만 그러나 성부(聖父)와 동등하지는 않았다. ……아리우스는 성부와 성자(聖子) 사이에 진정한 본질의 차이가 있음을 주장하였다. 홀로 아버지만이 진정한 신적 존재이며, 아들은 피조자에 지나지 않는다. 아버지와 아들이 동등하다고 보는 관념은 배제되었다. 피조물에게 속하는 모든 속성은 아들에게 주어진다. 아리우스는 성부와 성자 사이에 본질의 구별을 인정하고 계속하여 성자와 다른 피조물과의 구별을 지적하였으며, 세상에서의 아들의 사명을 설명하였다. 아들은 세계의 창조를 중계하기 위하여 그리고 세상에 하나님을 계시하기 위하여 시간과 공간이 있기 전에 창조되었다. 이러한 목적을 위하여 그에게는 특별한 신적 영광이 미리 주어졌는데, 이러한 영광은 장차 영위하게 될 덕 있는 생활에 합당한 것이었다. 아리우스에게 있어서는 아들은 하나님이 아니라 신적 존재였다." [100]

【신학대전에서 보는 토마스 아퀴나스 (Aquin 1225-1274)】

(성육신의 입장에 따라서) 예수그리스도를 신에 미치지 못하는 존재라고 말한,-이상과 같은 아리우스에 대하여, 토마스 아퀴나스는 인간은 신에 이르지 못한다고 단정 짓는다. 피조 된 육신과 창조신은 어디까지나 별개일 수밖에 없기 때문이다.

"우리는 어떻게 신(神)을 인식 할 수 있는가?

7. 신은 완전하게 인식될 때 비로소 이해될 수 있다. 그런데 무한자 신은 무한히 인식될 수 있다. 그러나 영광의 빛을 받아야 하는 피조된 지성은 유한하다. 따라서 신은 이해될 수 없는 채로 남는다.

8. 따라서 저승(彼岸)에서는 비록 사물들이 신 안에서 보이긴 하겠지만, 피조된 지성으로서는 신 안에서 모든 것을, 즉 신이 행하고 있고 행할 수 있는 모든 것을 인식할 수는 없다.

11. 이승(此岸)에서 우리는 물질적 육체 속에 영적인 존재를 가지고 있는 것이므로 그리고 또 우리의 인식도 이것에 알맞게 되어있기 때문에 우

---

100) 基督教教理史, J.L.니이브, 서남동 옮김, 187쪽 (대한기독교서회 1991)

리는 감각적 피조물들을 통해서 인식한다. 그러나 피조물들을 통해서 신을 인식한다는 것은 결코 신 본질을 직관하는 것이 아니다. 그러므로 이승에서는 아무도 신을 볼 수 없다." [101]

"영혼은 어떻게 자기 능력을 넘는 것을 인식하는가?
1. 이승에서의 인간 지성은 외감에 묶여 있고 따라서 직접 물질적 사물들에로 향한다. ……비물질적(非物質的) 실체들에 대해서는 직접 인식하지 못하고 그 결과들로부터 오직 간접적으로 인식할 수 있다.
2. 비물질적 실체들은 다른 본성에 속하므로, 그것들을 완전히 인식할 수는 없다.
3. 이승에서의 우리 지성이 피조된 비물질적 실체들을 그 자체로 인식할 수 없다면, 더 더욱 창조되지 않은 비물질적 실체 즉 신(神)을 그 자체로 인식할 수는 없다." [102]

아리우스와 토마스아퀴나스에서 보는 신관에 따르면, 신은 인간에 대하여 초속적이기에, 인간은 신에 이를 수 없다는 것이다. 따라서 성육신으로서의 신은 허용될 수 없고, 또한 신과 인간 사이에는 단절이 있을 수밖에 없다는 것이었다.

이후 성육신의 입장은 인간과 단절된 신은 허용되지 않는다고 보고, 따라서 오직 성육신의 입장 안에서만 신은 허용된다고 보는 것이다. 이는 결국 신학의 파탄(인간성으로는 미치지 못하는 신인식)에 따라서 근대 서양철

---

101) 성 토마스 아퀴나스의 신학대전 요약, 이재룡 신부 등 옮김, 38쪽 (가톨릭 대학교 1995)
102) 같은 책, 109쪽

학으로 정초된 인간신학인 셈이다.

따라서 이상과 같은 인간신학(곧 성육신)의 길을 예비한 사람으로는 누구보다도 아래에서 보게 되는 슐라이에르마허를 지적하기도 한다.

이리하여 그는 인간에 초속적인 신이 아니라, 인간적이어야만 하고 따라서 신이란 결국 인간의 각각인 개별적인 감정에 따라야만 한다는 것을 주장했던 것이다.

【슐라이에르마허(1768-1834)의 종교적 직관】

"직관은 항상 개별적인 것이고 직접적인 지각이며 그러한 것에 머물러 그 이상의 것이 되지 못한다. ……종교 역시 그러하다. 종교는 우주의 존재와 행위에 관한 직접 경험 및 개개의 직관과 감정에 있어서 성립되고 있다. 이들 직접 경험의 각각은 다른 것과 관련하거나 혹은 의존하는 일이 없이 그 자신으로 성립하는 활동이다. 유래를 묻거나 결합하는 것은 종교로서 알 바 아니다. 이러한 것은 종교에서 일어날 수 있는 모든 것 중에서 종교의 성질에 가장 거역되는 것이다. 단순히 우리가 종교에 있어서 본원적이고 첫째가는 것이라 부를 수 있는 개개의 사실이나 행위만이 아니라 모든 것이 종교에 있어서는 직접적이고 그 자신 진리인 것이다.

여러분 가운데서 수천의 사람들이 동일한 종교적 직관을 가질 수 있다고 해도 그 동일한 직관을 각자가 나란히, 혹은 전후하여 어떻게 보았는가를 확정하려 한다면 각자는 틀림없이 서로 다른 윤각을 그릴 것이다. 이때 그것은 다만 그 사람의 기분 즉 우연한 상태, 사소한 일에만 귀착하는 것이 아니다. 각자는 각각 자기의 배치와 표제를 가지고 있어도 좋으며, 그로 말미암아 개개의 것을 얻는 일도 없고 잃는 일도 없다. 진실로 자기의 종교와 그 본질을 알고 있는 사람은 모든 외견상의 연관을 개개의 것의 머리 아래쪽에 두며, 이 개개의 것 가운데 가장 작은 것이라도 외견상의 연관 때문에 희생시키지는 않는다. 이 독립된 개별성으로 하여 직관의 영역은 이토록 무한한 것이다." [103]

그런데 위와 같은 슐라이에르마허의 인간신학은 뒤에 오는 현대신학에도 절대적인 영향을 끼친다는 것이다.

【그 밖에 현대신학자의 성육신(聖肉身)론】

현대신학은 물론 성육신론이다. 이제 현대신학에서의 성육신론은 과거처럼 초속적인 신에 대한 지향은 완전히 사라진다고 볼 수 있다. 이에 따라서 자연히 인간세상적인 신을 위한, 곧 세속신앙이 된다.

"실로, 신앙이란 영원히 주어진 것이거나 완전히 자율적인 것이라는 바로 그 확신이 여기서 강렬하게 도전을 받고 있다.

이제 크리스쳔은 신학이 영원불변한 말씀을 이어 받아 설명하는 것이라는 생각을 단연 버려야 한다. 우리가 신조와 교의라는 일반적인 구별을 받아들여야 한다면, 그 신조(Dogma)는 움직일 수 없는 신앙의 퇴적물이고, 교의(Doctrine)는 신앙의 특수한 표현으로써 받아들인다면, 기독교 신학은 교의는 될 수 있지만 영원히 신조가 되어서는 안 된다. 죽었거나 죽어가는 신학만이 과거에 기독교의 말씀이 전부 주어졌다는 주장이나 원칙을 따를 수가 있지, 살아있거나 종말적인 말씀의 임재를 기다리는 크리스쳔은 아무도 과거에 전적으로 매어 있을 수가 없을 것이다. 우리는 기

---

103) 종교론, 슐라이에르마허, 정종화 옮김, 23, 25쪽 (세계기독교사상전집 新太陽社 1983)

독교의 본질이 하나 밖에 없다거나, 신앙의 내적 핵심은 불변하다거나, 어떤 신앙의 형태가 모든 사람에게 똑 같은 의미를 지니고 있다는 생각을 해서는 안 된다.

현대의 과격한 크리스천은 전체적으로 완전히 수육(聖肉身)한 말씀을 추구하고 있다. 기독교의 말씀이 가장 철저한 형태로 나타날 때에는, 그 말씀이 이 세상에 구체적이고 현실적으로 현존해 있을 뿐만 아니라, 이 세계를 떠나서는 아무 곳에도 현실적이고 실제적으로 존재할 수 없는 방식으로 현존해 있게 된다. 이제는 더 이상 신앙과 세상이 서로 분리되어 존속할 수가 없으며, 어느 것도 혼자는 독립해서 존속할 수가 있다고 생각할 수가 없다. 이와 같이 철저한 크리스천은 세상과 유리된 모든 신앙의 형태를 그릇된 것으로 정죄하고 있다. 주어진 것이면서 동시에 자율적인 신앙은 여기서 수육(곧 성육신)되지 않은 신앙으로 판명되고 있으며(그래서 생과 움직임과 역사의 과정에서 도피한 것으로 판단되는 것이며), 그 결과로써 이제 신앙이란 세계의 현실을 초월해서 어떤 의미나 실재를 소유한다는 고립적이고 자율적인 것이라는 주장은 완전히 포기하고 그와 반대로 완전히 세계 속에 하나로 결합되어야 한다." [104]

'종교의 영역은 가장 거룩한(holy of holies) 곳이다.' 이러한 생각은 거룩한 것과 속된 것과의 관계에 대한 유대 나라의 제사장들의 전통적 개념과 같은 것이다. 그러나 이러한 개념은 '성육신'을 통해서 신이 모든 것을 거룩하다고 선언했을 때 성전의 장막이 위에서 아래까지 찢어졌을 때 이미 다 무너져버린 것이다. ……예배의 목적은 '이 세상'에서 '저 세상'으로 도

---

104) 基督教 無神論의 福音, 올타이저, 이양구 옮김, 356~357쪽

피하려는 것을 물론 아니며 세속적인 영역에서 종교적인 영역으로 은퇴하려는 것도 아니다. 이것은 통속적인 것 속에 그리스도를 만날 수 있도록, 통속적인 것의 피상성을 꿰뚫고 그것을 그 이탈 상태에서 구속할 수 있는 힘을 가진 자를 향해서 자기 자신을 열어놓자는 것이다.

" '성만찬' 이라는 것은 교회와 이 세상을 향해서 그리스도가 그 백성과 함께 임재 한다는 사실, 곧 통속적인 것을 올바르게 받아들이는 일도 이웃과 올바른 관계를 가지는 일과 직결되어 있다는 사실을 공포하는 것이다. 왜냐하면 '성만찬' 은 교회 안이나 교회 밖에서 이러한 일들 안에서 또 그것을 통해서만 가능한 것이기 때문이다.

따라서 여기에도 '피안(彼岸)' 즉 초월의 요소가 똑 같이 담겨져 있으며 또 담겨져 있어야하는 것이다. 그러나 이 피안은 사람을 지상적인 것과 통속적인 것으로부터 끄집어내서 분리시키는 것이 아니라, 무조건적이고 수직적인 것으로서, 단순한 인간적인 사귐의 한계 속으로 들어가서 또 그것을 가로질러가서 인간의 사귐을 '그리스도의 몸' 으로 변화시키는 것으로 나타난다. 뿐만 아니라 이와 같은 생각과 그 표현 방법으로 점점 기울어짐에 따라 새로운 경향이 생겼는데, 그것은 교회 냄새와 종교 냄새가 나는 것, 또 성단과 사회를 분리시키는 것은 무엇이나 다 없애버리려는 경향과 (기독교가 변화시키려는) 이 세상의 표현 방식으로 교회의 장식과 음악과 건축을 구상해 보자는 경향이다." [105]

"요약하여 말하면 하나님은 온 세계를 소유하고 계십니다. 교회가 아

---

105) 신에게 솔직히, 존 로빈슨, 현영학 옮김, 109~112쪽 (대한기독교서회 1993)

니라, 이 세계가 하나님의 사활(死活)이 달려있는 관심의 대상입니다. 하나님은 그 목적을 성취하기 위하여 교회를 통해서만이 아니라 세계를 통해서도 일하고 계십니다.

하나님은 최근 15년으로부터 20년 사이에 교회보다도 훨씬 앞질러 이 세계에서 여러 가지 일을 수행해 오셨습니다. 당신이 소속한 교회가 아니라 차라리 프로야구가 인종을 통합하는 일에 있어서 그 첫발자국을 내어디딘 것입니다. 이러한 점에서 우리들은 매우 낙후되어 있습니다. 하나님이 이 세계에서 행동하고 계신 일을 따라가기 위하여 우리들은 맨발로 뛰지 않으면 안 될 입장입니다." [106]

(4) 현대의 신앙 - 世俗(세속) 신앙과 終末(종말) 신앙

세속신앙 : 사라지는 신(神)

인간 예수를 주장하든가 또한 한편으로 신(神)인 예수를 주장하든 간에 성육신된 예수라는 틀 안에서만 논하는 이런 경향은, 결국 예전의 초월적인 신, 곧 성육신 된 인간 밖에서 신을 찾는 일은 찾아보기 어렵게 되었다고 할 수 있다(예수 이상의- 성육신인 예수 이상의 신을, 즉 육신을 떠난 신을 찾기 어렵게 되었다고 할 수 있다).

이것은 다음과 같이도 말할 수 있다. 신에 대한 명상이 막혀지게 됨으

---

106) 神의 혁명과 인간의 책임, 콕스, 한모길 옮김, 253~254쪽 (세계기독교사상전집 新太陽社 1980)

로 말미암아(이는 앞서 살펴 본 바로 볼 때, 修道의 입장을 떠난, 따라서 수도의 입장이 무시되므로 말미암아아니면 잊어버리게 된 나머지) 성육신 밖에서 찾아야 하는 신(초육신적인 신)을 잊게 되었다고 할 수 있다.

하지만 신(神)을 찾기 위해서는 성육신을 떠나지 않으면 안 된다는 과거 입장이 있었다는 것, 그리고 신을 찾기 위해서는 성육신을 떠나지 않으면 안 된다는 점이 있었다는 것을 무시할 수 없을 것이다. 단적으로는 영지주의나 사막교부등의 예에서 보던 것이다.

그렇지만 육신을 떠날 수 있는 것이 가능할까? 그러나 실상에 있어서 육신을 떠나는 것이 현실적으로는 불가능한 것이 사실이라면, 어찌하여(영지주의나 사막교부들에게서 보듯이) 종말신앙이나 명상에서는 하느님을 찾기 위해 이세상이나 육신을 떠나야만 한다고 했는가? 따라서 신을 찾기 위해서는 역시 종말신앙이나 명상에서 그러했듯이, 이 세상이나 육신을 떠나지 않으면 안 된다고 했던, 그 진실한 의미를 살필 필요가 있을 것이다.

그런데 이상과 같은 입장을 벗어나, 단지 성육신 내에서만 신을 찾는다고 하는 것은 다음과 같은 어려운 점이 따를 수밖에 없는 것이다. 이러한 처지에서의 신은 이해의 차원(신이 성육신이 되는 것으로 말미암아역시 신은 육신에 따른 감각이나 생각)에 머물게 되고 말 수밖에 없다는 것이어서, 신에 대한 이해의 수준은 성육신적인 신(곧 육신적인 신)을 넘을 수는 없을 것이다, 따라서 이러한 처지에서 완전한 신을 찾는 것은(역시 육신적인 신은 부족하다고 생각되어 이를 넘는 완전한 신을 찾는 것은 성육신 안에서는 이루어질 수 없음에도 불구하고), 따라서 결국 이는 극단적인 양면성의 모순에 봉착하지 않을 수 없게 된다는 것이다. 이를테면 한편으로는, 육신적으로 미치지 않은, 이 완전한 신이란 역시 추측에 불과한, 허상의 관념에 불과하거나, 이에 반해 또 한편으로는 마침내, 신을 부정하는 극단주의(유물론 등)로 흐르기 십상이라는 것이다.

사실 성육신 내에서의 신이란 의미가 없는 말이다(말 그대로의 완전한 신이란 성육신 내에서는 해당되지도 않을 뿐만 아니라-육신에 따르기 마련인 불안전성, 제한성에 비추어 그럴 수밖에 없다는 것이다. 신이란 제한이 없을 뿐만 아니라, 완전한 대명사이기에 -그에 따라서 역시 성육신 내에서 이르게 되는 신이란 가당치않은 말이 될 수밖에 없게 될 것이기 때문이다).

【성육신 내에서는(성령과 육신이 합쳐있는 상태이기에) 어느 쪽-곧 聖神이나 肉身의 인간- 이 양편 중에서 그 어느 한편만으로는 말할 수 없다는 것이다. 그러나 과거 이래 한편만의 편중된 것으로, 성(聖神)이라든가 육신(肉身) 중의 오직 한편 만을 위한 주장이 번갈아 있어왔던 것만은 사실이다. 물론 이러한 양편의 주장이 각자 그른 것이라고는 할 수 없다. 역시 신이란(신을 믿는 기독교라는 점에서) 인간적인 것을 떠난 경지(神)를 이르지 않을 수 없을 것이다. 반면에 인간으로써, 인간이외의 인간적인 것을 벗어난 경지를 말하기 어려울 뿐만 아니라, 인간세계를 부정할 수도 없고, 따라서 인간은 인간세계만을 말 할 수밖에는 없었음도 당연하기 때문이다.

이리하여 성육신(불완전한) 안에서 신(완전한)을 주장하는 것은 역시 완전하지 못한 (곧 인간적인)신을 주장하는 것에 불과하였다. 이러함에도 불구하고, 신을 주장하는 것은 다음과 같을 수밖에 없었던 것이다.

한편 신은 완전하기에, 따라서 완전한 신을 바라지 않을 수 없는 입장에서, 완전한 신의 주장이 있었던 셈이지만, 그러나 현실적으로는 역시 적용되지 못할 억지주장에 그치게 될 뿐일 것이고(의미 없는 말), 뿐만 아니라 이는 또한, 반대급부로서 상대로 하여금 육신적인 주장만을 불러오기 마련이었던 것이다.

이리하여 양면성 중에 어떤 편으로도 해결이 될 수 없는, 그리하여 상호 끝이 없는 (육신이 아니면 초육신) 일면적인 주장에 따라서, 결국 신의 주장은 모순에 봉착할 수밖에는 없었다고 할 것이다.

　한편 이와 병행하여, 신에 대한 관상(명상)과 종말적인 신앙(인간의 육체와 세계를 떠나 신을 만나고자하는) 마저 마침내는 함께 찾아보기 힘들게 된 지경이 되고 말았다고 할 수 있다. 】

　그런데 이는 넓게 보아 서양 역사와도 맥을 같이 할 것이다. 사상사로 볼 때, 중세의 신학(계시와 은총)에서 근현대의 철학(이성과 과학)으로의 변천이다.

　그 과정은 수도(修道)가 없는 수도원은 교회가 되고, 신(神)을 확증할 수 없는 교회는(역시 신은 이론적인 입장만으로는 접근될 수 있는 것이 아니기에) 결국 신과는 동떨어진 세속사회가 되어갈 뿐이었던 것이다.

　이는 또한 신이라든가, 신화라는 이 자체가 전혀 시대적(현대적)으로도 용납되기 어려운 점과 맥을 같이한다고 볼 수 있다,

　이리하여 현대신학자로서 불트만의 다음과 같은 말은 당연히 이러한 추세에 따른 것이라 할 것이다.

　"신약성서(新約聖書)의 우주론은 그 성격으로 보아 본래 신화적(神話的)이다. 세계를 3층 건물과 같이 보고 있다. 중앙에는 땅이 있고, 윗 층에는 천당과 하층에는 지옥이 있다고 본다. 천당은 하나님과 하늘의 존재 곧 천사들이 사는 곳이요, 지옥의 음부(陰府)는 고통의 장소이다. 땅도 말하자면 자연적인 평범한 일상생활이 이루어지고 있는 그러한 장소이기 보다는 초자연적인 하나님과 그의 천사들의 활동이 이루어지는 곳이며 또한 사탄과 그의 마귀들이 활동하는 무대이다. 이러한 초자연적인 세력들은 자연의 운행이라든지 인간의 뜻하고 행동하는 것에 간섭하고 있다.

따라서 기적이 일어난다는 것은 드문 일이 아니다. 인간은 자기 자신을 좌지우지하지 못하고 악령이 사람을 소유할 수 있고 사탄이 그에게 악한 생각을 불어넣을 수 있다. 또 그 반대로 하나님이 인간의 사상과 의도하는 바를 지도하며, 하늘의 환상을 보여주고, 사람으로 하여금 그의 명령이나 구원의 말씀을 듣게 하고, 때로는 성령의 초자연적인 힘을 줄 수도 있다.

신약성서는 그 선교의 주제인 구원의 사건을 제시할 때 이러한 신화적 세계관을 전제하고 있다. 즉 신약성서는 신화론적(神話論的)인 용어로써 종말(終末)이 현재 와있다고 선포한다. 「때가 참에」 하나님께서는 그의 아들을 보내셨다. 그는 선재적(先在的)인 신적(神的)존재이며 그는 인간으로써 세상에 나타난다. 그는 십자가 위에서 죄인의 죽음을 당하며 그것이 인간의 죄에 대한 속죄(贖罪)를 이룬다. 그의 부활(復活)은 우주의 파국의 시작이며, 아담의 죄의 결과인 죽음은 이로써 폐지된다. 그리고 마귀들의 힘은 박탈된다. 부활한 그리스도는 하늘에 올려져 하나님의 오른편에 앉으므로 「主」가 되며 「王」이 된다. 그는 구원의 사업을 완수하기위하여 하늘의 구름을 타고 재림(再臨)하며 사람들의 부활과 심판이 이루어질 것이다."[107]

따라서 신약성서는 이상과 같은 신화적 표현으로 기독교의 진리를 말하는 것이라고 볼트만은 말한다.

그러나 그는 이상과 같은 신약의 신화적인 표현에 대하여, 부정적적인 입장에서 말하기를

---

107) 예수 그리스도와 신화론 불트만 유동식 옮김 9,11,13,27쪽 (신양사 1969)

"과연 기독교의 선교가 현대인에게 이 신화적 세계관을 진실한 것으로 받아들이기를 기대할 수가 있을 것인가. 만약 이것을 기대한다면 그것은 어리석은 짓이며 또한 불가능한 일이다. 그 어리석다는 까닭은 이러한 신화적인 것이 그 어느 하나도 기독교의 독자적인 것이 아니다. 이것은 단순히 과학이 발달되기 전의 시대의 우주관에 불과하기 때문이다. 그리고 이것이 불가능하다는 것은, 아무도 자기의 결의에 의하여 어느 한 세계관(원시적인 세계관이냐, 현대적 세계관이냐)을 가질 수 있는 것이 아니기 때문이다.

(신약의) 본의도(本意圖)는 객관적인 세계상을 제시하는 데 있지 아니하고(곧 신화적인 세계에 있는 것이 아니고), 자기가 살고 있는 세계에 있어서의 인간의 자기이해(내면적인)를 표현하는 데 있다. 그러므로 신화는 우주론적으로가 아니라 마땅히 인간학적으로, 또는 보다 나은 말로 실존론(살아가는 데 따르는 意志)적으로 해석되지 않으면 아니 된다." [108]

불트만의 이런 탈신화적(脫神話的)인 신학에 따라 소위 현대신학에서, 세속신학과 신 죽음의 신학-死神神學, 인간주의적인 신과 철학, 물질적 인간주의(유물론적인)로 갈 수밖에 없었다고 할 것이다.

그리하여 다음에서 보는 바와 같이, 신(神)을 우리의 인간세계에로 끌어들이면서(聖肉身-世俗의 神), 이 밖에 있는 「신-초월적인 신, 이 인간 세상 위에 계신 신(완전한 신)」은 마침내 우리에게서 점차 사라져가는 모습을 볼 수 있다. 물론 신화적용어(神話的用語)를 논하기 전, 완전의 대명사로서의

---

108) 13,27쪽 (같은책)

신(神)이라는 용어를 사용함에 있어서도 문제는 따르기 마련일 것이다.

신(神)에 대한 인식의 어려움은 이미 중세의 교부인 토마스 아퀴나스에서부터 지적된 바다.

"인간의 지성(知性)은 현세의 이 상황에서는, 창조된 비질료적 실체를 인식할 수는 없다. 그러니 더욱 창조되지 않은 실체의 본질을 인식할 수는 없다. 그러므로 단순하게 신(神)은 우리들에게 첫째로 인식되는 것이 아니라, 오히려 피조물을 통해서 신의 인식에 이른다고 말하여야 한다.(로마서 1,20) "신의 보이지 않는 완벽함은 그의 작품(피조된, 불완전한)을 통하여 지성(역시 불완전한)에 의하여 보여질(뿐)이다." [109]

이렇게 신 인식의 어려움은 자연히 신에 대한 말에도 이어질 것이다.

"반 뷰렌에 의하면, 신이란 말은 재해석의 여지없이 현대인에게 있어서 무의미해진 '사어(死語)'가 되어버렸다고 한다. 현대 영미 실증주의적 언어 분석철학의 입장에서 그는 현대인을 경험론적으로 간주하고, 현대인에게 신에 관한 말은 실증할 수도 반증할 수도 없는 존재에 대한 말이라고 주장함으로써 신의 죽음을 선포한다. 불트만의 '실존주의적' 인간에게 복음의 메시지가 '실존주의적' 언어로써 전달될 수 있었는지는 몰라도 '경험론적' 혹은 '실증주의적' 현대인에게 신에 관한 말은 무의미하다는 것이다. 신을 말하는 종교적 언어는 다시금 그 뜻을 찾기 위하여 노력하지 않으면 안 되게 되었다." [110]

---

109) 인간의 사고, 토마스 아퀴나스, 박전규 옮김, 103쪽 (서광사 1984)
110) 知性·世俗·信仰, 서광선, 48쪽 (대한기독교서회 1985)

"〈하나님〉이라는 어려운 단어를 어떤 고도의 교묘한 문구로 번역해 놓는다고 해서 일이 쉽게 이루어지는 것이 아닐 것이다. 〈하나님〉을 〈궁극적인 관심〉이라고 한 것은 매우 교묘하게 붙여댄 이름이고, 〈초월적인 실재〉란 말은 더 얼토당토않으며, 심지어 우리는 〈만물의 근거며 종말〉이라는 말을 하나님의 이름 대신으로 듣고 있다. 이런 표현은 실제로 있는 이름표처럼 가장하고 나와서 우리를 속이는 것이고, 이런 표현이 어떤 실물(實物)을 시사하는 것처럼 사용되어 있으나, 실상 그런 표현은 우리를 당장 고대 사고의 문제 속에 빠뜨리거나, 의미 없는 말이나 지껄이는 바보 천치가 되게 한다" [111]

따라서 이 시대에 우리에게 있어 신(하느님)이란 무엇일까? 다음의 내용에 연루된 이들은 세속신학자, 또는 신의 죽음을 말하는 신학자(死神神學者)들이라고 한다.

"본회퍼의 성인이 된 세계라는 해석에 따르면 개인을 보호된 종교 영역으로 옮김으로써 구원한다는 종교를 거부한다. 또 종교가 없으면 인간이 절망에 빠지거나 자기 의의에 떨어질지도 모르는, 그 어떤 것으로부터 보호한다는 종교도 거부된다. 좀 더 분명하게 말하면, 본회퍼는 만일 종교가 하나님, 또는 신(神)들을 인간의 필요를 충족시키고 문제를 해결하는 체계로 정의한다면, 성인(成人)이 된 세계에서는(말하자면 고대의 맹목적인 미신에서 벗어난 현대의 교양인으로서), 우리가 더 이상 종교적일 수 없다는 것을 말한다.

---

111) 福音의 世俗的 意味, 반 뷰렌, 蔡韋 옮김, 200쪽 (세계기독교사상전집 新太陽社 1980)

이렇게 본회퍼의 말에 귀를 기울이는 개신교도(改新敎徒)들에게는 하나님만이 해결할 수 있는 문제가 떠오를 수 있는 곳이란, 자기 자신에게도 이 세상 속에도 없다는 것이 된다. 이 세상에는 문제도 있고 필요성도 있다는 것은 확실하다. 그러나 이 세상 자체가 문제 해결의 근거이고 하나님은 아니다. 하나님은 이 세상이 충분히 할 수 있는 것을-용서를 배풀고 외로움을 극복하고 절망으로부터 도피하는 길을 마련하고 자랑을 부수고 죽음의 공포를 더는 것 등-이와 같은 것을 해달라고 해서는 안 된다. 이 세상에 사는 사람들에게는 이와 같은 문제들이 이 세상의 문제들이다. 그리고 이 세상 자체가 이와 같은 문제들에 대처하기 위해서 여러 가지 구성을 마련 할 수 있다." [112]

〈본회퍼는 '종교'에서 말하는 신(神)을 '임기응변의 신'이라고 말한다. 우리의 이해력이나 능력이 미치지 못하는 것에 해답과 설명을 주는 따위의 신이 '저쪽'에 있어야 한다고 믿는 것을 말한다. 그러나 이와 같은 신은 세속적인 학문의 조수가 밀려옴에 따라 간단없이 뒤로 후퇴하고 있다. 과학과 정치와 윤리문제에 있어서 아무도 이 따위 구멍마개나 방파제의 필요성을 느끼지 않게 되었다. 무엇을 보장한다든지 무엇을 해결한다든지 또는 어떤 곤경에서 우리를 구원하기 위해서 그의 도움을 청할 필요가 없게 되었다. 이와 같은 내용의 이야기를 줄리안 헉슬리는 다음과 같이 기록하고 있다.

"자연을 이해하는 데 있어서 신이라는 가설은 이미 실용가치가 없어졌다. 도리어 더 참되고 더 좋은 해석을 방해하는 경우가 더 많다. 실지에

---

112) 본회퍼, 해밀턴 디트리히, 김경수 옮김, 532쪽 (세계기독교사상전집 新太陽社 1980)

있어 신은 지배자라기보다는 꺼져가는 석양의 실루엣과 같다.

지구가 납작하다든지, 파리를 저절로 생기게 한다든지, 또는 죽음은 언제나 마술 때문이라든지 하는 따위의 생각을 이미 가질 수 없게 된 것과 마찬가지로, 교육받은 지성인들이 신의 존재를 믿는다는 것도 곧 불가능하게 될 것이다. 물론 신들이 때로는 이권(利權)의 보호 하에 때로는 불행하고 무식한 사람들의 피난처로 남아 있게는 될 것이다."

그리하여 본회퍼는 말하기를 다른 모든 영역에서 밀려난 신이 있을 수 있는 마지막 피난처, '최후의 비밀장소'는 개인의 요구라고 하는 사생활의 세계에만 남게 되었다고 한다. 이것이 바로 '종교'의 영역이며 이것이 바로 교회가 활동하고 있는 장소, 즉 이와 같은 요구를 느끼며 또 느끼도록 유인(誘引)당할 수 있는 사이에서 활동할 수 있는 영역이라는 것이다.

"우리가 아직도 '종교'를 가지고 상대할 수 있는 사람이란 소수의 기사(騎士) 시대의 사람들이 선택받은 소수일까? 우리는 이와 같은 의심스러운 사람들을 상대로 열심을 내고 화도 내며 분노도 느끼면서 우리의 상품을 팔아먹어야 할 것인가? 우리는 불행한 사람들의 약한 때를 틈타서 그들을 종교적으로 지배해야 할까?"〉[113]

인류의 지적발전에 대하여 콩트(Auguste Comte. 1798-1857)는 다음과 같이 말한다.

"인간은 사고에 있어서 뚜렷이 다른 세 단계를 통과한다. 그는 이 세 단계를 신학적(神學的)인 단계, 형이상학적인 단계, 그리고 과학적 즉 실

---

113) 신에게 率直히, 존 로빈슨, 현영학 옮김, 45~46쪽 (대한기독교서회 1993)

증적 단계라 불렀다.

신학적인 단계에서는 사람들은 미지의 광대한 세계를 그들이 직접 알고 있는 한 가지 것에 의해서, 즉 그들 자신의 열정과 정서에 의해서 설명한다. ······이리하여 세계를 공상적이고 가상적(假想的)인 존재들로 채우지만, 이런 존재들이 정말 있는지 없는지에 대해서는 아무런 명증도 가지고 있지 않다.

다음 단계, 즉 형이상학적 단계에서 사람들은 여전히 경험적인 사실이 아닌 다른 존재에 마음이 끌린다. 그들은 어떤 사물에다 추상적인 술어를 붙여서 그 사물을 분류하기만 하면 그것을 설명해낸 것으로 생각한다. 그들은 본질이니 실체(實體)니 속성(屬性)이니 힘이니 하고 여러 가지로 론(論)한다. 그러나 그들이 사용하는 이 술어들은 구체적인 사물들의 선택된 측면들을 추상적으로 지시 하는데 지나지 않은데도 불구하고, 마치 이 술어들이 이 현상세계를 초월해있으며 또 현상세계를 인과적으로 산출해내는 힘을 가리키는 듯이 사용하고 있다.

그 다음의 셋째 단계, 즉 과학적 사람들은 경험적 현상들을 넘어서려고 하는 어리석음을 깨닫는다. 따라서 그들은 이 현상들이 의존하는 것으로 상상되는 어떤 신비스러운 것을 탐구하는 것이 아니라 실증적으로, 이 현상들의 순서·연속·상호관계 등을 탐구한다. 이리하여 사건들 간의 공존(共存)과 계기(繼起)의 법측들 을 세우게 된다. ······그들은 지적으로 경험의 테두리 안에 머무르며, 설명을 위한 사이비 원리들을 끌어들이지 않는다." [114]

---

114) 오귀스트 콩트(Auguste Comte, 1798-1857), 스털린 P. 램프레히트, 김태길 등 옮김, 585~586쪽 (서양철학사 을유문화사 1987)

다음의 구절에서는 신학과 인간학(헤겔과 포이에르바하), 그리고 연이어 경제적인 인간학(마르크스)에까지, 마치 이들이 함께 연이어 내달리는듯한 모습을 볼 수 있다.

먼저 포이에르바하에게 신(神)은 다음과 같다는 점이었다.

"인간은 소위 자기보다 더 높은 종류의 존재(神같은)를 상상해내고 있지만, 그는 자기의 종(種)과 본성을 벗어날 수 없으며, 그런 신에 대한 그의 적극적인 설명이나 존재 상태는 언제나 자기의 본성에서 만들어낸 신성(神性)이나 특성일 뿐이다.

이세상이나 이 세상의 필수품과는 전혀 공통성이 없는 하늘의 별빛을 바라보는 눈은 그 별빛 속에서 바로 자기의 본성과 자기의 근원을 바라보는 것이다. ……그래서 인간은 눈으로써만 천상으로 올라갈 수가 있다." [115]

"신(神)으로서의 신은, 곧 유한하지 않고, 인간적이 아니고, 물질적인 조건에 제한되지 않고, 외관적으로 나타나지 않는 존재로서의 하나님은 결국 사고의 대상일 뿐이다. 그는 육체가 없고, 형상이 없고, 이해할 수 없는 곧 추상적이고 부정적인 존재다. 그는 추상과 부정을 통해서만 알 수 있고, 대상이 될 수 있다. 왜 그런가? 신은 사고력의 객관적인 본성, 이외는 아무것도 아니기 때문이다. 또는 이성이나, 정신이나, 지성을 의식할 수 있는 모든 활동과 힘의 객관적인 본성일 뿐이다. 인간을 깨우쳐주고 인간내부에서 활동하는 지성이외에 인간이 더 생각할 수 있는 지성도 없고

---

115) 포이에르바하, 이양구 옮김, 114, 121쪽 (세계기독교사상전집 신태양사 1983)

믿을 수 있는 다른 정신도 없다." [116]

포이에르바흐의 이상과 같은 신관(神觀)에 대하여 마르크스 역시 이에 동감하고, 그(마르크스)는 포이에르바흐를 철학상의 중추적 인물이라고 인정하였다. (또한 마르크스가 생각하기에) 가장 중요한 포이에르바흐의 공헌은 역사발전의 중심을 신(神)으로부터 인간에게로 옮겨 놓았다는 것이다. 즉 절대정신이 자신을 역사 속에서 진보적으로 실현해 나간다고 주장했던 헤겔에 반대하면서, 포이에르바흐는 인간이야말로 실재적으로 그 자신을 실현하기 위해 투쟁하고 있다고 주장했던 것이다. 신이 아닌 인간이 그 자신과 소외됨으로써 인간은 그의 자기 소외를 극복하기 위해 노력하는 바, 역사는 바로 그 노력으로 점철된다. 만일 이것이 실재적으로 인간의 조건이라면 세계는 인간의 자기실현을 촉진해주기 위해 변화되어야 한다는 것이 마르크스의 생각이었다. 그러나 마르크스는 이러한 생각에서도 더욱 나아가서, 다음과 같이 선언하기에 이르렀다.

〈 "[지금까지의]의 모든 철학자들은 단지 세계를 서로 다르게 해석해 왔을 뿐이다. 그렇지만 중요한 것은 세계를 변화시켜야 한다는 점이다." 〉 [117]

마르크스는 두 가지 중요한 통찰력, 즉 헤겔의 변증법적 역사관과 포이에르바흐의 유물론을 기초로 자신의 사상을 전개했다.

---

116) 같은 책, 146쪽
117) 마르크스 변증법적 유물론, 사무엘 E. 스텀프, 이광래 옮김, 550쪽 (서양철학사 종로서적 1986)

그러나 마르크스는 여기에서 그치지 않고, 포이에르바하를 넘어 계속 나아간다.

"따라서 포이에르바하는 '종교적 심성' 그 자체가 하나의 사회적 산물이라는 것을, 그리고 그가 분석한 추상적 개인이 사실은 일정한 사회형태에 속해 있다는 점까지는 보지 못했던 것이다.

(따라서)모든 사회적 생활은 본질적으로 실천적이다. 이론을 신비주의로 유도하는 모든 신비는 인간적 실천 속에서, 그리고 이러한 실천이 개념적 파악 속에서 그 합리적 해결책을 찾아낸다"[118]

"철학자들은 세계를 단지 여러 가지로 해석해왔을 뿐이지만, 중요한 것은 그것을 변혁시키는 것이다."[119]

"부르주아지는 모든 생산도구가 급속히 향상되고 교통수단이 엄청나게 개선됨으로써, 가장 미개한 민족을 포함하여 모든 민족을 문명화시킨다. 상품의 저렴한 가격은 모든 민족을 문명화시킨다. 상품의 저렴한 가격은 모든 만리장성을 무너뜨리고 외국인에 대한 미개인의 매우 고집스런 증오를 굴복시키는 대포이다. 부르주아지는 모든 민족에게 부르주아적 생산양식을 채택할 것이냐 죽을 것이냐를 선택하라고 강요하며, 자기가 문명이라고 부르는 것을 도입할 것, 즉 부르주아 자체가 될 것을 강요한다. 한 마디로 부르주아지는 자기 자신의 모습 그대로 세계를 창조하는

---

118) 같은 책
119) 포이에르바하에 관한 테제, 칼 마르크스, 강대웅 옮김, 40~41쪽 (독일이데올로기1. 두레 1989)

것이다." [120]

이상과 같이 현대사상에 따르는 마르크스 정치경제학과 같은 사상은, 단지 성육신 신학으로부터 비롯된, 그리하여 세속신앙에 의한 신의 종말관(무신신앙)에 따른 것이기도, 또 한편으로 추상적이고도 관념에 불과한 신관념에 따른 것으로, 자연히 그 반대급부로서 태동된 유물론이었다고 볼 것이다.

終末(종말)신앙 : 千年王國(천년왕국)신앙

앞에서 성육신에 따르는 신앙(기독교의 신에 대한 믿음)이 세속신앙으로, 그리고 마침내는 신에 대한 이해와 의미를 잃게 된 나머지 단지 인간주의적인, 또는 물질주의적인 사회주의로까지 가게 되는 과정을 살펴봤다고 할 수 있다.

그런데 이상의 세속신앙에서 보는 바는 종말신앙에서도 나타난다고 할 수 있다. 종말신앙 에서도, 우리시대에 한 신앙형태인 (세속신앙의 맥락에 따른-천년왕국운동) 모습으로 나타나는 모습을 살펴 볼 수 있기 때문이다.

종말신앙이란 영생과 평화를 바라는 신앙이다. 그러나 이러한 바람은 먼저 개인적인 죽음과 이 세상의 종말이 따라야 한다는 것이 종말신앙의 입장이다. 이는 죽어야 할 이 몸과 죄악이 있는 이 세상에서는, 따라서 영

---

[120] 공산당선언, 마르크스 엥겔스, 남상열 옮김, 63쪽 (백산서당 1989)

생과 평화 역시 가능하지 않을 것이기 때문이다. 그리하여 죽을 몸이 죽지 않을 몸으로 부활하여야 하며, 이 세상도 끝이 나야만 하는데, 육체의 죽음과 죄악이 있을 수밖에 없는 이 세상에서는, 영생과 평화의 세계 역시 바랄 수 없다는 점에 따른 것이다.

따라서 천년왕국운동 역시 종말신앙의 입장이다. 그러나 천년왕국운동은 종말신앙만에 불과한 것이 아니라(앞에서 본 현대신학의 입장과 같이) 현대의 신앙에 따르는 특별한 경우로 볼 수도 있는 (천년왕국운동으로서의)종말신앙이라고 할 수 있다.

따라서 다음과 같이, 종말신앙과 함께 천년왕국운동을 각기 살펴보는 것은 이 역시 종교의 양면성에 따른 것이라고 할 것이다. 그리고 이 또한 종말신앙의 원래의 의미가 천년왕국운동을 통해 왜곡된 신앙 형태, 곧 우리시대의 (현대적인)신앙의 한 흐름인 변질된 형태로서 천년왕국운동이라고 볼 수도 있기 때문인 것이다.

【종말신앙】

천년왕국신앙을 살펴보기로 한다면 먼저, 천년왕국신앙이 비롯된 종말신앙의 원래의 모습이 어떠한 것인가를 보아야 할 것이다.

따라서 종말신앙의 본보기가 되는 것으로 알려진 사례를 보자면, 그 첫째는 역시 다음에서 보는 '다니엘서'와 '고린도후서'다.

"마지막 때에 네 백성을 지키는 미가엘 천사가 나타날 것이며 인류 역사상 최대의 환난이 있을 것이다. 그 때가 오면 네 민족 가운데 하나님이 책에 이름이 기록된 자들은 다 구원을 받을 것이다. 이미 땅 속에 묻혀있는 수많은 사람들이 부활할 것이며 그 가운데는 영원한 생명을 누리는 자도 있고 영원히 부끄러움을 당하는 자도 있을 것이다. 지혜로운 자들은 하늘의 빛과 같이 빛날 것이며 많은 사람을 옳을 길로 인도한 자들은 별처럼 영원히 빛날 것이다." [121]

"우리는 땅에 있는 우리 육체의 집이 무너지면 사람의 손으로 지은 것이 아닌 하나님이 지으신 하늘의 영원한 집을 소유하게 될 것을 압니다. 우리는 이 육체의 집에서 탄식하며 하늘의 몸을 입게 될 날을 고대하고 있습니다. ……육체의 집에 있는 동안 짐을 진 것처럼 탄식하는 것은 이 몸을 벗고 싶어서가 아니라 하늘의 몸을 입어서 죽을 몸이 영원히 살기 위한 것입니다. 이런 것을 우리에게 마련해주신 하나님은 그것에 대한 보증으로 우리에게 성령을 주셨습니다. ……우리가 육체의 집에 사는 동안에는 주님이 계시는 곳에서 떨어져있다는 것을 압니다. ……우리가 확신하고 원하는 것은 차라리 몸을 떠나 주님께 사는 것입니다." [122]

"첫 사람 아담은 산 존재가 되었다." 라고 쓰여 있으나 마지막 아담인 그리스도는 생명을 주시는 영(靈)이 되셨습니다. 그러나 영적(靈的)인 것보다는 육적(肉的)인 것이 먼저 왔으며 그 다음에 영적인 것이 왔습니다. 첫 사람 아담은 땅에서 흙으로 빚어졌지만 둘째 사람 예수님은 하늘에서 오셨습니다. 흙에 속한 사람들은 흙으로 만들어진 아담과 같고 하늘에 속한 사람들은 하늘에서 오신 그리스도와 같습니다. 우리가 지금은 흙으로 빚은 사람의 몸을 지니고 있으나 언젠가는 하늘에서 오신 그리스도와 같은 몸을 갖게 될 것입니다.

---

121) 다니엘 12:1~3 (현대인의 성경 1987)
122) 같은 책, 고린도 후서 5:1~8

형제 여러분. 내가 여러분에게 말하지만 살과 피는 하나님의 나라를 물려받을 수 없으며 또 썩을 것은 썩지 않을 몸을 물려받을 수 없습니다.

이제 내가 한 가지 비밀을 말하겠습니다. 그것은 우리가 죽지 않고 모두 변화된다는 것입니다. 마지막 나팔 소리가 울릴 때 눈 깜짝할 사이에 죽은 사람들이 썩지 않을 사람으로 살아날 것이며 우리는 모두 변화될 것입니다. 이 썩을 것이 썩지 않을 몸을 입고 이 죽을 것이 죽지 않을 몸을 입을 수밖에 없습니다. 이런 일이 일어날 때에는 '승리가 죽음을 삼켜버렸다' 라는 성경말씀이 이루어질 것입니다.[123]

이상 다니엘서와 고린도서에서 보는 바와 같이, 종말신앙이란 영생(永生)과 평화를 바라는 신앙이다. 그러기 위해서는 죽을 이 몸(肉體)으로는 안 되기에, 따라서 현재의 몸(죽을 육체)은 죽어서, 죽지 않을 몸으로 부활하여야 한다는 신앙이다. 또한 이 세계도 끝이 나야만 한다.[124]

사람은 죽을 수밖에 없다는 것이 상식처럼 생각이 되지만, 그런데도 한편으로는 이 죽을 수밖에 없는 인간운명을 받아들이기 힘든 인간심정이, 이상의 종말신앙에서 나타난다고 할 수 있다. 따라서 종말신앙의 이면에는 자신의 죽음을 받아들일 수 없다는 입장-따라서 이는 곧 영생(永生)에 대한 인간의 염원이 있다는 것을 알 수 있다.

다음과 같은 (중국)고대에서부터 이어져 오는 예들을 통해서도 인간의

---

123) 같은 책, 고린도 전서 15:45~54
124) 마치 불교에서 禁이 되고 해탈이 되기 위해서는 色과 이 세계를 떠나야만 하는 것처럼, 종말신앙(永生과 平和)을 위해서는 육체의 삶과 이세계의 종말이 와야만 하는 것이다. 이리하여 종말신앙에서 육체의 죽음과 세계의 종말을 바라는 것은, 해탈을 위해 세계를 부정적으로 보는 불교의 입장과 맥을 같이 한다고 할 수 있다.

영생에 대한 염원을 알 수 있다.

〈 "사마달의 진시황 『사기(史記)』 〈제6〉 및 『봉선서(封禪書)』〈제6〉 등에서 보는 바,

전국시대(戰國時代)의 제(薺)의 위왕(威王)과 선왕(宣王), 그리고 연(燕)의 소왕(昭王) 등이 삼신산(三神山)에 불사약(不死藥)을 구하러 사람을 보낸 것은 사실이었다. 한대(漢代) 이후에 곤륜산(崑崙山)이 또한 등장하게 되고 거기에 서왕모(西王母)가 있어 불사약(不死藥)을 갖고 있다고도 했다.

薺의 위왕·선왕, 연의 소왕 때부터 사람을 시켜 바다에 들어가서 봉래·방장 등을 찾게 했다. 삼신산(三神山)은 전하는 바에 따르면 발해 속에 있는데, 인간이 떠나기 그리 멀지 아니했다. 다만, 거기에 이르려고 하면 바람이 배를 끌고 가버리게 되니 매우 안타깝다. 일찍이 거기에 이른 사람도 있는데, 여러 僊人(仙人, 선인) 및 불사약(不死藥)이 모두 거기에 있으며, 거기에 있는 만물과 금수(禽獸)는 모두 희다. 황금과 은으로 궁궐을 지어놓고 있다. 거기에 이르기 전에 멀리서 바라보면 구름과 같은데, 거기에 이르러 보면 삼신산은 도리어 물밑에 있으며, 가까이 다다르면 바람이 급하게 끌고 가버리니, 끝내 이를 수 없다. 세상의 군주로서 동경하지 않는 자가 없었다.

진시황이 천하를 통일하고 해변에 나왔을 적에, 삼신산의 불사약을 말하는 방사가 부지기 수였으나. 시황제 스스로는 갈 수 없으므로 사자(使者)에게 동남동녀(童男童女)를 데리고 가서 불사약(不死藥)을 찾아오게 했는데, 바다에 나간 이들이 돌아와서는 바람 때문에 못간 것으로 하여,

'거기 갈 수는 없었으나, 바라다보기는 했다'고 보고했다는 기록이 보인다. 뿐만 아니라, 진시황 32년에는 연인(燕人) 노생(盧生)에게 명하여 방선사(方仙士)를 찾게 했으며, 또 같은 해 한종(韓終)·후공(侯公)·석생(石生)에게 명하여 선인(仙人)의 불사약을 구하게 했다.

진시황 37년에, 진시황은 江乘(安微省, 안미성)에서 양자강을 건너 바다를 따라 북상하여 낭사(琅邪)에 이르렀다. 그 목적은 역시 삼신산의 불사약을 구하기 위한 데 있었을 것이다. 그때, 서불은 수년간 많은 비용을 소비하고 있으면서도 신약(神藥, 불사약)을 입수하지 못해 견책을 두려워한 나머지 거짓으로 말하기를, "봉래의 약은 얻을 수가 있습니다. 그러나, 大鮫魚에 괴롭힘을 받아서 거기에 갈 수가 없었습니다. 원컨대, 활 잘 쏘는 사람과 같이 가게 해서 그것이 나타날 때 화살을 연발하도록 해주시기 바랍니다." 라고 하였다. 이것은 물론 핑계인 것이고 방사들이 신선설(神仙說)로써 진시황을 속여 현실적인 영화를 도모하려 하는 데 지나지 않았다.

진시황은 불사약에 대한 미련을 끝내 버릴 수가 없었다. 그는 해신과 싸우는 꿈을 꾸기도 했다. 이에 점몽박사(占夢博士)는 말하기를 "대어·교룡"이 나타나는 것은 그것이 곧 해신(海神)입니다. 지금 황제께서 기도와 제사를 삼가 충분히 행하고 있는 데도 이 악신(惡神)이 나타는 것이니, 마땅히 제거해야 합니다. 그러하면, 선신(善神)이 나타납니다." 라고 하였다. 이에 진시황은 鉅漁를 잡는 도구를 준비해가지고 이 대어(大漁·교룡)을 잡으러 낭사에서 북으로 가서 영성산(山東省)까지 갔으나 발견할 수 없었다. 다시 지부(之罘)에 이르러 대어를 발견했음으로 이를 쏘아서 죽였다. 그리하여, 해변을 따라 걸으면서 삼신산(三神山)의 寄藥(불사약)을 얻고자 마음속으로 원했으나, 손에 얻을 수 없었고, 평원진(산동성)에 이

르러 병을 얻어 사구(河北省)에 왔을 때 죽음에 이르렀다.[125]

진시황은 불사약을 구하기 위해 갖은 힘을 다 썼으나, 구하지 못하고 결국 이로 말미암아 객사하게 된 것이다. 진시황의 열망은 결국 헛된 꿈으로 돌아가고 만 것이다."〉[126]

이상 진시황의 경우에서 보는바와 같이 고대 중국에서의 불사(不死)의 추구는, 곧 인간의 불사(永生)에 대한 염원을 보여주는 것이라 하겠다.

종말신앙이란 이와 같이 영생을 바라는 인간의 소망에서 비롯되었을 것이다.

그런데 종말신앙도 양면성이 있음을 알 수 있다. 곧 다음과 같은, 곧 외면적인 입장과 내면적인 입장이다.

외면적인 입장이 될 종말신앙은 밖을 향한다. 이 세상에서는 영생이 가능하지 않다면 ,이 세상 밖을 향해 가야할 것이다. 물론 영생을 바란다고 하지만, 이 세상에서는 그러한 소망이 가능하지 않기에, 따라서 일반적으로는 외면적인 종말신앙은, 불사(永生)를 추구하기 위해 이 세상 밖을 향하게 되지 않을 수 없는 것 같다. 위에서 본 중국황제들도 불사약을 구하기 위하여 이 세상이 아닌 어떤 곳, 삼신산이라는, 마치 유토피아처럼 상상되는 어떤 신비한 곳을 찾고 있었다. 이것이 종말신앙이 신화가 될 수밖에 없는 이유다. 물론 영생(不死)의 바램자체부터 신화라고 할 수 있다. 이리하여 외면적으로 밖을 향하는 종말신앙은 이 세상이 아닌, 어떤 곳을 찾아가는 등의, 정말 현실적으로는 있을 수 없는 신화(神話)가 되기 마

---

125) 《史記》 卷6 秦始皇本記 第6
126) 神仙思想과 도교 都珖淳 편 15, 21-22, 31-33쪽 (범우사)

련이라고 할 수 있다.

또 한편으로 내면적인 종말신앙의 입장은 안(인간의 內面)을 향한다. 영생에 대한 소망을 이 세상 밖이라는 신화적인 형식을 취하는 경우도 있지만, 이는 단지 비유일 뿐이다. 신화란 인간의 육체나 세상 너머의 영생에 대한 비유일 뿐이다. 따라서 영생을 찾기 위해 내면(마음이나 정신)을 향한다. 소위 각성, 깨달음을 위해 노력한다는 것이다.

따라서 종말신앙은 대체적으로 이 양면성-외면적인 신화와 내면적인 각성을 함께 볼 수 있는 것 같다.

(最古의 신화로 알려져 있는) 『길가메시 서사시』는 바빌로니아의 창작물 중에서 가장 유명하고 인기 있는 작품 중의 하나이다. 우룩의 왕이었던 영웅 길가메시는 아주 오래전부터 대단히 유명한 인물로, 그의 전설적인 생애에 관한 많은 일화를 담은 수메르어 문헌들이 발견되었다. 그러나 이러한 선행(先行) 문헌들에도 불구하고 『길가메시 서사시』는 셈족의 천재성의 산물이다. 이것은 아카드어 전승에서 분산적으로 존재하던 다양한 일화들을 바탕삼아 편집된 이야기로 영생(永生)을 찾아가는, 또는 좀 더 정확히 말해 모든 면에서 성공할 것처럼 보였던 시도가 마침내 실패하고 만다는 이야기이다. 폭군인 동시에 영웅이었던 한 인간의 성적인 방종에서 시작되는 이야기는 단순히 '영웅적' 덕목을 가지고 있다고 해서 인간의 조건〔죽음〕을 완전히 극복할 수 없다는 사실을 보여준다.

〈길가메시는 7일 밤낮으로 친구의 죽음을 애도하며 그를 땅에 묻지 못하게 한다. 길가메시는 자신의 애도가 친구의 생명을 되돌려놓을 것이라고 기대한다. 그러나 친구 엔키두의 시체가 부패하기 시작하자 길가메시는 죽음을 인정하고, 그를 위해 성대한 장례를 치러준다. 매장이 끝나자 길가메시는 자기의 도시를 떠나 "나 또한 엔키두처럼 죽을 것이 아닌가" 하고 소리치며 사막을 방황한다. 그는 죽음의 공포에 사로잡혀 있었다. 그가 이룬 영웅적인 위업들도 마음의 위안이 되지 않았다. 그 후 그의 삶의 유일한 목적은 인간의 운명으로부터 탈출하여 불사성(不死性)을 획득하는 것이었다. 그는 대홍수에도 죽지 않고 살아남았던 유명한 우트나피슈팀이 아직 생존해 있음을 알게 되고 그를 찾아 나서기로 결심한다.

이리하여 길가메시는 많은 역경과 죽음의 물을 건너 우트나피슈팀이 살고 있는 해안에 도달한다. 길가메시는 그에게 영생불사(永生不死)를 얻는 방법에 대해 질문한다. 이렇게 하여 길가메시는 대홍수 사건, 그리고 신들이 우트나피슈팀과 그의 아내를 자기들의 '친척'으로 삼고 '하구'에 살도록 한 결정에 대하여 알게 된다. 그러나 우트나피슈팀은 길가메시에게 "어느 신이 그대로 하여금 그대가 구하고 있는 생명(永生)을 얻을 수 있도록 자기들의 무리에 끼워주겠는가?" 라고 물었다. 그러나 그의 다음 말은 뜻밖의 것이었다. "자, 그렇다면 여섯 날과 일곱 밤 동안을 잠들지 않도록 해보라" 그것은 가장 혹독한 통과의례적 시련이었음이 틀림없다. 잠의 정복, 즉 '깨어 있는' 것은 인간의 조건을 변화시키는 일이다. 우리는 이것을 신들이 길가메시에게 영생불사를 부여하지 않을 것임을 알고 있던 우트나피슈팀이 길가메시에게 통과의례를 통해 죽음을 정복해보라고 제안한 것이라고 해석해야 할 것인가? 길가메시는 이미 터널의 통과, 시두리의 '유혹' 죽음의 바다를 건너는 등 몇몇 '시련'을 극복했다. 그것 자체가 이미 영웅적인 시련이었다. 그러나 이번 시련은 '정신적인' 차원에 속하는 것이었다. 인간이 여섯 날과 일곱 밤을 '깨어 있기' 위해서 비상한 집중력이 필요하기 때문이다. 그러나 길가메시는 금세 잠들어버렸고, 우트나피슈팀은 빈정대며 소리쳤다. "영생불사를 열망하는 저 강인한 인간을 보라. 잠이 마치 강한 바람처럼 그를 덮쳤구나!"

그는 여섯 날 일곱 밤 동안 한 번도 깨지 않고 깊이 잠이 들었다. 그러고는 우트나피슈팀이 깨우자, 이제 막 잠이 들었는데 깨웠다고 그를 비난한다. 그러나 그는 자기가 잠들었다는 증거를 받아들일 수밖에 없었고, 다시 탄식한다. "우트나피슈팀이시여, 나는 어떻게 해야 하나요? 어디로 가야 합니까? 악마가 나의 육체를 차지했습니다, 나의 침실에는 죽음이 살고 있고, 내가 가는 곳 어디에나 죽음이 있습니다."〉[127]

이상(고대의 바빌로니아의 신화)에서도 역시 종말신앙에서 볼 수 있는 인간의 영생에 대한 염원을 볼 수 있다. 불사(永生)를 추구하는 이 이야기에 있어서도, 양면적인 입장으로서 외면적인 요소(神話的인 이야기)와 내면적인 요소(覺性)가 있음은 물론이다.

고대 이집트 고왕조시(古王祖時 BC2,3000년대) 파라오의 『피라미드 텍스트 Textes de Pyramides』에서도, 대체로 왕의 사후 운명(永生)에 관한 사상들을 보게 된다.

"대다수의 정형구들은 아툼(라-神의 이름)의 아들인 파라오가 세계 창조 이전에 위대한 신(神)의 아들로서 태어났으며, 결코 죽을 수 없는 존재라는 사실을 반복하고 있다. 하지만 다른 텍스트는 그의 몸이 부패하지 않을 것이라고 확언한다. ……(또한) 대다수 정형구들은 하늘로 여행을 떠나는 파라오에 대해 언급하고 있다. 파라오는 매, 왜가리, 들거위 같은 새, 또는 풍뎅이나 여치 등의 모습으로 날아간다. 바람, 구름, 그리고 신(

---

127) 세계종교사상사1 마르치아 엘리아데 이용주 옮김 125-129쪽 (이학사 2005)

神)들이 파라오를 돕기도 한다. 파라오가 사다리를 타고 하늘로 올라가는 경우도 있다. 하늘로 올라가는 동안 왕은 이미 신이며, 인간과는 본질적으로 완전히 다른 존재가 되어 있다.

그러나 파라오는 천계(天界)에 도달하기 전에 동방의 공물의 들판이라고 불리는 곳에서 몇 가지 시련을 겪지 않으면 안 된다. 그 입구는 '굽이쳐 도는 연안이 있는' 호수에 의해 지켜지고 있으며, 뱃사공은 심판관의 권한을 가지고 있다. 그 배에 타기 위해 파라오는 모든 정화 의례를 거쳐야 한다. 그리고 무엇보다 통과의례적 유형의 질문들에 대해서 암호에 해당하는 정형구로 대답해야 한다. 파라오는 때로는 간절하게 호소하기도 하고, 때로는 주술을 사용하며, 심지어 협박을 하기도 한다. 파라오는 神들(특히 라, 토트Thot, 호루스)에게 간청하거나, 매일 아침 태양이 떠오르는 두 그루의 무화과 나무에게 자신이 '갈대밭'을 통과할 수 있게 해달라고 간곡히 청원한다.

하늘에 도착한 파라오는 당당한 승리자로서 태양신의 환영을 받으며, 파라오가 죽음을 물리치고 승리했다는 소식을 알리기 위해 사자(使者)들을 사방으로 보낸다. 왕은 지상에서의 생활을 천계에서도 계속한다. 즉 그는 왕좌에 앉아 신하들의 경배를 받으며, 재판도 하고 계속해서 명령을 내린다. 태양의 불사성(不死性)을 향유하는 존재는 파라오 한 사람 뿐이지만, 그럼에도 불구하고 그는 수많은 신하들, 무엇보다도 자신의 가족들과 고관들에 둘러싸여 있기 때문에 지상의 생활을 계속 유지하는 것이 가능해진다. 그의 가족들과 고관들은 하늘의 별과 동일시되고 '영광을 입은 사람들'이라고 불린다."[128]

---

128)　152-154쪽 (같은 책)

고대의 이란 종교에서 보는 다양한 이원론적 체계(이 세상과 저 세상, 惡과 善 등의 우주적, 윤리적, 종교적 이원론), 구세주신화(救世主神話), '낙관적'종말론의 구상, 선(善)이 궁극적으로 승리한다는 사상과 우주적 구제에 대한 선언, 죽은 자의 부활에 관한 교의 등을 들 수 있다. 그리고 몇몇 그노시스의 신화 역시 이란 종교의 발명품이라고 할 수 있다.

영혼이 사후에 경험하는 것에 대해서는 널리 알려진 모티브들이 있다. 다리의 통과, 하늘로의 상승, 심판, 나아가서는 참된 자아와의 만남 등이 그것이다. 『하조흐트 나스크』의 일부를 구성하는 어느 시(詩)는, 의로운 자의 영혼(urvan)은 3일 동안 자신의 몸 주위에 머무른다고 말한다. 세 번째 밤이 다 지나갈 무렵, 향기로운 바람이 남쪽에서 일어나고, 죽은 자의 디에나 [죽은자 자신] 가 '활기 넘치고, 아름답고, 몸이 곧고, 키가 크고, 가슴이 봉긋한 미모의 15세의 소녀의 모습으로'나타난다. 디에나는 자기의 정체를 밝히면서 이렇게 덧붙인다. "당신은 선한 생각, 선한 말, 선한 행동, 선한 종교로 본래 사랑스러웠던 나를 더욱 사랑스런 모습으로 만들어 주었고, 아름다움은 한층 더 아름답게, 바람직한 것은 한층 더 바람직하게 만들어 주었습니다." 그런 다음 영혼은 네 걸음 만에 하늘의 세 영역을 가로질러 '처음이 없는 빛의 세계'즉 천국에 도달 한다. 죽은 자들 가운데 하나가 그에게 "어떻게 육체의 세계에서 정신의 세계로, 위험으로 가득 찬 세계에서 위험이 사라진 세계로 옮겨 올 수 있었는지"에 대해 질문한다.[129]

"BC 6세기 경 그리스에 있어서 플라톤의 몇 가지 암시들은 불사(不

---

129) 502-503쪽 (같은 책)

死)에 대한 오르페우스교의 관념의 배경을 예상할 수 있게 해준다. 최초의 범죄에 대한 처벌로써 영혼은 마치 무덤(cema) 안에 갇히는 것처럼 몸(soma)에 갇힌다. 그러므로 육화한 존재는 차라리 죽음이나 마찬가지이며, 신체의 죽음은 그러므로 '참된 생명'의 시작과 같다. 그러나 이러한 '참된 생명'은 자동적으로 얻어지는 것이 아니다. 영혼은 자신의 잘못이나 덕에 따라서 판정되고, 어느 정도의 시간이 흐른 후에 다시 윤회한다. 우파샤드 이후의 인도에서처럼, 여기에서도 최후의 구원을 얻을 때까지 윤회하도록 선고된 영혼은 불멸할 것이라는 믿음을 가지고 있다. 심지어 '오르페우스교도적인 삶'을 살았던 엠페도클레스에게 있어서도 이미 영혼은 지복으로부터 멀리 추방되어 있으면서 '육체라는 이질적인 의복'을 입고 있는, 몸속에 갇힌 죄수였다. 그렇기는 하나 엠페도클레스에게 있어서도 불사(不死)는 희망이었다." [130]

이상에서 보는 고대세계의 신화는 분명히 인간의 종말신앙(인간의 영생에 대한 염원)과 함께, 그 양면성의 입장 역시 보여준다. 곧 외면적인 입장과 내면적인 입장이다. 외면적인 입장은 밖을 향한다. 밖은 세상이다. 물론 종말신앙에서 바라는 영생은 이 세상에서 바랄 수 없기 때문에 이 세상이 아닌 다른 세상을 향한다. 따라서 저승이나 천국 등의 신화적인 세계가 아니면 안 된다. 이와는 달리 내면적인 입장은 밖에 대한 세상으로 향하는 것이 아니라, 자신의 내면, 곧 정신 쪽을 향한다는 것이다.

외면적인(이 세상 밖으로 향하는 신화적인) 입장으로써 종말신앙이란, 죽음의 강을 건너고 또한 갖가지 신비롭고도 어려운 시련과 유혹을 넘어가

---

130) 258쪽 (같은 책)

는 등(길가메시), 여치나 풍뎅이 왜가리가 되어 하늘을 날고 천국에서도 권력을 행사하는(파라오) 등의 이야기에서 볼 수 있다. 한편 내면적인 보기(정신적인, 즉 깨달음에 대한 예)로는 길가메시의 통과의례 중에 잠을 자지 말고 깨어있으라는 요구, 파라오의 통과의례에 따르는 암호에 대한 해석, 그리고 그리스의 오르페우스나 이란 종교에서 보는 영생의 조건으로 자신의 덕과 올바른 행위가 따라야한다는 것 등이다.

이는 신약성경에도 볼 수 있는데, 이는 외면적인 면(신화적인 표현)과 내면적인 면(성령이나 믿음, 올바른 행위 등)이 함께 있다는 것이다.

"내가 너희에게 말해두지만 너희 생활이 율법학자들과 바리새파 사람들보다 의롭지 못하면 너희가 절대로 하늘나라에 들어가지 못할 것이다." [131]

" '예수님을 믿는 사람은 누구나 그분의 이름으로 죄 사함을 받는다고 모든 예언자들도 증거 했습니다.'

아직 베드로가 이 말을 하고 있을 때 말씀을 듣는 모든 사람에게 성령이 내리셨다. 베드로와 함께 온 유대인 신자들은 이방인 신자들에게도 성령님의 선물을 보여주시는 것을 보고 놀라지 않을 수 없었다." [132]

"내가 비유를 들어 세상이 창조될 때부터 감추어진 것을 말하겠다.

하늘나라는 밭에 숨겨진 보물과 같다. 사람이 그것을 발견하면 다시 감추어두고 기뻐하며 돌아가 가진 것을 다 팔아서 그것을 산다.

또 하늘나라는 아름다운 진주를 구하는 장사꾼과 같다. 그가 아주 값

---

131) 마태복음 5:20 현대인의 성경 (생명의 말씀사 1986)
132) 사도들의 전도 10:43-44 (같은 책)

진 진주 하나를 발견하고 가서 가진 것을 모두 팔아서 그 진주를 샀다.

또 하늘나라는 바다에 던져 여러 종류의 물고기를 모으는 그물과 같다. 그물에 고기가 가득 차면 물가로 끌어내어 앉아서 좋은 것은 골라 그릇에 담고 나쁜 것은 버린다. 세상 끝 날에도 이렇게 할 것이다. 천사들이 와서 의로운 사람들 가운데서 악한 사람들을 가려내어 불구덩이에 던져 넣을 것이다. 그러면 그들이 거기서 통곡하며 이를 갈 것이다." [133]

"형제 여러분, 내가 여러분에게 전한 기쁜 소식에 대하여 다시 한 번 여러분을 깨우치려고 합니다. 여러분은 이 기쁜 소식을 받아 그 위에 여러분의 신앙을 굳게 세웠습니다. 만일 여러분이 내가 전한 말을 굳게 지키고 헛되이 믿지 않았으면 그 기쁜 소식으로 여러분은 구원을 받을 것입니다. 나는 내가 받은 가장 중요한 것을 여러분에게 전하였습니다. 그것은 그리스도께서 성경 말씀대로 우리 죄를 위해 죽으시고 무덤에 묻히셨다가 3일 만에 다시 살아나셨다는 것입니다. 그리고서 그분은 베드로에게 나타나셨고, 그 후 열 두 제자에게 나타나셨으며 그 다음에는 500명이 넘는 형제들에게 일시에 나타나셨는데 그들 가운데는 죽은 사람도 있지만 대부분의 사람들이 지금까지 살아 있습니다." [134]

"우리가 육체의 집에 사는 동안에는 주님이 계시는 곳에서 떨어져 있다는 것을 압니다. 〔……〕 우리가 확신하고 원하는 것은 차라리 몸을 떠나 주님과 함께 사는 그것입니다. 그래서 우리가 이 육체의 집에 머물러 있든지 떠나든지 주님을 기쁘시게 하는 것을 우리의 목표로 삼고 있습니다.

---

133) 마태 13:44-50 (같은 책)
134) 고린도1 15:1-6 (같은 책)

우리는 모두 그리스도의 심판대 앞에 나타나서 심판을 받아야 합니다. 각 사람은 육체에 머물러 있는 동안 자기가 행한 일에 따라 선한 일을 한 사람은 상을 받고 악한 일을 한 사람은 벌을 받게 될 것입니다." [135]

"바리새파 사람들과 사두개파 사람들이 예수님을 시험하려고 와서 하늘에서 오는 기적을 보여 달라" 고 하였다. 그러나 예수님은 그들에게 이렇게 대답하셨다. "너희가 저녁에 하늘이 붉으면 날씨가 좋겠다고 말하고 아침에 하늘이 붉고 흐리면 날씨가 좋지 않겠다고 말한다. 이렇게 날씨는 분별할 줄 알면서 시대의 징조는 왜 분별하지 못하느냐? 악하고 음란한 세대가 기적을 요구하나 요나의 기적밖에는 보여 줄 것이 없다." [136]

이상은 신약성경에서 보는 내용으로, 신화적이 아니라고 할 수 없지만 구구절절이 그 이면에는 내면적인 가르침임이 있음이 분명하다.
그러나 역시 신약성경은 주로 신화적인 내용이라고 할 수 있다.

"그 고난의 기간이 지나면 해가 어두워지고 달이 빛을 내지 않을 것이며 별들이 떨어지고 천체가 뒤흔들릴 것이다. 그 때에 내가 온다는 징조가 하늘에 나타날 것이니 세상의 모든 징조가 하늘에 나타날 것이니 세상의 모든 민족이 통곡할 것이다. 그들은 내가 구름을 타고 능력과 큰 영광으로 오는 것을 보게 될 것이다. 내가 큰 나팔 소리와 함께 천사들을 보낼 것이며 그들은 하늘 이 끝에서 저 끝까지 사방에서 선택 된 사람들을 모을 것이다." [137]

---

135) 고린도2 5:1-10 (같은 책)
136) 마태 16:1-4 (같은 책)
137) 마태 24:29-31 (같은 책)

예수님이 배를 타시자 제자들도 뒤따랐다. 그런데 갑자기 바다에 큰 폭풍이 휘몰아쳐서 배가 침몰하게 되었다. 그러나 예수님은 주무시고 계셨다. 제자들은 예수님을 깨우며 "주님, 살려 주십시오. 우리가 죽게 되었습니다." 하고 부르짖었다. 예수님이 제자들에게 "왜 무서워하느냐? 믿음이 적은 사람들아!" 하시고 일어나 바람과 바다를 꾸짖자 바다가 아주 잔잔해졌다. 사람들은 놀라 "이분이 도대체 누구이기에 바람과 바다도 복종하는가?" 하고 수군거렸다.

예수님이 호수 건너편 가다라 지방에 가시자, 귀신 들린 두 사람이 무덤 사이에서 나와 예수님과 마주치게 되었다. 그들은 너무 사나와 아무도 그길로 지나칠 수 없었다. 그런데 귀신 들린 사람들이 갑자기 "하나님의 아들이여, 우리가 당신과 무슨 상관이 있습니까? 정한 때도 되기도 전에 우리를 괴롭히려 오셨습니까?" 하고 외쳤다. 마침 거기서 약간 떨어진 곳에 많은 돼지 떼가 풀을 먹고 있었다. 귀신들은 예수님께 "우리를 내어쫓으시려거든 저 돼지 떼 속에라도 들여보내 주십시오" 하고 간청하였다. 예수님이 "좋다, 가거라" 하시자 귀신들이 나와서 돼지떼 속으로 들어가더니 갑자기 돼지 떼가 모두 가파른 비탈로 내리달려 호수에 빠져죽고 말았다.[138]

"예수님은 그 곳을 떠나 갈리리 호숫가를 따라 가시다가 산에 올라가 앉으셨다. 사람들이 앉은뱅이, 절뚝발이, 소경, 벙어리, 그 밖의 많은 병자들을 데리고 와서 예수님 앞에 앉히므로 예수님은 그들을 다 고쳐주셨다.

---

138) 마태 8장 23-33 (같은 책)

벙어리가 말하고 절뚝발이가 성해지고 앉은뱅이가 걷고 소경이 눈을 뜨는 것을 보고 사람들은 놀라 이스라엘의 하나님을 찬양하였다." [139]

그런데 이상에서 본 바와 같은(외면적으로 신화적인) 신약성경의 경향에 대하여, 영주주의의 입장은 내면적(깨달음)인 입장을 보여준다고 생각된다. 내면적인 입장이라고 할 영지주의는, 외면적(신화적)인 이야기를 보여줌에도 불구하고 이 외면적인(신화적인 이야기)에 그치지 않는다. 따라서 그 내용(곧 깨달음)만은 외면적인 이야기에 감추어져 있는, 곧 비밀에 붙일 수밖에 없게 된다는 것이다.

〈이교도(異敎徒) 미스테리아에는[140] 모든 사람에게 열려있는 공개적 미스테리아와, 오랫동안의 영적 준비와 순결기간을 거친 소수의 선택된 사람에게만 공개되는 은밀한 미스테리아가 있다.

클레멘스(기독교 초기의 신부)[141]의 말에 따르면 초기 기독교에서도 마찬가지로 초보자를 위한 작은 미스테리아(신화적인 이야기로 되어있는 종말신앙)와 더 고차원의 비밀 지식인 큰 미스테리아가 있었고, 후자는 완전한 '입문식'으로 이어졌다. 그의 설명에 따르면 '참된 영지의 전통'은 문자(文字로 되어있는 성경)로서가 아니라 '스승의 口傳(스승과 제자의 직접적인 대면)'으로써 소수에게 전수되었다.

공개적 미스테리아와 은밀한 미스테리아를 갖는다는 점에 있어서는 그

---

139) 마태 15:29-31 (같은 책)
140) 위에서 살펴본 당시의 기독교 밖의 근동의 신비주의 종말신앙.
141) 클레멘스는 216년에 죽었다. 주저는 『그리스인에게의 권고』.『교육자』.『신록』의 3부작이 있다.

리스도가 이교도의 본을 받았다는 것을 오리게네스는 시인한다.[142] 그는 이렇게 썼다.

"공개적으로 가르치고 배우는 것 너머에 있는 교리, 대중에게 전수하지 않는 교리가 존재한다는 것은 그리스도교만의 특성이 아니다. 모든 철학(종교)의 특성인 것이다. 이교도 철학자들도 공개적인 교리와 은밀한 교리를 가지고 있었다."

"이교도 입문자와 마찬가지로, 영지주의 입문자들도 은밀한 미스테리아를 철저히 비밀에 붙여야 했다. 이단자 사냥꾼 히폴리토스의 말에 따르면, 영지주의 현자 비실리데스의 추종자들은 '그들의 미스테리아를 큰 소리로 말할 수 없고 침묵해야 한다'

실제로 그들은 처음 5년 동안 묵계를 지켰는데, 이교도 미스테리아 신앙 가운데 하나인 피타고라스 신앙의 입문자들도 그랬다."〉[143]

"클레멘스의 말에 따르면 마가는 신약에 나오는 복음서 하나만 쓴 것이 아니라, 입문 수준에 따라 내용이 다른 세 가지 복음을 전했다. 신약의 마가복음은 믿음을 갖게 된 초보자에게 어울리는 가르침이 담겨있다. 다른 복음서인 〈마가의 비밀 복음서〉는 완벽해지려는 자, 곧 '입문자'를 위한 것이다. 그노시스를 전하는 다른 한 가지 복음은 구전으로 전해졌다.

〈마가의 비밀 복음서〉 가운데 오늘날까지 남아있는 일부 파편을 참조하면, 신약 내용 가운데 모호한 구절의 의미가 아주 명료해진다. 이 복음서에는 예수가 이미 죽은 한 젊은이를 살려 냈다는 이야기가 담겨있다.

---

142) Origenes, 185-6에 낳다. 역시 기독교 초기의 신부, 230~231년까지 알렉산드리아에서 활동했다. 그는 가이사라에서 활동했고, 254년에 죽었다. 그의 신학체계는 『원리들에 관하여』란 책에 나타나 있다.
143) 예수는 神話다 티모스 프리크 등 공저 승영조 옮김 178쪽 (동아일보사 2002)

이 이야기를 학자들은 예수가 나사로를 살려 낸 요한복음 11장 이야기의 초기 버전으로 간주한다.

〈마가의 비밀 복음서〉에서 되살아난 젊은이는 즉각 입문식을 치른다-이것은 요한복음에서 죽었다가 살아난 나사로의 이야기' 또한, 원래는 입문식의 비유였음을 시사한다. 죽었다가 살아난다는 것은 입문식을 통한 영적 재생의 비유이기 때문이다.

요한복음에서 예수가 죽은 나사로를 깨우러 가자고 하자, 도마가 다른 제자들에게 아주 이상한 말을 한다. '우리도 함께 죽으러 가자'(요한복음 11:16). 죽은 나사로를 살리겠다는 예수를 도우러 가자고 하는 게 아니라 함께 죽으러 가자고 한다!

이상야릇한 이 구절이 '입문식'을 얘기하고 있다는 것을 알면 의미가 분명해진다. 〈마가의 비밀복음서〉 속의 이야기와 마찬가지로, 나사로의 이야기도 원래 입문식을 비유한 거라면 도마의 해괴한 말이 명료한 의미를 갖게 되는 것이다. 사실상 도마가 다른 제자들에게 한 말의 의미는, 가서 입문식을 치르자-나사로처럼 죽었다가 살아나자-는 것이다.

이교도 현자들처럼 영지주의자들은 모든 교리가(神話的인 내용 역시), 다만 진리에 이르기 위한 방편일 뿐이라고 가르쳤다. 진리 자체는 말과 개념을 뛰어넘으며, 스스로 그노시스를 체험함으로써만 발견될 수 있다. 〈빌립의 복음서〉에는 이렇게 씌어져 있다.

"말은 기만적일 수 있다. 우리의 생각은 정확한 것에서 부정확한 것으로 돌려놓기 때문이다. 따라서 '하나님 God' 이라는 말을 들은 사람은 정확한 것을 인식하지 못하고, 부정확한 것을 인식할 뿐이다. '성부' '성신' '성령' '삶' '빛' '부활' '영생' '교회' 기타 모든 말 또한 그렇다-사람들은 말을 통해 정확한 것을 인식하지 못하고, 부정확한 것을 인식할

뿐이다." [144]

〈 오리게네스는 그런 이야기가 명백한 비유인데도 사람들이 그것을 문자 그대로 받아들일 수 있다는 것에 놀라워했다.-오늘날에도 수많은 근본주의 그리스도 교인들이 『성서』를 문자 그대로 믿는다는 것을 알면 그는 분명 적잖은 충격을 받을 것이다! 그는 이렇게 썼다.

"하늘이 없는데 첫째 날이 있고, 해도 달도 별도 없는데 낮과 밤을 명명하고, 첫째 날과 둘째 날과 셋째 날을 운운한다. 지각 있는 사람이라면 어떻게 그런 말을 수긍할 수가 있단 말인가? 하나님이 에덴동산이라는 낙원에서 농부처럼 여러 나무를 심었다고, 대체 어떤 인간이 그런 백치 같은 생각을 할 수 있다는 말인가? 나는 그러한 것들을 누구나 마땅히 비유로 받아들여야 한다고 믿는다."

오리게네스는 『성서』가 신화적 비유라고 생각하는 것을 '아름다운 전통'으로 여겼다. 그리고 그는 예수 이야기에 암호화 되어있는 감춰진 이야기를 밝혀낼 수 있다고 보았다. 그는 또 이렇게 썼다.

"『성서』이야기는 실제사건들을 통해서가 아니라, 실제 사건들처럼 꾸며낸 이야기를 통해서 비밀을 드러내는 비유적 표현이다. 그건 의심의 여지가 없다.(사실 종말신앙 역시 비유-사실로 설명할 수 없는, 신화적인 사건으로 밖에는 말할 수 없다는 것이었다)"

오리게네스는 '눈이 멀지 않은' 사람이라면 '문자 그대로 일어나지는 않았지만, 실제 사건처럼 기록된' '그런 구절이 복음서에 가득하다' 는 것을 알 거라고 썼다. 그는 마귀에게 시험을 받는 예수 이야기를 예

---

[144] 180-181, 183. (같은 책)

로 들었다. '마귀가 또 예수를 데리고 지극히 높은 산으로 가서 천하만국과 그 영광을 보여' 주며, '만일 내게 엎드려 경배하면 이 모든 것을 네게 주리라'고 말한다.(마태복음 4:8-9)

오리게네스는 높은 산꼭대기에서 실제로 천하만국을 다 볼 수 있다고 생각한다는 게 얼마나 어리석으냐고 지적하며, 그것을 비유로 이해할 수밖에 없다고 주장했다.

"주의 깊은 독자라면 복음서 안에서 그런 구절을 수천 가지는 발견하게 될 것이다."

"클레멘스도 '뒤얽힌 말들의 문맥과 수수께의 답'을 이해함으로써 『성서』의 비유적 의미를 꿰뚫어 볼 수 있는 영지주의자야말로 참된 그리스도교인이라고 생각했다. 그는 입문자가 그노시스를 체험함으로써 완벽한 진리를 파악하게 된다고 가르쳤다-그럴 때 비로서 『성서』의 깊은 의미를 꿰뚫어 볼 수 있지만, '믿는 자-문자로 씌여 있는 성서의 믿음에 불과한 자'는 겉만 핥게 된다고.

이러한 맥락에서 영지주의자들은 예수 이야기를 역사적 사실의 기록으로 해석하지 않고, 심오한 가르침을 암호한 영적 비유로 해석했다." 〉[145]

따라서 영지주의의 이러한 태도는 다음과 같은 입장에서 비롯되지 않을 수 없다고 생각이 된다.

〈 "한스요나스 Jonas가 지적한 것처럼, 발렌티우스의 체계에서 물질은 영적인 기원을 가지고 있으며…… (이렇게 말하는 것은) 물질은 절대

---

145)　204-206쪽 (같은 책)

적인 존재의 한 상태이거나 "성질 affection"이며, 보다 정확히 말하면 그러한 상태에 대한 "고착된 외적 표현-無知"이다. 무지(소피아의 "눈이 멀게 된 것")는 세계가 존재하게 된 첫 번째 이유인데, 이것은 인도인들의 관념을 상기시켜준다.(일부 베단타 철학과 상키야-요가학파, 또는 불교 역시도 지지하고 있다)

그러나 지식(깨달음)에 의해 얻어진 구원은 -곧 마지막(종말적인 신앙) "영적인" 구원은 세계의 파멸과 함께 일어날 것이다(곧 물질적인 것으로 표현되는, 외적세계란 현실적이든 신화적이든 간에 무지에서 비롯되었다는 것-따라서 깨달음으로 연결되는 세계의 파멸은, 현실적인 세계든 신화적인 세계이든 함께 공멸(共滅)일 수밖에 없다는 것을 의미한다)."〉[146]

내면적인 종말신앙의 본보기로서는 다음의 영지주의 관점이 적당하다.

〈"기억상실(다시 말해 자기 자신의 정체성을 잊어버리는 것), 잠, 만취, 무감각, 사로잡힘, 타락, 그리고 향수병은 비록 그노시스주의의 교사들에 의해 만들어진 것은 아니지만, 특히 그노시스주의의 이미지와 상징에 속한다. 영혼은 물질을 향해 가면서, 그리고 육체의 쾌락을 알기를 원하면서 자신이 누구인지를 잊어버린다. "그것은 자신이 원래 거주하던 장소, 자신의 참된 중심, 자신의 영원한 존재를 잊어버린다."[147] 기억상실과 상기에 대한 그노시스주의의 신화의 가장 극적이고 감동적인 예는 묵시적인 「토마스 행전 Acre de Thomas」 안에 보존된 「진주의 찬가」에서 발견된다.

---

146) 세계종교사상사2 엘리아데 최종성 등 옮김 518쪽 (이학사 2005)
147) 후대의 영지주의 분파인 하란파 Harranires의 교리. Jonas

한 왕자가 '바다 한가운데에서 씩씩거리는 소리를 내는 뱀에 둘러싸여 있는 하나의 진주를 찾기' 위해 오리엔트에서 이집트로 왔다. 그는 이집트에서 시골 사람들에게 붙잡혔다. 그들은 자신들의 음식 일부를 왕자에게 먹으라고 주었고, 이내 왕자는 자신이 누구인지를 잊어버린다. "나는 내가 왕의 아들이었다는 것을 잊었다. 그리고 나는 그들의 왕을 섬겼다. 그리고 나는 나의 부모가 찾으라고 한 진주를 잊어버렸다. 그리고 그들의 음식이 주는 부담으로 인해 나는 깊은 잠에 빠지게 되었다." 그러나 왕자의 부모는 그에게 무슨 일이 일어났는지를 알았고, 그에게 한 통의 편지를 썼다. "잠에서 깨어 일어나라. 그리고 우리가 편지에서 하는 말을 들어라! 너는 왕의 아들이라는 것을 깨달아라! 네가 어떤 예속상태에 빠져있는지 보아라. 네가 이집트로 서둘러 간 이유인 진주를 기억하라." 그 편지는 독수리의 모습으로 날아가서 그의 곁에 사뿐히 내려앉았고, 그리고 언어가 되었다. "그 목소리와 살랑거리는 소리에 나는 잠에서 깨어나기 시작했다. 나는 그것을 붙잡고 키스를 했다. 나는 그 봉인을 뜯고 읽었다 (……) 나는 내가 왕의 아들이라는 것을 기억했다. (……) 나는 내가 이집트로 온 이유인 진주를 기억했다. 그리고 나는 휘파람 소리로 뱀을 춤추게 하기 시작했다. 나는 뱀을 춤추면서 잠들게 한후 뱀에게 아버지의 이름을 말했다. 그리고 나는 진주를 가로챘고, 아버지의 집으로 돌아갈 준비를 했다"

이것은 '구원받은 구세주'에 대한 신화 가운데 가장 뛰어난 판본이다. 각각의 모티프에 대응되는 것들이 다양한 그노시스 텍스트 안에서 발견된다는 것을 밝힐 필요가 있다. 이미지들이 의미하는 바는 쉽게 알 수 있다. 바다와 이집트는 물질적인 세계의 일반적인 상징인데, 인간의 영혼과 물질적인 세계를 구원하기 위해 파견된 구세주는 그곳에서 사로잡히게 된다. 주인공은 천계에서 내려오면서 그 나라의 주민들과 다르게 보이지 않으려고 자신의 '좋은 옷'을 벗어버리고 '불결한' 옷을 입는다. 그것은 '육체의 껍데기'로서 그 몸 안에서 그가 육화하는 것이다. 그가 하늘로 올라가는 어느 순간에 그는 '그 자신과 같은' 영광스러운 빛의 옷을 대면하게 된다. 그리고 그는 이러한 '분신'이 자신의 참된 자아라는 것을 이해한다. 자신의 초월적인 '분신'과의 만남은 이란의 영혼의 천상적인 이미지인 '디에나'를 연상시키는데 '디에나'는 죽은 지 3일이 된 사자(死者)를 만나게 된다. 요나스가 지적했듯이 자기 안에서 이러한 초월적인 원리를 발견하는 것은 그노시스(영지주의)의 종교의 중심적인 요소를 구성한다.〉[148]

종말신앙에 대한 고전적인 보기를 이상과 같이 보았다.

【천년왕국신앙(운동)】

고전적인 본보기로서의 종말신앙을 앞에서 보았다면, 그러나 아래의 천년왕국신앙은 현대에 와서 왜곡된 형태로 나타난 종말신앙이라고 할 수 있다. 따라서 아래에서 보는 바와 같은 사례를 통해, 과연 천년왕국신앙의 실상이란 어떠한 모습인가를 보기로 한다.

"종말에 대한 기대감은 미국인들의 종교적 심장이라고 말할 수 있다. 천년왕국설이 사회의 변방에서 유행했던 유럽과는 달리, 미국에서는 종교적 경험의 중심부가 되었다. 다양한 형태의 천년왕국에 대한 소망이 미

---

[148] 세계종교사상사2 엘리아데 최종성 등 옮김 518-520쪽 (이학사 2005)

국인들의 종교심에 지속적인 영향을 끼쳤으며, 케더린 앨버니스(Catherine Albernese)는 이 소망을 미국인들의 종교라는 양탄자를 짠 붉은 실과 같다고 비유했다. 또한 어네스트 샌딘(Ernest Sandeen) 역시 미국의 종말에 대한 흥분이 19세기 초반에 너무 강했기 때문에 마치 미국인들이 천년왕국사상이라는 술에 취한 것 같았다고 언급하였다." [149]

"한국 교회는 선교 1세기에 불과한 짧은 역사에도 불구하고, 신흥종교의 왕국이라 불릴 만큼 수많은 이단 종파가 일어났다. 이러한 현상은 급격한 사회변동과 불안정한 사회구조에 원인이 있다. 어지러운 사회와 제 기능을 다하지 못한 기독교가 그 원인을 제공한 것이다.

이단 종파들의 전형적인 특징은 종말론을 강조하는 것이다. 종말론 가운데에 그들의 공통적인 교리와 사상 가운데의 하나가 말세 사상과 지상천국 신앙이다. 대부분이 현실 탈피적인 임박한 종말론을 주장한다.

특히 한국교회는 최근 몇 년 동안 시한부 종말론(대표적인 천년왕국 신앙-전 천년주의)이라는 극단적인 종말론으로 인해 많은 패해와 혼란을 겪었다. 전국에 걸쳐 40여개에 달하는 시한부 종말론을 주장하는 단체들이 '예수 재림 준비 위원회'를 구성하여 대규모 집회와 가두선전을 통해 그 확산에 총력을 기울였으며, 1992년 10월 28일 24시에 예수가 재림한다고(예수를 통한 지상통치의 천년왕국의 도래, 환난이 온다는 설 등으로) 일부 학생들이 등교를 거부하고, 임산부가 낙태 수술을 받고, 사이비 교주가 거액의 금품을 사취하여 사회문제가 되었다." [150]

---

149) 역사속의 종말인식 리차드 카일 박응규 옮김 109쪽 (기독교문서선교회 2007)
150) 종말론 논쟁 목창균 319쪽 (두란노 1998)

종말신앙 본래의 뜻은 세계의 종말이 와야 한다는 것이다. 그런데 세계란 인간 육체를 포함하여 물질적인 것이다. 이는 하느님이 창조한 세계이기도 하다. 따라서 종말신앙이란 이 세계가 하느님이 창조한 세계임에도 불구하고 종말이 와야만 한다는 것이다.

그렇지만 종말신앙에 대한 관점은 두 가지로 볼 수 있다. 이는 구약의 관점과 신약의 관점의 차이에 따른다고 볼 수 있다.

구약에서의 세계의 종말은 하느님의 심판에 따르는 것이다. 인간들의 죄악상을 본 하느님은 자신이 창조한 세계임에도 불구하고 이에 대하여 후회를 하고, 마침내는 이 세계를 멸망시키지 않을 수 없게 된다는 것이다(창세기에서의, 노아의 홍수와 소돔과 고모라에 대한 불의 심판 등). 구약에서 보는 바는, 이후에도 인간들의 갖은 죄악으로 이어지고 따라서 심판(하느님의 심판에 의한 세계의 멸망)에 대한 예언자들의 경고도 계속되는 것이다. 이리하여 구약에서의 종말신앙이라고 한다면 세계의 종말(종말의 필요성에 따른)이 이상이 될 수는 없고, 단지 죄악의 세계가 끝나고(하느님의 심판에 의해), 이후 세상에서는 죄악이 없는 세계가 오기를 바란다는 것이다.

그러나 신약에서는, 이상에서 보는 구약과는 달리(하느님의 심판으로 인해 기존의 죄악의 세계가 멸망되고, 따라서 죄악이 없는 세계로의 변하는 수준이 아니고), 근본적으로 세계의 종말이라고 할 수 있다. 죄악의 세계이든 죄악이 없는 세계이든 불문하고 세계 자체의 완전한 종말이 와야만 한다는 것이다. 신약의 경우 우리는 이미 심판을 받았고(요한 3:18), 따라서 우리는 이 죄악의 세계로부터 구원이 되어야만 한다는 것인데(요한 12:47), 이는 세계가 종말이 될 때만이 가능할 수 있기 때문이다. 따라서 부활도, 이 육체(죽을 수밖에 없는)가 죽어야만 영생할 수 있다는 것(요한 3:5,6)이 곧 종말신앙의 입장이라는 것이다.

이처럼 구약과 신약의 세계의 종말에 대한 차이를 볼 수 있는데, 그 특징은 구약은 하느님의 심판에 의한 세계의 종말이고, 신약은 예수의 구원에 의한 세계의 종말이라고 할 수 있다. 따라서 종말신앙이 구약의 심판에 중심을 두든가(하느님의 심판에 의한 세계의 종말), 아니면 신약의 구원에 중심을 두든가(천국을 위한 세계의 종말)의 어느 한편에 중심을 둔다면, 종말신앙에 있어서도 차이점이 있을 수밖에 없다.

따라서 이상의 관점으로 비추어봤을 때, 이미 앞에서 살펴보았던 종말신앙은 예수의 구원에 의한 종말신앙이라고 할 수 있겠고, 뒤에 보는 천년왕국신앙은 하느님의 심판에 의한 종말신앙이라고 할 수 있는 것처럼 보인다.

한편으로 또한 종말신앙은 이 세상 밖이 아니면 안 되는, 곧 천국을 바라는 입장이라고 한다면, 이에 반해 천년왕국신앙은 이 세상 안, 곧 지상에 관심을 둔다는 것이다. 이리하여(천년왕국신앙은) 천국도 지상에 건설되는, 곧 지상천국이 될 것이라는 것이다. (이에 따라서) 예수가 지상에 재림하여 천년 동안 왕국을 통치한다는 것이다. 천년왕국이 시작되기 전에 큰 환란(하느님의 심판으로 인한)이 올 것이고, 이때 믿는 성도는 하늘에 들리어져서 환란을 피하게 되고 믿지 않는 성도는 환란에 처벌된다는 것으로, 천년왕국신앙의 요지는 이와 같다. [151]

따라서 천년왕국의 근거가 된다는 요한계시록(요한계시록 20장 4-8)을 먼

---

151) 천년왕국신앙은 지상에 있는 세계(곧 외면적인 세계로써 지상에 있는 천국)로 여겨질 수 있기에, 두 입장으로 갈릴 수 있다는 것이다. 소위 후천년주의(後千年主義)와 전천년주의(前千年主義)다. 성도에 한해서는 이미 지상천국이 도래했다는 설로, 이후 성도의 충만에 의해 예수의 재림이 있을 것이라는 것이 후천년주의다. 이와 달리 천년왕국이 올 지음에 예수가 재림을 하게 되며, 이때 하나님의 심판으로 인해 큰 환란이 오게 되어, 믿는 성도는 환란을 피하게 되고 믿지 않는 성도는 환란에 빠지게 된다는 것이 전천년주의다.

저 보기로 한다.

"나는 또 천사가 무저갱의 열쇠와 큰 쇠사슬을 들고 하늘에서 내려오는 것을 보았습니다. 그 천사는 늙은 뱀, 마귀, 사탄이라고도 하는 용을 잡아 묶어서 천년 동안 무저갱에 가두고 봉인하여 그 기간이 끝날 때까지는 세상나라들을 더 이상 유혹하지 못하게 하였습니다. 그러나 사탄은 천년이 지난 후 반드시 잠시 동안 풀려날 것입니다.

나는 또 여러 보좌를 보았는데 거기에는 심판하는 권세를 받은 사람들이 앉아 있었습니다. 그리고 예수님을 증거하고 하나님의 말씀을 전하다가 처형을 당한 순교자들의 영혼과 짐승이나 그의 우상에게 경배하지 않고 이마의 손에 짐승의 표를 받지 않은 사람들도 보았습니다. 그들은 살아나서 그리스도와 함께 천년 동안을 왕이 되어 다스릴 사람들입니다. 그러나 나머지 죽은 사람들은 천년이 끝나기까지 살아나지 못했습니다. 이것은 첫째 부활입니다. 이 첫째 부활에 참여하는 사람은 행복하고 거룩한 사람들입니다. 이들은 둘째 죽음의 지배를 받지 않고 하나님과 그리스도의 제사장이 되어 천년 동안 그리스도와 함께 왕으로써 다스릴 것입니다.

천년이 끝나면 사탄은 풀려나와 온 세상에 있는 나라들, 곧 곡과 마곡을 유혹하고 그들을 모아 전쟁을 일으킬 것이며 그 수는 바다의 모래와 같을 것입니다." [152]

이상에서 본 요한 계시록은 첫째 부활을 말하는 앞 구절 20장인데, 이어 둘째 사망을 말하는 21장이 있다. 또한 20장과 21장 사이에서는 다음

---

152) 요한이 받은 계시 20:1-8 (같은 책)

과 같은 내용으로 보이는 그 특징을 볼 수도 있다. 곧 천년왕국신앙에 해당하는 〈20장〉과, 따라서 이(천년왕국신앙)와는 대비가 된다고 보이는 영생의 세계(새 하늘과 새 땅-21장)를 아래에서 보게 된다는 것이다.[153]

"또 나는 새 하늘과 새 땅을 보았습니다. 전에 있던 하늘과 땅은 사라지고 바다도 없어졌습니다. 나는 거룩한 성 예루살렘이 하나님에게서부터 내려오는 것을 보았는데 마치 신부가 신랑을 위해 단장을 한 것 같았습니다. 그때 나는 보좌에서 큰 소리로 이렇게 말하는 소리를 들었습니다. '이제 하나님께서 사람들과 함께 계시고 그들은 하나님의 백성이 될 것이다. 하나님이 몸소 그들과 함께 계셔서 그들의 눈에서 모든 눈물을 씻어주실 것이니 다시는 죽음도 없고 슬픔도 없고 우는 것도, 아픔도 없을 것이다. 이것은 전에 있던 것들이 다 사라져 버렸기 때문이다.'

그때 보좌에 앉으신 분이 '이제 내가 모든 것을 새롭게 한다.' 하시고 (……)' 이제 다 마쳤다. 나는 처음과 마지막이며 시작과 끝이다. 내가 목마른 사람에게 생명의 샘물을 값없이 주겠다. 신앙의 승리자는 이 모든 것을 받게 될 것이며 나는 그의 하나님이 되고 그는 내 아들이 될 것이다. 그러나 비겁한 사람과 불신자와 흉악한 사람과 살인자와 음란한 사람과 마술사와 우상 숭배자와 모든 거짓말쟁이들은 유황이 타는 불 못에 던져질 것이다. 이것이 둘째 죽음이다.'"[154]

이상 요한계시록에서 천년왕국에 해당하는 20장과 함께 이어 종말신앙

---

153) 덧붙여 말한다면 첫째 부활(천년왕국-20장)이라고 해서 이후 장애가 없는 것도 아니고, 영생의 세계(21장) 역시도 장애(둘째 사망)가 따른다고 하는 것이 의미심장하다.
154) 요한이 받은 계시 21장1-8 (같은 책)

을 대변한다고도 보이는 영생의 천국을 말하는 21장을 각기 살펴봤다.

천년왕국신앙(운동)은 뒤에 보는 계시록 21장의 영생의 천국에 해당이 된다고 볼 수는 없고, 주로 앞에 보는 천년왕국(계시록 20)에 따른다고 보여 진다. 따라서 이제 천년왕국운동을 아래와 같은 실제의 역사적 사실을 통하여 알아보기로 한다.

"기독교 역사에서 최초로 천년왕국운동으로 종말신앙이 등장한 것은 주후 2세기의 몬타니즘 montanism이다.

이 운동을 주도한 몬타누스 montanus와 그의 추종자들은 그들이 하나님으로부터 받았다고 하는 새로운 계시에 근거하여 개혁하고자 하였다. 그들의 주장에 의하면 그들이 받은 새로운 계시와 함께 새로운 시대가 시작되고 이 새로운 시대는 그들 자신과 함께 끝난다. 새로운 시대가 끝남과 동시에 곧바로 그리스도가 재림하며, 이 세계의 종말이 올 것이다. 천년왕국은 소아시아 지역에 속한 프리지아의 페푸차 Pepuza에 건설 될 것이다. 그러므로 그리스도인들은 세속과의 타협을 거부하고, 어떠한 박해와 순교를 당할지라도 고행과 금욕 가운데서 믿음을 지키고 그리스도의 재림과 종말을 맞을 준비를 해야 한다. 이와 같은 신념 속에서 몬타니즘 신봉자들은 그들의 선교활동을 지원하기 위하여 재물을 모으고 페푸차에 모여 금욕생활을 하면서, 그리스도의 재림과 세계의 종말을 맞을 준비를 하였다.

몬타누스와 그의 추종자들은 그들만이 참된 그리스도인이요 하나님의 백성이라고 주장하면서, 새로운 계시에 근거하여 교회를 조직하여 소아시아. 로마, 북아프리카 일대로 확장시켜 나갔다. 소아시아의 감독들이 그들의 교회가 텅 비었다고 보고할 정도로 몬타니즘 운동은 초대교회를 위협하였다. 그러나 몬타누스가 예언한 것처럼 그리스도의 재림과 세계의 종말이 오지 않았고 , 자칭 치유의 예언자라고 주장한 멕시밀리가 죽음으로써, 몬타니즘 운동은 약화되었다." [155]

그런데 최초에 천년왕국운동이던 몬타니즘은 예수 당시로부터 멀지않은 세기 초에 해당한다. 이후 20세기 까지 거의 잠자다시피 하던 이 천년왕국운동은 20세기 문턱에 이르면서 마치 불꽃처럼 타오르며 한 시대를 크게 풍미하게 되었다는 것이다.

"현대에 있어서 천년왕국운동을 꼽자면, 전천년설에 기반을 둔 여러 형태가 19세기 미국에서 일어났다. 그 대표적인 것이 1820년-30년대 조셉 스미스(Joseph Smith. 1805-1844)의 몰몬교와 1840대 윌리암 밀러(William Miller. 1782-1849)의 천년왕국 운동이었다.
1782년 미국 동북부에 위치한 매사추세츠 주 피츠필드에 태어난 밀러는 남북전쟁 때에 보병대장으로 복무하였으며, 지방경찰과 집행관을 역임한 후 농업으로 전업하였다. 그는 13년 동안 침례교회의 평신도로 신앙생활을 하면서, 크루덴 Cruden의 성구사전을 중심으로 특히 다니엘서와 요한계시록을 비롯한 예언서를 공부하였다. 그러다가 50세 때인 1831년부터 세계의 종말이 임박하였다고 주장하기 시작하였다. 그는 1831년부터 농사를 그만두고 여러 지방을 순회하며 종말에 대한 설교에 전념하였다. 그의 설교운동은 많은 목사들의 지지를 받아 강력한 힘으로 확산되기 시작하였다. 이 운동의 전성기에 추종자 수는 5만 내지 10만 명에 달한 것으로 추산된다.

---

155) 종말론 김균진 14-15쪽 (민음사 1998)

이때 미국의 재림교회 안에는 다니엘서 8장 14절에 나타나는 성소가 하늘의 성소인가, 아니면 지상의 성소인가에 대한 논쟁이 일어났다. 이 문제에 대하여 밀러는 다니엘서 8장 14절의 성소는 천년왕국을 뜻하며, 천년왕국은 1843년 3월 21일과 1844년 3월 21일 사이에 예수가 재림하여 세상을 불로 씻어버림으로써 세워질 것(지상천국)이라고 주장하였다."[156]

"이와 같이 밀러는 예수의 재림일자를 확실하게 예언하고, 그리스도인에게 기성교회로부터 나오라고 설교하였다. 그리하여 많은 추종자들이 그들의 교회를 버리고 밀러의 종말운동에 참여하였다. 그들은 점포를 폐쇄하고 농작물과 가축을 버리며 직장을 그만두는 등 생업을 포기하는 한편, 소유물을 가난한 사람들에게 나누어주었다. 1843년 3월 21일 아침, 많은 사람들이 넓은 들판으로 나가거나 혹은 언덕에 올라가 예수의 재림을 기다렸다. 그러나 예수는 나타나지 않았다. 밀러는 재림을 1년간 연기하였으나, 결과는 마찬가지였다. 실망한 추종자들은 모교회로 돌아가거나 신앙을 포기하였다. 그러나 일부의 추종자들은 다시 결합하여 새로운 교파를 형성하였다. 〈재림 기독교회 Advent Church〉, 흔히 안식교로 알려진 〈제7일 재림 성도들 Seventh Day Advent-ists〉, 〈하나님의 교회 Church of God〉 등의 교파들이 이렇게 하여 생성되었다."[157]

"이렇게 1844년 10월 22일 그리스도의 재림이 있을 것이라는 밀러의

---

156) 〈이는 다니엘서 8장 14장에 있는 '이천 삼백 주야' 와 9장 24절에 있는 '칠십 이레' 라는 기한에 근거한 것이었다. 그는 하루를 일 년으로 쳐서 그들을 2300년과 490년으로 각각 계산하고 다니엘이 예언을 한 해를 주전 357년으로 해석했다. 여기에 예수가 죽은 해를 490년의 마지막 해로 간주하여 490년에서 예수의 나이 33년을 빼면 1833년이 나온다는 것이다.〉여기서 밀러는, 종말이 오기 전에 예수의 재림이 있을 것이며, 그가 지상에서 천 년 동안 성도들과 함께 다스릴 것이라는 천년왕국설을 주장한다.
157) 16-17쪽 (같은 책)

예언이 실패로 끝나자, 그의 종말 운동은 쇠퇴하게 되고 부흥하던 전천년설(천년왕국운동)은 시련에 처했다.

그 후 40년이 못되어 새로운 형태의 천년왕국운동이 복음주의 영역에서 유행하게 되었다. 그것이 영국 프리머 형제단의 지도자 존 다비(John N DarBy 1800-1882)에 의해 시작된 세대주의였다. 다비는 문자적이며 미래주의적 예언 해석에 근거하여 이스라엘과 교회의 철저한 구분, 전천년기적 재림, 환난 전 휴거, 유대적 천년 왕국 등의 신학개념을 제시했다. 다비의 신학 체계를 세대주의라고 부르는 것은 그가 인류역사를 여러 세대로 나누고 하나님의 활동 양태가 각 세대마다 다르다고 보았던 데서 비롯되었다."[158]

"세대주의 천년왕국운동은 1860년대에 전파되기 시작했다. 다비는 7회에 걸쳐서 미국을 방문하여 가르쳤으나, 그의 종파 프리머드 형제단보다는 오히려 그의 성서예언 해석 방법이 미국 교회, 특히 칼빈주의 배경을 지닌 목사들로부터 많은 호응을 받았다. 특히 그것은 블렉스톤의 「예수의 재림」에 의해 대중화 되고 브룩스와 스코필드에 의해 체계화되었다. 1909년에 출판된 스코필드 관주 성경은 세대주의 개념형성과 전파에 크게 공헌했다.

이리하여 천년왕국 운동은 19세기 말과 20세기 초에 프로테스탄트 복음주의와 근본주의 영역에서 초교파적으로 확산된 성경해석 운동이라고

---

[158] 세대주의자들은 다음과 같이 주장한다. 그리스도가 천년왕국을 설립하기 전, 마지막 7년 기간에 다니엘서와 요한계시록에 예고된 사건들이 일어난다. 적그리스도와 짐승으로 알려진 정치 지도자가 출현하며, 유대인이 팔레스타인으로 귀환하고 그중 일부가 회심한다. 대 환난 직전, 그리스도께서 공중재림하시며, 죽은 성도는 부활하여 살아있는 성도와 함께 공중으로 휴거되어 그리스도를 공중에서 영접한다. 칠 년 동안 진행되는 어린 양의 혼인 잔치에 휴거된 자들이 참여하는 동안, 지상에서는 대 환난과 적그리스도의 통치가 전개된다. 대환난의 끝에 그리스도께서 지상에 재림하여 아마겟돈 전쟁을 통해 악의 세력을 정복하고 사탄을 결박하여 무저갱에 가둔다. 그리고 천년왕국을 건설하여 성도들과 함께 왕 노릇하신다.(종말론 논쟁, 목창균 두란노 1998))

할 수 있다." [159]

"한국교회에서는 초기 선교사들과 그들이 번역 출판한 신학 서적에 의해 세대주의(천년왕국운동)가 소개되었다. 예를 들어, 기일(James S Gale) 선교사는 1913년 블렉스톤(Blackstone)의 「예수의 재림(Jesus is Coming)」을, 그리고 배위량(W. M. Baird) 선교사는 1922년 브룩스(Brooks)의 「주 재림론(Til He Come)」을 번역했다. 세대주의적(천년왕국) 종말론의 영향을 받은 대표적인 인물로는 길선주, 이명직, 김응조 목사 등을 들 수 있다." [160]

"한국 개신교회의 역사는 100년 정도 밖에 되지 않았으나, 기독교 이천년의 역사에서 다시는 유례를 찾아볼 수 없을 만큼 수없이 많은 이 천년왕국운동의 종파들이(주류와 비주류를 포함하여) 끊임없이 등장한다는 것이다. 이 종파들은 대 개의 경우 종말사상과 지상천국신앙을 가르쳤다.

몇 가지 예를 든다면 1920년과 1930년대에 원산의 감리교회 소속 유명화는 1927년경 예수가 자기에게 친림하였다고 주장하면서, 예수처럼 모양을 내고 다른 여자들에게 강신극을 벌였다.

평북 철산의 김성도라는 여인은 300석 꾼의 부자였는데, 예수가 자기에게 재림하였다고 자칭, 12제자를 거느리는 등, 자기가 세운 교회 총회에서 49명에게 목사 안수를 베풀면서, 혼음의 물의를 일으키기도 했다.

통일교회의 원리강론에 의하면, 예수님이 구약시대의 2000년이 지난 후에 강림하였듯이, 다시 2000년이 끝날 무렵에 재림하실 것이다. 구체적으로 예수님은 그의 탄생 이후 2000년이 거의 지난 1918년 이후에 재림주

---

159) 종말론논쟁 목창균 143-142쪽 (두란노 1998)
160) 149쪽 (같은 책)

로서 오실 것이다. 이러한 날짜 계산은 예수의 재림 날짜를 통일교의 교주의 생일과 일치시키기 위함이다. 요한 계시록 7장 2-3절을 고려할 때, 재림주는 동방의 나라에 오실 것인데, 그것은 곧 한국이다.

최근에 우리나라의 교회는 시한부 종말론과 공중 휴거설로 인하여 큰 진통을 겪었다. 그 가운데 몇 가지를 열거하면 들림교회의 공윤복은 1990년 5월 둘째 주에 휴거가 있다고 하였으며, 그를 추종하는 어떤 교회는 교회 정문에다 붉은 글씨로 〈휴거 5월 둘째 주〉라고 써 붙여 놓고, 세계에서 1,222명이 휴거하는데 한국에서는 25명이 휴거한다고 주장하였다. 이 종파는 청소년들에게, 〈오는 1999년 7월 14일에 세상의 종말이 올 것이므로 가족과 직업이 필요 없다. 다만 천국 가는 교육을 받아야 한다고〉가르친 것뿐만 아니라 순교자의 명단까지 발표하였다.

부천 원종동의 한국중앙교회는 교주 이천성을 재림예수로 믿으면서, 1992년 6월 21일에 종말이 온다는 내용의 전단을 인쇄하여 길거리에서 배포하였다. 말세에 144,000명만 구원을 받을 것이며, 이 숫자에 속한 그 교회 신도는 종말이 오는 날 충남 연무대의 안식처에서 구원을 받는다고 하였다.

최근에는 다미선교회가 사회적으로 큰 물의를 일으켰다. 1992년 10월 28일에 예수의 공중 재림이 있을 것이다. 이때 죽은 성도들이 부활하여 살아있는 성도들과 함께 공중으로 휴거하여 예수를 영접하고 대 환난을 피하게 된다. 7년 동안의 대 환난이 있을 것인데, 1999년 10월 예수께서 성도들과 함께 땅위에 재림하여 천년왕국을 세우시고 온 세계를 다스릴 것이다. 천년왕국이 세워질 때, 악인들은 부활하여 최후의 심판을 받고 지옥으로 갈 것이며, 성도들은 새 하늘과 새 땅 곧 천국으로 들어갈 것이다.

다미선교회에서 갈라져 나온 디베라 선교회(하방익, 서울 송파구 석촌동)와 성화선교교회(권미나, 서울 종로구 창신동)는 1992년의 시한부 종말설을 추종하였다. 그들은 서울역이나 지하철역 등에서 〈충격 뉴스, 92년 예수 재림, 성도의 휴거, 휴거 전까지 하나님의 인(印)을 받으라〉, 〈급한 소식! 예수 공중 재림과 휴거를 준비하라! 1992년 10월 28일 지상 최대의 인간 증발 사건 발생〉이란 제목의 유인물을 시민들에게 나누어주거나 가정으로 우송하였다. 디베라 선교회의 하방익은 천국행 티켓 확인 보증서를 발급하기까지 하였다.

위에 기술한 것 외에도 한국에는 그 수를 헤아릴 수 없을 만큼 많은 시한부 종말론자들과 공중휴거론자들이 있다. 동방교주 노광공은 1965년 8월 15일을, 장막성전의 유재열은 1969년 11월 1일을, 일월산 기도원의 김성복은 1971년 8월 15일을, 팔영산 기도원의 전병도는 1972년 8월 25일을 천국복음 전도회 구인회는 1973년 11월 11월 10일을, 세계의 마지막 날로 예고하였다. 새벽별 종말연구회는 1990년 6월과 8월 사이에 종말이 온다고 주장하였다. 이리하여 사회에 물의를 일으키는 많은 일들이 일어났다. 예를 들어 1989년 8월 8일에 세계의 종말이 온다고 하여, 1989년 7월 부녀자 34명이 전라북도 회문산으로 집단 가출한 일이 있었고, 1989년 10월 경기도 부천 시내 부녀자 100여 명이 현금과 집문서 등을 가지고 강원도 치악산으로 집단 가출한 사건이 일어났다." [161]

종말신앙이 -이 세상의 종말이후, 당연히 이 세상 밖을 향한다는 것과는 반대로, 천년왕국 신앙은 이 세상(지상천국-따라서 예수는 지상에 재림)에 뜻을 둔다. 천년왕국신앙이 근거로 삼는 성경인 요한 계시록을 보아도

---

161) 종말론 김균진 17-21쪽 (민음사 1998)

단지 천년왕국만을 말하지 않음에도, 이 지상천국에 그토록 주의를 기울이는 이유는 무엇일까? (천년왕국신앙의 근거가 된다는 계시록에서도 천년왕국뿐만이 아니라, 종말신앙의 내용, 곧 영생의 천국도 있다는 것은 앞에서 확인한바다. 계시록 21장) 이러함에도 천년왕국운동은 천년왕국(계시록 20장)에 따라서 천년왕국(지상천국) 만에 주의를 기울였다. 물론 종말신앙에서 보는 영생의 천국은, 지상천국이나 숫자상 등으로 이어지는 천년왕국 등에 해당되는 것일 수는 없다. 하늘과 땅도 바다도 사라지고(요한 계시록 21:1), 거기에는 더 이상 밤이 없을 것이며 등불이나 햇빛이 필요 없고, 거기서 영원히 왕처럼 살 것이기(요한 계시록 22:5) 때문이다.

천년왕국신앙이란, 단지 현대인이 가질 수밖에 없는 종말신앙에 따른 결과에서 비롯되었다고도 말 할 수 있다. 앞서 세속신앙에서도, 성육신(聖肉身)신앙이 마침내 현대 신앙에 와서는 무신성(無神性)으로 경도되기에 이르렀다는 것을 살펴 본 바 있다. 물론 육신 밖에서 찾아야 할 신(神)이, 성육신앙으로 말미암아 초육신의 신이 잊혀져버린 결과라고 볼 수 있기 때문이다. 이리하여(성육신의 신앙 만에 그친 결과) 현대 신앙에 이르러, 신에 대한 신앙의 위기, 그리고 신앙의 위기에 따른 결과라고 할 수 있다.

미국인이 가진 천년왕국신앙은 근본주의[162]에서 비롯되었다고 한다. 그런데 근본주의 신학은 역시 현대인의 신앙의 위기와 함께 찾아온 신앙이라고 한다. (현대인의 신앙의 위기는 이미 세속신앙에서 살펴본 바다)

---

162) 근본주의란 성경을 문자 그대로 믿는 신앙이다. 성경을 문자 그대로 믿는 근본주의 신앙이 비롯된 것은 현대 자유주의 신학에서 비롯되었다고 한다. 현대 자유주의 신학은 앞장의 세속신앙에서 살펴 본 바와 같이 인간주의 신학이라고 할 수 있다. 이들(현대철학, 진화론, 성서 고등 비평)에 의해 기존의 신앙(신에 대한 믿음)이 위기에 처하게 되자, 극단적인 근본주의(성경의 무오류를 절대로 주장하는, 성경 문자 하나하나에 메달리는)가 대두되기에 이르렀다는 것이다(근본주의 역사 데이빗 비일, 역사 속의 종말인식 리차드 카일, 근본주의와 미국문화, 등).

따라서 한국인의 천년왕국 신앙(주로 지상천국) 역시, 이상의 미국인의 처지에 따른 경우와 비슷하다고 할 수 있다. 절대적인 한국인의 신앙체계(이조 오백년의 유교이념)가 삽시간에 무너지면서, 이에 따르는 공황의 틈을 타고 지상천국신앙이 횡행하였다고 볼 수 있다는 것이다(종말론, 김균진). 물론 지상천국의 신앙뿐만이 아니라 갖가지 종교가 난무하고 있는 이유이기도 하다.

천년왕국신앙을 비롯해 종말신앙을 말함에 있어서(앞서 세속신앙에서 살펴본 바와 같이), 신(神)이라든가 여기에 또 천국(天國)이라는 개념은, 특히나 현대의 과학적인 상식에서는 벗어나는 것일 수밖에 없다는 것이었다. 곧 3층 구조의 신화적(현대과학을 모르던 원시적인 세계관)인 세계로써, 지상(地上. 이승의 이 세상)에 대하여 천상(天上. 저승의 하늘나라), 그리고 지하(地下, 지옥의 세계)로 나뉘어져 있었던 것이다. 따라서 이런 신약성서의 신화적인 관념에 대한 불트만의 해석, 즉 신화적인 세계관으로 덧씌워진 신약성서의 세계관을 벗겨내고 -이 신화적 형식은 단지 그 시대에 맞는 관념에 따라서 내용을 표현하는 방식에 불과하였다고 볼 수 있으므로, 따라서 이 신화적인 표현방식에 구애하지 말고, 현대인의 상식에 맞는 관념에 따라 이해해도 신약성서의 참다운 내용을 벗어나는 것은 아니라는 것이다. 신약성서의 참다운 내용은 신화적 형식에 있는 것도 아니라는 것이고, 그리고 여기에 오히려 신화적인 형식 만에 머문다면 신약성서의 참다운 내용을 그릇되게 할 뿐이라는 것이다. [163]

---

163) 현대인의 상식에 어긋나는 것일 뿐, 즉 미신에 지나지 않다. 또한 불트만의 신학적 관점은 실존주의적인 것으로써, 인간 본연의 주체적인 결단이다. 이는 물론 신에 대한 이해보다는 인간에 대한 이해에 맞추어진 것이라고 볼 수 있다.

그러나 문제는, 신화적인 종교가 현대인에게 가당치않다는 데 있는 것은 아니다. 우리가 원하는 종말신앙(永生)이 문제인 것이다(따라서 불트만의 비신화(非神話)에 따른 성경해석 만의 주장은 신화의 본뜻인 종말신앙의 핵심까지 놓칠 우려가 있다고도 볼 수 있는 것이다). 진정 원하는 바는, 역시 우리의 종말신앙인 것이다. 따라서 이 종말신앙이 신화적인 형식, 즉 천년왕국신앙 등에 따르는 방식(神話的인)으로 우리의 무의식적인 종말신앙(永生)의 염원을 바라고 있었다고 할 수 있다. 이렇게 신화적인 형식으로 표현 된, 어쩌면 신화적인 표현에 따르지 않으면 안 되었을 종말신앙의 그 진정한 의미를 찾아야 한다는 것일 것이고, 따라서 또한 이와 같은 우리의 올바른 종말신앙이 어떻게 가능한가를 찾아야만 하는 것이 문제라는 것이다.

(5) 세속신앙과 종말신앙에서 -생활신앙과 명상수행으로

신(神)을 믿는 신앙이면서도 정작 신을 이해할 수가 없다는 문제가 현대의 신앙은 물론 종말신앙에서도 이어진다. 종말신앙의 소망인 영생(永生) 역시, 어려운 문제라는 것이다.

영생이란, 죽어야할 육신으로는 물론, 비록 성육신을 통해서라도 분명 아니다. (그리하여 예수그리스도 역시, 자신이 비록 성육신이었을망정, 죽어야 할 육체이기에 십자가에 달리지 않으면 아니 되었을까?-죽어야할 육체를 완전히 벗어버리기 위해. 이는 결국 영생을 위한 조건이란 죽을 수밖에 없는 육체로는 불가능할 수밖에 없을 것이므로. 이와 같은 해석은 물론 사실적인 근거에서이기도 하고, 비유적인 해석이라고 할 수도 있겠다)

따라서 당연히 다음과 같은 의문을 가질 수밖에 없을 것이다.

육신이 있는 채 영생을 할 수 있다면, 그것(죽을 수밖에 없는 육신의 영생)을 어떻게 설명할 수 있을까?

또한 이상과는 달리 육신을 떠나서 영생을 하는 길이 있을 수 있다면, 과연 그(곧 肉身을 떠난 永生의) 의미는 무엇인가?

인간으로서 육신과, 또한 그가 사는 세상을 결코 부정할 수 없다는 것은 분명하다. 이런 점들이 역시 그의 신앙(생활신앙)과 별개일 수 없다.

그러나 그의 신에 대한 믿음이 세속신앙에 그친다는 것은(곧 성육신에 대한 신앙은) 제한적일 수밖에 없다. 따라서 이 신앙 안에서는 절대적인 신앙이(유한한 육체와 제한된 세상이기에-여기에서는 무한한 신과 영생을 위한 신앙이) 들어설 자리란 있을 수 없다. 이러함(제한적임)에도, 절대적인 신앙의 주장은 항상 있어 온 것이다. 따라서 이는 단지 가능 할 수 없는 무리한 주장과, 그리고 이에 대하여는 오히려 세속신앙만의 주장과, 나아가서는 무신론으로 가는 길을 재촉함에 지나지 않았던 것이다.

따라서 제한성에 그칠 수는 없는, 절대적인 신앙을 갖기를 원한다면 결국 인간세상을 떠난 곳(곧 성육신일망정 육신 밖에서 신을) 찾을 수밖에 없다는 것도 알 수 있다.

이로 볼 때, 이 인간세상을 부정해야하는 종말신앙과 금욕적인 수도(이 세상에 대한 금욕은, 제한성에 따를 수밖에 없는 이 세상의 부정이라는 점에서)는 피할 수 없는 점이 있다는 것을 이해 할 수 있는 것이다. 그러니까 종말신앙과 금욕적인 수도와 함께, 이세상적인 종말로(그 필요성에 따라서) 연결되지 않을 수 없다는 것이다. 그런데 이 금욕적인 수도는 신에 대한 관상이기도 했다. 따라서 이 금욕적인 수도를 통한 신에 대한 관상은 종말신앙으로써 영생으로 가는(완전한 신에 견줄 수 있는 영생) 문도 되는 것일 것이다.

따라서 성육신에 대한 신앙(곧 이 세상 안에서의 신의 믿음)은 생활신앙이 되지 않을 수 없고(물론 이는 육신이 가진 조건이나 세상적인 조건에 따라서 제한적일 수밖에 없다).

이와는 달리 신에 대한 믿음, 완전한 신이나 또는 천국의 영생에 대한 종말신앙은, 이 세상의 제한을 벗어나기 위한 금욕수행이 되리라는 것이 분명함을 알 수 있다.

이는 마치 불교에서 색(色)과 공(空), 또는 조사선과 여래선이 행선(行禪)과 좌선(坐禪)으로 연결되지 않을 수 없듯이, 기독교에서는 세속신앙(성육신의 믿음)과 종말신앙(천국에서의 永生-물론 이는 神에 대한 관상도 된다)이, 마침내는 생활신앙이나 명상수도(금욕수도)로 될 수밖에는 달리 생각 할 수 없다는 것이다.

종교를 넘어서기
- 깨달음의 두 길, 생명의 인식 -

　불성(佛性)이라든가 신성(神性) 등이 분별의 상과 인간의 육신을 통해 보여지고 있는 바, 이는 불성이나 신성이 분별상(分別相)의 원인이면서도 또한 분별상과는 떨어질 수 없는 관계를 나타내고 있음을 알 수 있다.

　따라서 우리가 생명을 알아야만 한다고 해도(인식), 생명(곧 실상 그대로, 마치 칸트의 물자체와도 같이)을 직접적으로 알아야만 하는 것에 있는 것은 아니라는 것을 알 수 있다. 물론 생명을 직접적(곧 절대적으로) 안다면 더 없이 좋겠지만, 가능하다고만 할 수는 없다. 역시 우리의 인식 조건상에서는 생명을 이렇게 직접적으로, 절대적으로 안다는(곧 우리의 인식의 제한성을 넘는 무한성으로 인식)것은 불가능한 점이 있기 때문이다.

　그러나 또한 우리의 이러한 인식의 조건(분별 할 수밖에 없는 우리의 제한성)을 피할 수 없는 바라면, 이 분별인식도 수용하지 않으면 안 된다는 것을 인정할 수밖에 없는 것이다.

　따라서 우리에게는, 두 길이 있다는 것을 알 수 있다.

첫째는, 분별을 통한 인식이다.

하지만 역시 분별을 통해서는 대상(實相)을 직접적으로 알 수는 없다. 그러나 이 길 외는 달리 없다면, 그 나름의 방도, 직접적이 아닌 간접적인 방법(곧 분별을 통한 인식)을 찾아야 한다는 것이다.

두 번째는, 우리가 분별의 인식을 통해서는 실상에 접근(직접적으로는) 할 수가 없다는 것을 알아야만 하는 것이고, 그럼에도 불구하고 실상을 찾아야 한다면(역시 직접적으로), 역시 우리는 이 분별의 인식을 떨어낼 수밖에 없는 것이다.

따라서 그 길(분별인식을 떨어낸)을 찾아 떠나야만 한다는 것이다.

이상의 분명한 두 길이 있음에도 이를 무시하고, 단지 그 필요성만을 염두에 두고 실상을 찾아 나선다면, 역시 갈등만을 초래할 것이다. 이리하여 앞서 말한 바와 같이 자신의 분별된 상에 지나지 않은 것을 마치 실상 자체인양(이는 역시 분별의 제한성을 넘는 것으로 절대적인 것, 또는 물자체) 주장하게 되든가. 이로 말미암아(그릇된 주장으로 말미암아) 상대에게 무리하게도 억지 주장한 꼴이 되어 결국에는 실상자체마저 부정당하게도 된다는 것이다. 물론 실상이 부정된다고 하여서 실상이 없게 되는 것도 아니다.

이리하여 또 다시 대상[實相]의 주장이 나타날 수밖에는 없을 것이고, 그리고 역시 뒤이어 이런 주장은 반박 될 수밖에 없는, 이런 반복이 계속 거듭되기 마련이라는 것이다.(마치 성육신 안에서 신을 찾는 경우처럼)

사실 동서를 막론하고 역사상 이런 예는 수 없이 진행되어 왔음을 알 수 있다. 철학은 물론 종교, 또 그밖에 문화에서도 볼 수 있는 갈등의 요인은 아마 이러한 이유에서 그러하였을 것이다. 역시 신의 믿음이라든가 이에 대한 불신은 말할 것 없고, 신학의 이론만 해도 그 관점은 상반되기

마련이었다(인간적이냐, 신적이냐. 절대적이냐 상대적이냐). [164]

따라서 이렇게 상호 상반된 주장으로 계속되기만 하는 이 양면성의 갈등(절대적인 면과 상대적인 면)은 실상(절대적인)의 필요성에만 급급한 나머지 무리한 주장에 따른 것이므로, 이의 원인을 분명히 알아야만 한다는 것이다.

그러나 실상의 인식(실상자체, 분별의 제한성을 벗어난, 직접적인 인식)은 우리의 최종적인 목표가 될 것임이 분명하다.

비록 이렇게 우리가 이상적으로는 이(실상자체)를 원한다고 해도, 우리는 우리의 분별인식에서 떠날 수는 없기에, 분별로 인한 제한성 역시 받아들이지 않을 수 없다는 것도 분명하다.

따라서 이 양쪽(직접적인 면과 간접적인 면)을 함께 받아들이지 않으면 아니 된다는 것이다.

이리하여 우리가 생명을 인식함에 있어서도 두 길이 있을 수밖에 없다. 생명자체의 온전한 실상을(이는 칸트의 물자체이기도 함) 직접 그대로 인식하기(이는 물론 제한적인 것이 아니다) 위해서는 의식(분별인식)을 떠나지 않으면 안 된다는 것이지만, 한편으로는 분별을 통하여 생명을 인식하지 않을 수 없다는 것이다. 따라서 생명을 제대로 인식하는 삶에도 두 길이 함께 있지 않을 수 없다는 것을 알 수 있는 것이다.

이를 정리해 말한다면

---

164) 또한 철학에서도 절대적 이성이냐, 상대적 감성이냐(주로 서양철학에서). 이(理)가 우선이냐, 기(氣)가 우선이냐(동양철학). 그리고 불교에서도 소위 색(色)과 공(空)에 대한 관념이 쌍벽을 이루고, 또한 이것이 인도에서는 물론 그 밖에 각 나라에 걸쳐 수많은 불교종파가 난립하게 되는 이유가 되는 것일 것이다. 불교에서 출가와 세속. 교리에서 공과 상(色)이 있게 됨도 이러한 이유라 할 것이고, 따라서 중국 선종에서 볼 수 있는 좌선과 행선에 대한 이야기를 해야 하는 이유도 여기에 있는 것이다.

첫 번째. 생명을 인식은 하되, 제한적(상대적)인 생명의 인식이다. 이것이 분별을 통한 생명의 인식이다. 분별을 통한 인식은 제한적일 수밖에 없기 때문이다.

두 번째. 무한한, 즉 절대적인 생명의 인식이다. 물론 이는 분별을 떠난 생명의 인식이다. 역시 분별을 떠나지 않고는 무한한 절대적인 생명을 알 수 없기 때문이다.

이것이 바로 깨달음에도 두 길이 있을 수밖에 없고, 지금까지 얘기한 종교의 양면성으로서, 곧 불교나 선에서는 공(空)과 색(色), 좌선(坐禪)과 행선(行禪), 그리고 이 밖에 즉 기독교로 말한다면 세속신앙과 종말신앙, 명상과 생활신앙 등이 있게 되었던 이유라 할 것이다.

1. 제한적 생명인식 : 제한적인 깨달음

그런데 제한적인 생명인식에도 (비록 생명의 인식을 통한 입장이라고 하지만) - 제한적인 생명인식의 입장에 따른 나머지, 역시 이(제한적인 생명의 인식)에 따른 양면성이 있을 수밖에 없다. 즉 긍정적인 입장과 부정적일 수밖에 없는 입장이다.

(1) 제한적 생명인식의 긍정적인 면

그러면 먼저 긍정적인 면을 보기로 한다.
일반적으로 상과 분별만을 볼뿐, 상과 분별이외에 생명의 인식에까지는 못 미치는 경우가 된다면 - 이 경우에는 생명을 볼 수 없다고 할 수 있다. 그러나 상과 분별이 생명과 동떨어져있다고만 할 수 없다.(비록 직접적으로 생명을 인식 할 수는 없다고 해도), 상과 분별을 통하여 생명을 인식할 수도 있기 때문이다.

이것이 상과 분별인식에 따른 생명인식의 긍정적인 면이다. 분별의상 속에서 생명의 인식(실상의 깨달음)을 할 수 있고, 어차피 분별의 상으로 이루어진 이 세계를 사는 우리의 입장에서는 또한 절대로 이러한 세상(제한적인 세계)을 떠나서 살 수도 없기 때문이다.

그런데 이 모든 상과 분별은 행동을 일으키는 것이다. 보는 것, 듣는다는 것, 생각한다는 것, 이 모든 것이 행동이라는 것이다. 그리하여 생명을 인식함에 이러한 행동들을 통하게 되는 것이다. (물론 기존의 종교로 말한다면 현상적인 것을 통한, 즉 여래장이나 성육신이 될 것이다).

따라서 중국 선종에서 보는 불교의 행선(行禪)도 깨달음이라면, 이와 같이 상과 분별을 같이하는(즉 행동에 의해 생명을 인식하는) 행동선(行動禪)이나 생활신앙이 되는 것이다.

불교에서 보는 분별을 통한 제한적 인식

불교의 입장에서 행선의 입장은 이미 앞서(중국 선종에서 본) 마조 등의 예를 통해서도 알 수 있다. 또한 화엄경이나 법화경 역시 이러한 맥락에 있음을 알 수 있었다. 우파니샤드에서 브라만이나 아트만이 생명으로 표현되듯이, 여래나 보살도 생명의 표현으로 본다면, 그것은 분별의 행동을 통한 생명의 인식이라는 것이다.

"불자들이여. 어떤 것을 보살마하살의 일체 중생의 삼매, 곧 분별 상에 의한 생명의 인식이라 하는가?

불자들이여. 이 보살은 이 삼매에 안 몸[內身]으로 들어가 바깥 몸에서 일어나고, 바깥 몸으로 들어가 안 몸에서 일어나며, 같은 몸으로 들어가 다른 몸에서 일어나고…… 용의 몸으로 들어가 아수라 몸에서 일어나고, 아수라 몸으로 들어가 하늘의 몸에서 일어나고…… 천상에서 들어가 지옥에서 일어나고, 지옥에서 들어가 인간에게서 일어나며……." [165]

그 때, 보현보살이 이 뜻을 거듭 펴려고 부처님의 위신을 받들어 시방을 관찰하고 게송으로 말하였다.

"여기 말한 끝없는 모든 세계해(世界海)
비로자나부처님이 장엄하신 것
헤아릴 수가 없는 세존의 경계
지혜와 신통력이 이러하니라.
보살들이 수행하신 서원바다는
중생들의 욕망을 따른 것이니
중생의 마음과 행 끝이 없을 새
보살의 많은 국토 시방에 가득

중생들이 번뇌에 물이 들어서
가지가지 욕망이 같지도 않고

---

165) 대방광불화엄경 십정품, 이운허 옮김, 321~322쪽 (동국역경원 2006)

마음 따라 짓는 업이 부사의(不思意)하매
여러 가지 세계해(世界海)가 성립되었네." [166]

"여기 모이신 모든 부처님들
생각 못하는 지위에 들어
모든 부처님 신통한 힘을
보살들마다 능히 보도다.

지혜의 몸이 온갖 세계의
티끌들 속에 모두 들어가
몸이 항상 그 속에 있어서
모든 부처님 널리 뵈옵네.

모든 세계해(世界海) 여래 계신데
그림자처럼 늘 나타나며
저기에 있는 온갖 속에서
신통한 일을 드러내도다." [167]

"이 선남자(善男子) 선여인(善女人)이 부모가 낳아준 청정한 육안으로 삼천대천세계의 안과 밖에 있는 산과 숲과 강과 바다를 보며, 아래로 아비지옥과 위로 유정천을 보느니라.

---

166) 같은 책, 249쪽
167) 같은 책, 215쪽

이 청정한 귀로 삼천대천세계에서 아래로 아비지옥과 위로 유정천에 이르기까지 그 가운데 있는 가지가지 말과 음성을 들으리라.

코끼리 소리, 말소리, 수레 소리, 우레 소리, 북 소리, 종 소리, 여인의 소리, 괴로운 소리, 즐거운 소리, 범부의 소리, 성인의 소리…….

이 청정한 코로 삼천대천세계에 있는 위와 아래와 안과 밖의 여러 가지 향기를 맡느니라…… 수만나꽃 향기, 적련화 향기…… 전단향, 침수향…… 말 냄새, 소 냄새, 남자 냄새, 여자 냄새, 동자 냄새…… 또 여러 하늘들이 사르는 향기를 맡느니라."[168]

"지나간 세상 수 없는 겁에 열반하신 무량한 부처님이 백 천 만 억인지라 그 수효 헤아릴 수 없네.

이러한 여러 세존들이 갖가지 인연과 비유와 무수한 방편의 힘으로 온갖 법을 연설하시니라.

여러 부처님이 열반에 드신 후 사리에 공양하는 사람이 천 만 억의 탑을 세울 때 금과 은과 파리와 자기와 마노와 유리와 진주 등으로 만들고.

전단향과 침수향으로 짓기도 하고

또는 아이들이 장난으로 모래를 쌓아 불탑을 만든다면

이런 사람들은 모두 이미 성불하였느니라.

또는 남을 시켜 풍악 울리고 북 치고 소라 불고 퉁소와

저와 거문고와 비파와 징과 요령 등

---

168) 법화경 법사공덕품, 무비스님 옮김, 175, 180쪽

이러한 여러 가지 아름다운 음악으로 불상에 공양하였거나
내지 아주 작은 음성으로 공양하였더라도
이러한 이들 모두 이미 성불하였느니라." [169]

"세존이시여, 항하의 모래보다 많은 떠나지도 않고 벗어나지도 않으며 변이하지도 않는 불가사의한 불법을 성취한 것을 여래의 법신이라고 말합니다. 세존이시여, 이러한 여래의 법신이 번뇌장을 여의지 않은 것을 여래장(如來藏)이라고 이름합니다.

(문) 어떻게 일체의 중생에게 여래장이 있다는 것을 알 수 있는가?
(답) 게송으로 말한다.
일체의 중생계는
모든 붓다의 지혜를 여의지 않으니
그 청정하고 무구한
성품의 체는 둘이 아니기 때문이다.
일체 모든 붓다의
평등한 법성의 몸[法性身]에 의하여
일체 중생에게
모두 여래장 있음을 안다." [170]

〈"세존여래이시여, 저희들이 보니 그 모습이 달빛과 같습니다."
"선남자여, 마음의 자성광명은 마치 두루 공용(功用)을 수행하여 지음에

---

169) 같은 책, 방편품, 70, 73쪽
170) 여래장경전모음, 김윤수 옮김, 127, 163쪽 (한산암)

따라 얼음과 같고 또한 흰옷의 색을 물들일 때에 물들임에 따라 이루어지는 것과 같다."

"세존여래시여, 저는 모든 여래가 자신의 몸이 됨을 봅니다."
모든 여래가 다시 말씀하셨다.
"그런 까닭에 마하살이여, 모든 살타금강은 온갖 모습을 갖추어 성취한다."

모든 여래의 마음으로부터 나오자 곧 저 바가범지금강은 갖가지 색(色)의 당번으로 장엄한 형상(形相)이 된다. 나오고 나서 세존 비로자나불심으로 들어가 모여 한 몸이 된다. 그 금강당형으로부터 온갖 세계의 티끌처럼 수많은 여래의 몸을 낸다. 모든 여래의 보당 등을 건립하며 모든 부처님의 신통유희를 행한다.〉[171]

"일체법의 청정구의 문[淸淨句門]을 설하셨다. 이른바 묘적(妙適)청정의 구는 이 보살의 지위이다. 욕전(慾箭)청정의 구는 이 보살의 지위이다. 촉(觸)청정의 구는 이 보살의 지위이다. 애박(愛縛)청정의 구는 이 보살의 지위이다. ……신락(身樂)청정의 구는 이 보살의 지위이다, 색(色)청정의 구는 이 보살의 지위이고, 성(聲)청정의 구는 이 보살의 지위이며, 향(香)청정의 구는 이 보살의 지위이다. 미(味)청정의 구는 이 보살의 지위이다."[172]

---

171) 金剛頂經, 축역한국대장경(密敎部), 219~220, 227쪽 (불교정신문화연구원)
172) 般若理趣經, 혜능 편역, 98쪽 (동국역경원 1997)

이상에서 보는 경전의 내용들은 분별의 상(分別相)을 통한 불성(佛性)의 인식이다. 분별의상을 멀리하고 금욕적인 입장이 초기불교였다면, 여기서는 모두 (분별의 상을) 긍정하고 수용되고 있는 것을 볼 수 있다.

신의 제한성

신(神)이란 완전함의 대명사라고도 할 것이다. 이와 같은 신의 완전함 때문에, 신에 대한 언급조차 할 수 없다. 이미 말 자체가 제한성을 가질 수밖에 없기 때문이다.

이에 반해 인간은 제한성 자체라고도 할 수 있다. 그의 제한적인 조건을 열거하기로 한다면, 수명, 육체적 조건, 능력, 그의 환경이나 물질적인 조건 등등 헤아릴 수도 없다.

그런데 완전한 신이 이런 부족하고 제한적인 인간에게 수육이 되어 나셨다는 것이다. 성육신된 예수그리스도가 바로 그다. 그렇다면, 비록 신(완전한)이라고 할망정 제한적인 인간에게 들어 온 이상은 신 역시도 제한적이 될 수밖에 없을 것이다. 따라서 이러한 점이 신약에서도 나타나 있음을 볼 수가 있다. 신에게 있어 죽음이란 있을 수 없을 테지만, 그러나 여기서는 죽는 신을 볼 수 있고, 역시 신에게 해당되지 않을 고통이나 슬픔 등을 성자(聖子)인 예수그리스도에게서 보는 것이다. 신의 영광이, 이처럼 인간의 고통 속에서 이루어진다는 것이다.

〈예수님의 일행이 예루살렘으로 올라가는 길에 예수님이 앞장서서 가시자 제자들이 놀라고 뒤따라가는 사람들도 두려워하였다. 예수님은 다시 열두제자를 가까이 불러 자기가 앞으로 당할 일을 이렇게 일러주었다.

"지금 우리는 예루살렘으로 올라가고 있다. 거기서 나는 대제사장들과 율법학자들의 손에 넘어 갈 것이다. 그들은 나에게 사형선고를 내린 다음 나를 이방인들에게 넘겨줄 것이며 이방인들은 나를 조롱하고 침 뱉고 채찍질하고 죽일 것이다. 그러나 나는 3일 만에 다시 살아날 것이다."

그 때 세베대의 두 아들 야고보와 요한이 예수님께 와서 부탁하였다.
"선생님. 저희들의 소원을 좀 들어주십시오. ……우리를 주님의 영광스러운 나라에서 하나는 주님의 오른편에 하나는 주님의 왼편에 앉게 해 주십시오."
"너희는 구하고 있는 것이 무엇인지도 모르고 있다. 내가 마셔야 할 고난의 쓴 잔을 너희가 마실 수 있으며 내가 받아야 할 세례를 너희가 받을 수 있겠느냐?"〉[173]

〈예수님은 제자들과 함께 겟세마네라는 곳으로 가셨다.
예수님은 몹시 괴로워하시며 그들에게
"지금 내 마음이 너무나 괴로워 죽을 지경이다. 너희는 여기 머물러 나와 함께 깨어있어라."
하시고 조금 더 나아가 땅에 엎드려 이렇게 기도하셨다.
"아버지, 할 수만 있으면 이 고난의 잔을 내게서 거두어 주십시오. 그러나 제 뜻대로 마시고 아버지의 뜻대로 하십시오."
그리고 예수님은 세 제자에게 돌아와 그들이 잠든 것을 보시고 베드로에게 말씀하셨다.
"너희가 한 시간도 나와 함께 깨어있을 수 없느냐? 시험에 들지 않도

---

173) 현대인의 성경, 마가 10:32~39 (생명의 말씀사 1986)

록 정신 차려 기도하라. 마음은 간절하지만 몸이 약하구나." [174]

"누구든지 나를 따라오려거든 자기를 버리고 제 십자가(고난의 고통)를 지고 나를 따르라. 자기의 생명을 구하고자하는 사람은 잃을 것이며 나와 복음을 위해 자기의 생명을 버리는 사람은 얻을 것이다." [175]

그들은 예수님을 십자가에 못을 박고 제비를 뽑아 그분의 옷을 나눠 가졌다.

예수님이 십자가에 못이 박힌 때는 오전 9시 경이었다. 낮 12시가 되자 온 땅이 어두움에 뒤덮이더니 무려 3시간 동안 계속되었다.

오후 3시에 예수님은

"엘로이, 엘로이. 라마 사막다니"

하고 크게 외치셨다. 이 말씀은 '나의 하나님. 나의 하나님, 왜 나를 버리셨나이까?' 라는 뜻이었다.

예수님이 큰 소리를 지르시고 숨을 거두시자 성전휘장이 위에서 아래까지 둘로 찢어졌다. 〉[176]

다음은 현대신학을 통해서 보게 되는 예수의 상이다. 불완전할 수밖에 없는 이 세상에 나타나신 신, 그리하여 신 역시 이 세상적인 것에 따른, 곧 신의 제한성을 볼 수 있는 예라고 할 것이다.

"예수그리스도가 하나님으로 묘사될 수 있다 해도 우리는 이분의 이러한 신적본성(神的本性)이라든가 그의 전능(全能)이나 전지(全知)같은 것을 말해서는 안 된다.

---

174) 같은 책, 마태 26:36~41
175) 같은 책, 마가 8:34~35
176) 같은 책, 마가 15:22~25, 34, 37

오직 죄인 가운데 있는 이 연약한 사람에 대해 말해야 하고 그의 요람(태어 나신 마구간)이나 십자가(고난의 장소)를 말해야 한다. 우리가 예수의 신성(神性)을 생각할 때는 무엇보다 먼저 우리는 그의 약함(연약한 인간)을 말해야 한다." [177]

"그리스도는 육체 전체가 가지는 곤경 속에 빠져있었다.
그분은 완벽하게 선한 사람이 아니었다. 끝없이 그분은 투쟁하고 있었다. 겉으로 보기에는 죄같이 보이는 일들도 그 분은 행하셨다. 그분은 노여워하기도 했고. 자기의 어머니께 냉혹하게 대했고, 자기의 적을 피했고. 자기백성의 율법을 깨뜨렸으며 자기나라의 종교적 지도자나 통치자를 반대하여 혁명을 선도했다. 그분은 알아볼 수 없을 정도로 죄 된 인간 속으로 들어오셨다.
그러나 모든 문제는 다음의 사실에 의해 결정된다. 즉 유혹에 빠지기 쉽고 자기 욕심에 끌리기 쉬운 육체를 취하신 분이 바로 그분이라는 것이다. 그분은 방관자들에게는 죄나 실패처럼 보이고, 또 그렇게 평가받을 수밖에 없는 이런저런 일을 행하셨다.
진실로 그분은 우리를 위해서 죄인이 되었고, 사악한 죄인으로 십자가에 못 박혔다. 루터의 말을 빌면 우리가 강도요, 살인자요, 간음한자인 것처럼 그분 자신이 바로 강도요, 살인자요, 간음한 자라는 것이다. 왜냐하면 그분이 우리의 죄를 지셨기 때문이고, 또 그렇게 함으로써 모든 그리스도론적 진술의 궁극적인 근거를 묘사할 수 있기 때문이다. 그분은 우리의 죄를 짊어지신 분이지 그 밖의 다른 분이 아니셨기 때문에, 그분은

---

177) 그리스도론, 디트리히 본회퍼, 이종성 옮김, 145쪽 (대한기독교서회 1991)

죄 없고, 거룩하고, 영원하고, 주님이시며, 아버지의 아들이시다.[178]

우리는 부활의 방법으로써 그 수치를 피할 수 없다.

우리에게는 십자가에 죽으신 자로서의 높임 받은 분만 있다. 죄를 짊어지신 분으로서의 죄 없는 분만 있다. 수욕 당하신 분으로서의 부활하신 분만 있을 따름이다. 만일 그렇지 않다면 '나를 위한' 말은 필요 없게 되고 믿음도 존재할 수 없을 것이다." [179]

"기독자(기독교 신앙인)는 그의 고난에 있어서 하나님과 함께 있다는 것이다.

예수께서는 겟세마네에서 "너희가 나와 같이 한 시 동안도 이렇게 깨어있을 수 없더냐?" 고 물으셨다.

이것이야말로 종교적인 인간이 신(神)에게 기대하는 것과는 전면적으로 반대의 것이다. 인간은 신을 상실한 세계에서 하나님의 고난에 동참하도록 부름을 받고 있는 것이다.

따라서 인간은 신을 상실한 세계 속에서 살지 않으면 안 되고, 그리고 이 세계의 무신성(無神性)을 무슨 방법으로 종교적으로 은폐하거나 신성화하려고 해서는 안 된다. 그는 세속적(世俗的: 인간생활적)으로 살지 않으면 안 되고, 바로 거기서 신의 고난에 동참하지 않으면 안 된다. 그는 '세속적으로' 사는 것이 허락되어 있다. 다시 말하면 그는 그릇된 종교적 속박이나 장해에서부터 해방되어 있다.

기독자라는 것은 일정한 양식에 있어서 종교적이거나(종교적인 행사), 어떤 방법론에 근거해서 무언가로(죄인이라든가, 회개한 자라든가, 성도

---

178) 같은 책, 151~152쪽
179) 같은 책, 157~158쪽

라든가, 하는 것으로) 자기를 만들어 내는 것이 아니다. 기독자라는 것은 인간이라는 것을 말한다. 그리스도는 우리들에게 있어서 하나의 인간유형이 아니라 인간을 만든다. 종교적 행위가 기독자를 만드는 것이 아니라 이 세상의 생활 속에서 신의 고난에 동참하는 것이 기독자를 만든다." [180]

"계시가 역사적이 될 수 있는 유일한 방법은 종교의 복귀적인 운동을 역전시켜 놓음으로써, 거룩한 것을 속된 것으로 변하게 하는 것이다. 말씀이 현실적으로, 거룩한 것에서 속된 것으로 이동하는 것이다.

언젠가 이 완전한 세속화된 현실 속에 세속적인 역사가 일단 시작되었다는 말이 사실이라면, 본래의 낙원(곧 永生의 나무가 있는 에덴동산이나-창세기)과 원초적인 성(따라서 곧 영생이 있는 천국)은 영원히 상실된 것이다(요한 계시록 21장 등)." [181]

제한적인 생명인식 - 행위

따라서 생명의 인식에 있어서도 분별상이라든가 육신을 떠나 생각할 수 없는 점이 있음은 물론이다.
생명이 있기에 비로소 육체가 살뿐만 아니라, 또한 말하고 분별하고 그 밖에 모든 행동도 할 수가 있는 것이다. 그러나 이렇게 우리의 모든 것을 있게 하는 생명이라고 생각 할망정, 실상에 있어서는 우리가 이(생명)를 분

---

180) 獄中書簡, 디이트리히 본회퍼, 고범서 옮김, 226쪽 (대한기독교서회 1993)
181) 基督敎 無神論義의 福音, 올타이저, 이양구 옮김, 390~391쪽 (세계기독교사상전집 신태양사 1980)

명히 인식하고 있다고 볼 수는 없는 것이다. 우리가 아는 것이라고는 분별의식 밖에는 모르기 때문이기도 하고, 아니면 이(생명)를 전혀 알 수 없다기보다는 단지 사람들이 이를 분명히 인식하지 않고서 무심하게 지나치고 있을 뿐이라고 할 수도 있다.

우리 누구든 살아가기 위해서는 음식의 섭취가 필요하다. 이것만은 분명한 사실이기에 이를 모른다고 할 수 없다. 그러나 우리가 음식을 먹는 것은 단지 음식을 먹는 것에만 있는 것이 아니라는 사실에 있어서는, 누구나 이를 분명히 알고 있다고 할 수 없다. 살기위해 음식을 먹는다는 사실이야 분명 알고 있겠지만, 그러나 살기위해서만 우리가 음식을 먹는 것은 아니라는 사실 말이다. 음식을 먹을 때 단지 먹는 것만이 아니라 (영양을 위하여-살기 위하여), 이와 함께 또한 맛도 인식한다(느낀다)는 것이다(정신적인 기쁨으로). 따라서 음식의 섭취는 육체 생존의 필요성과 함께 정신적인 기쁨(맛)도 함께 누린다는 것을 알 수 있다.

또한 우리가 일을 하는 것도 단지 일만을 하는 것에 그치는 것이 아니라(일의 성과만을 바라는 것이 아니라), 아울러 일에 따르는 기쁨, 희열도 인식한다는 것이다. 이렇게 필요성에 의한 노동(육체적인 살기)도 있어야겠지만, 필요성을 넘는 기쁨-맛(육체적인 살기를 넘어 정신적인, 곧 의식적인 기쁨 - 기분(氣分), 생명의 느낌)도 없을 수 없는 것이다.

이리하여 우리의 육체가 살게 되는 것은 생명 때문이지만, 이 생명 때문에 살게 되는 것은 육체만이 아니라 정신도 살게 된다는 점을 지나쳐서는 안 되는 것이다. 또한 생명 때문에 우리는 살게 되는 것이기에, 따라서 이 생명을 알아주지 않을 수 없는 것이겠지만, 그러나 정작 이 생명을 알아주는 것은 육체가 아니고 정신이라는 것을 또한 지나칠 수 없는 것이다. 물론 살기위한 육체적 행위까지도 단지 육체적인 행위 만에 불과한 것일 수 없어 의식적으로 먹기도 하고 분별도, 또한 이 밖에 다른 온갖 행동도 하는 것이다. 물론 정신은 이렇게 자신이 살기위한 필요성에도 따르지만, 여기에 더하여 정신의 충족에 마땅한, 곧 의미와 기쁨 등을 함께 하고자 한다는 것을 잊을 수 없다는 것이다.

정신이 이렇게 의식적으로 인식을 하는데 비해, 육체는 무의식적이다. 이를테면 육체가 살기 위해 먹을 것을 소화하기도 하고 오장 육부 역시 움직이는 것일 테지만(더욱 세밀하게는 인간육체의 근본적인 생명활동이라 할 세포의 활성화에 이르기까지), 이를 무의식적으로 하는 것이지 분명한 인식상태로 하는 것은 아니라는 것이다.

그런데 문제는 정신이 이렇게 인식능력을 가지고 있음에도 불구하고 그 인식능력을 일방적으로 한편에만(곧 육체적 필요성에만) 치우쳐 사용하게 되는 경우다. 이를테면 우리가 분별을 할 때 분별되는 것에만 주의를 기우릴 뿐, 당초의 분별을 넘는(곧 생명에 따른 인식, 생명인식에 따라서 분별도 비로소 있는 것이겠지만) 생명 자체에는 등한히 한다는 점인 것이다. 당초의 이 생명자체에 대한 눈길을 벗어나, 그리하여 이 생명에서 비롯된, 그 결과에 불과한 분별의상(分別相) 등에만 머무르게 되는 경우인 것이다. 따라서 이는 결국 당초의 생명과는 분리되어버린 상(相)- 명예나 재물, 권력 등에 집착하는 입장이 되는 경우가 될 것이다.

그런데 이 생명의 겉껍질에 지나지 않는, 따라서 이러한 인식에서 비롯된, 단지 명예나 재산에 대한 집념이 아니고, 당초의 생명에 대한 인식이라고 한다면 그 상태는 어떠한 것일까?

다음에 보는 스피노자의 '에티카'에서 보는 내용이 이를 잘 설명해주고 있다고 생각이 되기에 이를 아래에 예시해 보기로 한다. 물론 여기에서 보는 활동능력이나 그 기쁨은 분별상의 인식에만 그치지 않는, 곧 생명의 인식에 따르는 경우라 할 것이다.

> [정리 53]정신은 자기 자신 및 자기의 활동능력을 관상할 때 기쁨을 느낀다. 그리고 자기 자신 및 자기의 활동능력을 보다 판연히 표상함에 따라 그만큼 큰 기쁨을 느낀다.
> [정리 54]정신은 자기의 활동능력을 정립하는 것만을 표상하려고 힘쓴다.
> [정리 55]정신은 자기의 무능력을 표상할 때, 바로 그것으로 인하여 슬픔을 느낀다. [182]

 이상 스피노자의 '에티카'의 정리(定理)에서 보는 '정신과 활동능력-기쁨'은 바로 당초의 생명의 인식에서 온다는 것과 맥을 같이 하는 것이기에, 생명을 설명함에 있어서도 역시 우리의 정신, 곧 우리인식이 생명을 인식하기에 비로소 우리에게 생명이 있음을 알게 될 뿐만 아니라, 여기에서 기쁨을 느끼는 것이라고 볼 것이다. 곧 인식 자신의 근원, 인식과 생명이 직접적으로 연결되므로 삶이 바로 서는 것이라고 할 수 있다. 지금까지 무의식적인 (생명에 대한) 무지와는 분명 다른 것이다.

 생명에 대한 인식은 역시, 여기에서 자기의 활동능력에 대한 것, 그리고 이 인식(즉 생명이나 생명의 직접적 인식능력)은 또한 자기의 정신적 인식의 기쁨의 원천이 될 수 있다. 또는 이는 자기의 존재감(활발한 생명에 대한)대한 인식이기도 하다. 따라서 자기의 정신이나 의식, 인식은 마치 죽은 시체와 함께 있는 것이 아니라(생명과는 별개인 분별상의 인식에만 그치게 되는 것이 아니

---

182) 에티카, 스피노자, 姜斗植 등 옮김, 48~49쪽 (博英文庫 140)

라), 정신적 생명의 인식에 따라서 활발한 육체적(생명)도 그 의의를 얻게 되는 것이다. 따라서 이(생명)에 대한 인식에서 벗어날 때 (마치 뿌리 뽑힌 나무와 같이)우리의 정신, 인식은 그 의의를 잃고, 역시 스피노자의 정리와 같이 슬픔, 낙담, 무기력, 허망, 나아가 죽음과 같은 인식이 될 뿐이라는 것이 분명하다는 것이다

이를 볼 때, 역시 평소 우리의 일상생활은 물론이요, 이 세상을 살아가는 우리의 삶 모두가 우리의 생명의 인식과 연결되어 있어야함을 알 수 있다.

따라서 우리의 일상생활에 따른 일, 즉 직업, 학업, 취미생활, 예술이나 스포츠, 그 밖에 모든 취미활동도 이 생명의 인식과 연결 되어 있어야함은 물론이다. 이러한 모든 일이 생명의 인식과 연결되어 이루어진다면, 일도 잘될 뿐만 아니라 기쁨도 있게 될 것이기 때문이다. 마치 음식(영양보충에) 그치는 것이 아니라, 이를 넘어 맛이나, 또한 일의 성과 만에 그치는 것이 아니라 그에 따르는 기쁨도 함께 있을 것이기 때문이다. 이에 따라서 일이나 학업이 즐겁다면 역시 더 열심히 할 것이고, 열심히 하면 일 역시 잘되는 것은 물론일 것이다.

한 분야에서 월등히 뛰어난 사람치고 그 일에 재미를 가지고 하지 않은 사람은 없다. 그런데 이 재미는 능력에서 오고, 이 능력은 당초 그 일을 이루게 하였던 생명, 곧 기쁨으로 인식(곧 인식에 따른 생명의 존재감)이었던 것이다(일이란 그 원인이 될 생명자체에서, 곧 생명의 능력에서 오는 것이라는 것을 인식할 때, 비로소 그 능력이 그 인식 능력과 함께 제대로 발휘되게 되는 것이라고 할 것이다).

그러나 한편 생명의 긍정적인 점만을 볼 수는 없다는 문제가 있다. 세상의 모든 일이 분별을 통해 이루어지지 않을 수 없기 때문이다. 이 세상은 하는 일마다 분별되지 않을 수 없는, 곧 차등이 있는 것으로 높낮이

도 있고, 능력(성과)의 차이도 있지 않을 수 없는 것이다. 역시 분별의 세계이기 때문에, 이 세상의 분별적인 것들(이 세상의 여러 가지 조건)들을 벗어나지 않고 해야만 하는 이러한 일들은, 역시 하면 할수록 우리에게 큰 부담과 긴장을 초래하는 것이기도 한 것이다. 학자나 교수의 능력의 조건 은, 우선 연구 자료의 분량을 무시할 수 없을 것이며, 스포츠 선수의 능력 역시도 연습량의 분량을, 기업가도 자본을 되도록 많이 갖출 것을 필요로 하는 것이다. 또한 이러한 모든 도상에는 업적을 이루기 위한 수많은 경쟁을 치러야 하는 장애가 가로놓여 있으며, 그리고 앞으로 나아갈수록 경쟁은 더욱 치열하기마련인데, 상대는 수많은 경쟁을 치열하게 뚫고 온 능력자들끼리의 싸움이기 때문이다.

물론 이러한 강도가 높아짐에 따라서 기쁨도 증가한다고 할 수 있다. 이것이 조건, 곧 분별상을 떠날 수 없는 점을 설명하면서도, 이 분별상, 곧 어려운 조건이 점증됨에 따라서, 한층 보람된 일을 이룩해내는 천재도 영웅도 탄생되기 마련일 것이기 때문이다.

역사적으로 업적을 이룬 천재적 영웅들을 보면 많은 고난이 있었음을 볼 수 있다. 이를테면 징기스칸의 경우 그의 어린 시절부터의 고난이 우리의 상상을 초월해 있음을 전기에서 볼 수 있다. 이런 고난이 있었기에 마침내 정복에 따르는 많은 고난을 감당할 수도, 정복자 징기스칸으로도 있게 된 것일 것이다. 화가 고호, 조각가 로댕, 악성 베토벤, 문호 헤밍웨이 등 천재적 영웅인 이들이 있기까지도, 그들 역시 많은 고난과 어려움이 따랐던 것을 전기의 기록에서 보게 된다. 그들이 이러한 역경을 넘어섰기에 비로소, 많은 고난과 고통에도 불구하고 보통사람들이 느낄 수없는 위대한 작품을 만들 수 있었음은 분명하며, 그리고 그들은 보통사람이 느낄 수 없는 창작열이나 그 기쁨(곧 깊은 생명인식의 기쁨)도 역시 맛보았을 것이다.

　분별의 세계에 있어서는 분별에 따른 조건(역경을 포함하여)이 없을 수 없기에, 따라서 이 분별의 세계(역경의 환경적 조건)를 무시하고는 천재적 영웅은 물론, 하다못해 일상생활까지도 불가능할 것이다.
　일상생활에 따르는 일에 있어서도, 사소한일이라고 해도 가만히 앉아 되는 일은 하나도 없기 때문이다. 그리고 또 일마다 정도를 높이면 높일수록 어려워지게 마련이고, 따라서 거기에 쏟는 힘조차 가중될 것이다. 이렇게 힘든 일에 누구나 고통 또한 없을 수 없는 것이다. 물론 이런 고통 속에서 기쁨도 오기 마련이다. 분별적인 이 세상의 삶에 있어서는 이렇게 기쁨과 고통이 함께 있기 마련이다. 앞에서 본 예수조차도 자신을 따르고자하는 제자들에게 이렇게 말하지 않았던가?

　"선생님. 저희들의 소원을 좀 들어주십시오. ……우리를 주님의 영광스러운 나라에서 하나는 주님의 오른편에 하나는 주님의 왼편에 앉게 해 주십시오."
　"너희는 구하고 있는 것이 무엇인지도 모르고 있다. 내가 마셔야 할 고난의 쓴 잔을 너희가 마실 수 있으며 내가 받아야 할 세례를 너희가 받을 수 있겠느냐?" [183]

　〈 기독자(기독교 신앙인)는 그의 고난에 있어서 하나님과 함께 있다는 것이다. 예수께서는 겟세마네에서 "너희가 나와 같이 한 시 동안도 이

---

183)　현대인의 성경, 마가 10:37~38 (생명의 말씀사 1986)

렇게 깨어있을 수 없더냐?" 고 물으셨다.〉[184]

고통을 피하는 것은 어차피 살게 되어있는 이 세상을 피하는(어차피 고통과 함께 하기마련인 이 세상임에도 이를 피하는 -따라서 이 세상을 살기를 피하는) 길 밖에는 되지 않는다. 따라서 우리는 예수의 "너희가 나와 같이 한 시 동안도 이렇게 깨어있을 수 없더냐?"라는 질문을 듣지 않을 수 없는 것이다.

(2) 제한적 생명인식의 부정적인 면

상과 분별을 통한 인식이더라도 생명의 인식이 된다면 이는 긍정적인 것이다. 하지만, 그러나 상과 분별을 통한 생명인식은 역시 한계가 있을 수밖에 없다는 것이다. 결국 이 한계성이 부정적인 것이다. 이 한계 때문에(상을 통한 분별은 어쩔 수 없이) 생기는 문제로서 부정적이지 않을 수 없는 것이다.

인간의 행동에는 한계가 있을 수밖에 없고, 따라서 일테면 불교인 중국 선종에서 보았듯이, 비록 깨달은 경지라고 해도 행선(行禪)에 있어서는 행선의 문제, 즉 행선에는 한계가 있게 된다는 문제다.(행선은 행동을 통한 것이고, 행동은 상과 분별을 통한 것이고, 상과 분별은 제한적일 수밖에 없다)

그런데 이 한계(제한성)를 말함에는 두 가지로 말할 수 있다.
첫째는 인식의 한계로, 상과 분별을 통한 인식에서 오는 한계이다.
두 번째는 생명의 한계로, 행동을 통한 만큼 생명 역시(비록 생명이 本質적

---

184) 그리스도론, 디트리히 본회퍼, 이종성 옮김, 145쪽 (대한기독교서회 1991)

이고 가령 무한하다고 할지라도)행동에 따라 빚어질 수밖에 없는 제한적인 입장에서 벗어날 수 없다는 것이다.

인식의 한계

첫 번째 경우인 인식의 한계란, 역시 인식이란 상과 분별을 통해 이루어질 수밖에 없고, 이 상(相)과 분별이 곧 한계(限界)를 조건으로 하고 있기 때문이다.

물론 이것이 제한적이나마 생명인식이었기에 긍정적인 것이었다, 그러나 역시 상과 분별을 적용한 이상, 상과 분별에 따를 수밖에 없는 한계만은 떠날 수가 없는 것이다.

상과 분별을 통한 인식이 한계를 가질 수밖에 없는 것은, 이 (제한적인)분별에 따를 수밖에 없는 우리의 인식기관 때문이다. 인식이란 인식기관 즉 육근(六根-眼耳鼻舌身意)을 통하여 인식을 하는 것이다. 물론 인식 기관인 눈도 없고 신체도 없다면 우리는 전혀 외부를 볼 수도 없고 어떠한 것도 느낄 수가 없을 것이다. 또 눈이 있다고 해도 눈의 능력의 수치에 따라 좀 더 잘 보일 수도 있고 보지 못하기도 하고, 신체의 느낌 역시 기온에 따라서 건강에 따라서 지나온 과거와 현재의 환경에 따라서 느낌은 달라지기 마련인 것이다.

이처럼 인식기관을 통하여 대상을 안다고 해도, 대상이란 우리가 처한 인식의 상황에 따라 나타난 결과에 불과한 것이어서, 대상의 실상자체는 (분별의 인식을 통해 알아야만 하는 우리가, 이 분별의 인식을 넘는, 벗어나는 상태, 곧 실상에 대해서는) 전혀 알 길이 없는 것이다. 이러하기에 불교도 이런 분별인식을(실상자체와는 거리가 있을 수밖에 없기에) 부정하지 않을 수 없는 것이었다.

따라서 아래에서 보게 되는 예들이 이를 더욱 잘 설명해주고 있다고 생각되는 것이다.

부처님이 말씀하셨다.
"대혜여, 일체 중생은 갖가지 경계에서 「자심(自心)이 나타난 것임」을 (자신의 분별심에 지나지 않음에, 따라서 그 실상은) 요달치 못하므로, 능취, 소취[185]를 계교하고 허망하게 집착하여 온갖 (이)분별을 일으켜 유(有)·무견(無見)에 떨어져서, 외도의 망견 습기를 더욱 자라게 한다. 심소법(心所法)이 상응하여 일어날 때, 「유(有)인 외의(外義)의 갖가지(소망하는 외부의 갖가지)는 얻을 수 있다」고 집착하고, 나와 내 것에 계착한다. 그러므로 허망분별이라 이름 한다."[186]

'가립(假立)된 존재형태' 에 관해서 『唯識三十頌』에는 다음과 같이 기술되어 있다. "갖가지 사유에 의해서 갖가지 물질이 사유되지만, 그 사유된 것은 가립(假立)된 존재형태이다(20)."[187]

철학 역시 인식의 한계를 말하고 있다.
"칸트에 의하면 외계는 감각의 재료만을 공급한다. 그러나 우리의 정신기관이 이 재료를 공간과 시간 속에 배열하고, 그리고 개념(concept)을 공급하며, 이 개념에 의하여 우리는 경험을 이해하는 것이다. 우리의 감관의 원인이 되는 물 자체(物自體, 實相, things in themselves)는 알리

---

185) 욕망과 욕망의 대상.
186) 대승입능가경, 김재근 옮김, 267쪽 (명문당 1989)
187) 인식과 초월, 핫도리 마사아끼, 이만 옮김, 134쪽 (민족사 1991)

어지지 않는다.

공간과 시간은 주관적이며, 우리들의 지각기관의 부분을 이룬다. 그러나, 이 때문에 우리가 경험하는 모든 것이, 기하(幾何)나 시간에 관한 과학이 취급하는 제 성질을 나타낼 것이라는 것을 우리는 확신할 수 있는 것이다. 우리가 푸른 안경을 낄 것 같으면 모든 것은 푸르게 보이리라는 것을 확신할 수 있을 것이다. 마찬가지로 우리는 항상 공간이라는 안경(곧 분별인식을)을 우리 마음에 끼고 있으므로 우리는 모든 것을 공간 속에서 볼 것이라는 것을 확신할 수가 있다. 이와 같이 하여 기하는 경험되는 모든 것에 관하여 참되지 않으면 안 된다는 의미에서 a priori(선입견)한 것이다. 그러나 우리는 기하를 물 자체에게까지 적용시킬 수 있다는 이유는 없는 것이다. 왜냐하면 우리는 물 자체를 경험하지 못하기 때문이다." [188]

심지어 과학에서 말하는 물리의 확실성이란 것도 단지 관찰 도구(조건)에 의해 밝혀진 결과에 불과하다고 말하는 것이다.

〈코페르니쿠스와 다아윈의 혁명과 같은 것이 우주에 대한 일반 관념에 심대한 변화를 초래했고 이 변화는 많은 사람들에게 충격을 주었으나, 새로운 개념 자체를 이해하는 것은 어려운 일은 아니었다.

그러나 물리학자는 20세기에 처음으로 우주를 이해하는 그들의 능력에 대해 심각한 도전을 받게 될 것이다. 원자 실험을 통해 자연에게 질문을 던질 때마다 자연은 역설로서 이에 응답했고, 그 상황을 밝히려 애쓰

[188) 서양철학사, 버트란드 러셀, 한철하 옮김, 973쪽 (대한교과서 1986)

면 애쓸수록 그 역설은 더욱 예리해졌다.

이 새로운 실재를 파악하고자 노력하는 가운데서 과학자들은 그들의 기본개념, 언어, 그들의 전 사고방식이 원자 현상을 기술하기에는 부적합하다는 사실을 고통스럽게 인식하기에 이르렀다.

이 문제는 지적인 문제에 국한되는 것이 아니라 깊은 정서적이고 실존적인 경험을 담고 있었다. 베르너 하이젠베르그(Werner Heisenberg)는 아래와 같이 기술했다.

"나는 밤늦게까지 수 시간을 보아(Bohr)와 토론을 계속하였으나 거의 절망으로 끝난 일을 기억한다. 토론이 끝난 다음 나는 혼자서 근처의 공원으로 산책을 나가서 이 물음을 스스로 여러 번 되풀이 해보았다. 이들 원자 실험에서 우리에게 보이는 것처럼 그렇게도 불합리할 것일 수 있는 것인가? 현대 물리학의 최근의 발전에 대한 격렬한 반응은 여기 물리학의 기반이 흔들리기 시작했다는 것과 그리고, 이 진동은 과학의 근저를 없앨 것이라는 느낌을 일으켰다는 것을 깨달아야만 될 수 있을 것이다."

아인슈타인도 이 새로운 물리학적 개념에 직면했을 때 같은 충격을 경험했으며 그 역시 하이젠베르그와 극히 유사한 느낌을 기술하고 있다.

"물리학의 이론적 기반을 이 새로운 지식에 적응시키려는 나의 모든 노력은 완전히 실패하였다. 이것은 마치 땅이 꺼져나간 것 같았고 새로 세울 확고한 기반은 아무 데에도 보이지 않는 것 같았다."

'입자' 나 '파동' 이란 고전적 개념의 용어가 원자 현상을 설명하기에는 완전히 적합하지 못하다는 사실이 인정될 때까지 이 상황은 거의 절망적인 역설처럼 보였다.

전자는 입자(粒子)나 파동(波動)도 아니며 어떤 상황에서는 입자처럼 보이고 다른 상황에서는 파동처럼 보일 수도 있는 것이다. 이것이 입자처럼 행동할 때에도 그 입자적 성질을 희생하여 파동적 성질을 발전시킬 수 있으며, 또한 그 역도 그러하다. 그래서 입자에서 파동으로, 파동에서 입자로 변형을 계속하는 것이다. 이것은 전자나 기타 원자적 실체가 환경과 무관한 고유한 성질을 가지고 있지 않다는 것을 의미한다. 그것이 보여주는 입자성이나 파동성의 특질은 실험의 상황, 즉 그것이 상호 작용해야 하는 기구(器具)에 달려있다.〉 [189]

생명의 한계

두 번째 경우인 생명의 한계성이다. 물론 생명만으로는 - 이를 본질적이라고 할 때, 한계성이 없을 것이라고 말 할 수는 있을 것이다. 비록 그렇다고 해도 생명이 제한적인 생명으로 있을 수밖에 없다면, 그 생명은 역시 한계일 수밖에 없을 것이다.

우선 한계일 수밖에 없는 경우의 생명은 수명(壽命)이라고 말 할 수 있겠다. 생명(生命) 자체야 한계성이 없을망정, 수명(壽命)은 제한되어 있기 마련이다. 인간도 그렇고, 동식물의 경우도 그렇다.

인간 수명이 장수(長壽)라고 해도 100년 정도나 되는 것이지, 더 길게 2,

---

189) 새로운 과학과 문명의 전환, F.카프라, 이성범 등 옮김, 72~73. 75쪽 (범양사 1988)

3백년이나 장수 할 수는 없을 것이고, 그나마 100년 미만, 50년, 단 몇 년, 아니면 이 보다 단명 할 수도 있는 것이다.

이와 같이 동식물도, 인간의 수명보다 장장 길게 사는 동식물이 있다고 해도, 역시 수명의 한계성은 있기 마련이다. [190]

또한 행동에 따른 생명력(힘)의 한계성이다. 장시간을 뛸 수 있는 마라톤 선수라고 해도 몇 시간, 더 길어봐야 하루 이틀 정도는 쉬지 않고 뛰게 된다고는 해도, 그러나 그 이상은 불가능할 것이다. 물론 이는 행동에 따른 생명력의 소진 때문이다. 이 생명력의 소진 때문에 앞서 마라톤 선수의 단 몇 시간의 질주를 놓고 보더라도, 처음과 끝이 한결같지 않은 것이다. 처음 뛰는 순간은 약동하는 힘으로 뛰었을망정, 시간이 갈수록 생명력이 소진되어 즉 힘이 빠져 지치게 됨에 따라, 점점 뛰기가 어려워지는 것이다.

이와 같이 행동에 따른 모든 일은 그 근거가 되는 생명력의 소진을 초래하게 되고, 따라서 이러한 생명력은 모두 한계성이 있을 수밖에 없는 것이다.

물론 쉬기라도 한다면 생명력이 회복 될 것이다. 일상적 생활의 활동에 따라 오게 되는 지침과 피로감은 휴식이나 잠으로 회복되기 마련이기 때문이다. 그러나 회복된 생명력은 또 항상 소진되기 마련이다.

언제나 사람들은 이 생명을 느끼고자 한다. (그런데 이는 앞에서 지적된 바와 같이) 일반적으로는 무의식적으로 그런다고 할 수 있다.

그리하여 실제 생명을 느끼는 것에 있어서도 직접적으로는 이 생명을

---

190) 하루살이에서부터, 비록 더 길다고 해도 천년 수명의 학(鶴)을 신화적으로 인정하기에 이르기까지, 전부 한계적이다.

느낄 수는 없고 (물론 행동이 없이), 그리하여 자신에게 있는 무력감이나 무료한 감정[191]을 행동을 통한 분별의식(이러한 분별의식만을 알기에)을 통해, 자신의 무력감이나 무료한 감정을 면해 보려고 하는 것이다.

그러나 이렇게 행동하는 한, 행동함에는 반드시 생명의 소진 역시 따를 수밖에 없는 것이다.

생명을 느껴야하는 필요성 때문에(물론 무의식적으로 그러는 것이지만), 행동을 하고, 그 행동 때문에 생명의 소진이 오고, 또한 이 생명의 소진은 더욱 생명에 대한(욕망인) 갈구가 될 수밖에 없다. 생명인식의 필요성이 생명의 소진을 초래할 수밖에 없는 행동에만 의지하는 나머지, 그리하여 인식대상의 생명의 소진에 따른, 이렇게 행동에 따른 생명의 소진은 더욱이 갈애가 되는데, 이는 곧 그 대상인 생명의 메마름에서 오는 갈구이다.

생명에 대한 무의식적인 욕구는 단지 생명에 대한 인식의 필요성(의식적인 생명인식)이었을 뿐이었다고 한다면, 이제 행동에 따른 생명의 소진은 그를 더욱 어려운 국면에 몰아넣고 있다고 할 것이다.

마치 자신이 부자임에도 부자인줄을 모르고 가난하게 살던 사람이, 이제는 정말 가난할 수밖에 없는 처지에 빠진 사람과 같다. 또한 도박꾼이 남의 돈을 따려다가, 마침내는 자신의 돈마저 날리는 형국이다.

이리하여 생명의 소진이 되는 행동은 더욱 생명의 필요성을 낳게 되고, 또한 이를 필요로 한 행동은 마냥 생명의 소진을 초래할 수밖에 없다.

진정으로는 생명을 찾고자하면서도 그러나 오히려 이와는 달리, 생명의 소진만을 초래하는 이러한 행동은 끝이 없고, 계속 되는 악순환에 빠질 수밖에 없다.

---

191) 이러한 부정적인 감정이 있는 것은 역시 생명에 대한 인식의 부족에서 오는 것이다.

고통

제한적인 생명인식에 긍정적인 면으로는 기쁨이 있었지만, 그러나 여기에는 고통도 함께 따른다는 것이었다. 기쁨을 제외하고 보면, 역시 고통은 부정적일 수밖에 없다.

다음의 글은 본회퍼[192]의 글이다. 마침내 총살되기까지 수용소에서의 그의 고통은 짐작되고도 남는 것이다. 따라서 그의 심경은 마치 예수의 다음 기도와도 같은 길을 간다.

〈 예수님은 제자들과 함께 겟세마네라는 곳으로 가셨다.
예수님은 몹시 괴로워하시며 그들에게 "지금 내 마음이 너무나 괴로워 죽을 지경이다. 너희는 여기 머물러 나와 함께 깨어있어라." 하시고 조금 더 나아가 땅에 엎드려 이렇게 기도하셨다.
"아버지, 할 수만 있으면 이 고난의 잔을 내게서 거두어 주십시오. 그러나 제 뜻대로 마시고 아버지의 뜻대로 하십시오." 〉[193]
"신(神)은 우리들이 신 없이 생활을 처리할 수 있는 자로써 살지 않으면 안 된다는 것을 우리들에게 알려준다. 우리들과 함께 있는 신은 우리를 버리는 신이다(막 15:34) 신이라는 작업가설 없이 - 의지할 대상으로서 신 없이, 우리들을 이 세계 속에 살게 하는 신은 우리가 항상 그 앞에 서있는 신이다. 신 앞에서 신과 함께, 우리들은 신 없이 산다. 신은

---

192) 독일 나치에 의해 순교 당한 목사.
193) 현대인의 성경, 마태 26:36~39 (생명의 말씀사 1986)

자기를 이 세상으로부터 십자가로 추방한다. 신은 이 세계에 있어서는 무력하고 약하다. 그리고 신은 바로 이렇게 해서, 이렇게 함으로써만 우리들과 함께 있고 우리를 도와준다. 그리스도가 그의 전능에 의해서가 아니라, 그의 약하심과 고난에 의해서 우리를 도와주신다는 것은 마태복음 8장 17절에 아주 분명하다.

성서는 인간에게 신의 무력과 고난을 가르친다. 고난을 당하는 신만이 도와줄 수가 있다. 그런 한에 있어서 우리들은 앞서 말한 세계의 성인성(成人性)에의 발전이 그릇된 신에 대한 관념을 일소하고, 이 세계에 있어서 그의 무력함에 의해서 능력과 장소를 획득하는 성서의 신을 볼 수 있게 그 눈을 해방한다고 말할 수가 있다. 아마도 여기서부터 '세속적 해석 – 세상의 불안전성과 함께 해석되는 신' 이라는 것이 나타날 수밖에 없을 것이다."

"나는 정말 사람들이 말하는 것과 같은 자일까? 그렇지 않으면 다만 나 자신이 알고 있는 자에 지나지 않는 것일까? 새장 속의 새와 같이 불안하게, 그리워하다 병들었고, 목을 졸렸을 때와 같이 숨을 쉬려고 몸부림치고, 색채와 꽃과 새 소리를 갈구하고, 부드러운 말과 인간적인 친근을 그리워하고, 자의(恣意)와 사소한 모욕에도 분노에 몸이 떨리고, 대사건에의 기대에 사로잡히고, 저 멀리 있는 친구를 그리워하다 낙심하고, 기도하고, 생각하고, 창작하는 데 지쳐서 허탈에 빠지고, 의기소침하여 모든 것에 이별을 고하려고 한다." [194]

---

194) 獄中書簡, 디이트리히 본회퍼, 高範瑞 223~224쪽 (대한기독교서회 1992)

제한적인 생명인식을 수용하지 않는 데 따르는 문제점

만약에 우리가 긍정적인 면만 알고 이밖에 부정적인 면(한계가 있을 수밖에 없는)을 바르게 인식하고 감수하지 않는다면, 이에 따르는 갖가지 문제가 발생하게 된다는 것이다. 여기에서 발생하는 문제는 가능하지 않은 것을 바라기 때문이다. 그럴 수밖에 없는 것은 상대적인 세계에서 절대적인 것을 바라는 데에서 오는 것이다.

【독선과 미신】
이를 테면 인식적, 사상적, 종교적으로 왜곡된 독선과 미신적인 믿음이다.

인식이나 사상적인 면에서 절대적인 것을 주장한다는 것은 다음과 같은 사정이 될 수밖에는 없을 것이다.

앞서 말한 바와 같이 자신의 분별된 상에 지나지 않은 것을-마치 실상 자체인양 주장함으로 말미암아 나타나는 현상(자신의 분별에 지나지 않은 것을 실제인양 여긴다는)은 다름 아닌, 결국 이(마땅치 못한 주장)를 부정하는 상대를 좌초할 수밖에는 없는 입장이 되는 것이다.

그리고 또한 실상이 부정된다고 하여 실상이 없는 것도 아니고(비록 분별에 따른 것이라고 해도), 이러한 부정적인 생각으로 세상을 살아갈 수도 없는 것이다. 대상이 없이(실상이나 세상이 부정된 채로)는 살아갈 수 없을 것이기 때문이다.

이리하여 또 다시 대상(실상)의 주장이 나타날 수밖에는 없을 것이고, 그리고 역시 뒤이어 이런 주장은 반박 될 수밖에 없는, 이런 반복이 계속

거듭되기 마련이라는 것이다.[195]

　분별의 처지에서 절대적인 것을 찾는 가장 극단적인 입장은 다음과 같은 종교(미신적인)에서 볼 수 있다. 우리에게 있는 인식의 조건상 그 어긋남으로 인하여, 대상(실상)의 본 모습은 알 수 없다는 것이었다. 물론 돌 하나 풀 한포기까지 이에 해당이 되는 것이다. 우리는 이렇게 사소한 것도 제대로 볼 수 없음에도 불구하고, 신(하느님)을 바라볼 수 있다는(시각적으로-시각은 착각일 수밖에 없다는 점을 예외로 한다고 해도), 다음과 같은 종교의 형태로 나타날 수가 있는데, 그에 관련된 자료의 내용은 다음과 같다.

　〈어제도, 토요일 저녁 6시부터 새벽 1시가 넘도록 사랑방에서 수백의 성도님들과 대화를 했는데…… 아버지(하나님) 본 것을 간증하는 지라.
　"나는 아버지를 이렇게 봤는데요, 눈썹은 진하고요, 당회장님 닮았어요. (당회장님도)잘 보셨어요? 코는 오똑하고 잘 생기셨어요. 성도님들 보고 웃으시는 모습이 눈이나 입가에 웃는 모습이 당회장님 닮았어요."
　다음 주부터 제가 설명해 드릴게요. 왜 당회장(당회장 자신을 지칭해)

---

195) 사실 동서를 막론하고 역사상 이런 예는 수 없이 진행되어 왔음을 알 수 있다. 철학은 물론 종교, 또 그 밖에도 문화에서 볼 수 있는 갈등의 요인은 아마 이러한 이유에서 그러하였을 것이다. 역시 신의 믿음이라든가 이에 대한 불신은 말할 것도 없고, 신의 믿음만 해도 관점은 상반되기 마련이었다(인간적이냐, 신적이냐, 절대적이냐 상대적이냐-이렇게 상대를 부정하고 자신의 주장만을 내세우는). 또한 철학에서도 절대적 이성이냐, 상대적 감성이냐(주로 서양철학에서), 이(理)가 우선이냐, 기(氣)가 우선이냐(동양철학). 그리고 불교에서도 소위 색(色)과 공(空)에 관념이 쌍벽을 이루고, 또한 이것이 인도에서는 물론 그 밖에 각 나라에 걸쳐 수많은 불교종파가 난립하게 되는 이유가 되는 것일 것이다. 불교의 교리뿐만이 아니라, 선에서도 세속과 출가. 공과 상이 있게 됨도 이러한 이유라 할 것이고, 따라서 여기 좌선과 행선에 대한 이야기를 해야 하는 이유도 여기에 있는 것이다.
　이렇게 한편만의 주장은, 다음에서 보는- 상대적 분별(불교), 공간형식(이쪽과 저쪽-칸트), 언어의 차이와 같은 양면성(언어학)일 수밖에 없는 입장임에도 -이를 무시하고 어느 한쪽만을 주장하는 것(있을 수 없는)으로, 이는 전혀 가당치 않는 것이다.

을 닮았는지······.

그래서 여러분. 하나님이 7월 3일 다녀가시고, 이번에 7월 17일 또 오신 것은 그만큼 여러분께 주지 않으셨습니까? ······지금이라도 제가 '아버지여, 임하시옵소서' 하면 오십니다.

여러분들, 지난 7월 3일 아버지 임재하실 때도 보았고, 이번에 또 7월 17일 아버지 임재하실 때도 분명히 눈으로 보아서 압니다. ······아마 영안이 열린 분들, 영안이 안 열린 분들도, 유심히 보신 분들은 보셨을 거예요. 선지자 얼굴, 또 천사들 얼굴, 수백 수천의 얼굴들이 일렬종대로 여러 줄을 해서 '국민일보사'에서 사택(당회장 집) 방향으로 하늘에 펼쳐있는 것을 보셨을 것입니다.〉[196]

이와 유사하게, 이른 바 천년왕국에서 보았던 일부 시한부 종말론(時限附終末論) 등에 대해서도 생각을 생각해 볼 수 있는데, 대체적인 내용으로 다음 두 입장을 가정해 볼 수 있다. 이는 여기서도 양면성에 따르게 되는데 곧 육신(肉身)이나 영(靈)중에 어느 한편을 택해야 하기 때문이다.

첫째의 입장으로는, 어느 시기에 이 세상의 종말이 오는 결과(이 세상이 불에 타서 사라지든가. 아니면 이승에서 저승을 가듯-이 세상을 떠나게 되어), 육신을 아주 벗고 영(靈)만으로 부활하든가(천국에서 영으로 살게 된다는).

두 번째의 입장으로는, 영만으로 살게 된다는 이상의 입장과는 반대로- 이 세상에서 살던 육신의 몸으로써, 이세상과는 다른 세상에서도 육신이 그대로 죽지 않고(육신을 지닌 그대로 천년, 또는 영생) 살게 된다는 것이다(물론 시한부종말론은 대체로 이러한 입장이라고 할 수 있었다). 살아있는 사람은 물론이요 죽었던 사람도 다시 살아나(무덤에서 깨어나) 영원히 살게 된다는

---

[196] 이단종합연구, 이대복, 300~301쪽 (큰샘출판사 2000)

것이다. 그리하여 전세상과는 달리 이곳은 죄악도 고통도 물론 죽음도 없게 된다는 것이다.

종말신앙으로써 이와 같은 내용이 성경에 없는 것은 아니지만(따라서 종말신앙의 한편에서는 이를 깨달음에 대한 내면적인-靈적인 비유로 보았다는 것을 앞에서 확인한 바 있다), 그러나 이를 문자 그대로, 사실의 현상에 적용시키는 데에는 무리가 따르지 않을 수 없다.(성육신內에서 神을 찾음에 따르는 어려운 문제가 여기에도 나타나고 있다고 할 수 있다.) [197]

【 파괴적인 무한 욕망】

상대적인 세계에서 절대적인 것을 찾는 데에 따르는 모순이 가장 무섭게 드러나는 영역은 역시 인간욕망이 될 것이다. 앞에서도 보았듯이 욕망은 한계를 모르기 마련이다. 제한적인 세계에서는 결국 제한적일 수밖에 없을 것임에도 불구하고, 끝을 모르고 달려가는 것이 바로 이 인간의 욕

---

197) 첫째로 주장되는 내용에서도-육신이 없는 영으로 부활한다는 것인데, 그러나 육신(六根-六識)을 통해서 밖에 무엇이든지 알 수밖에 없는 우리가, 비록 우리가 살아있더라도 육신이 없다면 우리가 살아있는지 죽어있는지 조차(그 존재 상태는 말할 것 없고) 알 수(인식함)이 없다는 것이다. 살아있는 현상이란 육신의 살아있음을 나타낸다고 볼 때, 육신이 없는 영으로 부활하여 살게 된다고 믿기에는 무리가 따른다.
두 번째로 주장되는 내용에서-우리의 육신에도 불구하고 죄악도 고통도 죽음도 없는 세계에서 산다는 것이다. 그러나 육신이라면 죽지 않을 수 없다, (우리가 살게 되는 것은 우리의 세포 하나하나도 순간순간 죽어가기 때문에, 따라서 죽은 세포에 이어 새로운 세포가 형성되어 살게 된다고 한다. -그러나 이와는 반대로 마치 암세포처럼 죽지 않고 생식만 된다면 오히려 병사(病死)에 이르게 될 뿐인 것인 것과 같다. 이에 따라서 볼 때 지금의 우리가 죽고, 다시 살아나는 사람이 있다면 그 사람은 단지 내가 아닌, 당연히 자식이라든가 손자 등의 후손이 될 뿐일 것이다). 그리고 여기에 죄악과 고통이 없게 된다는 얘기도 나온다. 육신에 따르기 마련인 고통을 불문하고라도 ,죄악과 고통에는 반드시 선과 즐거움, 평안도 함께 따른다면- 죄악과 고통이 없는 것은 좋을 것이나, 동시에 선이나 즐거움 평안 등(또는 죄악과 고통에서 선이나 평안에 대한 기대)이 사라져버리게 된다는 말도 되는 것이니 이렇게는 도저히 사람 사는 모습이 될 수는 없다는 생각도 든다.
제한적인 세계에서는 제한적인 것을 그대로 수용해야만 함에도 불구하고, 제한적인 세계에서 단지 절대적인 것(여기에서는 하나님이나 종말세계)에 대한 필요성에만 따른다면 결국 이상과 같이 그릇된 환상(미신)에나 빠질 수밖에 없을 것이다.

망이기 때문이다.

 욕망은 욕망의 성격상 계속 나아갈 수밖에 없다. 욕망하는 대상이 어긋났기 때문이다. 따라서 뭔가 부족한 생각이 드는 나머지 계속 나아갈 수밖에 없는 것이 욕망의 특성인 것이다. 언제인가 욕망이 대상(분명한 목적)을 제대로 만나기 전에는 욕망이 멈추는 일은 없을 것이다. 그런데 욕망의 진정한 대상은 생명(생명에 대한 인식)이라고 했다. 따라서 이를 분명히 인식하기 전에(생명에 대한 인식이 바로 서기전에, 따라서 그 어긋남이 끝날 때까지는) 우리는 계속 욕망 속(끝이 없는 욕망의 도상)에 있을 수밖에는 없는 것이라 할 것이다.
 한편 상대적인 세계(제한적인)에서는 제한 된 것만을 취할 수밖에 없기에, 따라서 제한되어 있을 수밖에 없는 이 세계에서는 역시 제한된 욕망만이 허용된다 하겠다. 이러함에도 불구하고, 사람들이 흔히 무한한 것, 절대적인 것을 바라는 욕망을 그만두지 못하고 이를 밀고 나간다는 것이다.
 따라서 다음과 같은 점을 분명하게 인식하지 않으면 안 된다는 것이다. 욕망의 성격(무한한)과 상대적 세계(제한된)에 처해있는(불균형)을 인정하고, 따라서 제한된 이 세상에 맞추어 우리자신의 욕망(무한한)도 제한을 시킬 수밖에는 없을 것이겠지만(물론 이 때문에 이 세상에는 법이라든가 도덕이 있지 않을 수 없을 것이다), 이러함에도 불구하고 우리가 이 세상(제한된)에 우리의 욕망(무한한 욕망)을 제한을 시키지 않는다면, 결국 이 세상은 절단 날 수 밖에는 없을 것이다. 그것도 심하게, 처참한 지경에 이를 수밖에는 없는 것이다.
 돈과 황금에 대한 욕망도 끝이 없는 바람에, 앞에서 보았듯이 수많은 사람에 대한(아무 연고도 없음에도) 살상이 따랐던 것이다.

그리고 권력에 대한 욕망도, 그처럼이나 많은 참경을 불러왔던 것이다.

폭력적인 살인과 정복욕에 따른 전쟁도 결국은 극에 이르게 되어서(지나친 나머지) 상상하기 어려운 지경까지 갈 것이다. 그것은 현대의 연쇄살인범을 보게 되면 단지 사람의 목숨만을 끊어놓는 데에 지나지 않고, 죽인 사체를 갈기갈기 찢어놓는 것에도 나타나는 현상이다.

과거 정복으로 인한 전쟁의 사례를 보게 되면 그 폭력성이 어디까지 가는 가를 짐작케 한다. 정복지를 초토화 시키는데 그치지 않고 주민을 몰살하기에 이른다. 그 실제의 경우는 다음과 같다.

"몽골(칭기즈칸)군은 적을 철저히 몰살 시키고 생존자들을 공포에 질리도록 했다. 그리고 이러한 소식이 인접한 곳에 전파되도록 함으로써 적의 사기를 떨어뜨리는 방법으로 승리했다. 몽골군이 전투를 벌인 곳은 인구가 감소되고 황폐지가 늘어나는 현상이 뚜렷이 나타났다. 군인과 민간인 구별 없이 무자비하게 살상했기 때문이다.

몽골제국은 당시 알려진 세계의 절반 이상을 지배했다. 30여국을 복속시키는 가운데 수천의 도시가 파괴되고 1,850만 명이 학살되었다." [198]

"확대와 정복을 중지할 수는 없다. 칭기즈칸은 동족들을 열광으로 이끌었다. 즉 끝도 없는 약탈과 섹스다. 다행스럽게도 그의 성공은 동족들의 이러한 욕망과 칭기즈칸 개인의 권력에 대한 욕망을 충족시켜주는 것이다. 이 만족할 줄 모르는 야만적인 성격의 범위 안에서 칭기즈칸 개인 능력의 큰 발전을 보여주었다." [199]

---

198) 전쟁사 101장면, 130쪽 (가람기획 1997)
199) 잔혹1, 콜린 윌슨, 황종호 옮김, 232쪽 (하서 1993)

"대부분의 정복자와 마찬가지로 사디즘 경향이 현저한 훌라구(칭기즈칸의 손자)는 아바스 왕조 최후의 칼리프 무스타심이 있는 바그다드로 진군하였다. 도착한 것이 1258년 8월, 즉시 옛날의 만수르왕이나 하람 알 라시드 왕이 건설한 위대한 도시를 포위하였다. 2주일 후에 무스타심은 자비를 구하였다. 바그다드는 지금까지 몽골의 왕에게 대든 일은 한 번도 없다. 자비의 간청은 당연히 들어주어야만 하였다.

훌라구는 시가를 강습하여 대학살을 명령하였다. 아마도 이것이 몽골군이 저지른 최대의 학살이라고 생각된다. 비잔티움과 알렉산드리아 이래의 가장 아름답고 가장 매혹적인 도시 바그다드는 시체가 도처에 널려 있고 연기가 맴도는 폐허로 변해버렸다. 술탄 자신도 말에 짓밟혀 목숨을 잃었다. 훌라구는 자기가 한 일을 만족스럽게 바라보고, 새로운 정복준비에 착수하였다."[200]

"1939년, 제2차 세계대전을 일으키는 데는 수많은 군인들과 대량살상의 화기, 엄청난 군수 물자 그리고 발전된 수송수단과 기습작전들이 필요하였지만, 1945년 전쟁을 끝내는 데는 단지 폭탄 두 발로 충분했다.

1945년 8월 6일에 약 4톤의 원자폭탄을 실은 B29 폭격기가 일본의 히로시마를 조준하였다. 미국에서 그해 7월에 개발된 이 새로운 폭탄은 맨 먼저 눈부신 섬광이 빛을 발하고 곧 이어 버섯구름 모양의 불덩이로 변하는데, 이러한 현상을 본 것만으로도 상해를 입을 만큼 가공할 만한 파괴력을 지닌 것이었다.

첫 번째 폭탄이 투하되었을 때, 히로시마의 인구는 26만 명이었다. 그

---

200) 같은 책, 236쪽

중에 6만 명이 투하 직후 곧 바로 즉사하였다. 압력파로 인하여 투하지점 1km 내외에 있던 사람들의 86%가 즉사한 것이다. 그들의 죽음은 실로 처참하였다. 방사능에 의해 살갗이 벗겨졌고, 내장기관이 녹아들어가는 고통 속에서 서서히 죽어갔다. 그 자리에서 즉사하지 않은 사람들조차도 약 5km 범위에서 섬광을 본 사람들은 모두 눈에 화상을 입고 실명하였다. 암이 희생자들에게 발병해서 히로시마의 암환자가 20만 명에 이르렀다.

폭발의 중심부는 모두 타서 녹아 들어가 그 녹은 중심부가 검게 탄 땅 위로 밝은 빛을 드리웠다. 버섯구름이 드리운 죽음의 그림자는 이후로도 계속되었다. 나카사키에 투하된 두 번째 폭탄 역시 4만 명을 희생시켰다." [201]

참고적으로 일본에 투하된 미국의 원폭에 대한 평을 들어본다.

"미국이 두 개의 원자탄을 연거푸 터뜨린 것에 대해 미국은 상호간의 인명피해, 특히 미국인의 인명피해를 최소화하면서 전쟁을 조기종결하기 위해서 원폭사용이 불가피하였다는 이유를 대왔다. 일본의 무조건 항복을 받아내기 위해서도 불가피했다고 주장한다. 히로시마는 중요한 군사기지가 있는 곳이고 그 지역에 4만 명의 일본군이 주둔해 있다는 점도 고려되었다고 말한다.

그러나 미국은 원폭투하의 목표로 35만 명의 인구가 있는 히로시마의 한복판을 겨냥했다. ……히로시마를 중요한 군사기지가 있는 지역임을 지적한 것은 히로시마의 민간인구 집중 중앙지역을 목표로 이미 계획하

---

201) 대사건 100, 박미경 편저, 363~364쪽 (고려문화사 1998)

고 난 후 막바지에 삽입한 것으로 밝혀져 있다.

비판가들은 일본의 항복을 다른 방법으로도 받아낼 수 있었다고 주장한다. 일본은 어차피 항복시점에 매우 가까이 가 있었다. 따라서 원폭을 사용하지 않고도 일본의 항복을 더 빨리 유도할 수 있었다는 것이다." [202]

위와 같은 것을 볼 때, 전쟁이야말로 인간 폭력의 진행에 이르게 되는 정점이라고 할 것이다.

【욕망의 부정에 따르는 절망】

그런데 이렇게 욕망이 끝없이 지나치게 되는 나머지, 역시 나 자신이나 타인, 그리고 사회적으로도 폐해가 되는 것은 물론이지만, 그 반대로 욕망이 아예 없어지는 것도 문제가 없는 것이 아니다. 그러니까 욕망은 욕망의 대상에 대한 의욕이 있어야 할 것이다. 어느 한 대상에 대하여 가치와 의의를 두고 염원을 둘 때, 비로소 그것을 성취하고자 하는 욕망이 생기는 것일 것이다. 그런데 그런 의의와 가치를 두는 대상이 없어져버리게 되면, 따라서 욕망도 사라지게 될 것이다.

특히 재능 있고 위대한 천재들의 경우가 그렇다. 그들의 욕망은 마치 철학적이다. 단지 맹목적인 욕망에 따라서 휩쓸리기만 하는 것이 아니라, 욕망에 대한 반성도 있었기 때문이다.

보통사람의 경우 욕망을 반성하는 법이 없기 때문에, 마침내 외부적으로 파경이 오기 전까지는 끝나는 법이 없는 것이다.

---

202) 20세기의 문명과 야만, 오삼성, 237~238쪽 (한길사 1998)

그런데 천재들의 경우는 욕망을 반성을 하는 나머지, 보통사람의 경우처럼 외부적인 파경에 앞서, 이미 내면적으로 파경이 오기도 한다.

외면적인 것(제한적인 것)에서 욕망(끝없는)을 성취할 수 있으리라는 환상과 미혹을 가지는 것이 보통사람이 흔히 취하는 태도다. 그래서 그들은 욕망을 끝내 그만두지 못하게 되는 것이다.

그런데 천재는 이것(제한적인 이 세상에서 그와는 다르기 마련인 끝없는 욕망)를 알게 되고(반성을 통해), 따라서 그런(무리한) 욕망을 그만두지 않을 수 없게 된다고 할 것이다.

그런데 욕망 없는 이 세상은 무료하며 권태롭다. 따라서 이 세상에 대하여 염세적이 되고, 절망적이 될 수밖에는 없는 것이다.

일례를 보게 되면, 그들은 마침내(절망적이 되어) 자살 등으로 파경에 이르게 되는 수가 적지 않음을 알 수 있다.

이에 대한 사례로써 그 본보기를 도스토예프스키의 『악령(소설)』에서 볼 수 있다.

악령의 주인공 스따브로긴은 소위 인텔리다. 러시아의 부유한 귀족으로 당시의 훌륭한 유럽식 교육(파리 유학)도 받았고 여기에 재능과 생김새까지도 뛰어났다.

이런 그가 러시아의 고향에 돌아왔을 때, 그때까지 사람들에게 한 몸에 받았던 기대를 무너뜨린 것이다. 그는 세상에서 살아가는 모든 희망과 욕망을 잃어버린, 염세주의자가 되어 돌아왔던 것이다.

다음은 그의 인생 후반을 나타내는 단면의 한 보기다.

〈 다리아-빠블로브나는 두근거리는 가슴을 안고 한참동안 그 편지를 바라보고 있었다. 선뜻 봉을 뗄 수 없었던 것이다. 그녀는 누구에게서 온 것인지를 잘 알고 있었다. 그것은 니꼴라이·스따브로긴의 편지였다.

"사랑스런 다리아-빠블로브나

당신은 언젠가 나의 〈간호부-실은 아내〉를 자청했습니다. 그리고 필요한 경우에는 언제든지 당신을 맞이하러 사람을 보내도 좋다는 언질까지 준 일이 있습니다. 나는 이틀 후에 출발합니다. 이젠 더 이상 이곳으로 돌아오지 않을 작정입니다. 나와 함께 가지 않으려오?

작년에 나는 게르쩬과 마찬가지로 〈우리주(州)-스위스에 있는 지명〉의 시민으로 적(籍)을 올렸으며, 이 사실을 아는 사람은 아무도 없습니다. 나는 그곳에서 조그마한 집을 한 채 사두었습니다. 나에겐 아직도 일만 이천 루불이나 되는 돈이 있으니, 나와 함께 떠나, 그곳에서 한 평생을 지내지 않으렵니까?

……당신이 오지 않은 것이 낫겠습니다. ……하지만 나는 당신을 부르며 기다리겠습니다.

나는 옛날과 마찬가지로, 지금도 선(善)한 일을 하려는 일을 품을 수도 있으며, 또 그것으로 쾌감을 맛볼 수도 있습니다. 그와 동시에 악(惡)을 바라면서, 그것 역시 쾌감을 맛볼 수 있습니다. 하지만 그 느낌은 둘 다 여전히 아주 희미하고, 또 거의 일어나지 않습니다. 나의 희망은 너무나 무력해서 그것을 다스릴 힘이 없는가봅니다. 통나무를 타고 강을 건널 수는 있지만, 나무 조각으로는 도저히 불가능하죠. 혹시 당신은, 내가 어떤 희망을 품고 우리주(州)로 가지 않나, 하는 생각을 일으킬까봐 적어둡니다."

"그리운 벗이여, 내가 발견한 마음씨 부드럽고 너그러운 분이여! 혹시 당신은 나에게 따뜻한 사랑을 베풀어주고, 또 그 아름다움에서부터 무한한 아름다움을 나에게 쏟아주고, 그것으로써 마지막으로 나의 눈앞에 인생의 목적을 계시하려고 공상하고 있을는지 모릅니다. 그러나 그것은 안 될 말이지요. 당신은 좀 더 신중한 태도를 지녀야 합니다. 나의 사랑은 나 지신과도 마찬가지로 하찮은 것일게요. 그러면 당신은 불행하게 될 뿐입니다……."

편지에서 보듯 주인공의 염세적인 태도, 이 세상을 살아가는데 절대적으로 밑거름이 될 희망을 송두리째 잃어버린데 따른, 주인공 스따브로긴의 절망감이 구구절절이 나타나 있다.
그러나 주인공은 막판에, 세상에 은둔하여 순박한 한 처녀인 빠블라브나와 함께 여생을 보내고자하는 실 날 같은 희망을 나타내 보이고 있음을 볼 수 있다.
그러나 빠블라브나와 함께 그의 어머니가 찾아간 처소에서 발견된 그는…….

"나는 저런 곳(다락방)에는 올라가지 않겠어. 무엇 때문에 그 애가 그런 델 올라가겠나?"
바르바라-뻬뜨로브나(스따브로긴 어머니)는 하인을 뒤돌아보면서 얼굴이 싹 해쓱해졌다. 하인들은 부인을 바라보며 침묵을 지킬 뿐이었다. 빠블라브나는 와들와들 떨고 있었다.
바르바라-뻬뜨로브나는 날듯이 사닥다리를 올라갔다. 빠블라브나도 그뒤를 따랐다. 그러나 부인은 지붕 밑 다락방으로 올라서기가 무섭게, 앗 소리를 지르고 그대로 기절해버렸다.
우리 주(州)의 시민(스따브로긴)이 문 맞은쪽에 목메어 매달려 있었던

것이다.[203]

인생에 절망을 느낀 주인공은 그의 앞날의 희망이나마 가질 수 없어, 결국 이렇게 자살로 끝내고 말 수밖에 없다는 것이었다.
하지만 이는 작품속의 예에 불과하다고 할 수 있다.

보통사람의 눈으로 보기에는 분명 성공했을 법한데도, 실지로 유능한 인물이 절망한 나머지 자살로 인생을 끝내는 경우가 적지 않다. 알려진 유명한 예로는 세계적인 문호인 헤밍웨이, 세계적인 화가인 고호 등이 그렇다고 볼 수 있다.

누구나 어니스트 헤밍웨이를 미국 최고의 작가이자 20세기의 전설적인 인물이라고 인정할 것이다.[204] 헤밍웨이는 여러 삶의 방식을 경험했다. 그는 자신이 직접 경험하지 않은 것에 대해 글을 쓰는 것을 원치 않았다. 제1차 세계대전 기간 그는 구급차 운전사로 일했고, 그 기간 중에 부상을 당해 용맹훈장을 받았다. 스페인 내전과 제2차 세계대전 때는 종군기자로 활동했다. 아프리카에서 왕성한 사냥활동을 했다. 그의 사냥활동은 특이해서 주로 맹수를 사냥했으며, 단지 잡는 것만이 아니라 스릴을 만끽하기 위함이었다. 일례로, 그는 코뿔소를 향해 먼저 공포를 쏘고 이를 알아차린 코뿔소가 그를 향해 질주해오는 것을 지켜보고 있다가(긴장된 순간

---

203) 惡靈, 도스토예프스키, 이철 옮김, 582~585쪽 (정음문화사 1983)
204) 그는 1953년에 퓰리처상을, 1954년에는 노벨문학상을 수상하였다. 또한 고전작품인 〈해는 또 다시 떠오른다〉(1962), 〈누구를 위하여 종은 울리나〉(1940), 〈노인과 바다〉(1952)를 저술했다. 수상한 해와 저술연대를 보면 40여 년간의 저술활동으로 평생 추앙받는 작가의 대열에 올랐다는 사실을 알 수 있다.

의 스릴을 만끽하려는 의도에서), 바로 그의 눈앞에 다가왔을 즈음에야 그 코뿔소를 사격했다고 한다.

또한 쿠바와 플로리다 키(Keye) 지역에서 스포츠로 낚시를 즐겼다(이 낚시 취미 역시 보통이 아니었을 것이라는 것을, 그의 작품 '바다와 노인'에서 짐작할 수 있다). 그는 싸움꾼이며, 복싱선수였고, 투우의 열렬한 팬이었다.

그가 노벨상을 수상했을 때 「타임」지는 '서적'란이 아니라 '영웅'란에 그의 기사를 실으며 '전 세계를 누비며 투우, 술, 여자, 전쟁, 사냥, 바다낚시, 용기의 전문가'라고 그를 격찬했다.

히치너가 헤밍웨이도 그의 아버지처럼 자살할 지도 모른다는 사실에 매우 걱정하자, 헤밍웨이는 잠시 생각을 하더니 이렇게 말했다.

"스스로 다짐했던 이야기들을 집필하는 일도, 좋은 시절 자신에게 약속했던 일들도 더 이상 할 수 없는 예순두 살의 남자에게 무슨 일이 일어날 것이라고 생각하나?"

"아이다호 볼더의 초여름 아침이었다. 스키 리조트 선벨리 부근 케첨(Ketchum)에 있는 2층짜리 대저택에서는 주변의 언덕과 눈 덮인 산봉우리가 펼쳐진 멋진 풍경을 볼 수 있었다. 17에이커나 되는 숲에 둘러싸인 이 집에서는 빅 우드 강(Bigwood River)이 내려다 보였고, 이는 작가가 고독을 만끽할 수 있는 완벽한 은신처였다.

여느 때처럼 헤밍웨이는 아침 여섯 시가 되기 전에 눈을 떴다. 그의 아내 메리가 물을 마시려고 일어났을 때 그녀는 남편이 돌아다니는 소리를 들었다.

헤밍웨이는 지하실로 내려가 총이 있는 창고의 문을 열쇠로 열었다. 그는 수많은 총들 중 그가 가장 좋아하는 12구경 2연발식 보스 권총을 꺼내어 총알 두 개를 장착했다. 그리고는 다시 올라가 메리가 자신을 즉시 발견할 수 있는 장소인 현관으로 갔다. 그는 조심스럽게 총부리를 입안 깊숙이 넣은 채 방아쇠를 당겼다. 총알이 발사되자 그의 머리는 거의 날아가버렸고……." [205]

비록 이렇게 헤밍웨이처럼 자살까지는 가지 않는다고 할지라도, 인생의 허망함에 고통을 겪는 경우를 볼 수 있다. 이를테면 문학에서 보는 바는 역시 세계적인 문호인 베케트나 카프카 등이 그런 사람이 될 것이다.

(3) 생명인식의 제한성을 수용하기와 넘어가기

상(相)과 분별(分別)을 통한 행동들은 한계(제한성)가 있을 수밖에 없음으로 이 세상(제한적인)을 그대로 인정하고, 따라서 그대로(제한성을) 수용하지 않을 수 없는 것이다.

이러함에도 불구하고(상대성 속에서) 이(상대성)를 인정하지 않는다면 이상에서 본 바와 같은 지나침으로 인해 여러 어려움이 따를 수밖에는 없을 것이다. 물론 종교(불교나 기독교 등에서 보는) 행선(行禪)이나 생활신앙도 행동을 통하는 이상, 즉 행선이나 생활신앙의 한계(限界), 즉 제한성을 그대로 수용할 수밖에 없을 것이다.

물론 이러한 입장인 행선(생활신앙)도 역시 긍정적이 아닐 수는 없다는 점은 앞에서 본 바와 같다.

그러함에도 불구하고 행선을 넘어서지 않으면 안 된다는 것은 (행동의

---

205) 神이 내린 광기, 제프리 A. 코틀러, 황선영 김, 149~153쪽 (시그마북스 2008)

제한을 따르는 행선과 생활신앙이기에), 이 제한성을 넘어 무한성(곧 分別相이 없는 절대적인 쏠이나 永生)으로 가고자한다면, 결국은 제한성에 그치는 이 행선과 생활신앙을 넘어가지 않을 수 없다는 것이다

(실상 사람들의 성향은 의례히 무한대로 외면적인 욕망으로 가던가, 아니면 욕망이 없이 내면적으로 절망에 빠지게 마련이다. 따라서 이러한 양면에 놓인 진퇴양난에서 벗어날 길을 찾지 않으면 안 되는 숙제를 인간이면 누구나 지니지 않을 수 없다고 할 것이다. 그런데 이것이 곧 한계성을 넘는 길일 수밖에 없다).

행선이나 생활신앙이 긍정적인 점이 있음에도 불구하고 이들 행선이나 생활신앙을 넘어서야만 하는 것은, 행선이나 생활신앙의 부정적인 점, 즉 이와 같은 한계성 때문이다.

그런데 이(무한성으로 가기위한)는 역시 행위 자체를 부정적으로 보게 되는 입장이고(행선과 생활신앙은 행위를 긍정적으로 보았지만), 이에 따라서 행위를 그만두어야 하는, 행위를 아예 버리지 않을 수 없게 될 것이라는 것도 알 수 있다. 제한성이 있는 행위로는 무한성으로 갈 수 없기 때문이다.

행위의 제한성은 두 가지, 즉 인식적(認識的)인 면과 생명적(生命的)인 면이었다.

인식적인 면의 한계성은 상과 분별에 따른 인식조건 때문이었다.

상과 분별이 인식적인 한계성이라면, 곧 행동은 으레히 생명의 한계성을 가져오는 것이다.

따라서 한계성(제한성)을 넘으려고 한다면(무한성으로 가고자 한다면), 이와 같은 한계성이 되는 인식과 함께, 역시 한계성(생명의 소진 등)을 초래하는 행위를 그만두어야만 한다.

2. 무한성의 생명의 인식
- 절대적인 깨달음을 향하여 -

(1) 무한생명인식의 출발점

금욕수도(禁慾修道)

행동, 곧 한계성이 있을 수밖에 없는 행동에 그치는 입장에서 볼 때, , 이 행동을 떠나는 것은 어려운 일일 수밖에 없다. 행동을 떠나라는 것은 마치 죽으라는 말과도 같기 때문이다.

이러함에도 행동을 떠나라는 말은 전혀 근거가 없는 말은 아니다.

모든 행동을 떠나 살아야 하는 것은 죽은 듯이 사는 것, 이것은 이 세상을 살되 이 세상을 바라지 않고 사는 것(이 세상을 살기위한 행동을 떠나 사는 것), 그러니까 이 세상에 대한 욕망이 전혀 없이 사는 것이다.

이는 곧 금욕적(禁慾的)인 삶이라고 말할 수 있다

그런데 사실상 이와 같이 금욕적으로 사는 경우가 있는데, 수도인(修道人)에게서 이를 볼 수 있다. 곧 금욕적(禁慾的) 수행이다.

그런데 앞서 살펴본 천재들의 경우, 그 천재들의 금욕(禁慾)은 절망적이었음에 대하여 여기 수도인(修道人)의 금욕은 다른 세계로 가는 문이 되는 첩경인 것이다.

역시 천재들은 이 세상 이외의 세계를 알지 못하였으리라는 입장에서, 따라서 이 세상에서의 욕망이 없음은 절망이 될 수밖에 없었을 것이다.

이에 대하여, 수도인은 이 세계 밖에야말로 진정한 세계가 있을 것이라는 믿음 때문에 이 세상의 욕망을 부정하고, 따라서 이 세상의 욕망의 부정 ,즉 금욕적 수행을 통한 길을 간다고 할 것이다. 말하자면 앞에서 천재들의 경우에서 본 바와 같이 금욕이 절망이 아니라, 여기 금욕수행에서는 희망의 길인 셈이다.

 금욕적 수행(修行)의 보기는 많다. 불경이나 성경에서 보는 금욕적인 내용은 다음과 같다.

 〈석존이 출가할 때 국왕의 자리로 유혹을 받았다는 전설이나, 나이란자나 강변에서 고행을 할 때, 건강을 유지하여 생명을 보존하고 정통바라문이 행하듯이 행실을 삼가며 한 가정의 장으로써 성스런 불에 제물을 바치고, 공덕을 쌓으라는 권유를 받았다는 전설 등은 모두 일반 세속세계로의 복귀, 즉 세속적인 욕망에 대한 유혹을 보여주고 있다. 그리고 8마군의 유혹은 그 이름이 암시하듯이, 인간의 마음속에서 생겨나는 갈등을 나타내고 있는 것이다.

 또 주목되는 것은 악마 파피만의 세 딸에 의한 석존 유혹의 전설이다. 탄하(갈애), 아리타(혐오), 라가(탐욕)라 불리는 세 딸은 부친의 파피만의 만류에도 불구하고 어린 소녀, 젊은 처녀, 남의 아내, 노파 등으로 모습을 바꿔 가면서 석존에게 접근했지만, 석존은 이를 거들떠보지도 않았으며 또 다시

 "슬픔에 지쳐서 홀로 숲에 앉아 생각에 잠겨 있는 것인가. 잃어버린 부귀를 다시 찾으려는가. 마을 사람들 사이에서 죄를 지었는가. 무슨 까닭으로 모든 사람들과의 교류를 끊었는가. 친구가 없어서 그러는가." 등으로 물어오는 마녀들을 "내 마음은 고요 하도다." 라는 말로 일축해버리

고 있다.〈니다나 카타〉[206]

이와 같은 금욕적 수도는 석가 뿐만 아니라 뒤에 상좌들인 아라한, 그리고 앞에서 살펴 본 소위 능가종의 조사들(달마를 비롯 3조 승찬, 도신 등의 수도)에서도 볼 수 있었다.

〈그때에 예수께서 성령에게 이끌리어 마귀에게 시험을 받으러 광야로 가자. 사십일을 금식을 하신 후에 주리신지라 시험하는 자가 예수께 나타나서 가로되 "네가 만일 '하나님의 아들' 이어든 이 돌들이 떡덩이가 되게 하라."
예수께서 대답하여 가라사대 "사람이 떡으로만 살 것이 아니오, 하나님의 입으로 나오는 말씀으로 살 것이라." 하시니…….
마귀가 또 그를 데리고 지극히 높은 산으로 가서 천하만국과 그 영광을 보여 가로되 "만일 내게 엎드려 경배하면 이 모든 것을 네게 주리라"
이에 예수께서 말씀하시되 "사단아 물러가라, 기록되었으되 주 너의 하나님께 경배하고 다만 그를 경배하라 하셨느니라."〉[207]

이후 기독교에서 보는 금욕 수도라고 한다면 앞서 사막교부들, 특히 성 안토니나 마카리우스 등의 경우에서도 볼 수 있었다. 그리고 종말신앙도 이 세상의 삶을 부정하는 경향을 볼 때, 이 역시 금욕이외 다름 아니다.

《장자》〈재유〉편 제11에는, 황제(皇帝)가 광성자(廣成子)에게 장생할 수

---

206) 불타의 세계, 中村元, 김지견 옮김, 199쪽 (김영사 1984)
207) 마태복음, 4:1~10

있는 방법을 물은 데 대하여 광성자의 답도 다음과 같은 금욕적인 내용이었다.

"지극한 도(道)의 정수는 깊고 아득하며 지극한 도의 극치는 컴컴하고 잠잠하다. 그래서 보지도 말고 듣지도 말며 정신을 고요하게 하고 있으면, 육체가 바야흐로 스스로 바르게 될 것이다. 반드시 고요하게 하고 반드시 맑아 그대의 육체를 수고롭게 하지 않고 그대의 정신을 움직이지 않으면 곧 오래 살 수[長生]가 있다. 눈으로 보는 바가 없고 귀로 듣는 바가 없고 마음으로 아는 바가 없으면 그대의 정신은 바야흐로 그대의 육체를 잘 지켜 오래 살 것이다. 그대의 내심(內心)을 삼가고 그대의 외물(外物)에 대한 욕망을 버리게. 지혜가 많으면 실패하리라."[208]

금욕적인 수도를 예시하는 내용으로써. 이를 단군신화에서도 볼 수가 있다.

〈이때 곰 한 마리와 범 한 마리가 같은 굴에서 살았는데, 늘 신령스러운 환웅에게 사람으로 변화하게 해달라고 빌었다. 이때에 신[桓雄]이 영험스러운 쑥 한 줌과 마늘 20쪽을 주면서 이르기를,
"너희들이 이것을 먹고, 1백일 동안을 햇빛을 보지 않으면 곧 사람의 모양이 될 수 있을 것이다." 라고 하였다.
곰과 범은 이것을 받아서 먹고 금기한 지 21일 만에 곰은 여자의 몸이 되었으나, 범은 금기하지 못해서 사람의 몸이 되지 못하였다.〉[209]

---

208) 장자, 이석호 옮김, 275~276쪽 (삼성판 세계사상전집 1978)
209) 단군신화.

금욕적인 내용은 철학책에서도 볼 수가 있다.

"그래서 과도한 기쁨이나 고통의 근저에는 언제나 과오나 망상이 존재하고 있으며, 따라서 심정의 두 극단의 긴장은 통찰에 의해서 피할 수 있는 것이다. 과도한 기쁨은 언제나 생활 속에서는 전혀 찾아볼 수 없는 것을 발견했다고 생각하는 망상에 근거를 두고 있으며, 즉 끊임없이 새롭게 고뇌를 만드는 소망, 혹은 불안의 영속적인 충족이다.

이런 종류의 망상은 각기 후에는 망상이라는 것이 알려지게 되고, 그 망상이 없어진 후에는 망상의 출현에 의해 기쁨이 생긴 것과 똑같은 정도로 쓴 고통을 가지고 대가를 치러야 한다. 그런 점에서 망상은, 뛰어내리는 것 밖에는 다시 되돌아갈 수 없는 높은 곳에 비할 수 있는 것이며, 따라서 그런 높은 곳은 피해야 할 것이다."[210]

서양철학에서 금욕적인 사상의 전통은 오래된 것으로, 멀리 희랍 신화(神話)시대까지 거슬러 올라간다.

호메로스의 올림포스 산의 신화에서 보는 신들은 신(神)임에도 불구하고 매우 인간적이어서, 세속적이기까지 한다. 먹고 마시는 것은 물론, 섹스를 하고 질투하고 싸우고 인간이 하는 온갖 짓들을 다하는 것이다.

그런데 이런 인간적이고 세속적인 신들과는 다르게 초세속적이고 금욕적인 신화가 있다. 이는 오르페우스와 피타고라스의 신화의 종교다. 이는

---

210) 의지와 표상으로서의 세계, 쇼펜하우어, 곽복록 옮김, 391쪽 (을유문화사 1986)

페르시아 종교에 그 연원이 있으며, 페르시아가 소아시아 반도에 있는 희랍의 이오니아 식민지들과 접촉한 때부터라고 한다.

그들이 믿는 정신(영혼)은 하나의 다른 세계(인간 세상이 아닌)에서 생겨나서, 지난날의 죄에 대한 벌로 이 세상으로 쫓겨나 육체에 얽매여 있다는 것이다. 따라서 이 죄 많은 육체와 감각에서 풀려날 때까지 육체와 더불어 떠돌아다니지 않으면 안 된다는 것이다. 따라서 이들은 감각에서 풀려나 깨끗해지려고 몇 가지 금욕적 수행을 하기도 한다.

특별히 육체와 영혼, 이 세상과 저 세상의 이원론과 세상을 도피해가는 생활양식 전체가 그리스의 정신에게는 전혀 생소한 것처럼 보이는 것이, 어쩌면 이러한 견해들이 생겨난 최초의 나라는 정말 인도일지도 모른다. 인도에서는 이미 기원전 800년 이후 우파니샤드, 즉 베다(Veda)에 대한 신학적 해설서에 이런 생각들이 나타나 있는 것이다.

또 이런 생각들은 이란 고원의 조로아스터교에서도 볼 수 있는데, 그 근원은 젠다베스트(Zendavest)의 가장 오래된 가타스(Gethes)에 있다는 것이다.

희랍에서는 이런 금욕적인 사상이(감각적인 육체에서 벗어나고자하는) 플라톤을 통해 정착이 되었음을 볼 수 있다. 그리고 이는 신플라톤주의를 거쳐 기독교에 받아드려져 수도(修道)와 수도원(修道院) 제도를 성립시키게 되었을 것이다.

그런데, 이런 금욕적인 수행을 이론으로써 그리고 가장 분명하게 성립시킨 것은 불교라고 할 것이다. 곧 사성제설과 십이인연설(十二因緣說) 등이 그것이다. 큰 줄기는 사성제인데 다음과 같이

고(苦) · 집(集) · 멸(滅) · 도(道)

고의 원인이 되는 집착을 끊고 도를 이룬다는 것이다.

또한 이를 더욱 자세하게 설한 것으로는 십이인연이 될 것이다.

무명(無明)·행(行)·식(識)·명색(名色)·육처(六處, 六入)·촉(觸)·애(愛)·수(受)·취(取)·유(有)·생(生)·노사(老死)

이상은 무명으로부터 모든 행(行, 행동)이 나열된 것이다. 무명으로부터 비롯된 모든 행을 끊을 때, 그 역(逆) 즉 무명(無明)이 없어짐도 가능하다.

불교의 이와 같은 사성제설과 십이인연설이야말로 매우 분명하고도 핵심이 될 금욕수행 이론이다.

그런데, 이상에서 보는 금욕수도(禁慾修道) 등의 예는, 역시 이 세상에 대한 부정이며, 행동을 그만 둘 수 없는 이 세상에 대한 부정이며, 그 중심은 곧 행동의 부정으로 연결될 것이다.

좌선수도(坐禪修道)

그런데 이렇게 행동의 부정에 따른 금욕수도는, 또한 아울러 좌선수도(坐禪修道)일 수도 있다.

오직 좌선만이 행동을 그만 둘 수 있고, 또한 이상의 금욕적인 수행을 수용할 수가 있기 때문이다. 좌선만이 이상의 외부적인 행동 즉 오감이나 육감을 비롯한 인식이나 행동을 그만 둘 수 있다.

좌선(坐禪)에 대한 긍정적인 입장은 앞서 중국의 초기 선종의 조사들의 예로 달마를 위시해 혜가, 승찬, 도신 등에서 이미 살펴 본 바 있다.

그렇다면 우리는 왜 좌선을 해야만 하는가?

앞서 살펴본 것처럼 좌선과 달리 행선(行禪, 물론 행선뿐만이 아닌, 모든 인간의 행동)은 제한적일 수밖에 없다는 점이다. 그것은 행선(行禪)이 행동을 할 수밖에 없기 때문이다.

행동에 따르는 제한은 첫째 인식의 제한성이라는 것이었고 두 번째는 생명의 제한성이 따를 수밖에 없다는 것이었다. 따라서 인식적인 제한과 생명의 제한성을 떠나기 위해서는 행동을 떠나야만 한다.

이로 볼 때에 금욕적인 수행도 이해 할 수 있다. 이에 따라서 종교에서 보이는 출가나 종말적 신앙도 이해 할 수 있는 것이다. 이러한 모든 것은 결국 이 세상의 한계를 직시한 것이기 때문이다. 그런데 오직 좌선만이 이 세상적인 것은 물론, 근본적으로 이 세상에서 비롯되는 행동들을 떠날 수 있는 것이다. 따라서 좌선만이 이 제한적일 수밖에 없는 행동에서 비롯되는 행선을 떠날 수 있는 것이라고 볼 수 있다는 것이다.

그러나 좌선은, 행동을 떠나는 모습으로써 단지 겉모습 만에 불과한 것은 아니다. 행동을 하지 않는 모습으로써 단지 않은 자세란, 비록 움직이지 않는 모습일망정, 이는 단지 일시적인 현상에 지나지 않는다고 할 수 있다.

행동은 마냥 계속 할 수만 있는 것이 아니어서 간간이 쉬어줘야만 하는 것이고, 결국 이런 움직이지 않는 자세로 쉬는 모습들도 행동의 맥락에서 벗어나 있다고 볼 수 없다. 단지 움직이지 않는 모습 내지 앉아있는 모습이란, 결국 한 행동의 맥락[행주좌와(行住坐臥)]에 지나지 않는다고 할 수 있는 것이기 때문이다.

따라서 앉는 자세로서의 좌선이란 단지 겉모습에 불과한 모습이 아니라, 그러지 않으면 안 되는, 또 꼭 그렇게 해야만 하는 특별한 이유가 물론 있는 것이다.

이를테면 불교의 진리를 언급할 경우에 공을 말할 수 있다. 역시 불교의 핵심진리를 말하게 된다면 공(空)을 말하지 않을 수 없기 때문이다. 그러나 공의 참된 의미를 아는 데는 문제가 따르기 마련이다.

첫째 불교의 空의 해석에 양면성이 있음을 알 수 있다. 곧 세속제와 승의제다. 단지 가상(假想)을 부정할 뿐인 세속제 만에 그치는 것이 아니라, 나아가 그 진면목을 알아야만 할 경우의 승의제가 있다는 것이다. 여기서 문제되는 것이 승의제. 승의제는 단지 아무것도 없다는 소위 세속제에 불과한 것이 아니다. 또한 승의제로 표현되는 공(空)이란, 곧 그 진면목은 우리의 인식으로서는 알 수 없을 뿐만 아니라. 말로 지칭할 수도 없다. 이러함에도 불구하고 공이라는 말만을 되풀이 한다든가, 알 수도 없는 공만을 주장만 하고 있을 수 없는 것은 분명하다(물론 神 역시 이러한 맥락에 있을 것이다).

좌선(坐禪)에 대한 긍정적인 입장은 앞서 중국의 초기 선종의 조사들의 예에서 이미 살펴 본 바가 있고, 앞에서 예로 든 바 있는 금강경과 능가경의 입장의 비유에서도 지적되었다. 공을 주장하는 금강경에 대하여, 능가경은 수도(修道)의 입장을 내세우지 않을 수 없었던 것이다. 수도가 없이 공이라는 말 뿐인 되풀이로는 공의 진면목을 알 길이 없을 것이기 때문이다.

이는 또한 능가경을 소의경전으로 삼던 초조(初祖) 달마를 위시한 초기 선종의 입장이기도 했다, 이리하여 달마의 면벽 9년의 좌선수도가 비롯되었다고 할 수 있다. 이에 해당되는 것으로 다음과 같은 언급이 있어 인용해 본다.

"우리는 '자성본공(自性本空)' 이니 모든 것이 인연에 의거한다는 것 등을 잘 알고 있습니다. 그러나 이것은 어디까지나 배워서 안 이론에 불과합니다. 우리 것이 아닙니다. 이것은 석가모니 부처님께서 그렇게 오랫동안 고행을 거친 후 제자들의 질문에 대답한 겁니다. 그것이 기록되어 전해짐으로써 우리가 비로소 알게 된 것입니다. 사실 우리가 이해한 것이 아니라 불경의 증상연(增上緣)일 뿐입니다.

그렇다면 우리는 어떻게 해야 할까요? 대답은 간단합니다. 직접 수행의 길을 걸어야 합니다. 진정한 수련의 길에서 스스로 '연기성공(緣起性空)' 을 체득해야 합니다.

우리는 많은 이치를 알게 된 후, 이것이 마치 자기의 성과인 것처럼 착각하곤 합니다. 특히 최근 몇 년간 타좌(坐禪)에 대해 말하는 것을 보면, 도교든 밀종이든 입만 열면 전문용어입니다. ……이런 모든 것은 우리가 먼저 경전상의 지식부터 배웠기 때문입니다. 앞 사람들이 수련한 성과를 가져다 자신의 성과로 삼으려는 겁니다. 결과를 원인으로 잘못 알고, 원인을 결과로 잘못 알고 있는 겁니다." [211]

또한 인도고대종교에서 보는 예로서도 좌선수도의 의미를 살펴 볼 수 있는데, 먼저 인도 고대사상인 상키야의 철학을 볼 필요가 있다.

"인도의 모든 철학체계가 그러하듯이 ……인간과 우주는 동일한 생존고(生存苦)에 침투되어 있다. [212] 그러나 절대정신은 이 세계와는 무관하

---

211) 불교수행법강의, 남회근, 신원봉 옮김, 20쪽 (씨앗을 뿌리는 사람 2007). 저자 남회근 선생은 이론과 아울러 수행의 체증자로 알려져 있다.
212) 상키야 철학에 의하면, 인간의 조건, 인간의 고통이라는 멍에는 형이상학적인 무지에 있으며, 이러한 무지는 카르마 Karma(業)에 의해서 계속 이어져간다.

며 우리가 알 수 없는 어떤 운명에 의해서 조정되고 있다. ……창조라는 말은 의심의 여지없이, 우리들의 형이상학적 무지에서 나온 말이다. 이 세계의 실재성은 인간의 거짓된 견해이며, 정신과 의식상태를 혼동하는데 기인한다. 상키야(Samkhya)에서는, 생존고(生存苦)에서의 해탈은 우리의 지성이 '각성'의 문지방으로 우리를 인도하자마자 거의 자동적으로 달성된다고 한다. 이와 같은 자아계시가 실현되자마자 푸루사의 속성으로 오인받아 온 지성과 그 외의 모든 물질적·심리적 요소들은 철수하고, 순수정신과 완전히 분리되어 물질 그 원형인 프라크리티(prakrti)로 흡수되고 만다. 비유하면 무희가 자신의 주인과 관객을 만족시킨 후 무대 뒤로 사라지는 것과 같다. 이 푸라크리티는 지극히 민감하여 '나는 들켰다' 라고 스스로에게 말하자마자 더 이상 순수정신 앞에 자신을 보이지 않는다. 이것이 이 지상의 생명현상에서 해탈된 상태이다.

상키야는 우파니샤드(Upanisads)의 전통, 즉 아트만(atman)을 아는 자는 고통의 바다를 건넌다. '지혜를 통해서는 자유가, 무지를 통해서는 속박이 있다' 라는 내용을 그대로 연장한다."[213]

이상과 같이 상키야는 고대 인도사상에서 으뜸으로 삼는 해탈의 경지와 아울러 아트만, 곧 생명의 길에 대한 이해를 동반한다.

그럼에도 불구하고 상키야 철학은 단지 이해의 수준에 그칠 수밖에 없다는 의미에서, 다음과 같이 상키야학파의 인식의 각성(修道와 無關한)에 대한 요가학파의 대응을 볼 수 있었던 것이다.

〈 고전 요가(classis Yoga)는 상키야가 끝나는 곳에서 시작한다. 파탄

---

213) 요가, M.엘리아데, 정위교 옮김, 37, 39쪽 (고려원 1991)

잘리(Patanjali)는 전체적으로 상키야의 논리를 그대로 받아들인다. 그러나 그는 형이상학적인 지식 그 자체만으로는 인간을 최후의 해방으로 인도할 수 없다고 믿는다. 그의 견해로는 영지(靈智)는 자유(mukti)를 획득하는 터전만을 준비할 뿐이다. 말하자면 해방은 순수하고 투명한 힘에 의해서, 특히 수행기법과 명상에 의해서 달성되어야만 한다.

요가의 목적도 상키야의 그것처럼 성질상 각각 다른 의식을 제거하는 데 있다. 그러나 요가의 입장에서는 이와 같은 의식의 제압은 쉽게 달성될 수 있는 어떤 것이 아니다. 요가는 영지(靈智) 이외에 고행법(tapas), 엄밀하게 말해서 심리적인 기법은 보조 수단에 불과하므로(따라서), 생리적인 기법을 포함한다.

파탄잘리는 요가를 '심의식의 지멸(心意識의 止滅)' 이라고 정의한다. 그런 까닭에, 요가적 수행은 "속되고 몽매한 일상의 의식을 교란시키는 모든 상태들에 대한 경험적인 지식(과오와 착각, 정상적인 심리적 경험들, 의사심리적 경험들)을 전제로 한다.……." "따라서 이상의 경험을 철폐하고, 그 대신 초감각적이고 초합리적인 궁극적인 '체험' 으로 바꾸어 놓는데 있는 것이다. 요가행자는 삼매(三昧, samadhi)에 의해서 최종적으로 인간의 조건을 넘어선다." 그리고 마침내 인도인들이 그렇게 열망하는 총체적인 자유를 획득한다.〉[214]

그런데 중국 선종에서 보았듯이, 좌선의 풍조는 초기 선종이후 사라지는 듯싶었지만, 그러나 이에 그치지는 않았다.

좌선의 기풍, 특히 뒤에 오는 송대(宋代)의 조동종의 선사인 굉지정각

---

214) 같은 책, 45~46쪽

(宏智正覺; 1091~1157)이나, 굉지정각의 스승인 단하자순(丹霞子淳)과 법형인 진헐청료(眞歇淸了) 등 세 사람에 의해 묵조선(默照禪)이 성립되는 것과도 맥을 함께 한다고 한다. 묵조선은 문자선류들(文字禪類-당시 깨달음의 공안을 가지고 일삼는 이들)의 수행 없음의 병폐를 지적하며, 조용히 앉아 묵묵히 좌선함(默然靜坐)을 기본 전제로 삼았다고 한다.

굉지(宏智正覺)는 그의 어록 속에서 깨달음[證]과 좌선[坐]을 다음과 같이 이해하고 있다.

a. 진실한 수행은 오직 조용히 앉아 묵묵히 실참실구하여 불행(佛行)을 깊이 다지는 것이다. 그리하여 밖으로는 갖가지 인연에 초연하여 그 묵묵한 마음이 텅 빈 허공과 같게 되면 모든 것을 수용할 수 있고, 그 조약한 깨달음의 작용이 묘하게 되면 어디에나 있을 수 있다. 안으로 반연에 흔들림 없는 마음이 확연하게 우뚝 드러나 어둠이 없고 신령스레 대립을 떠나 있어 그대로가 깨달음의 체현으로써 그 가운데에는 유정의 속성을 잊었다.

b. 수행자는 수(修)와 증(證)을 따로 가차(假借)함이 없이 본래부터 완전하게 깨달음을 구비하고 있다. 그리하여 다른 어떤 것에도 물들지 않고 본래 청정한 상태에 철저해 있다. 바로 청정을 구족한 곳에서 진실한 눈을 얻고, 철저하게 비추고 남김없이 투탈할 수가 있으며, 밝음을 체득하고 안온함을 천득(踐得)할 수 있다. 나고 죽음은 원래 뿌리가 없으며 출몰도 원래 흔적이 없는 것이다. 근본적인 빛이 봉우리를 비추니 그것은 텅 비어있으나 신령스럽고, 근본 지혜가 반연에 응하니 그것은 비록 고요하나 빛나도다.

c. 묵묵하여 자재롭고 여여하여 반연을 떠나 있어서 훤칠하게 분명하여 티끌이 없고 그대로가 깨달음의 드러남이로다. 본래부터 깨달음에 닿아있는 것으로서 새로이 오늘에야 나타난 것은 아니다. 깨달음은 광대겁 이전부터 있어서 확연하여 어둡지 않고 신령스레 우뚝 드러나 있는 것이다. 비록 그렇다고는 하나 부득불 수행을 말미암지 않으면 안 된다.[215]

이와 같이 '굉지법어'에서는 좌(坐-坐禪)에 의한 불행(佛行)과 본각사상의 측면이 강조되어 있다. 특히 위 '굉지법어'에서는 좌(坐)에 의한 본래면목을 말하고 있다.

"초롱초롱 눈동자
치렁치렁한 머릿결은
골짜기의 모습이요
연진의 운치로다
마음을 비운 좌선(坐禪)엔
해인 같은 풍경이 펼쳐지네.
오롯하게 마음만을 전하니
분명하게 반연을 잊는다.
나뭇잎 떨어지니 줄기가 드러나고
구름이 흩어지니 푸른 하늘이로다.
칠흑 같은 눈동자

---

215) 묵조선연구, 김호귀, 195쪽 (민족사 2001)

치자 빛 같은 얼굴

고요한 지혜와 맑게 개인 달은 서로 비추는데

몸을 스쳐가는 저 구름은 잡히지가 않는구나." [216]

광지정각을 비롯한 중국 조동종의 선사들 뿐 만이 아니라, 다음에 보는 예로 일본 조동종의 개조인 도원(道元希玄, 1200~1253)을 들 수 있다.

〈도원은 당대 일본불교의 중심지인 비예산(比叡山)에서 불교학과 선(禪)을 공부하면서 '모든 인간이 태어날 때부터 불성(佛性)을 갖고 태어났다면 왜 모든 세대의 제불(諸佛)은 열반을 얻고자 수행했는지'에 대해서 의문을 품게 되었다. 이는 그가 출가한 후 천태본각사상(天台本覺思想)과 관련하여 지녔던 큰 의심덩어리로 〈영평길조행장기(永平古祖行狀記)〉에 수록되어 있다.

천태종에서 가장 중요하고 큰 줄기는 "본래본법성(本來本法性) 천연자성신(天然自性身)."이다.

(그러나 도원은) "이 리(理)는 현밀(顯密: 敎宗과 密宗)의 양종에 머물지 말라(이 양종만으로는 해결이 아니 되므로) 크게 의심 할 바가 있다(달리 길을 찾을 수 밖에 없다)." "우리가 본래부터 법성이고 태어날 때부터 자성의 몸이라면 과연 수행이 필요한가?"

도원 당시의 일본 천태종은 천태본각사상을 기반으로 하여 수행이 필요 없다는 쪽으로 해석해 나갔다. 도원은 이러한 일본천태종의 수행관에 대해 문제의식을 가졌고, 결국 이를 해결하기위해 자신이 속해있던 비예산의 천태집단을 떠나는 제2의 출가를 감행해야만 했다.

---

216) 같은 책, 196쪽

도원은 삼정사의 공윤(公胤)을 찾아가 "본래부터 법신법성과 같다면 제불은 왜 다시 발심해서 삼보리(三菩提)의 도(道)를 수행을 합니까?"라고 물었다.

공윤은 도원에게 답을 주기보다 송(宋)으로 가라는 충고를 했고 그 후 도원은 입송(入宋)하여 천동여정(天童如淨, 1163~1228)을 만나 자신의 문제를 해결할 수 있었다. 기록에 의하면 도원과 천동여정의 만남은 아래와 같다

도원 "신심탈락(身心脫落)이란 무엇입니까?" (즉 인식적으로나 생명적으로 제한성을 넘는다고 해야 할)

여정 "신심이 탈락하는 것은 좌선(坐禪)을 하는 것이다. 오로지 좌선할 때 오욕(五慾)과 오개(五蓋)가 제거 된다."

도원 "오욕과 오개가 제거된다는 것은 교가(敎家-천태종의 止觀)에서 설한 것과 같습니다. 또한 그것은 대소양승(大小兩承)의 수행자가 하는 것과 같지 않습니까?"

여정 "조사의 제자라면 대승(大乘), 상좌(上座)의 가르침을 싫어해선 안 된다. 수행자가 성스런 불(佛)의 가르침을 배신하면 어떻게 불조(佛祖)의 제자가 될 수 있겠느냐?"

도원 "요즈음 의심하는 자들은 삼독(三毒)이 곧 불법(佛法)이요, 오욕이 곧 불도(佛道)라고 주장하면서 삼독과 오욕을 없애고 선(善)을 취하고 악(惡)을 버리는 입장은 상좌와 같다고(비난조로) 하는데 이것을 어떻게 보십니까?"

여정 "오히려 삼독과 오욕을 제거하지 않으면 그것은 외도(外道)와 같다. 오로지 좌선정진(坐禪精進)해서 신심탈락 하는 것, 그것이 바로 오개

오욕을 제거하는 방법이다. 그 외 다른 방법은 없다." 〉[217]

도원의 수행방법의 특징은 지관타좌(只管打坐)라는 좌선변도(坐禪弁道)라고 할 수 있다.

〈 "어리석은 사람들은 의심하여 말하기를 불법에는 많은 문이 있는데 어찌하여 오직 좌선(坐禪)만을 권하는가?"
"이는 불법의 정문(正門)이기 때문이다."
"왜 좌선만이 정문이 되는가?"
"위대한 스승 석존께서는 분명히 깨달음의 미묘한 방법을 정전(正傳)하였고, 또한 삼세의 모든 부처님께서도 마찬가지로 좌선으로 인하여 깨달음을 얻었다. 이러한 이유로 그들은 좌선을 정문(正門)으로하여 서로 전하게 되었다. 그 뿐만 아니라 인도와 중국의 모든 조사들도 한결같이 좌선으로 인하여 깨달음을 얻었다. 그래서 나는 정문을 인천(人天)에게 설한다."[218]

"인도 · 중국의 경우에는 좌선(坐禪)을 깨달음을 향한 수행(과정)으로밖에 파악하고 있지 않지만, 도원은 좌선을 깨달음에서의 수행(結實)으로 파악하고 있다. 도원의 좌선을 본증묘수(本證妙修)라 하는 까닭이 여기에 있다.
제불여래가 모두 묘법을 단전(單傳)하여 아뇩보리를 증득하였으니 최상무위의 묘술이다. 이는 오직 부처가 부처에 전함에 있어서 잘못됨이 없

---

217) 道元의 修證觀(박사논문), 최현민, 107~108쪽 (서강대학교)
218) 같은 책, 460쪽

이 있는 그대로 전할 수 있는 것은 자수용삼매(自受用三昧)를 그 표준으로 삼기 때문이다. 이 삼매에 노닐기 위해서는 단좌참선(端坐參禪)이 올바른 관문이다. 이 삼매는 본래 모든 사람들에게 충분히 갖추어져 있지만, 닦지 않으면 드러나지 않고 증득하지 않으면 얻을 수 없다. ……제불은 항상 자수용삼매속에서 안주하며, 각각의 대상에 대한 흔적을 남기지 않는다. 그러나 중생은 자수용삼매를 사용하지만, 각각 지각의 대상이 어디에서 오는지 모른다." 〉[219]

좌선(坐禪)을 이상과 같이 요가나 중국의 조동종 및 일본 조동종의 개조(開祖)인 도원의 입장을 통해 살펴본 바는 이상에서 본바와 같다.

(2) 무한생명의 인식-절대적인 깨달음
  - 수증(修證)으로서의 좌선(坐禪) -

현상적인 우리의 모든 행동이나 생활은 이 세상에서는 제한되어 있기 마련이라고 이야기 할 수밖에 없는데, 이는 우리가 생명을 인식함에도 역시 행동이나 생활에 따르는 한에서는 제한될 수밖에 없기 때문이다.

제한성은 기본적으로 인간인식의 한계, 생명의 한계를 말 할 수 있지만, 나아가서는 환경과 조건의 제약, 여기에 피할 수 없는 인간의 고통마저 따르게 되어 병(病)과 노사(老死), 병고(勞苦), 사회악 등 일일이 헤아릴 수 없을 정도이기 마련인 것이다. 기독교의 구약은 이런 내용으로 가득 차 있

---

219) 같은 책, 463~464쪽

다고 할 수 있다. 따라서 신약은 이런 죄악이나 사망에서 인간을 구원 할 필요에 의한 생명의 복음(復活로 가는 천국의 永生)이었다. 그런데 기독교의 이 영생(永生)이야말로 여기서 말하는 무한생명을 이르는 가장 적절한 용어가 되는 셈이다.

그러나 무한 생명에 대한 인식은 제한적인 조건들을 벗어나지 않고는 생각할 수 없다는 것이다. 따라서 이런 제한적인 조건을 벗어날 수 있는 입장을 생각해야만 하는데, 바로 좌선의 수도가 이런 방편에 따른 입장이라는 것이다.

다음의 그림 1, 2, 3으로 이를 설명한다.

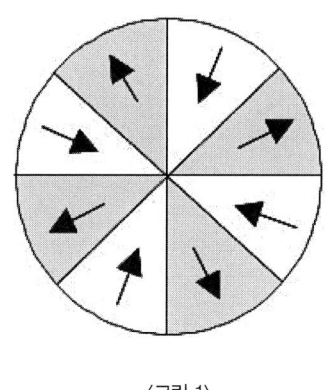

〈그림 1〉

〈그림 1〉은 한 공간을 나타내고 있다. 그런데 이 공간은 나의 분별인식에 따른 것이다. 나의 분별인식에 따라서 이처럼 한 원의 상태로 공간이 제한이 되어 있을 뿐만 아니라, 이마저도 더욱 적은 면적으로 조각난 상태를 보이고 있다.

원이라는 제한된 공간과 그리고 원안에 점점 작아져만 가는 삼각도형처럼, 분별인식은 이렇게 어떠한 공간이든, 무한 공간을 제한된 공간으로 조각내버린다는 것이다. 즉 한계성으로 조건지어져버리는 수밖에 없게 된다는 것이다.

사실 공간이란 나의 생각이 만들어 낸 것이기도 하다. 공간이란 구별지어 있는 것이기 때문에, 나의 생각이 이렇게 구별을 지어서 놓기 전에는 아예 이런 공간이란 있지도 않았을 것이다.

나의 생각 이전에는 오직 무한공간-이 역시 공간이라는 말이 허용된다는 가정에서 하는 말이지만-이 있을 것이다. 무한공간은 원 밖에 해당한다고 할 수 있다. 또한 원 밖은 우리가 분별하기전의 실상에 해당한다고 할 수 있다.

반면에 크기의 대소(大小), 적다, 좋다 나쁘다 등 이런 생각들은 우리의 생각에 따른 것이지 (마치 그림1의 구획 지어진 분별도상처럼)실상 자체에 해당되는 것이 아님은 물론이다. 또한 인간의 심리적인 정서로서 기쁨이나 슬픔, 사랑과 함께 인간의 고통인 생로병사(生老病死)도 인간의 분별된 입장에서 보는 것에 불과한 것이라고 한다면, 이 역시 원안에 해당된다고 할 수 있다. 한마디로 원안은 우리가 생활하는 이 세상의 모습이라고 할 수 있다.

역시〈그림1〉과 같이 다음의 〈그림2〉의 원안에 보이는 삼각도형의 차별 지어진 화살표는 생명의 움직임으로써, 그 제한성을 설명한 것이다. 원 중심으로 향하는 화살표의 진행과 함께, 한편의 삼각도형이 안쪽으로 갈수록 좁아지는 것을 볼 수 있는데, 이는 행동과 함께 행동이 진전될수록, 원 중심으로 갈수록 삼각도형이 좁아지듯이, 생명(력)이 쇠잔되어 감을 나타내 보여주고 있는 것이다.

그리고 한편 화살 표시와 함께 원 중심에서 밖으로 갈수록 점점 넓어지는 삼각도형을 볼 수 있는데, 이는 행동이 마침내 멈춤 혹은 피로에 따

라 쉼에 따라 생명(력)이 회복되어 감을 보여주고 있는 것이다. [220]

우리의 모든 행동은 생명의 소실을 가져오기 마련인 데(피로와 지침), 이 때문에 우리는 행동 중에라도 쉬게 되지 않을 수 없는 것이다.

그리하여 쉬는 동안 생명(힘)이 회복되게 되고, 또 다시 행동을 개시할 수 있게 되는 것이다. 따라서 그림 '2'는 한 칸 마다 반대로 오르락내리락 하면서, 이에 따라서 생명력의 소진과 회복 역시 끊임없이 반복됨을 나타내 보여주고 있다는 것이다.

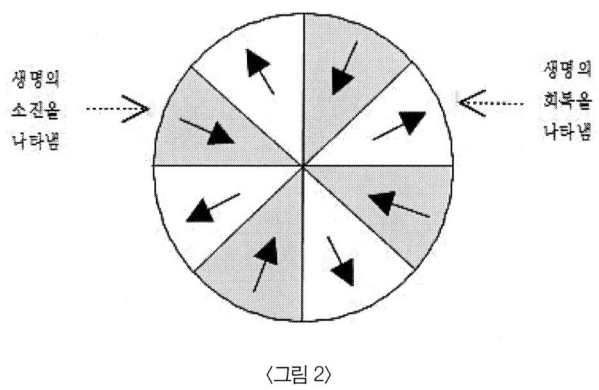

〈그림 2〉

따라서 그림 2는 보는 바와 같이, 원 중심의 안과 원 테두리 밖 쪽의 방향을 오가는 것으로 생명이 소진과 회복을 나타낸 것이다. 그러나 행동에서 생명의 소진을, 쉼에서 생명의 회복을 가져올 수는 있다고 해도, 또한 결국 매번 행동을 통해 생명의 소진을 초래하고 마는 그 한계성에 국한되어있음을 설명하고 있다고도 할 수 있다. 오직 행동과 쉼을 통해, 역시 생명의 소진과 회복을 반복할 뿐인 것이다.

---

220) 그림에서는 원 중심의 좁은 곳으로부터 반대로 테두리 쪽의 넓은 곳으로 가는 삼각도형의 화살표시로 말해주고 있다.

따라서 이 조각상(분별의 인식)과 행동(생명의 소진)으로 비롯되는 생명의 한계성을 넘는 것은 오직 이 도상 밖으로 나아가야만 하는 것임을 알 수 있을 것이다. 〈그림 3〉.

물론 도상 밖은 무한성을 나타내고 있다. 이는 상과 분별로 조건 지워진 한계상황에서 벗어난, 곳이기 때문이다. 즉 인식의 제한성을 벗어난 무한성을 나타낸다. 따라서 이는 상과 분별로 조건 지워진 한계상황, 곧 생활에 따른 이 세상의 모습에서 벗어난 곳이 된다. 또한 원 밖은 무한한 생명을 나타내기도 할 것이다(물론 생명의 소진을 초래하기마련인 행동을 멈추었을 경우를 전제하는 것이지만).

따라서 생명의 소진에로 가고야마는 원안 삼각도상을 떠남으로, 즉 행동을 멈추는 것만이, 원 밖의 무한 생명으로 가는 길이 가능할 것이다. 이는 생명이 소진되어버릴 수밖에 없는 길에서, 오히려 그 반대로 무한한 생명으로 가는 길이 되는 길이다.

이리하여, 마치 도상 밖으로 나간다는 것은, 색(色)과 분별의 세계인 일상의 세계를 떠나 마치 불교의 공(空), 곧 해탈로 가는 것과도 비유될 수 있을 뿐만 아니라, 또한 죽음과 죄악이 있을 수밖에 없는 이 세계가 끝나고 천국(永生)으로 가는 것과도 같다(기독교의 종말신앙). 해탈로 가기위해서는 색으로 표현되는 감각과 이 세계를 떠나야 하는 불교처럼, 기독교의 종말신앙 역시, 영생의 천국을 가기위해서는 이 육체와 세계는 부정적일 수밖에 없는 것이었다.

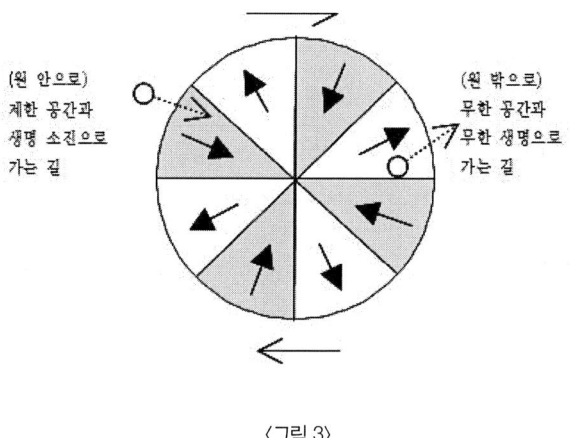

〈그림 3〉

따라서 원 밖의 무한생명으로 가기위해서는 무한생명에 대한 인식을 가져야 함은 말할 것도 없다. 그렇게 하기 위해서는 기본적으로, 현상적인 세계(이 세상)에서 이에 따른 지금까지의 태도(곧 행동)를 중지하지 않으면 안 되는 것이다.

물론 지금까지는 우리가 행동을 중지하는 경우가 있었다고 해도, 행동을 중지하려고 해서 중지한 것이 아니다. 행동에 따르는 피로 때문에 지친 나머지, 즉 생명의 소진에 따라서 자연히 쉬게 되었을 뿐인 것이다. 이리하여 쉬는 동안, 재차 행동을 위한 생명이 회복되었고, 생명의 회복에 따른 행동이 가능해지게 되자 또 다시 행동이 개시되고는 했던 것이다. 행동하고자하는 욕구와 의지는 항상 있기 마련이었지만, 그럴 수 없기 때문에 행동을 중지했을 뿐인 것이다. 단지 잠시 생명의 회복을 위한 필요성 때문에 행동을 쉬었을 뿐이다.

하지만 이상과 같이 쉼에 따라서 생명이 회복되기에 이르게 되고, 이리하여 재차 행동이 가능하게 되더라도 행동을 개시하지 않는 것이 중요하다. 따라서 행동을 중지한다면, 따라서 행동을 개시하지 않은 지금 순간의 우리의 생명의 량(量)을 말할 것 같으면(행동으로 인한 생명을 소진시키지 않았기에), 이때의 생명은 예시된 원형의 테두리 밖의 넓은 위치에 있다고 할 수 있다. 또한 이와 같은 상황에서는 (이미 쉼에 따라 축적된 힘이 있는 관계로, 또 다시)어떠한 행동이든 간에 행동을 개시할 수 있는 제법 많은 생명량(生命量(力)이 존재하고 있을 터이다.

그런데 문제는, 이때 행동을 개시하는 데 쓰일 정도로는 충분한 생명이기는 하지만 그러나 통상 이 생명 자체가 자신에게 의식되어 있지는 않은 상태라는 것이다.

따라서 지금 이 순간은 매우 중요한 시기라고 할 수 있다. 본질적인 생명이 인식되지는 않고, 행동을 위한 힘(생명력)은 충족되어 있고, 따라서 단지 이를 밑천으로 행동으로 나아가고자 하는 욕구(의식적이든 무의식적이든)에 내몰리는 처지에 있기 때문이다(이렇게 행동으로 내몰리는 처지에 있었다는 것은, 한편 생명의 느낌에 대한 욕구가 있었기 때문이다. 물론 무의식적이기는 해도). 그런데 생명의 느낌에 대한 욕구는 있었지만 행동을 통해서 밖에는, 역시 이렇게밖에는, 비록 제한적이나마 생명을 알 수 있는 방법이 없기 때문이다.

따라서 이러한 입장으로 보이는, 과거 의식이 있는 수행자들에게 있어 이 순간의 괴로움이, 즉 금욕수행을 위함이라고 할지라도 금욕수행에 따르는 괴로움이 많이 있었음을 볼 수 있다. (비록 제한적이긴 하나 지금껏 행동을 통해 생명의 인식이 있었다고 한다면, 그러나 지금의 금욕수행에 따라서 이에 따른 행동의 두절로 인해, 그나마 생명의 인식은 전무한 채라고 할 수 있기 때문에), 따라서 (행동을 통한)과거의 현상세계로 다시는 되돌아가지 않으려는 그들의 결심에도 불구하고, 현상세계에 대한 그 유혹은 끈질겼던 것이다. [221]

---

221) (비록 그 생명에 대한 인식은 불완전한 것이라고 여겨왔을 망정)

이렇게 행동을 통한 현상세계에 대한 유혹이 끈질기기도 하며, 또한 행동하기 위한 생명력이 충분히 갖추어져 있음에도 행동을 멈추고 수련을 시작하는 것(곧 금욕수도)이 좌선수도(坐禪修道)인 것이다. 행동을 통해서는 제한적인 생명을 느낄 수밖에 없기 때문에, 무한생명을 인식하기 위해서는 결국 이 행동을 떠나는 길 밖에는 없기 때문이다. 이런 입장에서 역시 금욕수도(禁慾修道)를 피할 수 없는 입장이라는 것이 이해된다고 할 수 있는 것이다.

이때 행동을 멈춘다는 것은 단지 육체적인 동작뿐만이 아니라, 온갖 감각이나 생각 등, 곧 육근[222]을 모두 멈춘다는 것이다.

이상의 입장에 따른 필요성 때문에 금욕수도를 하지 않을 수가 없다고는 하지만, 그러나 사실 인간 욕망을 비롯해 외부를 향하려는 사람의 행동에 대한 욕구는 끊을래야 끊을 수 없는 것인지도 모른다. (인간 욕망의 끈질김은 사실 이루 다 말하기도 어렵기 때문이다) 인간욕망은 쉽사리 끊어지는 것이 아니라고 생각되기에, 인간욕망은 금욕수도를 한다고 하여 인간욕망이 끊어진다고는, 또는 현실적인 그 욕망이 끊어보려고 한다고 해서 끊어지리라고는 쉽게 예상되지 않는다.

이렇게 볼 때 금욕수도를 하고자 하는 사람은 이미 인간 욕망 같은 것은 아예 관심조차 없다고 생각해 볼 수도 있다. 사실 앞서 예술가 등의 천재들에게서 본 절망은 그들이 욕망을 부정하려는 그들의 의지에 따른 것도 아니었다. 그들은 그들의 의도와는 달리 욕망은 사라질 수밖에 없었고, 그리하여, 절망을 하였을 뿐이었다고 할 것이다. 따라서 이상의 천

---

222) 六根 : 보고 듣는 것 등 육체적 행위를 비롯해 생각까지를 지칭함.

재들의 경우와 금욕수행자의 경우를 비교해 볼 것 같으면, 천재들은 욕망이 부정됨에 의해(이는 물론 그들의 의도에 따른 것이 아니었다. 그들은 그럴 수밖에 없어, 어쩔 수 없이 그리 되었던 것이라 할 것이다) 따라서 그 천재들은 절망의 길 외는 달리 찾을 길이 없었다고 한다면, 이에 반해 금욕수행자는 욕망이 부정됨에 따른 결과, 이에 따라서 참으로 올바른 길을 찾게 되었다는 신념일 것이다. 따라서 금욕수행이라고 하지만 이 역시 그들의 욕망에서 비롯된 것은 아닐 것이라는 것이다. 따라서 앞서 본 예술가처럼 그들의 욕망 역시 이미 끊어져 있는 상태에 있다고 보아야할 뿐만 아니라, 단지 금욕수행자가 예술가와 다른 점이 있다면, 예술가는 욕망이 끊어졌기에 이에 따라서 절망상태로 있을 수밖에 없었다고 한다면, 금욕수행자는 욕망이 없는 이 지점에서 더 나은 길이 열리리라는 희망과 그에 대한 신념을 잃지 않고 있다는 점일 것이다.

불교의 12인연은 무지(無知)로부터 시작해 맨 끝에는 노사(老死)에 이른다는 것이지만, 반대로 이를 거슬러(행동의 반대방향인 쉼으로) 가면 드디어 현상세계의 종말에 이른다는 것이다.

그런데 더욱이 문제되는 것은, 현상세계의 종말이 제한성을 끝내기 위해서는 필요하나, 단지 현상세계의 종말만으로는 생명에 대한 인식을 설명할 수 없다는 것이다.

지금껏 우리의 인식은 현상세계를 아는 데 익숙해져 있었다. 따라서 우리의 인식 역시 현상세계의 제한성에 그치기 마련이었던 것이다. 그러하기에 이런 인식으로는 원초적인 것, 말하자면 온전한 실상(實相: 神이라든가, 佛性)을 보는 데는 부정적일 수밖에 없었다. 그리하여 이제 우리의 인식이 현상세계를 벗어나야만 하는 것인데, 이렇게 현상세계를 벗어나는 것만으로는 능사가 아니라는 것이다.

그러니까 지금껏 있어왔던 현상세계가 끝났다면, 이제 현상세계와는 다른 세계, 곧 무한의 세계라는 존재성(存在性)이다.

역시 우리 또한 무한의 세계, 즉 神이라든가 佛性-여기서는 곧 무한생명을 보는 것에 알맞게 되는 경우를 각성(覺性)이라든가 영지(靈智)에 버금간다고 할 수 있다. 이를 성(性) 즉 견성(見性)이라고 칭하기도 한다.

따라서 지금껏 거쳐 온 순서를 정리를 한다면, 다음과 같다.

처음 우리의 인식은 생명과는 무관한 무지의 상태에 있었다는 것이었다.

두 번째는 비록 생명을 인식하기는 했으나, 현상세계에 따를 수밖에 없는 나머지 (그리고 그제한성에 따라서) 생명의 인식역시 제한적인 것에 불과하다는 것이었다.

이제 세 번째는 (앞으로 보게 될) 제한적인 입장을 벗어난 인식으로, 곧 견성(見性)의 입장이 되어, 원초적인 생명, 즉 무한생명을 인식하기에 이르게 된다는 것이다.

그러나 우리가 기본적으로 갖추어야할, 곧 견성(見性)을 위한 인식, 이에 버금가는 혜(慧)가 있다고 하더라도, 막상 보아야 할 대상이 없거나 그 대상을 무시한다면, 이는 마치 기능 좋은 도구를 가지고 있는 데 불과한 것과 같고, 앞에 먹을 수 있는 요리임에도 먹지 않는 것과 같다고도 할 것이다. 이는 이미 도교 편에서도 자세히 지적된 바와 같다. 곧 성명쌍수(性命雙修)로서 단지 혜(慧)만으로는 안 되기에, 양자(慧와 命)가 함께 할 수밖에 없는 수련태도였기 때문이다. 물론 이 생명쌍수라는 것은 생명(命)이라는 대상과 그에 대한 인식(慧)이다.

따라서 우리는 다음과 같은 처지에 있어야만 한다고 할 것이다.

첫째 우리의 **인식을 맑히는 것 【무한하게】**

둘째는 **대상인 생명을 제대로 갖추는 것**이다. 생명은 단지 자연적인 현상적이기보다는 우리의 노력에 따른 현상이기도 할 것이기 때문이다.

그러나 앞에서도 설명된 바와 같이 실제 우리는, 극히 중요할 수밖에 없는 생명이었음에도 불구하고 이를 헛되게 소실시키는 등 생명에 대한 등한함이 이루 말할 수 없을 정도였던 것이다.

이리하여 우리는 쉬기에 불과한 방법으로 생명을 회복(소생)시키는데서 끝날 것이 아니라(이는 물론 자연적인 방법이었을 뿐만이 아니라, 무의식적이었다), 이제 의식적으로, 또한 좌선이라는 고도의 수련을 통하여 생명을 성숙시켜야 한다는 것이다.《 (우리의 **생명이란 단지 있는 자연적인 것이 아니라, 우리의 노력에 따른 -결실이기 때문이다**).

생명에 대한 인식의 수단(그 바른 방법)과 노력을 통하여 비로소 그 참다운 생명을 있을 수 있게 한다는 것이며, 또한 이렇게 (노력을 통한)생명을 성숙(회복)시킴에 따라서 마침내는 생명의 제한성을 넘어 무한생명에 이르게 되고, 비로소 우리는 그 무한한 생명을 인식하게도 된다는 것이다.》

이와 관련하여 도교[修鍊道教] 등의 경전에서 다음과 같은 내용을 볼 수 있다.

"흐름을 따라서 흘러가면 사람을 낳고 만물을 낳으나, 그를 거슬러 올라오면 조사를 이루고 부처가 된다. 흐름을 따라서 흘러가는 것은 만물과 내가 다 알고 있는 바이지만, 거슬러 올라오는 것은 스승이 아니면 어찌

하여야할지 분명하게 알 수 없다." [223]

물론 사람이나 만물이 자연적 흐름을 거슬러 가는 것은, 앞서 예시한 도형 밖 무한 공간(무한생명)으로 나가는 것이다. 행동으로 소진되어버릴 생명, 그림에서는 원 중심으로 향하던 것을 되돌려 회복시킬 뿐만 아니라, 마침내는 원 밖으로까지 나가기 위함인 것이다.

"흩어지면 온 몸에 있고, 행동을 끊고 좌선수도를 함에 따라 태어나기 전의 상태로 돌아가는 관문[元關]에 있게 된다." [224]

"하루라도 변화의 움직임을 여의고 조용히 앉아 있지[靜坐] 아니하면 이 빛이 흘러 돌아다닌다. 어느 곳에서 막아서 생명의 소실을 그치게 할 것인가?
만약 한 시각이라도 변화와 움직임을 여의고 조용히 앉아[靜坐] 있을 수만 있다면, 지나온 전생이 만겁동안에 태어났을 지라도, 이 한 시각으로 완전히 끝내 버릴 수가 있는 것이다.
모든 가르침은 결국 변화의 움직임을 여의고 조용하라[靜]는 것으로 돌아온다. 참으로 보통사람의 생각으로 미쳐 헤아릴 수 없는 것이 바로 이 묘한 진리인 것이다." [225]

여조(呂祖: 呂洞賓)께서는 다음과 같이 말씀하셨다.

---

223) 慧命經, 이윤희 옮김, 40쪽 (驪江 1991)
224) 같은 책, 같은 쪽
225) 태을금화종지, 이윤희·고성훈 옮김, 55~56쪽 (여강 1999)

"하늘과 땅은 사람을 하루살이 같이 보고, 큰 진리는 하늘과 땅도 물거품과 같이 본다. 오직 생명활동을 주재(主宰)하는 으뜸 신[元神][226]만이, 태어나기 전부터 있는 참된 본성으로써, 시간과 공간을 뛰어넘고 그 위에 있다." [227]

"그 정(精)이나 기(氣)라는 것은 하늘이나 땅을 따라서 썩거나 허물어지게[228] 되어있는 것이지만, 생명활동을 주재하는 으뜸 된 신[元神]이 그 위에 머물러있게 되면 곧 무극(無極)이 이루어진다. 하늘을 생기게 하거나 땅을 생기게 하는 것도 모두 이 이치에 말미암은 것이다. 배우는 사람이 다만 정좌(靜坐)로 이 으뜸 된 신만을 감싸서 지킬 수만 있다면, 음(陰)과 양(陽)이 변화하는 굴레를 뛰어넘어서 그 바깥에 태어날 수 있으며, 성(性)과 명(命)이 함께, 더 이상 길을 잃고 욕계(欲界), 색계(色界), 무색계(無色界)라는 굴레 속을 윤회하지 않아도 된다." [229]

나 화양[柳華陽]은 "닦음[修]이라는 것은 깨어진 것을 보완하여 둥글게 뭉치는 것이다." 라고 말한다.

"무릇 사람이 태어날 때는 원래 성(性)과 명(命)의 완전함을 받은 몸이지만, 나아가 장성해지면서 기(氣: 생명)가 가득히 차게 되어 저절로 새어나가게 된다.

아직 깨어지지 아니하였을 때 밝게 아는 스승의 가리킴을 만나게 되면,

---

226) 곧 원초적이고도 무한한 생명
227) 마치 그림3의 원 밖을 향하는 것처럼
228) 이는 곧 제한된 생명을 일컬음.
229) 같은 책, 38~39쪽

보완하는 법을 쓰지 아니하고도 그 상태에서 단박에 뛰어넘어서 여래(如來)의 경지로 들어갈 수 있는 것이다.

이미 깨어져버린 사람은 반드시 온전한 몸으로 보완하여야 마땅하고, 또 보완하는 사람은 반드시 움직이는 조짐을 잘 잡아서 밖으로 터져 나가려는 기(氣)를 보완하여야 한다. 기가 충족하도록 보완되면 생명의 기틀이 움직이지 아니하여, 생식기가 말의 것과 같이 움츠려든다. 이것을 죽지 아니하는 아라한(阿羅漢)이라고 이른다." [230]

무차별적인 행동에 따른 생명의 소실을 자제하고, 뿐만이 아니라 소실된 생명을 보완하여 성숙시킨다.

따라서 다음은 앞서 든 보기의 그림1,2,3에 비추어 보기위한, 도교(全眞教에서 보는 修鍊道敎)의 내용이다.

여조[呂洞賓][231] 께서는 다음과 같이 말씀하셨다.

"무릇 정(精)과 신(神)을 새어나가게 하고, 변화하고 움직여서[動], 사물과 엇갈리는 것은 모두가 이(離 ☲)괘로서 상징할 수 있다. 무릇 신(神)과 의식(意識)을 거두어들여서 바꾸어놓고, 변화의 움직임을 여의고 조용하여서[靜] 가운데로 가라앉는 것은 모두가 감(坎 ☵)괘로서 상징할 수 있다.

일곱 구멍[七竅]에서 밖으로 달려 나가는 것은 이(離)괘에 해당하고, 일곱 구멍에서 안으로 되돌아오는 것은 감(坎)괘에 해당한다. 이(離 ☲)괘의 가운데 있는 하나의 음[一陰]은 색(色)을 쫓거나 소리를 따르기를 주

---

230) 慧命經, 이윤희 옮김, 139쪽 (驪江 1991)
231) 북송초(798~? 八仙의 一人)

로 하고, 감(坎 ☵)괘의 가운데 있는 하나의 양(陽)은 몸속에서 나는 소리를 귀 기울여 듣거나[反聞] 생각의 실마리와 함께 눈길을 몸속의 한 곳에 모아놓기를[收見] 주로 한다.

감(坎)괘와 이(離)괘라는 것은 곧 음(陰)과 양(陽)이다. 음과 양은 그 자체가 성(性)과 명(命)이고, 성(性)과 명(命)은 그 자체가 마음[心]과 몸[身]이고 마음과 몸은 그 자체가 신(神)과 기(氣)다.

한번 스스로 숨[息]을 거두어들이는 것만으로도 정(精)과 신(神)이 환경과 여건에 따라서 흘러내려 가면서 변화하는 어리석음을 짓지 아니하게 되니, 그렇게 하면 곧 음(陰)과 양(陽)에 해당하는 두 가지 것들이 참으로 어우르게 되는 것이다. 하물며 가르침에 맞게 다리를 꼬고 앉아서(곧 坐禪), 변화의 움직임을 여의고 조용하게 깊이 진리의 가르침을 배우고 익히는 일에 들 경우에 대해서는 더 말할 것이 없다." [232]

이상에서 말하는 음과 양의 경우는 단지 행동과 쉼에 불과하다고도 하겠지만, 그러나 여기에 그치지 않고 음(陰)이라든가 양(陽), 성(性)과 명(命) 등으로 지칭되면서 의미를 높여가는 것처럼 보인다.

이(離 ☲)괘와 감(坎 ☵)괘는 온전한 건(乾 ☰)괘와 곤(坤 ☷)괘가 깨져서 어그러진 것이지만, 원래 건괘와 곤괘는 완전한 것으로 음과 양이다. 그러나 이 음(陰)과 양(陽)은 자연적인 것에 불과하다고 할 수 있지만, 이에 대하여 성(性)과 명(命)은 인간이 아니면 알 수 없는 것이라고 할 수 있는 것이다. 인간은 성(性: 慧)이 있기에 자신의 명(命: 생명)도 알 수 있는 것이다. 자연은 이럴 수가 없는 것은 단지 생명이 있는데 불과할 뿐(인식이 없는

---

232) 太乙金華宗旨, 呂洞賓, 이윤희 고성훈 옮김, 139~140쪽 (여강 1999)

것)이기 때문이다.

　따라서 인간은, 자연에 불과한 것이 아니기에, 생명을 인식할 수도 있고, 따라서 이를 더욱 가치 있게, 자유롭게 운용한다는 것이다. 이를테면 동물은 단지 쉬는 것으로 자신의 생명을 회복시키는 데 불과할 테지만(사람 역시 좌선수련을 모른다면 이럴 수밖에 없다), 그러나 인간은 좌선(坐禪) 등의 수련으로 생명을 온전히 인식할 뿐만 아니라, 또한 이러한 생명의 인식을 무한히 높여갈 수 있다는 것이다.

　"세상의 일반사람들은 수련(修鍊)을 하고 싶은 마음이 생기게 되면, 무턱대고 부모와 처자를 이별하고, 깊은 산 막다른 골짜기나 산꼭대기의 암자나 큰 절을 찾아간다. 조용하면 진리(道)를 닦을 수 있다고 말하는데, 이는 참으로 웃을 일이다. 구차하게도 참 가르침을 얻지 못하고 이와 같이 메마르게 조용하기만[靜] 하여 움직임[動: 생명의 움직임]의 조짐을 알아내지 못하니, 마치 바보 고양이가 빈 쥐구멍을 지키는 것과 같은 것이다. (따라서) 무슨 보탬이 있겠는가?

　그러므로 자마광여래(紫磨光如來)께서는 "움직임(動)과 조용함(靜), 즉 생명을 모으는 조용함과 단지 조용할 뿐인 조용함을 알아내지 못하면 진리를 배워도 보탬이 없다." 라고 말하였다.

　지극한 사람은 그 심(心)을 조용하게 하고 신(腎)의 움직이는 생명력의 동태를 엿보고 있다가, 그 움직이는 곳으로 옮겨 들어가서 둘을 함께 합하여서 닦는다. 심(心: 맑은 인식)과 신(腎: 생명의 동태)이 서로 합쳐지면 곧 성(性)과 명(命)이 하나로 합쳐지는 것이다. 곧 무한성의 인식에 따르는 무한성의 생명의 인식이다. 그렇기 때문에 옛날에 가지가지 법이 합해

서 하나로 된 모습[일합상]²³³⁾이라는 것을 말하였는데 바로 이것이다." ²³⁴⁾

"신(神: 性, 慧)과 기(氣: 생명)가 서로 맺혀지면 뜻[意]이 아주 조용하여 움직이지 않게 되니, 이것을 태아(胎兒)라고 부른다.
또한 기(氣)가 뭉쳐진 뒤에야 신(神)이 영험해지는 것이므로, 경전에서는 '진리의 태아가 스스로 부처의 응함을 받는다[親奉覺應]' 라고 말하였고, 기(氣)가 북돋아 기르므로 나날이 보태어지고 자란다고 하였다.
기가 충만해지고 태아가 원만해지면 정수리를 뚫고 나오니, 이를 일러 모습[形]이 이루어지고 태아가 나와서 스스로 부처가 된다고 말하는 것이다." ²³⁵⁾

이를 다음과 같이 말 할 수도 있겠다.
좌선을 통해 생명이 모아지게 되면, 진리의 태아가, 곧 무한생명이 태어나게 되어, 정수리를 뚫고 나온다. 곧 무한생명에 대한 인식이 있게 됨으로 말미암아, 이제 제한된 생명의 인식에 불과한 데서 벗어나는 것이다. 이리하여 곧 그림에서 보듯 제한된 공간인 원 안에서 원 밖의 무한 공간으로 나아가는 것이다.

"태아(胎兒)가 원만하여 때가 이른다는 것은 진리의 태아가 원만하게 됨을 이루어서 끝에 이르렀다는 것이다. 눈꽃을 보게 되면 이 속세의 몸

---

233) 일체화된 무한성을 이름.
234) 일체화된 무한성을 이름.
235) 같은 책, 19쪽

을 떠나는데, 생각을 움직여서 하늘로 향하는 것이다" [236]

현상적인 세계[237]를 떠나려고 한다면 세계 밖(따라서 그림3의 원 밖)에서 생명의 인식을 하여야 한다. 그것은 곧 무한생명의 세계에 대한 인식이다. 그런데 좌선수도를 통해서만 가능하고, 오직 좌선수도만이 이 현상세계를 떠날 수가 있다는 것을 알 수 있다.

결론적으로 말해 불교의 선(禪)을 견주어 말한다면, 행선(行禪)이나 좌선(坐禪) 공히 깨달음[見性]일 수 있다. 그리고 그 깨달음은 생명에 대한 인식이다. 그러나 행선(行禪)은 상대적인 깨달음이기 때문에 생명의 인식에서도 제한적일 수밖에 없다(곧 그림1,2,3의 제한 된 공간 안에서의 생명인식이라고 할 수 있다). 그러나 좌선(坐禪)은 절대적인 깨달음을 위한 길이기 때문에 무한한 생명의 인식에 도달 할 수 있는 것이다(역시 그림의 원 밖 무한 공간에서의 생명인식이다).

불교나 기독교 등의 양면성도 그 두 세계는 각각 '공(空)과 색(色)' '신(神)과 인간으로 나뉘어져 있었던 것이다. 그런데 공(空)이나 신(神)은 이 세상의 제한적(분별적)인 입장을 벗어나지 않으면 알 수 없는 것이다. 따라서 그 신앙도 이 세상을 벗어나는 입장(출가, 종말신앙)을 취하든가, 그렇지 않으면 이 세상의 제한성(여래장, 성육신)에 그치든가, 이 양면성 중 한편을 취하지 않으면 안 되는 것이다.

그런데, 이상에서 본 바와 같이 이 세상의 제한성(분별인식과 제한적인 생명

---

236) 같은 책, 126~127쪽
237) 그림 1, 2, 3에서 보듯, 이 원 안은 윤회의 세계이기도 하다.

의 행동, 고통 등)을 떠나는 것은 오직 좌선일 수밖에 없다는 것이다. 따라서 이 좌선이 아니라면 행동이 되는데, 이는 결국 제한성에 국한 될 수밖에는 없는 것이다.

이로 볼 때 불교의 출가의 목적으로써 해탈이나 삼매, 기독교의 종말신앙이 추구하는, 이 세상이 끝나고 가게 되는 천국의 영생(곧 무한의 생명의 인식)이나, 고통이 없는 절대적인 평화는, 결국 좌선(坐禪) 내지 명상과 연결되지 않을 수 없다는 것을 알 수 있는 것이다.

따라서 다음과 같이 영생과 천국을 말하는 신약성경의 요한 계시록 (21:15)을 본다고 할 때,

"또 나는 새 하늘과 새 땅을 보았습니다. 전에 있던 하늘과 땅은 사라지고 바다도 없어졌습니다. 거룩한 성 예루살렘이 하나님에게서부터 하늘에서 내려오는 것을 보았는데 마치 신부가 신랑을 위해 단장한 것 같았습니다.

하나님이 몸소 그들과 계셔서 그들의 눈에서 모든 눈물을 씻어주실 것이니 다시는 죽음도 없고 슬픔도 없고 우는 것도, 아픔도 없을 것입니다. 이것은 전에 있던 것들이 다 사라져 버렸기 때문입니다." [238]

"그 천사는 또 내게 수정 같이 맑은 생명수강을 보여주었습니다. 그 강은 하나님과 어린 양의 보좌에서 흘러나와 그 성의 거리 중앙으로 흐르고 있었습니다. 강 양쪽에는 생명나무가 있어서 일 년에 열두 번 열매를 맺는데 달마다 과일이 맺혔습니다. 그리고 그 잎은 모든 나라사람들을 치료하는 약이 되었습니다. 다시는 그 성에 저주가 없을 것입니다. 하나님과

---

238) 요한이 받은 계시 21장 1-4 (현대인의 성경, 생명의 말씀사 1986)

어린양의 보좌가 그 성에 있을 것이며 그분의 종들이 그분을 섬길 것입니다. 그들은 하나님의 얼굴을 보게 될 것이며 그들의 이마에는 하나님의 이름이 기록 될 것입니다. 거기에는 더 이상 밤이 없을 것이며 등불이나 햇빛이 필요 없을 것입니다. 이것은 하나님이 그들에게 빛을 주실 것이기 때문입니다. 거기서 그들은 영원히 왕처럼 살 것입니다." [239]

따라서 역시 계시록에서 보는 것과 같은 이상의 영생(永生)의 세계-천국(天國)은, 좌선이 아니면 설명이 될 수 없을 것이다. 좌선(坐禪)이 아니고는, 계시록에 보이는 영생의 세계(천국)-전에 있던 하늘과 땅, 바다도 사라지고, 다시는 죽음도 (슬픔도, 아픔도) 없고(계시록 21장), 일 년 내내 열두 번 열린다는 생명나무의 열매나, 거기에는 다시는 밤이 없을 것이라는 등이 설명되기 어려울 수밖에 없다는 것이다(계시록 22장). 이는 좌선에서야말로 이상의 세상적인 생각들이나 행위를 없앨 뿐만이 아니라, 그리고 무한한 생명 역시도 구할 수 있는 문일 것이기 때문이다.

따라서 좌선(명상)이 아닌 신앙은 행선(行禪)이 되고 생활신앙(여래장과 성 육신을 통한)이 된다. 그러나 이는 역시 제한성에 그칠 수밖에 없고, 이에 따라서는 절대적인 해탈도 영생(永生)이나 절대적인 평화도 기대할 수가 없는 것이라고 할 수 있다.

생명의 인식을 깨달았다는 점에서 행선의 깨달음과 생활신앙은 이 세상에서 의미 있고 참답게 살 수 있다는 본보기가 된다. 그렇긴 하나 한편

---

[239] 요한이 받은 계시 22장1-5 (같은 책)

으로 이는 제한적인 입장을 수용하지 않으면 안 된다는 것을 뜻한다.

이리하여 자신에게 있는 인생의 부족감과 이를 벗어나기 위한 욕망(충만감)은 희생되기 마련일 것이다. 그렇다고 만약 이를 수용하지 않는다면 그 욕망은 무한해지거나 아니면 절망이 따르게 될 수밖에 없다. 따라서 이 양면 중 어디로 향하더라도 결국은 자기 개인이 파괴되거나, 아니면 자기 밖의 사회를 파괴시키는 길로 갈 수 밖에 없는 것이다

그러나 이상과 같이 내면적인 절망으로 되지 않고 또한 외면적으로 지나친 욕망도 되지 않고, 중도(中道)[240]를 지킨다는 것은 어려울 수밖에 없다. 이는 인간의 제한성을 벗어나려는 무한성(곧 초속성)에의 욕구를 그만둘 수가 없기 때문이다. 이는 물론 생명의 본원으로서 그에 대한 욕구다.

그러나 이에 대한 진상을 모르는 채, 단지 원인을 알 수 없는 결핍상태로써 부족한 감정과 의식만을 가질 수밖에 없다면, 따라서 이러한 그의 부족한 욕구를 채우기 위한 욕망의 대상이 어떠한 대상이 되었건 이를 멈추기란 사실상 거의 불가능에 가까운 것도 사실이다. 이러한 욕구를 그만 둔다고 하는 것은 결국 그의 본성을 거슬리는 것이 되고 말기 때문이다. 따라서 어떠한 종교를 믿거나 깨달음이라고 할지라도 이러한 생명에 대한 인식이 없다면, 역시 근본적인 해결이 될 수 없다.

이렇게 행선(생활신앙)은 제한적일 수밖에 없어, 이에 자신의 처지에 맞는 제한성을 수용해야만 하는 어려움을 벗어나야만 하는 것이라면 그 길은 오직 좌선수도(명상수도) 밖에 없는 것이다. 오직 좌선수도(坐禪修道)

---

240) 자신의 처지를 수용한다는 의미의 중도임.

에서만 행선(行禪)의 제한적인 깨달음의 입장을 벗어나 절대적인 깨달음(해탈)으로, 또한 무한한 생명(永生)의 인식에 도달할 것이라는 것이다.

비록 자신이 직접 좌선수행(坐禪修行)을 하지 않는다고 할지라도, 이 점을 분명히 인식하는 것이 무엇보다 중요할 것이다. 지금껏 보아왔던 온갖 그릇된 착오에서 벗어나, 나는 물론 남에게도 피해가 되는 일에는 빠져나와야만 할 것이기 때문이다. ※